# PARIS

## SES ORGANES, SES FONCTIONS ET SA VIE

### DANS LA SECONDE MOITIÉ DU XIX^e^ SIÈCLE

PARIS. — IMP. SIMON RAÇON ET COMP., RUE D'ERFURTH, 1.

# PARIS

## SES ORGANES, SES FONCTIONS ET SA VIE

### DANS LA SECONDE MOITIÉ DU XIXe SIÈCLE

PAR

**MAXIME DU CAMP**

Paris n'est pas une ville, c'est un monde.
FRANÇOIS Ier A CHARLES-QUINT.

CINQUIÈME ÉDITION

---

TOME PREMIER

---

PARIS
LIBRAIRIE HACHETTE ET Cie
79, BOULEVARD SAINT-GERMAIN, 79

---

1875

# A FRÉDÉRIC FOVARD

Que cette dédicace soit un témoignage de notre vieille et constante amitié! Nous avons si souvent causé ensemble de ce *Paris*, tu m'as si sérieusement encouragé à le faire, que je veux t'en parler encore au moment où je publie une édition plus complète, revue avec soin et définitive. Tu reconnaîtras facilement les additions que j'ai faites à mon travail primitif. Ce livre, qui m'a occupé pendant dix années consécutives, a été commencé sous l'Empire autoritaire; je l'ai continué sous l'Empire libéral, je l'ai interrompu pendant le gouvernement de la Défense nationale et celui de la Commune, je l'ai repris sous la présidence de M. Thiers, poursuivi sous le Septennat, et je l'achève sous la République. Voilà bien des choses en peu de temps! Cette série d'évolutions précipitées n'a pu avoir aucune influence sur l'ensemble de l'œuvre, car les formes politiques n'importaient en rien à un travail que j'avais conçu et que j'ai exécuté — du moins je l'espère — en dehors de tout esprit de parti. Mais, par cela même que les chapitres ont été écrits successivement, ils s'appuient sur des documents d'époques différentes; celui qui traite des *chemins de fer*, par exemple, relate des chiffres pris en 1866, tandis que celui qui parle des *cimetières* a emprunté les chiffres de 1873. Il ne m'eût pas été impossible de fondre actuellement tous les renseignements statistiques et de les grouper sur une seule année; j'ai préféré cependant laisser subsister le texte de l'édition originale, mais j'ai eu soin d'adjoindre à chaque chapitre un appendice qui, signalant les principales modifications survenues dans les services que j'ai étudiés, fournit les chiffres de 1873; ce sont les plus récents que j'aie pu me procurer avec certitude; de cette façon, j'offre au public deux documents et un point de comparaison.

J'ai donné plus de développement à la partie historique, car, à mesure que je continuais mes recherches, j'ai trouvé des faits qui intéressaient des chapitres déjà parus; j'ai pu aussi ajouter quelques *pièces justificatives* qui m'ont paru curieuses. Je n'ai indiqué que très-sommairement les actes de nos institutions urbaines pendant l'investissement de Paris par les armées allemandes et pendant la Commune, parce que l'histoire administrative de ces douloureuses périodes exigerait seule un ouvrage de longue haleine. Enfin j'ai fait effort pour que ce livre fût aussi clair et aussi substantiel que possible; c'était pour moi le seul moyen de reconnaître la bienveillance avec laquelle le public l'a accueilli.

Tout à toi,

M. D.

Janvier 1876.

# INTRODUCTION

## I

Dans ma vie de voyageur, j'ai vu bien des capitales, celles qui naissent, celles qui grandissent, celles qui sont au sommet de leur destinée, celles qui meurent, celles qui sont mortes, mais je n'ai vu aucune ville produire une impression aussi énorme que Paris et donner plus nettement l'idée d'un peuple infatigable, nerveux, vivant avec une égale activité sous la lumière du soleil, sous la clarté du gaz, haletant pour ses plaisirs, pour ses affaires, et doué du mouvement perpétuel. Par une journée de printemps, lorsque l'on s'arrête sur le terre-plein du pont Neuf et que l'on regarde autour de soi, on demeure émerveillé de la grandeur vraiment extraordinaire du spectacle qui frappe les regards. Le fleuve, semblable à un immense Y, enjambé par des ponts nombreux, sillonné de barques rapides, portant les lavoirs, les bains, les dragues en action, remonté par des bateaux à vapeur qui soulèvent la chaîne du touage, descend lentement et pousse ses eaux vertes contre les grands quais où fourmille la foule active. Tous les monuments essentiels de Paris paraissent avoir été groupés là intentionnellement comme pour affirmer, au premier coup d'œil, la splendeur de la vieille cité que traverse la Seine. Il suffit de se tourner aux différents points de l'horizon pour les voir et reconnaître en eux les témoins de notre histoire communale, qui si souvent a été l'histoire de la France même. Tout au fond, Notre-Dame, qui consacre notre berceau; à ses côtés, l'Hôtel-Dieu, qu'on est bien lent à terminer; plus près le Palais de Justice et la Conciergerie, qui, avec la Préfecture de police, forment une redoutable trinité. Sur la rive droite, la grande citadelle des jours populaires, où des rois ont été chercher leur investiture, et dont la possession donne la victoire pendant les heures du combat, l'Hôtel de Ville dresse son campanile rajeuni; le Louvre abritant autant de soldats que d'objets d'art et relié aux Tuileries[1], représente la forteresse centrale du Paris stratégique actuel; puis à travers les arbres des Champs-Élysées, une vaste toiture vitrée offrant l'apparence d'une mer tranquille couvre un prétendu Palais de l'Industrie qui n'a jamais pu remplir l'objet auquel on l'avait dérisoirement destiné. Sur la rive gauche, le triste Marché aux Volailles, abandonné aujourd'hui, a remplacé la chapelle du couvent des Grands-Augustins ; l'hôtel Conti, la Tour de Nesle ont disparu devant l'hôtel des Monnaies et devant le collége des Quatre-Nations, qui est devenu le palais de l'Institut, où l'Académie française peut dire encore, comme au temps de Fontenelle :

Quand nous sommes quarante, on se moque de nous;
Sommes-nous trente-neuf, on est à nos genoux.

[1] La Commune a modifié ce tableau : le Palais de Justice, la Conciergerie, la Préfecture de police, l'Hôtel de Ville, une partie du Louvre, les Tuileries sont détruits ou portent encore les blessures que l'incendie leur a faites.

Au delà du quai où mourut Voltaire, au delà de cette caserne qui, après avoir été habitée par les mousquetaires de la maison du roi, par les élèves de Mars, par la garde consulaire, par les guides, par les gardes du corps, l'est aujourd'hui par les cent-gardes, un maigre fronton annonce le Corps législatif, où s'agitèrent des questions qui tenaient jadis l'Europe en suspens; puis l'horizon se ferme par la colline qui devait porter le palais du roi de Rome et qui, vide encore à cette heure, prouve l'inanité des rêveries humaines.

C'est de là, des abords de la statue de Henri IV, qu'il faut regarder Paris; du haut de Montmartre, de Notre-Dame ou de Saint-Sulpice, on voit mal. La brume de fumée bleuâtre, incessamment poussée par deux cent mille cheminées, plane au-dessus des toits, enveloppe la ville d'une atmosphère indécise, noie les détails, déforme les édifices et produit une inextricable confusion. Là, au contraire, sur le pont Neuf, près de l'ancien ilot de la Gourdaine, le panorama est net et précis, la perspective garde des plans distincts qui conservent dans l'éloignement des proportions exactes; tout est clair, s'explique et se fait comprendre.

Un jour que j'étais arrêté devant un des bancs demi-circulaires qui ont fort heureusement été substitués aux laides boutiques construites autrefois par Soufflot, et que, pour la millième fois peut-être, je contemplais le grand spectacle déroulé sous mes yeux, voyant passer des trains de bois sur la Seine, écoutant le sourd bourdonnement des omnibus qui faisaient trembler les pavés, apercevant une voiture cellulaire qui entrait à la Conciergerie, regardant le panache de fumée tordu sur les cheminées de la Monnaie, côtoyé par des sergents de ville et par des facteurs, suivant de l'œil les lourds camions qui sortaient des halles, bercé par le murmure monotone d'une capitale en activité, je me suis demandé comment vivait ce peuple, par quels miracles de prévoyance on subvenait à ses besoins, à ses exigences, à ses fantaisies, et combien de serviteurs inconnus s'empressaient autour de lui pour le surveiller, le diriger, l'aider, le secourir, écarter de lui tout danger et le faire vivre sans même qu'il s'en aperçût!

De cette idée est né ce livre.

Je n'ai point la prétention de faire une monographie de Paris, encore moins d'écrire son histoire. D'autres l'ont fait d'une façon magistrale, et je ne pourrais que répéter moins bien qu'eux ce qu'ils ont déjà dit. Paris étant un grand corps, j'ai essayé d'en faire l'anatomie. Toute mon ambition est d'apprendre au Parisien comment il vit et en vertu de quelles lois physiques fonctionnent les organes administratifs dont il se sert à toute minute, sans avoir jamais pensé à étudier les différents rouages d'un si vaste, d'un si ingénieux mécanisme.

Il suffit de jeter une lettre à la poste pour qu'elle parvienne à destination, de descendre sur la place publique pour y trouver un fiacre ou un omnibus prêt à marcher au premier signal, de monter dans un wagon pour être rapidement transporté à un lieu déterminé, d'entrer chez le boulanger pour y acheter du pain. Cela est fort agréable, il faut en convenir; toute peine nous est épargnée, et comme dans les féeries, chaque objet vient, pour ainsi dire, se ranger sous notre main. Rien n'est plus simple en apparence; nous acceptons cet état de choses; mais sans remonter aux causes qui ont produit cet effet, nous estimons qu'il est bon qu'il en soit ainsi, et nous ne nous doutons guère que, pour arriver à un pareil résultat, il a fallu l'expérience de plusieurs siècles, le génie de bien des hommes et un effort sans cesse renouvelé.

Grâce à une suite de règlements et d'ordonnances où

les prescriptions les plus minutieuses ont pu trouver place, grâce à l'intelligente activité d'agents toujours sur pied, le problème est résolu : Paris trouve en abondance tout ce qui concourt au développement de sa vie physique et de sa vie intellectuelle. Il peut manger, boire, se promener, se baigner, danser, fumer, aller au spectacle, à l'église, aux bibliothèques, aux musées; il est enregistré, catalogué, numéroté, surveillé, éclairé, nettoyé, dirigé, soigné, admonesté, arrêté, jugé, emprisonné, enterré; il n'a qu'à se laisser faire. En revanche, que lui demande-t-on? De l'argent, le plus qu'on peut. Le Parisien rechigne à payer; il se fait tirer l'oreille; il crie bien haut que cela ne peut pas durer longtemps comme ça; mais il finit par délier les cordons de sa bourse; car, par-dessus tout, il lui est doux de n'avoir à s'occuper de rien.

Il en est des Parisiens dans Paris comme des Hébreux dans le désert; ils aiment que la manne leur tombe naturellement du ciel. Ici le ciel, c'est l'autorité. On s'en moque, on l'accuse; mais à la plus petite mésaventure, c'est vers elle qu'on court : — le pain est mauvais, les eaux de la Seine sont troubles, les voitures marchent mal, les cochers ne sont pas polis, le vin est frelaté, les chiens ne sont pas muselés, les cafés vendent de mauvaise bière; — autorité, ayez pitié de nous, protégez-nous, nous sommes vos enfants. — La litanie est incessante. Dans les années bissextiles, ce *miserere* dure trois cent soixante-six jours de suite.

Le Parisien est crédule; en province on dit badaud. Mathieu Marais écrit sérieusement à propos des projets de mariage de Louis XV : « On ne veut pas de l'infante de Portugal, parce que le père est un peu fou. On ne veut point de la princesse de Hesse-Rhinfeld, parce qu'on dit que sa mère accouche alternativement d'une fille et d'un lièvre. »

Le Parisien est désordonné; il est impressionnable comme une femme et dépasse la mesure. Un vaudevilliste meurt, il veut lui élever une statue; un tableau de Paul Potter est mis en vente, il l'achète cent dix mille francs; en 1848, il veut faire de Lamartine un dictateur; en 1849, il n'en veut plus pour député; il est brave comme un lion, timide comme un lièvre, très-sage et tout à fait fou; mais il est immuable en ceci : il veut que l'autorité le débarrasse des soucis de la vie, veille incessamment sur son bien-être, sur ses plaisirs, et ôte de sa route ce qui pourrait blesser ses pieds.

Dans son *Nouveau Paris*, Mercier raconte qu'une cuiller à soupe ayant été volée à une femme, celle-ci disait en parlant de la Convention : « Mais que font donc ces députés? Voyez s'ils me feront rendre ma cuiller! » Cette femme-là était une Parisienne, j'en réponds.

## II

Pendant une nuit du mois de mars 1814, à l'une des heures les plus lourdes de notre histoire, le prince Schwarzenberg et le général russe Osten-Sacken gravirent la colline Montmartre, et, arrivés au sommet, s'arrêtèrent à contempler la ville immense étendue à leurs pieds. Le Russe, qui portait au cœur le souvenir de Moscou, s'écria : « Enfin, voilà donc Paris, et nous allons pouvoir le brûler!... pour nous venger de la France et pour la punir. — Gardez-vous-en bien alors, reprit Schwarzenberg en montrant de la main le colosse endormi; gardez-vous-en bien, car voilà le chancre qui la mangera! »

La prédiction est grave, mais elle n'est point dépourvue d'apparence raisonnable; avec son insatiable capitale, qui exige tout, absorbe tout, s'assimile tout, et s'accroît sans cesse, la France a bien l'air d'être hydrocéphale. La tête n'est plus en proportion avec le corps.

C'est en vain qu'on a voulu arrêter ce développement, le fixer, lui ôter la possibilité de se manifester de nouveau : on invente des murailles, des murs d'octroi, des fortifications; rien n'y fait; Paris saute par-dessus, se répand dans la campagne, construit des faubourgs, les relie à la ville et s'agrandit. Du reste, tout obstacle l'irrite :

Le mur murant Paris rend Paris murmurant.

Lorsque l'on éleva cette enceinte, que nous avons tous connue et qui disparut après la loi d'annexion du 16 juin 1859, la colère contre Lavoisier, qui était Nivernais, disait : « Il faut le pendre. » A-t-on assez jeté les hauts cris lorsque Louis-Philippe, se souvenant de 1814, eut le bon esprit de faire fortifier notre capitale? Et cependant quelle mesure plus sage aurait-on prise pour protéger les approches d'une ville dont la perte doit fatalement entraîner celle du pays entier? Toutes les communes qui jadis avaient pris place hors des murs d'octroi sont englobées aujourd'hui dans le Paris actuel. Il a 33,900 mètres de tour. Une telle ceinture, si ample, embrassant un périmètre de huit lieues et demie, lui suffira-t-elle? Non pas, et sans être grand prophète, on peut affirmer qu'avant cinquante ans Paris, continuant son mouvement irrésistible vers l'ouest, rejoindra la Seine entre le bois de Boulogne et Saint-Ouen.

Paris est bien forcé de s'agrandir, car c'est tout ce qu'il peut faire que de contenir sa population, qui augmente avec une inconcevable rapidité : 1816, 710,000 habitants; — 1826, 890,000; — 1836,

909,000; — 1846, 1,053,000; — 1856, 1,174,347[1]; — 1866, 1,825,274. Dans quarante ans, si la progression continue, Paris aura trois millions d'habitants. Où logeront-ils? A cette époque, si de telles nécessités se sont imposées, que seront devenus les Champs-Élysées, le Bois de Boulogne et le champ de courses? Il y aura là des maisons à cinq étages; Paris et Saint-Cloud se donneront la main par-dessus la Seine.

On peut croire qu'à la suite de ces changements physiques, le moral de Paris n'est pas resté ce qu'il était autrefois. L'empereur Julien, qui aimait beaucoup « sa chère ville de Lutèce », dit, en parlant des Parisiens : « Ils n'adorent Vénus que comme présidant au mariage; ils n'usent des dons de Bacchus que parce que ce dieu est le père de la joie et qu'il contribue avec Vénus à donner de nombreux enfants; ils fuient les danses lascives, l'obscénité et l'impudence des théâtres. » Si Julien revenait en ce monde, et qu'il se promenât sur nos boulevards au milieu des buveurs d'absinthe et des drôlesses à cheveux jaunes, s'il consultait le tableau des naissances, s'il s'égarait le soir dans certains bals publics et entrait dans quelque théâtre pour voir comment les modernes ont fagoté la belle Hélène, il pourrait éprouver quelque surprise, et dire, à l'instar des héros de Corneille : « J'en demeure stupide! »

Une si essentielle modification ne s'est pas accomplie en un seul jour, celle-ci date déjà de loin; Mercier répète souvent : « Paris est la guinguette de l'Europe. » Le mot serait faible aujourd'hui; pour les étrangers, Paris est à la fois plus et moins qu'une guinguette; mais l'expression honnête est encore à découvrir, et je n'ai

[1] En 1856, l'enceinte des fortifications renfermait 1,525,942 habitants. — Le recensement de 1872 indique 1,851,792 habitants. L'insignifiance de cet accroissement n'est que trop expliquée par les événements de 1870 et de 1871.

pas le loisir de la chercher. Il me semble que si l'on voulait symboliser les apparences de Paris, on construirait un vaste bâtiment carré dont l'intérieur serait occupé par une caserne ; sur le premier côté, on verrait un théâtre; sur le second, un débit de tabac ; sur le troisième, un débit d'absinthe ; sur le quatrième, la guinguette de Mercier modifiée par la civilisation et appropriée au goût du jour.

Ce n'est pas seulement l'Europe, c'est le monde entier qui vient s'amuser à Paris, y dépenser son argent et y goûter avec facilité toutes sortes de plaisirs sur lesquels il est bon de fermer les volets. Le boulevard des Italiens est un centre d'attraction auquel on échappe difficilement. On accourt des quatre coins de l'horizon sous prétexte de devoirs à remplir, d'instruction à compléter, de relations à former ; mais il faut avoir un cœur d'airain pour résister à l'atmosphère ambiante, et les plus forts, les mieux forgés succombent. Qu'est-ce donc que les bosquets d'Amathonte, les forêts de Chypre et les jardins d'Armide ? que ferait-on aujourd'hui de cette horticulture mythologique ? on défricherait tout cela au plus vite pour y construire de bonnes maisons avec entresol et sous-sol, car nous avons mieux à offrir.

Qui ne se rappelle l'Exposition universelle de 1867 ? Certes, le grand bazar circulaire élevé au champ de Mars contenait des merveilles, mais pour arriver jusqu'à elles, que fallait-il traverser ? Qu'on se souvienne de ce jardin qui ressemblait à un champ de foire, et de cette première galerie, où, sous prétexte de couleur locale, des filles décolletées, maquillées, impudentes et provocantes, vêtues en Styriennes, en Bavaroises, en Espagnoles, en Hollandaises, versaient à boire aux passants, donnaient la réplique aux plus hardis et défendaient les approches de la science, de l'industrie, du travail, de l'étude, par un cercle de débauches et de luxure. Bien des étrangers envieux qui ont vu cela se sont éloignés en emportant une vague espérance au fond du cœur.

Cette exposition semblait avoir été faite à l'image de Paris, car une fois qu'on avait bravement traversé la zone d'impudicités dont elle était enveloppée de toutes parts, on arrivait aux chefs-d'œuvre qui dénotent une race très-intelligente, rompue à toutes les difficultés du travail, inventive, ambitieuse de bien faire, et, comme les Sicambres, ses ancêtres, ne redoutant rien, sinon que le ciel s'écroule sur sa tête. Paris est ainsi ; traversez la ligne de filles, de joueurs, d'ivrognes, de petits crevés, de saltimbanques et de sots qui, criant plus haut que tout le monde, attirent les regards et s'imaginent qu'ils sont tout le peuple à eux seuls, et vous trouverez un Paris moral qu'on ne soupçonne guère et qu'on ne peut se lasser d'admirer.

Pour l'observateur dédaigneux qui ne regarde qu'aux traits du visage et ne fouille pas les profondeurs de l'âme, Paris est la bête de l'Apocalypse, la Babylone, la Ninive, la Sodome. Soit. Mais cependant, au jour de la vengeance divine, le feu du ciel ne l'atteindra pas, car elle renferme assez de justes pour être épargnée. Croire que les oisifs et les viveurs sont tout Paris, c'est commettre une grosse erreur, c'est prendre la musique du régiment pour le corps d'armée. Ce n'est que la parade ; le spectacle est derrière, instructif et sérieux.

Au delà de cette tourbe bruyante et glapissante, vêtue de couleurs criardes, laissant traîner ses faux cheveux jusqu'à la ceinture, vivant de scandales et pourrissant sur pied, il y a toute une nation recueillie, probe, dévouée, qui travaille, cherche, s'ingénie, invente, dans les ateliers, dans les bibliothèques, dans les laboratoires. C'est là le cœur de Paris qui vibre à toute pensée généreuse, s'émeut à toute découverte, fait effort pour pénétrer toujours plus profondément au sein des choses. C'est cette assemblée d'artistes, de savants, d'artisans, d'écrivains, toujours en communication les uns avec les autres, rapides à comprendre, faciles à émouvoir, qui fait de Paris une ville unique dans l'univers, et qui donne un si grand poids à ses jugements, que nulle réputation n'est consacrée lorsqu'elle ne les a victorieusement subis.

Le fléau de Dieu, Attila, se détourna pour épargner Paris. Une puissance mystérieuse, la jeune âme de la France, incarnée dans la gardeuse de moutons, le contraignit à respecter le berceau d'une cité où devait battre le cœur même du monde. Jusqu'à présent il y a eu trois capitales, au vrai sens du mot *caput*, qui ont eu sur l'humanité une influence génésiaque : Athènes, où sont éclos les beaux-arts et la philosophie ; Rome, qui a créé la jurisprudence ; Paris, qui a enfanté l'égalité. Ces trois villes, ces trois mères, ont produit toute civilisation. Retirez-les de l'histoire, et celle-ci devient un chaos.

Il y a dans l'île d'Ischia une montagne où l'on entend souffler un courant d'air souterrain ; d'où vient-il ? Nul ne le sait, et la science ignore encore où prend naissance cette tempête anonyme qui bruit sous les vieux rocs entassés du mont Épome. Il en est ainsi de Paris ; il y souffle incessamment une brise inconnue dont il faut tenir compte, car parfois elle dégénère en tempête pendant certaines journées qui gardent désormais une date ineffaçable : 10 août, 29 juillet, 24 février[1].

C'est l'âme même de Paris qui s'exhale à ces heures

[1] On peut aujourd'hui ajouter à ces dates celle du 4 septembre. L'orage qui se déchaîna ce jour-là fut doux et propice aux armées allemandes, dont il facilita singulièrement la tâche.

redoutables, et nulle force ne lui a encore résisté. En somme, que veut Paris? Un gouvernement assez fort pour être taquiné impunément. L'idéal est étrange et difficile à réaliser. Les gouvernements se fâchent, car en général ils entendent mal la plaisanterie; Paris s'émeut, s'agite, se lève, est pris de mauvaise humeur, donne un coup d'épaule, casse son joujou, et reste fort penaud d'avoir trop réussi, semblable à un colosse qui, voulant fouetter un enfant, lui casserait les reins.

Sous quelque gouvernement que vive Paris, il reste ce qu'il a été de tout temps, frondeur et profondément égalitaire. C'est un tonneau de vin démocratique; ceux qui y ont mis les lèvres en restent enivrés à toujours, et chacun veut y boire, car on sent confusément qu'il y a là une force extraordinaire et unique. Cette force morale est plus puissante que toutes les puissances de la terre. En 1815, les alliés sont entrés à Paris, ivres de légitimité, de droit divin, de trône et d'autel. Ils étaient victorieux et se disaient invincibles; quand ils nous ont quittés, ils étaient vaincus! l'âme de la grande cité les avait envahis, le souffle mystérieux les avait pénétrés, et ils partirent révolutionnaires, amoureux d'égalité, riant de leurs principicules, demandant le mot d'ordre à ceux mêmes qu'ils avaient battus à Leipzig, en Champagne, à Waterloo. C'est depuis cette époque que les peuples d'Europe sont mal à l'aise, qu'ils parlent vertement à leurs souverains et leur dictent des constitutions.

De tout il en est ainsi; toute mode, si ridicule qu'elle soit, dès qu'elle est inventée à Paris, est adoptée par le monde entier, et il a suffi que Paris portât perruque pour que l'Europe s'attifât de faux cheveux.

Que pense Paris? C'est là ce qui inquiète. A l'heure qu'il est, malgré les journaux, les revues, les dépêches télégraphiques et tous les moyens d'information possibles, il y a bien des souverains étrangers qui entretiennent des correspondants secrets à Paris, comme au temps du baron Grimm.

## III

L'autorité municipale, celle qui a charge d'âmes et préside à la vie normale de la commune, est représentée par deux administrations distinctes, quoiqu'elles aient entre elles des rapports incessants : la préfecture de la Seine et la préfecture de police. La première administre les biens communaux, perçoit l'octroi, dirige l'assistance publique, les embellissements de la ville, la distribution des eaux et du gaz, les travaux de la voirie, et prend soin des cimetières ; la seconde pourvoit à la sécurité générale de Paris et à la sécurité particulière des habitants, facilite l'approvisionnement des halles et marchés, prend toute mesure nécessaire à la libre circulation sur les voies publiques et sur le fleuve, surveille les mœurs, a la haute main sur les prisons et s'occupe de toute question relative à l'hygiène et à la salubrité.

L'Hôtel de Ville, siége de la préfecture de la Seine[1], est un labyrinthe où tout un monde s'agite dans une inconcevable activité. Lorsque l'on demande au portier où se trouve tel bureau, il répond à peu près ceci : — Troisième galerie, quatrième étage, huitième corridor, salle nº 27. Là, vous trouverez des garçons qui vous renseigneront. — Du sommet à la base la ruche bourdonne; la foule monte et descend les escaliers ; des agents de police veillent à la circulation. De dix heures du matin à quatre heures du soir, l'Hôtel de Ville a la fièvre : c'est le symbole et l'image de Paris.

[1] La préfecture de la Seine est actuellement installée au palais du Luxembourg.

Au prévôt des marchands, aux maires de Paris a succédé le préfet de la Seine; c'est aujourd'hui un grand personnage de l'État, qui s'est mis en tête de reconstruire la capitale de la France. Depuis une quinzaine d'années, il a jeté la moitié de la ville par terre et l'a rebâtie. Grande cause d'exaspération pour les Parisiens, qui étouffaient dans leurs ruelles infectes, et auxquels on a donné — à bon prix, il est vrai — de l'air et du soleil. Pour mettre beaucoup de salubrité et quelque stratégie dans une ville aussi grande que Paris, les ressources normales de la commune ne suffisaient pas; les recettes ordinaires du budget de 1868 ont été de 143,131,124 fr. 84 c.; ce n'est pas avec cela qu'on remanie de fond en comble une cité colossale dont la population fixe est de 1,825,274 habitants. Alors on a fait des emprunts, et la ville est fort endettée. De là redoublement de clameurs. Les opérations ont-elles ou n'ont-elles pas été régulières? Je ne suis ni économiste ni financier, et, comme le père de Lucinde, je puis dire : « Je ne me connais pas à ces choses. » Mais dans son excellent livre sur *l'Administration de la commune de Paris*[1], M. Jules Le Berquier dit : « La transformation d'une ville doit-elle être la dette d'une seule génération, d'une seule époque? » Poser la question, c'est la résoudre, et il est juste que nos enfants payent une partie des embellissements dont ils jouiront en repos et dont seuls nous aurons supporté les ennuis.

Je voudrais qu'un coup de baguette magique pût remettre tout à coup Paris dans l'état où nous l'avons connu il y a vingt ans, à l'heure de la révolution de Février. Ce serait un cri d'horreur, et nul ne pourrait comprendre qu'un peuple aussi vaniteux que les Parisiens ait pu vivre dans de pareils cloaques.

[1] Librairie administrative de Paul Dupont. Paris, 1868

Il faudrait revoir le quartier Saint-Marceau, horrible amoncellement de passages fangeux, les environs de la place Maubert, la place Cambrai, asile empesté des chiffonniers, la rue de la Mortellerie, d'où sortit le choléra de 1832, et ce chapelet de ruelles nouées autour de la Butte des Moulins, qu'on va enfin déblayer, et la rue Basse-du-Rempart, qui servait de dépôt aux immondices de tous les passants attardés, et la rue de la Planche-Mibray, qu'on franchissait d'un pas, et la rue de la Vieille-Lanterne, de sinistre mémoire, et les coupe-gorge de la Cité, où la prostitution et l'assassinat marchaient de conserve, et le dédale tortueux qui séparait le Palais-Royal des Tuileries, et les abords du Louvre, encombrés de hangars où les chiens savants se battaient avec les singes impudiques, et les Champs-Élysées obscurs, boueux, hantés par des êtres ambigus qu'on pouvait prendre pour des revenants de Gomorrhe, et les montagnes du boulevard, que les chevaux gravissaient au pas, et la Petite Pologne, pleine de terrains vagues peu rassurants, et les dangereux abords du Canal, et le bois de Boulogne aride, et le bois de Vincennes desséché, et les égouts engorgés, et les voiries écœurantes de Montfaucon, et les baraques déchiquetées des marchés publics, et les Halles, qui ressemblaient à un charnier, et le Chemin de ronde, où l'on avait de la boue jusqu'au jarret, et les ruisseaux bordés de masures lépreuses qui se tordaient aux flancs de la montagne Sainte-Geneviève. Qui, se souvenant de ces misères, ose les regretter encore?

La transformation de Paris était devenue indispensable; cette mesure devait nécessairement concorder avec l'établissement des chemins de fer qui versent chaque jour dans les gares urbaines des milliers de voyageurs. Pour préparer et entreprendre une rénovation si radicale, il est permis de penser qu'une sorte de dictature n'a point été inutile. Nous en souffrons, nous les contemporains et les témoins intéressés d'un si profond bouleversement ; nous sommes dérangés dans nos habitudes, nous avons dans les yeux la poussière des démolitions, nous nous promenons mélancoliquement à travers la ville, chassés par l'expropriation, cherchant un gîte où nous ne restons que le temps voulu pour en être expulsés de nouveau ; cela est irritant, j'en conviens, et j'en ai parfois pesté tout aussi bien qu'un autre. Mais lorsqu'on voit la ville magnifique qui s'élève à la place de l'ancienne, comment garder rancune et ne pas accorder de bonne grâce ce que les Anglais appellent un bill d'indemnité ?

Le préfet de la Seine est devenu le bouc émissaire des péchés d'Israël ; tout ce qu'on dit aujourd'hui contre lui, je l'ai lu déjà dans les écrivains du siècle dernier, qui blâmaient les embellissements entrepris sous Louis XIV. C'est la mode, et il faut un certain courage pour n'y point obéir. Le préfet est de taille à se défendre, et je ne m'essayerai pas à une si lourde tâche. On lui reproche d'aller trop vite ; je ne veux point faire de paradoxes, mais je lui reprocherai diamétralement le contraire ; je trouve qu'il va trop lentement.

Lorsque je parcours certains quartiers, lorsque je traverse la rue de Nevers, la rue des Filles-Dieu, la rue Pirouette, la rue de la Grande-Truanderie, quand je visite l'hôtel des Postes, où l'on n'oserait placer un refuge de lépreux, quand je vois l'Administration des lignes télégraphiques encombrée de la cave au grenier par des employés qui n'ont pas assez d'espace pour manœuvrer leur appareil, lorsque je me heurte la tête au plafond des baignoires de la Comédie-Française, lorsque je pénètre dans l'Entrepôt général des vins et que j'y trouve les rues forcément barricadées par les pièces gerbées les unes sur les autres, lorsque je constate que les cours des colléges sont des préaux sans verdure et sans soleil, quand je reconnais que les Halles, déjà insuffisantes, sont réduites à déborder dans les rues voisines, quand je m'aperçois que le ridicule temple grec où s'agite la Bourse est manifestement trop étroit pour la foule qui s'y entasse, lorsque je suis obligé de faire en voiture le tour du palais et du jardin des Tuileries pour aller de la rue de la Paix à la rue Bellechasse, lorsque je suis contraint, sous peine d'être écrasé, de m'arrêter et d'attendre un quart d'heure avant de pouvoir traverser le boulevard Montmartre, quand le souffle empesté des fosses communes chasse la maladie vers nous, malgré les ordonnances et les lois qui si sagement excluent les cimetières de l'enceinte des villes, je me dis qu'il reste bien des choses à faire, bien des voies nouvelles à percer, bien des établissements à construire, bien des améliorations à apporter à l'état matériel de Paris, et que ce serait un grand bienfait pour la capitale de la France, si on l'avait enfin délivrée de tous ces vestiges du passé qui l'embarrassent encore et lui ôtent une partie de la splendeur qu'elle est en droit de réclamer.

Au siècle dernier, on eût chansonné le préfet de la Seine : « Tout finit par des chansons, » dit le vaudeville du *Mariage de Figaro ;* mais depuis qu'on a chanté le *Ça ira*, on est moins fertile en couplets. On se contente aujourd'hui de fronder, de narguer, de plaisanter ; en attendant, on profite d'un Paris nouveau, large, étincelant, salubre, et l'on fait bien.

J'ai pu voir, j'ai pu étudier le plan du Paris futur, du Paris rêvé, du Paris tel qu'il serait si les travaux entrepris et projetés étaient menés à bonne fin : j'en suis resté ébloui. Ce serait vraiment alors la première ville de l'univers, et bien mieux encore que l'ancienne Rome, la ville par excellence : *Urbs.*

Verrons-nous cela ? Je ne sais ; mais il est à souhaiter que ceux qui nous suivront puissent le voir.

## IV

L'œuvre extérieure de la préfecture de police est plus humble, elle n'éclate pas aux yeux avec tant de fracas, mais elle n'en a pas moins une importance primordiale. Autant la préfecture de la Seine s'étale avec orgueil dans son magnifique palais récemment rajeuni et complété, autant la préfecture de police est pauvrement logée dans une série de masures prises sur le quai des Orfèvres, place Dauphine, rue de Harlay, et qu'on a arbitrairement réunies par des escaliers biscornus, des couloirs en bois, des galeries en forme de casse-cou et des corridors obscurs où le gaz brille en plein midi. On élève actuellement une vaste construction destinée à remplacer les maisons lézardées ; on fera bien de se hâter, car si l'on tarde encore un peu, les vieilles murailles branlantes s'effondreront sur la tête des employés.

La première fois que, guidé par les nécessités de ce travail, j'ai mis le pied à la Préfecture de police, ce n'a pas été sans une certaine hésitation. Je suis trop bon Parisien pour n'avoir pas toujours médit avec soin de l'autorité et pour n'être pas enclin à bien des préjugés. J'étais effrayé quelque peu, et comme mes chers compatriotes, je croyais volontiers à mes propres fantômes. La p éfecture me semblait une fort redoutable personne : œil qui guette, oreille qui écoute, main qui saisit ; ombre et silence. Je fus promptement détrompé.

Je ne me suis pas avisé, on peut le croire, de parler politique, de demander comment se portaient les complots, de m'enquérir des sociétés secrètes et de m'informer si les nouvelles de Cayenne étaient satisfaisantes. Tout gouvernement, jusqu'à présent du moins, et quel que soit son drapeau, a cru devoir user d'une force occulte qui est, pour ainsi dire, la réglementation de l'arbitraire appliqué au salut d'un état de choses quelconque. Chacun l'entend à sa façon : « J'ai fait de l'ordre avec le désordre, » disait Caussidière. Les rouages mis en mouvement sont sévèrement cachés, et comme ils ne touchent en rien aux fonctions municipales de la préfecture de police, qu'ils en sont absolument indépendants, qu'ils lui sont extérieurs et même étrangers, ils restent un secret entre l'autorité directe et des agents inconnus.

Une institution de cette nature est-elle bien utile? a-t-elle jamais mis obstacle à une révolution? a-t-elle paralysé une émeute? Ce qui prévient les troubles politiques, ce ne sont pas les investigations mystérieuses, ce sont les bons gouvernements. « Monseigneur, disait d'Argenson à Philippe d'Orléans, il y a des personnes qui vont clabaudant tout haut que le feu roi Louis XIV était un banqueroutier et un voleur; je vais les faire arrêter et jeter dans un cul de basse-fosse. — Vous n'y entendez rien, répondit le régent; il faut payer les dettes du défunt, et ces gens-là se tairont. »

Dans les bâtiments surannés de la Préfecture, tout est calme; rien ne rappelle l'animation excessive de l'Hôtel de Ville. La vieille construction, si bizarrement coupée par les nécessités du service, a un air réservé qui tient à son grand âge, et que ne justifie en rien l'accueil ouvert et cordial qui vous attend. Chose étrange! dans cette maison, que l'on se figure volontiers pleine de sourdes machinations, chacun semble, comme Gœthe, demander « de la lumière, encore plus de lumière! » A toute question, on répond par le document même : « Voici les chiffres, voici les rapports, voici l'attaque, voici la riposte, voici les éléments de la vérité, débrouillez-la; nous, nous faisons pour le mieux, et nous nous lavons les mains du reste. »

J'ai été frappé de tant de franchise; je ne saurais dire combien j'en suis reconnaissant, et je puis affirmer que là, dans de misérables bureaux brûlants en été, glacials en hiver, j'ai vu l'âme même de Paris. J'ai vu l'esprit qui prévoit, invente, se souvient, pense, réfléchit, travaille, et sans cesse médite pour la grand'ville, pour son bien-être, pour sa santé, pour ses plaisirs. Si chaque jour Paris mange et boit, s'il est voituré à son loisir, s'il n'est pas écrasé dans les rues, noyé dans la Seine, asphyxié dans les salles de spectacle, s'il n'est ni trop volé ni trop assassiné, s'il n'est pas drogué par les marchands de vin et empoisonné par les marchands de comestibles, s'il est secouru en cas de péril, si les fous ne courent pas au hasard, si les enfants abandonnés trouvent des nourrices, si les scandales de famille sont secrètement apaisés et n'éclatent point au soleil, c'est à la préfecture de police qu'on le doit. Sans bruit, sans vaine gloriole, ce travail s'accomplit et détermine chaque jour l'existence de deux millions d'hommes.

Tout ce qui touche aux nécessités, aux commodités de la vie parisienne est surveillé d'une façon spéciale. On fera une enquête sur la grossièreté d'un cocher de fiacre, sur un panier de fruits pourris envoyé aux halles, sur un verre de vin frelaté vendu dans un cabaret, enquête approfondie et contradictoire, comme sur un assassinat ou sur un vol avec escalade. Il faut avoir lu le recueil des ordonnances de police, avoir vu à l'œuvre les agents principaux d'une si vaste machine, pour se rendre compte de cette action invisible, incessante, toujours aux aguets vers le mieux et supérieure à tout ce que peut offrir l'étude des autres pays.

La préfecture de la Seine et la préfecture de police ne suffisent pas à mettre en jeu tous les organes qui sont nécessaires aux manifestations multiples de la vie de Paris. Bien des administrations de première importance relèvent du ministère des finances, comme les Postes, la Monnaie, la Banque, les Tabacs ; du ministère de l'intérieur, comme les Télégraphes, les Instituts des sourds-muets et des jeunes aveugles ; du ministère de l'agriculture, du commerce et des travaux publics, comme les Chemins de fer ; chaque partie de notre organisation si fortement, — trop fortement centralisée, — donne à Paris une impulsion continue et déterminée. On peut donc affirmer qu'en étudiant avec détail l'existence spéciale de Paris, on aura un aperçu très-net et presque complet de l'existence générale de la France.

J'ai évité avec soin tout ce qui pouvait, de près ou de loin, non pas toucher, mais seulement effleurer la politique. Quelles que soient mes opinions personnelles, elles n'ont point à se manifester sur un tel sujet : j'ai voulu parler des différentes administrations qui régissent la vie de Paris, étudier leurs rouages, détailler leurs fonctions, faire comprendre leur importance, mais rien de plus. Je dois ajouter, pour être absolument sincère, qu'il eût fallu fermer les yeux à l'évidence et agir avec un parti pris coupable pour blâmer ce que j'ai vu. Il ne m'a pas été difficile d'être impartial et de constater avec quelle régularité se meuvent tous les engrenages qui règlent, modèrent et facilitent l'action du grand mécanisme parisien.

Toutes les fois que j'ai pu pénétrer au cœur même de ces diverses institutions, j'ai été saisi d'une admiration qui n'était pas dénuée d'étonnement, car j'ai trouvé chez les employés, depuis le plus humble jusqu'au plus haut, un sentiment du devoir vraiment extraordinaire. Dans cette nombreuse armée administrative si mal rétribuée, si peu récompensée de ses peines, chacun est soldat et combat pour l'honneur du drapeau. On se plaint d'eux ; que de fois je m'en suis plaint moi-même avant de les connaître et d'avoir pu apprécier à quel genre de supplice sans cesse renouvelé sont exposés ceux qui ont des rapports forcés avec le public parisien, public exigeant, puéril, tracassier, questionneur, indiscret, vantard, insupportable ! Je suis revenu de mes opinions premières ; le spectacle de ce que j'ai vu m'a corrigé pour longtemps.

Paris peut reposer en paix ; pendant qu'il s'amuse, qu'il travaille, qu'il dort ou qu'il veille, ses innombrables tuteurs sont à leur poste, préparent sans relâche les éléments de sa vie et mettent tout en œuvre pour que rien ne lui manque, ni le nécessaire, ni le superflu.

Avant de terminer cette introduction et d'entrer en matière, qu'il me soit permis de remercier les hauts fonctionnaires qui ont mis à ma disposition l'inestimable trésor de leurs documents statistiques. Grâce au libéralisme avec lequel ils m'ont autorisé à étudier les administrations qu'ils dirigent, grâce aux renseignements sans nombre qu'ils ne se sont pas lassés de me fournir, grâce à la confiance sans restriction dont ils m'ont honoré, j'ai pu entreprendre ce livre et lui donner le caractère d'irrécusable authenticité qui fait seul le mérite de ce genre de travail.

Décembre 1868.

CHAPITRE PREMIER

# LA POSTE AUX LETTRES

## I. — LES ORIGINES.

Souvenir de voyage. — Postes de Cyrus, romaines, de Charlemagne. — Messageries de l'Université. — Service des postes créé par Louis XI. — Un maître général des postes sous Henri III. — Sully; origine de la ferme des postes. — Richelieu; premier tarif régulier. — Chamousset, la petite poste. — Poste sous la Révolution. — Premières malles-postes. — Postes modifiées et réorganisées sous le Consulat, sous l'Empire et la Restauration. — Facteurs ruraux. — Réforme postale; Duclerc et Goudchaux. — Timbres-poste. — Parallèle.

Au mois de mars 1850, un jour que j'étais en Nubie, assis près d'un temple ruiné auquel une avenue de lions sculptés a fait donner le nom de *Séboua*, je vis un vieillard qui courait sur la berge du Nil. D'une main, il agitait une clochette, de l'autre il soutenait sur son épaule un bâton de palmier au bout duquel pendait un petit sac en peau de gazelle. A son approche, chacun se rangeait avec empressement et le saluait au nom de Dieu clément et miséricordieux. Poussé par la curiosité, j l'interpellai : « Eh! l'homme! qui es-tu, et où vas-tu si vite? — Je suis courrier de la poste du vice-roi, sur qui soient les regards du Prophète! et je ne puis m'arrêter. »

Il continua sa route rapide, et je l'avais déjà perdu de vue, que j'entendais encore le tintement de sa sonnette.

Dans ce pays d'Orient, si paresseux à se transformer, si rebelle, à cause des dogmes fatalistes qui le régissent, aux améliorations que l'Europe tente de lui apporter, la poste locale est restée telle que Cyrus l'a instituée pour la première fois dans le monde, cinq cent soixante ans avant Jésus-Christ. Hérodote et Xénophon racontent qu'il avait divisé son empire en stations calculées sur les forces moyennes d'un cheval, afin de pouvoir être en relations permanentes avec tous les agents de son pouvoir; cent onze relais séparaient Suse de la mer Égée[1].

L'Égypte n'a même pas gardé intacte cette antique tradition, et, si l'on excepte les rapports presque européens établis entre Alexandrie, le Caire et Suez, la poste, pour toutes les provinces, n'est desservie que par des piétons. Pour un homme accoutumé à la rapidité extrême des postes de Paris, rien n'est plus singulier que ces restes encore vivants des civilisations éteintes et remplacées depuis longtemps. Cette institution, si simple qu'aujourd'hui elle nous paraît naturelle, a été lente à s'imposer au monde ancien, et Rome, malgré son incontestable supériorité sur les nations d'autrefois, n'a réellement connu les postes que sous le règne d'Auguste. Suétone ne laisse aucun doute à cet égard lorsqu'il dit: « Voulant que l'on pût connaître promptement tout ce

[1] La Bible donne quelques détails sur l'organisation postale de la Perse. On lit dans Esther, VIII, 9 : « Les secrétaires du roi furent appelés en ce temps, le vingt-troisième jour du troisième mois, mois de Sivan, et il fut écrit selon l'ordre de Mordechaï (Mardochée) aux Jéhoudins (Juifs) et aux satrapes, aux pachas et aux princes des provinces, depuis Hodon jusqu'à Couléh, cent vingt-sept provinces, à chaque province selon son écriture, et à chaque peuple selon son langage, et aux Jéhoudins selon leur écriture et selon leur langage. — 10. Et l'on écrivit au nom du roi, on scella de l'anneau du roi, on envoya les lettres par des courriers à cheval sur des coursiers rapides, sur des dromadaires issus de juments. — 14. Les courriers montés sur des coursiers, sur des dromadaires, partirent à la hâte... » (*La Bible*, trad. Cahen.)

qui se passait dans les provinces, il disposa sur les routes militaires, à de courtes distances, d'abord des jeunes gens, puis des voitures, parce qu'il lui parut plus commode de pouvoir interroger aussi les courriers qui lui étaient dépêchés d'un lieu quelconque, quand les circonstances l'exigeaient[1]. » L'esprit soupçonneux de Tibère et de ses successeurs, le génie organisateur des Romains, ne devaient pas tarder à donner un développement régulier et considérable à ce genre d'administration. Bientôt, en effet, l'organisation postale fut complète et fonctionna dans la plus grande partie de l'empire.

Il n'est pas superflu d'énumérer rapidement les divers services dont elle se composait, car nous les retrouvons plus tard sans modifications essentielles, lorsque nous aurons à parler des postes françaises. Nos inventions n'ont été en majeure partie qu'un retour intelligent aux usages de la Rome antique. Sur ces grandes voies de communication dont les débris font encore aujourd'hui l'admiration des voyageurs, l'empire romain avait établi de distance en distance des hôtelleries (*mansiones*) tenues par des maîtres de poste (*mancipes*), et des relais (*mutationes*) où l'on trouvait des chevaux de rechange. Les messagers spéciaux du gouvernement (*cursores regii*) couraient à franc étrier sur des *equi singulares*, qui correspondent très-nettement à ce que nous appelions, il y a peu de temps encore, des bidets de poste. Les voyageurs moins pressés, ou qui redoutaient la fatigue, trouvaient aux stations indiquées des voitures (*carpenta, rhedæ*) attelées de huit chevaux ou mules, avec renforts de bœufs dans les passages ou les saisons difficiles, et que conduisaient des *carpentarii* ; il était même possible de se faire précéder par des postillons (*cartabulenses*)

[1] Suét., *de Aug.*, XLIX.

chargés de préparer les relais. Pour envoyer les correspondances par ces moyens expéditifs, il était nécessaire d'être pourvu d'une autorisation particulière (*diplomata tractoria*). L'invasion des barbares bouleversa l'administration des postes romaines, et il n'en restait plus qu'un vague souvenir lorsqu'on tenta de la restaurer en France.

Ce fut Charlemagne qui l'essaya; comme Cyrus, il voulut être en rapport facile et régulier avec les provinces les plus lointaines de son empire, et le premier en France il établit un service de courriers royaux. Ce fut en 807 que cette poste commença à fonctionner; mais elle ne survécut pas à l'empereur qui l'avait fondée. La forte centralisation de Charlemagne s'écroula dès qu'il fut mort; la féodalité battit en brèche l'autorité royale, renversa tout ce que celle-ci avait établi, et partout se substitua à elle. Les postes sombrèrent dans ce flot de barbarie nouvelle, et durent attendre l'avénement de Louis XI pour reparaître, grandir et s'accroître jusqu'au point où nous les voyons maintenant.

Cependant Paris s'affirmait déjà comme capitale de la France; il avait pris la tête du mouvement, ainsi que l'on dit aujourd'hui, et l'Université, malgré son esprit étroit et souvent tracassier, sentit le besoin de se mettre en communication avec les différentes provinces qui lui envoyaient le plus grand nombre de ses « escholiers ». Elle organisa un système de messageries qui se chargeaient du transport des voyageurs, des paquets et des correspondances. Ces dernières étaient souvent portées par des « petits messagers » que les vieilles chartes qualifiaient, fort arbitrairement sans doute, de *nuntii volantes*. Les premiers titres relatifs à ces messageries primitives datent de 1296 et de 1315; ce sont ceux par lesquels Philippe le Bel et Louis le

Hutin confirment le privilége de l'Université. Si défectueux, si lent, si dangereux même que pût être ce genre de communication, il suffisait, jusqu'à un certain point, aux besoins de l'époque. Il reçut, par la seule force des choses, bien des améliorations successives, et il était même devenu une source de profits importants pour l'Université, lorsque Louis XI, voulant réunir et ramasser dans sa main toutes les forces dispersées de la royauté, créa définitivement les postes. L'édit est du 19 juin 1464[1]. Un grand maître, nommé par le roi, eut sous sa direction des maîtres coureurs royaux ayant à peu près les attributions des maîtres de poste. Le service était fait par deux cent trente courriers. Toute cette administration nouvelle était aux gages du roi, qui, pour subvenir à ces frais considérables, frappa la nation d'un impôt de trois millions de livres. Dans le principe, les courriers ne portaient que les lettres du roi; mais, autant par tolérance que par nécessité, de spécialement royal qu'il était, ce service ne tarda pas à devenir administratif, sous l'expresse réserve que les lettres avaient été lues et ne contenaient rien qui pût porter préjudice à l'autorité royale. Du reste, Louis XI n'était pas homme à négliger un tel moyen d'informations, surtout au moment où la *guerre du Bien public* allait s'ouvrir.

Nominalement réservées au roi, les postes, pendant longtemps (jusqu'en 1630), ne servirent qu'à ses officiers, à ses ambassadeurs en pays étranger, à ses délégués dans les provinces, ou à des particuliers qui obtenaient l'autorisation d'en faire usage. Le reste de la nation employait les *nuntii volantes* de l'Université, qui transportaient non-seulement les correspondances, mais aussi les voyageurs, et les défrayaient en route, à prix convenu, comme les *vetturini* le font encore dans les

[1] Voir *Pièces justificatives*, 1.

provinces italiennes qui ne sont point pourvues de voies ferrées.

En lisant, dans Brantôme, la Vie du maréchal « d'Estrozze » (Strozzi), on peut voir ce qu'était un maître général des postes, à Paris, sous Henri III. Brusquet, dont « il faut dire que ça esté le premier homme pour la bouffonnerie qui fut jamais, n'y sera, et, n'en desplaise au moret de Florence, fut pour le parler, fut pour le geste, fut pour escrire, fut pour les inventions, bref pour tout, sans offenser ny desplaire, » Brusquet avait une centaine de chevaux dans ses écuries, et « je vous laisse à penser le gain qu'il pouvoit faire de sa poste, n'y ayant point alors de coches, de chevaux de relays, ny de louage que peu, comme j'ay dict, pour lors dans Paris, et prenant pour chasque cheval vingt solz, s'il estoit françois, et vingt-cinq s'il estoit espagnol, ou autre étranger[1]. »

Henri III, pressé par des besoins d'argent, refusa de reconnaître à l'Université le droit de messagerie, à moins qu'elle ne prît et payât licence. La vieille institution regimba ; jalouse de ses priviléges, elle défendit celui-ci à outrance, et n'en fut pas moins condamnée à de fortes amendes, que Henri IV, qui voulait se mettre bien avec tout le monde, lui fit restituer en 1597. Sully, qui fut un homme universel, s'occupa spécialement des postes, dont il semble avoir deviné la future importance. Le nombre des relais est considérablement augmenté sous son ministère, les chevaux de poste sont soustraits aux réquisitions, déclarés objets du domaine royal, et, comme tels, marqués d'un H couronné et de la fleur de lis. Un édit du 3 août 1602 introduit de nouvelles améliorations; des relais sont placés jusque sur les chemins de traverse, chaque ville est autorisée à posséder un

[1] *Brantôme*, éd. Monmerqué, t. Ier, p. 450 et suiv.

dépôt de chevaux de louage, et toute l'administration des postes est confiée à la direction d'un contrôleur général, qui, pour prix de son monopole, verse au trésor une somme de 97,800 livres. C'est de là que date l'origine de la ferme des postes.

Richelieu, comme tous les centralisateurs, s'intéresse vivement aux postes, qui étaient pour lui un moyen d'influence et d'investigation. Dès 1627 (26 octobre), il établit le premier tarif régulier qui frappe les lettres, dont la taxation avait été jusqu'alors laissée à l'arbitraire des commis; en 1629, il enjoint aux gouverneurs des provinces de n'envoyer d'exprès que dans les cas absolument urgents et d'user habituellement de la poste; en 1630 enfin, il divise la France en vingt zones postales obéissant chacune à un administrateur particulier qui correspondait avec le surintendant général siégeant à Paris, et ordonne que dorénavant les particuliers soient tenus d'expédier leurs lettres par la poste royale; en même temps il crée six offices spéciaux pour les correspondances avec l'étranger. De ce jour, les postes deviennent réellement et pour jamais un service public. L'Université réclama encore, plaida, et ne fut déboutée de ses prétentions qu'en 1677, par un arrêt du conseil du roi, qui mit fin à cet interminable procès.

En 1672, l'office des postes est remplacé par la ferme générale des postes, accordée à Lazare Patin pour la somme de 1,200,000 livres; on peut se rendre facilement compte de l'accroissement extraordinaire que ce service prit en France pendant le dix-huitième siècle en comparant le prix des baux successifs de la ferme : en 1700, il est de 2,500,000 livres; en 1739, de 4,000,000; en 1756, de 5,000,000; en 1764, de 7,000,000; en 1777, de 10,000,000. En cent ans, il a presque décuplé, et pourtant, pendant cette période, les départs des courriers de Paris pour la province n'avaient lieu que deux fois par semaine, et en 1720 il fallait trois jours pour aller de Paris à Rouen. On allait en coche, par eau, on allait en carrosse, on allait à cheval, on allait à pied, on allait comme on pouvait pour franchir trente lieues, et chaque soir on s'arrêtait pour faire *la nuictée* dans l'auberge choisie par le conducteur. La façon dont les lettres étaient expédiées à cette époque se reconnaît encore aux noms traditionnels que les chevaux de diligence ont conservés. Le cheval de gauche s'appelle *le porteur;* le cheval de droite se nomme *le mallier;* le premier était monté par le postillon; le second, tenu et conduit à la longe, était chargé de la malle où les dépêches étaient enfermées.

Cependant, malgré tant d'améliorations successives, Paris n'avait point de poste particulière; il communiquait avec la province, avec l'étranger, mais il ne communiquait pas avec lui-même. Les lettres y étaient portées par « les petits laquais », par les commissionnaires; nulle administration spéciale ne se chargeait de les recevoir et de les distribuer. Si l'on en croit Loret (*Gazette rimée*, 16 août 1653), un essai fut tenté qui ne réussit pas; les « boëtes » placées aux carrefours principaux et dans les rues les plus fréquentées n'eurent pas grand succès : on s'amusait à les remplir d'immondices, et même à y fourrer des souris qui rongeaient les lettres. Furetière en parle avec sévérité et menaces dans *le Roman bourgeois*. Paris attendit jusqu'à la seconde moitié du dix-huitième siècle un établissement régulier pour l'échange de sa correspondance urbaine. L'honneur en appartient à M. de Chamousset, dont « la tête était toujours en effervescence pour le bien de l'humanité », dit l'abbé de Voisenon. D'après le *Journal* de Barbier, la déclaration du roi est du 8 juillet 1759; elle fut enregistrée le 17 du même mois. La nouvelle poste evait être inaugurée le 1er août. Mais, de fait, elle n
e

commença à fonctionner que le lundi 9 juin 1760. Les lettres devaient, dans le principe, être préalablement affranchies; on faisait trois distributions par jour; Barbier dit : « On a des réponses le matin et l'après-dînée[1]. »

Ce fut là *poste à un sou* d'abord, puis la *poste à deux sous*, plus communément la *petite poste*. Accueillie d'abord avec quelques moqueries, elle ne tarda pas à démontrer son utilité et entra promptement dans les usages du public; plus de 200 facteurs étaient, peu de temps après la nouvelle installation, occupés au transport des lettres dans Paris; elle resta indépendante jusqu'au 6 juillet 1788, époque où elle se fondit dans la direction générale des postes.

Dès le commencement de la Révolution française, on s'occupa de modifier et de fixer l'administration des postes; elle avait excité de violents mécontentements, ses abus étaient percés à jour, on en désirait ardemment la réforme; les cahiers de 1789 en font foi. Les trois services, service de Paris, service de la province, service des messageries, sont réunis sous la direction d'un commissaire général « non intéressé aux produits d'exploitation », et qui doit prêter serment entre les mains du roi (loi du 26-29 août 1790). Cette disposition nouvelle était bonne, car dès l'année 1791 le bénéfice net des postes accuse 11,668,000 livres.

Le Comité de salut public ne devait point respecter cette organisation, qui semblait pourtant répondre à tous les besoins du moment; une loi datée du 24 juillet 1793 nomme neuf administrateurs choisis par la Convention même pour diriger les postes; tous les trois

[1] Ce service était distribué en neuf bureaux qui s'étaient divisé tous les quartiers de la ville; chaque bureau était distingué par une lettre particulière depuis A jusqu'à J inclusivement; voir *Plan d'administration pour la poste de Paris* : M.DCC.LX.

ans, leurs pouvoirs expiraient, mais pouvaient être renouvelés. De quinzaine en quinzaine, ils devaient rendre compte de leur gestion à l'assemblée souveraine, qui seule était apte à prononcer sur leur sort. Le peuple, dans les assemblées de district, nommait lui-même le directeur de la poste aux lettres des quartiers et des cantons. Ce fut à la suite de cette loi que fut adopté le modèle des *malles-postes*, inventées par Palmer, directeur du *Post-Office* de Londres, et que l'Angleterre employait depuis 1784. Elles devaient partir tous les jours de Paris, marcher nuit et jour, et faire réglementairement une moyenne de deux lieues à l'heure. Elles survivaient encore au temps de notre enfance, ces bonnes voitures jaunes, formées d'un coupé-cabriolet et d'une rotonde; une large bâche de cuir retenait les paquets des cinq ou six voyageurs qu'elles pouvaient contenir; quatre chevaux montés par deux postillons les entraînaient à travers la poussière qu'elles soulevaient sur les routes. Elles ont duré en France jusqu'en 1839 et 1840. A cette époque, M. Conte, administrateur fort intelligent, alla lui-même en Angleterre étudier le *Mail-coach* qui avait succédé depuis longtemps à la patache de Palmer, et la France fut dotée de ces excellentes berlines de poste, de ces briskas rapides et commodes qui firent jadis notre admiration, qui devaient voyager avec une vitesse moyenne de 16 kilomètres à l'heure, et qui n'ont disparu que devant la locomotive des chemins de fer.

Cependant les postes n'étaient point florissantes tant que dura la période de la Révolution : les maîtres de poste, aux trois quarts ruinés, donnèrent leur démission; mais la terrible assemblée ne plaisantait pas avec les services publics, et un décret du 8 octobre 1793 força les démissionnaires à reprendre leurs fonctions. Comme il y allait de la tête, ou peu s'en faut, ils n'hésitèrent pas et se soumirent. Par décret du 18 octobre 1794, la Convention, fidèle à ses principes, abolit le privilége des messageries et accorda une liberté illimitée à l'industrie des transports. Sans aucun doute, c'était nuire à l'administration des postes ; mais, en les délivrant de leur service le plus encombrant, c'était les mettre à même de pouvoir suffire plus tard à l'extraordinaire accroissement des correspondances, et c'était, œuvre bien plus importante, augmenter par la concurrence des initiatives individuelles les moyens de transport et de communication dans une proportion considérable.

Le service des postes allait mal, la Convention n'en pouvait douter, et elle crut remédier à tous les inconvénients qu'elle connaissait, en portant à douze le nombre des administrateurs (août 1795). Ai-je besoin de dire que cette mesure ne fut d'aucune utilité ? Tout ceci n'était que provisoire, et les tâtonnements n'étaient point finis. Le Directoire, assez bien inspiré cette fois, remit les postes sous la direction d'un commissaire général, et lui rendit les messageries, qu'il ne tarda pas à restituer à l'industrie particulière, à la charge pour celle-ci de verser un dixième de ses bénéfices au trésor public (loi du 9 vendémiaire an VI). Le premier commissaire général aux postes fut Gaudin, que l'Empire fit duc de Gaëte. Bonaparte, par un arrêté consulaire du 4 janvier 1800, fonda l'organisation encore actuellement en vigueur. M. de la Valette, nommé commissaire général en 1801, prend dès 1804 le titre de directeur général, titre qui, après avoir été modifié en 1830 (président du conseil des postes) et en 1831 (directeur d'administration), redevient en 1844 et reste encore aujourd'hui la dénomination officielle[1].

[1] Les directeurs généraux de l'administration des postes ont été depuis 1797 jusqu'à nos jours :

27 novembre 1797, Gaudin, commissaire du Directoire exécutif près la ferme des postes ; — 15 novembre 1799, Laforêt, commissaire du Direc-

L'Empire et la Restauration ne donnèrent point cependant un bien vif essor aux postes ; j'en trouve la preuve en comparant le nombre des bureaux, qui, en 1791, était de 1,419, et en 1829 n'était encore que de 1799. Une augmentation de 380 bureaux dans l'espace de trente-huit ans est significative, et indique une médiocre sollicitude. Cependant il ne faut point oublier que c'est le gouvernement de Charles X qui institua l'admirable et démocratique service des facteurs ruraux [1]. Dans la discussion qui eut lieu à ce sujet à la Chambre des députés le 13 avril 1829, le baron de Villeneuve apprend à la France étonnée que « 35,587 communes sont dépourvues de relations *directes* avec la poste ». Il fallait donc se rendre au chef-lieu de canton, souvent même au chef-lieu d'arrondissement, pour retirer ses lettres. Cet usage déplorable n'est pas encore tombé en désuétude dans la libérale Angleterre, qui devrait bien imiter notre excellente organisation du factage rural. Du reste, avant la

toire exécutif près la ferme des postes ; — 17 décembre 1801, comte de Lavalette, commissaire central des postes ; — 19 mars 1804, comte de Lavalette, directeur général des postes ; — 3 avril 1814, de Bourrienne ; — 13 mai 1814, comte Ferrand ; — mars 1815, comte de Lavalette ; — juillet 1815, comte Beugnot ; — 2 octobre 1815, marquis d'Herbouville ; — 13 novembre 1816, Dupleix de Mezy ; — 26 décembre 1821, duc de Doudeauville ; — 4 août 1824, marquis de Vaulchier ; — 13 novembre 1828, baron de Villeneuve ; — 2 août 1830, Chardel ; — 6 septembre 1830, Conte, président du conseil des postes ; — 5 janvier 1831, Conte, directeur de l'administration des postes ; — 21 décembre 1844, Conte, directeur général des postes ; — 22 juin 1847, comte Dejean ; — 25 février 1848, Arago (Étienne) ; — 21 décembre 1848, Thayer (Édouard) ; — 27 décembre 1855, Stourm ; — 25 mai 1861, Vandal (Édouard). A ces noms il convient d'ajouter aujourd'hui (janvier 1875) ceux de Rampont-Lechin, 9 septembre 1870, et de Le Libon, 9 août 1873.

[1] Un fait, que je trouve dans la curieuse *Correspondance secrète* publiée par M. de Lescure, semble prouver que des espèces de facteurs ruraux existaient déjà avant la Révolution. Dans une chasse du roi, le cerf étant à l'eau, « l'un de ces facteurs qui portent les lettres dans les villages s'amusait à ce spectacle ; c'était un enfant de quinze ans qui portait en bandoulière la petite boîte décorée d'une fleur de lis. Le roi Louis XVI), ignorant l'usage de cette boîte, passe derrière l'enfant, la lui ôte légèrement et la jette dans l'eau. » L'enfant se désespère, on repêche la boîte et on donne au petit facteur un écu de six livres.

révolution de juillet, et même dans les villes, le service était médiocre et n'avait pu se débarrasser d'un certain esprit de privilége qui travaillait encore les administrations les meilleures ; les lettres n'étaient rendues à domicile que dans les villes dont la population dépassait 4,000 habitants, et le facteur exigeait, pour ce service spécial, une surtaxe arbitraire de cinq centimes. 1830 fit disparaître ce dernier abus, qui existait encore en 1860 dans une grande partie de l'Allemagne.

Par notre armée de facteurs nous sommes supérieurs à l'action des postes anglaises ; mais, sous le rapport de l'uniformité des taxes, l'Angleterre nous a donné un excellent exemple que nous avons été bien lents à suivre. Le 10 janvier 1840, elle inaugure sa réforme, que nous tentons vainement d'imiter en 1845. A cette époque, la France postale était divisée en plusieurs zones, qui toutes avaient un tarif particulier. Dans la séance du 7 février 1845, il fut démontré à la Chambre des députés que la zone la plus rapprochée, taxée à 20 centimes, produisait 5,300,000 francs; et que la plus éloignée, taxée à 1 fr. 20 c., rapportait 90,000 francs. Une telle différence, si concluante en faveur de la réforme postale, ne put cependant pas entraîner la majorité ; la Chambre divisa ses voix en deux parts exactement égales, 170 contre 170 ; la loi fut rejetée. Elle fut reprise sous la République, le projet de décret fut présenté le 26 mai 1848, au nom de la *commission exécutive*, par M. Eugène Duclerc, et, dans la séance du 24 août, M. Goudchaux, ministre des finances, le fit adopter malgré la vive opposition du citoyen Deslongrais, qui n'entendait à rien et voulait imperturbablement rester fidèle aux vieilles zones et aux anciens tarifs. La loi fut votée à une grande majorité : elle fit une révolution réelle dans le service des postes; car, par l'abaissement de la taxe, elle amena dans les correspondances une augmentation extraordinaire, et par la création des *timbres-postes* elle rendit possible le travail des employés, qui, sans cela, succomberaient aujourd'hui sous le nombre des objets qu'ils ont à manipuler. Une dernière et équitable amélioration a encore été introduite par la loi du 5 juin 1854, qui détermine la taxe actuelle et accorde à l'affranchissement une prime de moitié du prix de la lettre.

C'est en examinant et en comparant les chiffres qu'on pourra apprécier les résultats obtenus par les différentes mesures qui viennent d'être énumérées. Nous avons déjà dit qu'en 1791 il existait en France 1,419 bureaux de poste, et qu'en 1829 on en comptait 1,799 ; en 1838, le nombre est de 2,595 ; en 1867, il est de 4,876. Le nombre des objets manipulés par l'administration des postes est, en 1825, de 86,342,197 ; en 1845, de 178,574,394 ; en 1867, de 772,199,426. Le produit général de la vente des timbres-poste est en 1849 de 4,446,766 francs ; en 1867, il a été de 68,010,000 francs, sur lesquels la part seule de Paris est de 14,876,115 francs. Enfin, en 1829, il n'existait pas un seul facteur rural ; aujourd'hui la poste en emploie 16,557, qui parcourent chaque jour, sans repos du dimanche, 428,256 kilomètres, c'est-à-dire un espace de chemin égal à plus de dix fois le tour de la terre.

## II. — LE CABINET NOIR.

Inscrit dans l'édit de Louis XI. — Fouquet. — Louis XV. — Madame du Hausset. — Façon de procéder. — Le maréchal de Saxe. — Louis XVI. — Les cahiers généraux. — Le 15 juillet 1789. — Serment des employés aux postes. — Opinion de Robespierre. — Aveux de Napoléon. — Restauration. — Révélations après 1830. — Le chef du cabinet noir. — Le cabinet noir existe-t-il encore? — Législation. — Circulaire du 24 janvier 1867. — Plénipotentiaires de Rastatt. — Un diplomate trop curieux.

L'impulsion donnée à cet immense service part de l'Hôtel des postes de Paris ; mais avant d'examiner les différents détails d'une si considérable administration, il n'est pas inutile de revenir en arrière pour un instant et de dire quelques mots d'une institution qui a fait grand bruit jadis, qui a inspiré bien des colères, et qui reste justement flétrie par l'opinion publique : je veux parler du *cabinet noir*. Il prit réellement naissance en même temps que l'administration des postes ; car, ainsi qu'on l'a vu, Louis XI eut soin de spécifier que les courriers royaux ne transporteraient les lettres que si elles avaient été lues préalablement, et si elles ne contenaient rien qui pût porter préjudice à son autorité[1]. C'est là l'origine de cette institution. Il paraît hors de doute que les anciens gouvernements y ont eu recours. Concini, Richelieu, Mazarin, Louis XIV, Dubois, qui, parmi tous ses titres, portait celui de « grand maître et surintendant général des courses, postes et relais de France », n'étaient point hommes à s'arrêter devant le cachet d'une lettre fermée ; mais nul document précis n'existe sur lequel on puisse baser une certitude. Cependant M. Pierre Clément donne de curieux détails sur les précautions prises par Fouquet pour être toujours au courant des affaires des autres et éviter qu'on ne se mêlât trop des siennes. Le surintendant des postes, M. de Nouveau, était une de ses créatures et lui communiquait les papiers dont la connaissance pouvait lui être utile. Fouquet savait à quel point la poste était infidèle, car dans les instructions qu'il trace lui-même pour le cas où il serait arrêté, on lit cette recommandation, qui n'a pas besoin de commentaire : « Prendre garde surtout à ne point écrire au-

[1] Dans certaines circonstances, on rappelait publiquement ces prescriptions. « L'an 1523 le vingt-huitième jour de juing fut cryé à son de trompe par les quarrefours de Paris, de par le Roy... qu'on ne laissât plus passer nu'z courriers ne aultres personnes portans lettres sans être veües et visitées ; et ce sur peine de confiscation de corps et de biens ; et fut ce faict par despit de ce que le pape tenoit le party de l'Empereur. » *Journal d'un Bourgeois de Paris sous le règne de François Ier*, p. 112 et 113.

cune chose importante par la poste, mais envoyer partout des hommes exprès, soit cavaliers ou gens de pied, ou religieux[1]. »

Saint-Simon insiste souvent sur ce sujet et ne ménage guère Louvois; il frappe même plus haut et découvre Louis XIV; dans ses *Additions au journal de Dangeau*, il dit : « La plus cruelle de toutes les voies par laquelle le roi fut instruit bien des années avant qu'on s'en fût aperçu, et par laquelle l'ignorance et l'indépendance de beaucoup de gens continue encore trop à l'instruire, fut celle de l'ouverture des lettres; c'est ce qui donna tant de crédit aux Pajots et aux Rouillés qui en avaient la ferme. » — « C'est à Louvois qu'est dû le fatal décret d'ouvrir toutes les lettres à la poste qui a été si longtemps caché et qui est enfin devenu public[2]. »

Nul n'en doutait, du reste, sous Louis XIV; madame de Sévigné écrit à sa fille, en date du 18 mars 1671 : « Mais je veux revenir à mes lettres qu'on ne vous envoie pas; j'en suis au désespoir. Croyez-vous qu'on les ouvre? Croyez-vous qu'on les garde? Je conjure ceux qui prennent cette peine de considérer le peu de plaisir qu'ils ont à cette lecture et le chagrin qu'ils nous donnent. Messieurs, du moins, ayez soin de les faire recacheter, afin qu'elles arrivent[3]. »

Un siècle plus tard (1er décembre 1765), Horace Walpole devait écrire : « Bons maîtres de poste, secrétaires d'état ou qui que vous soyez, recachetez promptement cette lettre-ci et envoyez-la : vous garderez la prochaine aussi longtemps que vous voudrez. »

Sous Louis XV, on sait positivement à quoi s'en tenir, et l'on peut même reconstituer assez facilement le mode de procéder. Ce fut ce prince en effet qui organisa le

[1] Pierre Clément, *la Police sous Louis XIV*, p. 16, 37 et pass.
[2] *Journal de Dangeau*; éd. Didot, XVI, p. 45; III, p. 366.
[3] *Lettres de madame de Sévigné*, etc., II, p. 120; éd. Hachette.

premier et d'une façon régulière « le cabinet du secret des postes ». Ses prédécesseurs, on le sait, ne s'étaient point fait faute de prendre copie des dépêches qu'il leur importait de connaître ; mais c'est à lui que remonte le triste honneur d'avoir définitivement réglé cette étrange administration. Elle avait pour but de découvrir les secrets de la vie privée; mais il ne faut pas la confondre avec l'agence politique destinée à percer les mystères de la diplomatie, et qui eut pour directeurs en ce temps-là le prince de Conti et le comte de Broglie.

Dans ses curieux Mémoires, madame du Hausset, femme de chambre de la marquise de Pompadour, raconte naïvement ce qu'elle a vu elle-même. Son témoignage est important. « Le roi avait fait communiquer à M. de Choiseul le secret de la poste, c'est-à-dire l'extrait des lettres qu'on ouvrait, ce que n'avait pas eu M. d'Argenson malgré toute sa faveur. J'ai entendu dire que M. de Choiseul en abusait, et racontait à ses amis les histoires plaisantes, les intrigues amoureuses que contenaient souvent les lettres qu'on décachetait. La méthode, à ce que j'ai entendu dire, était fort simple : six ou sept commis de l'hôtel des postes triaient les lettres qu'il leur était prescrit de décacheter, et prenaient l'empreinte du cachet avec une boule de mercure; ensuite on mettait la lettre, du côté du cachet, sur un gobelet d'eau chaude, qui faisait fondre la cire sans rien gâter; on l'ouvrait, on en faisait l'extrait, et ensuite on la recachetait au moyen de l'empreinte. Voilà comme j'ai entendu la chose. L'intendant des postes apportait les extraits au roi le dimanche. On le voyait entrer et passer comme les ministres pour ce redoutable travail[1]. »

Ces renseignements sont inexacts, mais ils sont précieux, car ils mettent sur la voie de la vérité. La vapeur

[1] *Mémoires de madame du Hausset;* éd. Barrière, p. 33 et suiv.

d'eau bouillante ne peut amollir que la cire animale et non point la cire-résine qu'on emploie pour sceller les lettres ; ce procédé est bon pour décoller sans lacération les pains à cacheter. Quant à prendre une empreinte avec du mercure, cela est absolument impossible, à moins qu'on n'arrive à le congeler en abaissant subitement la température à 40° au-dessous de zéro ; mais en combinant du mercure et de l'argent on obtient un amalgame très-malléable, qui durcit rapidement, conserve nettes les arêtes d'une empreinte et peut parfaitement servir de sceau pour rétablir un cachet[1]. La découverte de nouveaux métaux a singulièrement amélioré ces procédés primitifs ; certaine cire spécialement préparée suffit au besoin, et l'on pourrait aujourd'hui, si on y avait intérêt, opérer presque à coup sûr et de façon à tromper les yeux les plus défiants.

[1] Les *Lettres* de la Palatine confirment le récit de madame du Hausset et prouvent que la façon de procéder ne s'était point modifiée en passant du régent à Louis XV. Elle écrit, en effet, le 2 décembre 1717 : « Il ne sert à rien de cacheter les lettres avec de la cire ; on a une espèce de composition faite avec du vif-argent et d'autres substances qui enlèvent la cire, et lorsque les lettres ont été ouvertes, lues et copiées, on les recachète si adroitement que personne ne peut découvrir si elles ont été ouvertes. Mon fils sait fabriquer cette composition ; on l'appelle *gama.* » Madame, mère du régent, parlait l'allemand aussi mal que le français ; en allemand, amalgame se dit *amalgama ;* elle n'a retenu que les deux dernières syllabes. Du reste, dans toute sa correspondance, on trouve incessamment plus que des allusions à l'ouverture des lettres : voir, dans l'édition Rolland, *Lettres du* 19 *février* 1682, *du* 29 *août, du* 1er *novembre* 1683 ; dans l'édition Brunet, *Lettres du* 4 *juillet* 1698, *du* 15 *mai* 1701, *du* 19 *février* 1705, *du* 17 *mars* 1706, *du* 18 *octobre* 1709, *du* 20 *juillet* 1711, *du* 15 *juillet* 1713, *du* 18 *juillet, du* 6 *septembre* 1715, *du* 14 *juillet* 1718, *du* 2 *novembre* 1719, *du* 3 *octobre* 1720, *du* 6 *mars* 1721. Elle sait que toutes ses lettres sont lues, elle en profite pour faire connaître son opinion à qui de droit ; le 19 juin 1721, elle écrit : « L'abbé Dubois m'a fait dire qu'il ne se mêlait nullement de la poste, et qu'elle regardait exclusivement M. de Torcy ; mais ils sont tous deux des œufs pourris et du beurre gâté ; ils ne valent pas mieux l'un que l'autre, et ils seraient tous les deux mieux à leur place à la potence qu'à la cour, car ils ne valent pas le diable et ils sont plus faux que le bois du gibet. S'il a la curiosité de lire cette lettre, il verra l'éloge que je fais de lui, et il reconnaîtra la vérité de notre proverbe allemand : Celui qui écoute aux portes entend dire bien du mal de lui. »

La lecture des lettres des particuliers était devenue le passe-temps favori de Louis XV, qui trouvait dans la satisfaction de cette malsaine curiosité un aliment et un divertissement pour son esprit corrompu. Les plus hauts personnages n'étaient point à l'abri de ces misérables investigations. Le 16 décembre 1740, Maurice de Saxe écrit au comte de Bruhl : « J'envoie à Votre Excellence le couvert (enveloppe) de sa lettre. Elle verra qu'elle a été ouverte d'une manière assez grossière : c'est apparemment un novice qui a fait le coup. » L'honnête Louis XVI voulut, au commencement de son règne, mettre fin à ces scandales d'indiscrétion, qui n'étaient plus un mystère pour personne, et répudier un tel moyen de gouvernement. Un arrêté du 18 août 1775 déclara que « la correspondance secrète des citoyens est au nombre des choses sacrées dont les tribunaux comme les particuliers doivent détourner les regards ». Cette probité sérieuse ne fut pas de longue durée. On influença la faible volonté du roi en invoquant la raison d'État et le cabinet du secret des lettres fut rétabli; il fonctionnait activement peu de temps après l'arrêté que nous venons de rapporter.

On peut se figurer à quel point cette question soulevait toutes les consciences en parcourant les cahiers qui contenaient les vœux de la France, au moment où la Révolution allait éclater. Ils sont unanimes pour réclamer le secret des lettres, la suppression du bureau qui, à l'Hôtel des postes de Paris, a le droit d'ouvrir les correspondances, la responsabilité des agents et leur punition sévère en cas de délit. Ils demandent en outre que dans aucun cas, sans exception, une lettre ne puisse devenir un moyen ou un titre d'accusation « pour aucuns autres que celui auquel elle a été adressée ou celui par qui elle a été écrite ». Dès le lendemain de la prise de la Bastille, les vainqueurs pensent au *cabinet noir.*

« A onze heures du matin, le 15 juillet, M. Villain d'Aubigné, du district des Feuillants, partit du Palais-Royal avec une escorte, se rendit à l'hôtel général des postes, où il prit avec le fils de M. le baron d'Ogny les mesures nécessaires pour que les lettres fussent désormais inviolables[1]. »

Les députés aux États généraux ne furent point sourds à l'appel de leurs commettants; ils s'en firent l'écho. Dans la séance du 8 juillet 1790, sur le rapport d'Armand Gontaut (ci-devant Biron), l'Assemblée nationale supprime les fonds affectés au cabinet du secret des postes; dans la séance du 22 août suivant, elle décrète, après avoir entendu le rapporteur La Blache, que les administrateurs et les employés des postes prêteront, les premiers entre les mains du roi, les seconds entre les mains des juges, serment de respecter et de faire respecter par tous les moyens en leur pouvoir « la foi due au secret des lettres de toute la correspondance du royaume ».

On pourrait croire d'après cela que le cabinet noir était définitivement fermé, et que les moyens de gouvernement dont usaient « les tyrans » ne pouvaient convenir à un « peuple libre »; on se trompait. De quelque côté et pour quelque cause que l'on combatte, les armes sont perpétuellement les mêmes. Dès l'ouverture des États généraux, on peut deviner que, si jamais Robespierre arrivait au pouvoir, il ne mépriserait pas ce moyen d'investigation qu'on avait si justement reproché à la monarchie absolue. Répondant à Mirabeau, il dit, dans la séance du 25 juillet 1789 : « Sans doute les lettres sont inviolables; mais lorsque toute une nation est en danger, lorsqu'on trame contre sa liberté, ce qui est un crime dans les autres temps devient une action

[1] Dussaulx, *l'Œuvre des sept jours.*

louable. Les ménagements pour les conspirations sont une trahison envers le peuple. » Grands mots, derrière lesquels les actes ne peuvent même pas cacher ce qu'ils ont d'odieux. Plus tard, Robespierre parut avoir changé d'avis : le 28 janvier 1791, il monte à la tribune, et à propos des correspondances renvoyées à l'examen de l'Assemblée parce qu'elles attaquaient les représentants du peuple, il dit : « Comment sait-on que ce sont des écrits contre l'Assemblée nationale? On a donc violé le secret des lettres? C'est un attentat contre la foi publique! » Ces paroles contiennent implicitement une promesse que devait démentir le Comité de salut public.

Ce furent les Girondins, lorsqu'ils étaient les plus forts, qui donnèrent le mauvais exemple. Ils ne se gênèrent point pour décacheter les lettres des *feuillants*, des *fayettistes;* la Montagne devait le leur rendre quand son tour fut venu. Elle eut au moins le mérite de procéder ouvertement; ce ne fut plus une embûche, ce fut une mesure de sécurité publique, et deux membres de la Convention furent délégués pour connaitre des correspondances qui pouvaient compromettre le salut du pays. Après le 9 thermidor, on essaya de ramener les postes à un état normal; on voulut une fois de plus rompre avec la raison d'État et revenir à la probité. Dans la séance du 19 frimaire an III (9 décembre 1794), la Convention décrète « que le secret des lettres ne sera plus violé dans l'intérieur de la république, et renvoie au comité des transports les observations faites sur l'administration des postes. » Je doute que les thermidoriens, dont la moralité n'était point exemplaire, aient tenu grand compte de ce décret, car jamais peut-être la police ne fut plus pénétrante qu'à cette époque : par bonheur pour les intéressés, sa vénalité la rendait peu redoutable, et il était facile de s'accommoder avec elle.

Sous le Consulat et l'Empire, nulle hésitation n'est

permise. Desmarest, dans ses *Témoignages historiques*, a fait un aveu qu'il est intéressant de rapporter ; lorsqu'il raconte ce que devinrent les principaux auteurs de l'attentat de la rue Saint-Nicaise, il dit, à propos de Limoëlan : « Dévot autant que fier, ne voyant dans son action que la volonté de Dieu, il ne voulut pas se soumettre au jugement des hommes. Il s'embarqua simple matelot à Saint-Malo. Qu'il me suffise de dire qu'il s'est retiré du monde. Son parti ignora ce qu'il était devenu ; mais le gouvernement français ne le perdit pas de vue ; dans le couvent lointain où il a reçu la prêtrise, il ne correspond qu'avec sa sœur, et en tête d'une de ses lettres, dont il craignait sans doute l'interception par les croisières anglaises, j'ai lu cette recommandation remarquable : « O Anglais, laissez passer cette lettre ! elle « est d'un homme qui a beaucoup fait et souffert pour « votre cause. » J'avais bien soin de ces communications, toutes de piété et de famille. » Napoléon, du reste, ne s'en cachait guère, et il parlait volontiers du cabinet noir, à ses compagnons de captivité, à Sainte-Hélène. « C'est une mauvaise institution, disait-il, qui fait plus de mal que de bien. Il arrive si souvent au souverain d'être de mauvaise humeur, fatigué, influencé par des causes étrangères à l'objet soumis à sa décision, et puis les Français sont si légers, si inconséquents dans leurs correspondances comme dans leurs paroles ! J'employais le plus souvent le cabinet noir à connaître la correspondance intime de mes ministres, de mes chambellans, de mes grands officiers, de Berthier, de Duroc lui-même[1]. » M. de Las Cases est très-explicite, il entre même en quelques détails administratifs qui ne sont point sans intérêt : « Dès que quelqu'un se trouvait couché sur la liste de cette importante surveillance, ses armes, son

[1] *Récit de la captivité de l'empereur Napoléon à Sainte-Hélène*, par M. le général de Montholon, ch. VII.

cachet, étaient aussitôt gravés par le bureau, si bien que ses lettres, après avoir été lues, parvenaient intactes, sans aucun indice de soupçon... Ce bureau coûtait 600,000 francs... Quant à la surveillance exercée sur les lettres des citoyens, il (l'empereur) croyait qu'elle pouvait causer plus de mal que de bien[1]. » Un de ses ministres, un homme dont le dévouement n'est point suspect, et qui le servait avec ardeur dans toutes ses opérations secrètes, Savary, blâme énergiquement la violation des lettres, non pas au point de vue de la morale, qui paraît l'inquiéter assez peu, mais uniquement au point de vue de l'utilité qu'on en peut retirer. Il n'hésite pas à dire : « C'est ainsi que plus d'une fois on s'est servi, pour porter le mensonge jusqu'au chef de l'État, d'un moyen destiné à lui faire connaître la vérité. A l'aide de cette institution, un individu qui en dénonce un autre peut donner du poids à sa délation. Il lui suffit de jeter à la poste des lettres conçues de manière à confirmer l'opinion qu'on veut accréditer. Le plus honnête homme du monde peut ainsi se trouver compromis par une lettre qu'il n'a pas lue ou qu'il n'a pas comprise. » Et Savary ajoute ces paroles qui méritent de faire réfléchir lorsqu'on se rappelle les fonctions qu'il a exercées : « J'en ai fait l'expérience par moi-même[2]. » Bourrienne nomme les masques sans hésiter, explique la cause de la disgrâce qui, pendant tout l'Empire, pesa sur le général Kellermann : « M. de la Forêt, directeur général des postes, *travaillait* quelquefois avec le Premier Consul, et l'on sait ce que cela veut dire, quand un directeur général des postes *travaille* avec le chef du gouvernement. Ce fut dans une de ces séances *laborieuses* que le Premier Consul vit une lettre de Kellermann à Lasalle, dans laquelle il lui disait : « Crois-tu, mon ami, que

[1] *Mémorial de Sainte-Hélène*, t. II, p. 71 et suiv. Édition de 1823.
[2] *Mémoires du duc de Rovigo*, t. Ier, p. 420 ; 1828.

« Bonaparte ne m'a pas fait général de division, moi qui « viens de lui mettre la couronne sur la tête ? » (Allusion à la bataille de Marengo.) La lettre recachetée fut envoyée à son adresse, mais Bonaparte n'en oublia jamais le contenu[1]... »

Le cabinet noir ne disparut pas avec l'Empire, et il fit beaucoup parler de lui sous les Bourbons. Il coûtait alors, comme sous le régime précédent, 600,000 francs, soldés sur les fonds secrets du ministère des affaires étrangères, et était desservi par vingt-deux employés, dont plusieurs étaient de hauts personnages. En 1828, lorsque M. de Villèle tomba, entraînant dans sa chute le préfet de police Delavau, chute qui nous valut l'étrange publication du *Livre noir*[2], le nouveau ministère déclara officiellement que le cabinet du secret des lettres n'existait plus à l'administration des postes. C'était une supercherie ; on s'était contenté de le faire déménager. Après la révolution de Juillet, on n'eut pas de longues recherches à faire pour le découvrir et prouver qu'il avait fonctionné jusqu'au dernier moment.

Un procès curieux occupa même l'attention publique dans les premiers mois qui suivirent l'avénement de la maison d'Orléans. Une jeune personne d'excellente famille avait épousé vers 1821 un employé supérieur des postes, personnage important, en relation directe avec les Tuileries et émargeant un gros traitement. Ses fonctions, sur lesquelles il ne s'était pas expliqué, exigeaient presque tous les soirs sa présence à son bureau, et souvent il y passait une partie de la nuit. Après les événements de Juillet, la triste vérité apparut tout entière ; le mari était l'un des principaux membres du cabinet noir. Sa femme, indignée en recevant une telle révélation, à laquelle elle était loin de s'attendre, forma immédiate

[1] Bourrienne, t. IV, p. 90.
[2] 4 vol. Paris, 1829.

ment près du tribunal civil de la Seine une demande en séparation de corps et de biens. Malgré tout le talent de son avocat, elle perdit son procès; mais l'opinion du monde était pour elle, et jamais elle ne consentit à revoir celui qui l'avait abusée sur sa situation et l'avait entraînée dans une honte qu'elle ne soupçonnait pas.

Je me souviens d'avoir été conduit, lorsque j'étais enfant, chez un vieillard qui habitait un assez médiocre château dans l'Orléanais. Je vis un homme grand, d'excellentes façons, poudré avec un soin qui ressemblait bien à de la coquetterie, vêtu d'un pantalon à pieds et d'une veste en molleton blanc, aimable causeur, ne regardant guère les gens en face, se disant fort désintéressé des choses de ce bas monde et accusant dans toute sa manière d'être les habitudes d'une société disparue. Il était très-savant, parlait sept ou huit langues, s'occupait de chimie à ses moments perdus et faisait beaucoup de bien autour de lui. Je me rappelle qu'il me montra un gnomon nouvellement établi devant sa maison, et que, par esprit de douce raillerie, il me pria de lui traduire les quatre mots latins qui entouraient le cadran demi-circulaire; c'était l'inscription de l'horloge d'Urrugne : *Vulnerant omnes, ultima necat.* Il m'expliqua la légende en la commentant avec une tristesse et un charme que je n'ai pas oubliés. Les vieillards du pays l'aimaient et, à cause de sa bienfaisance, l'avaient surnommé le Saint; les jeunes gens s'en éloignaient, inscrivaient souvent des mots injurieux pour lui sur les murs de sa propriété et l'appelaient l'espion. Je ne l'ai jamais revu, et depuis j'ai appris ce qu'il avait été. C'était le comte de..., ancien chef du cabinet noir sous la Restauration.

Le gouvernement de Juillet recueillit l'héritage que lui avaient légué les Bourbons; il continua de servir aux anciens agents secrets des postes le traitement qu'ils recevaient pendant la durée de leurs fonctions, et dans les comptes du ministère des affaires étrangères on trouve qu'en 1847 les fonds secrets payaient encore 60,500 francs de pensions aux « employés de l'ancien cabinet noir ».

La période qui commence en 1830 est trop contemporaine pour que l'on puisse se permettre d'en parler. De certains procès politiques où les correspondances saisies et lues à la poste servaient de base à l'accusation, on peut inférer que la royauté de Juillet employa sinon régulièrement, du moins quand elle crut en avoir besoin, cette arme qu'on aurait pu croire brisée pour jamais; mais rien dans les révélations qui suivirent les journées de Février ne vint prouver que le cabinet noir eût été rétabli d'une façon normale. Ce fut plutôt, je crois, un *en-cas* qu'une institution, et si l'on en usa, ce fut dans certains moments exceptionnels, qui paraissaient critiques ou dangereux.

Existe-t-il encore aujourd'hui ?

Montaigne eût dit : Que sais-je? et Rabelais peut-être!

En tout cas, il doit être absolument inutile en présence de l'arrêt que la cour de cassation, toutes chambres réunies, a rendu le 21 novembre 1853. Par cet arrêt[1], la cour reconnait au préfet de police et aux préfets le droit de se faire délivrer par la direction des postes telles lettres qu'ils déterminent. Un simple commissaire de police peut aujourd'hui, en présentant une délégation *ad hoc*, se faire remettre contre un reçu les lettres adressées à tel individu désigné ; si plus tard elles sont rendues à l'administration, elles sont frappées d'un timbre particulier qui porte en exergue : *ouverte par autorité de justice*, et renvoyées au destinataire. C'est brutal, j'en conviens, mais préférable néanmoins aux manœuvres du cabinet noir. La cour de cassation a pro-

[1] Voy. *Pièces justificatives*, 2.

noncé en dernier ressort, il n'y a qu'à s'incliner. Cependant je lis dans le code pénal un article 187 ainsi conçu : « Toute suppression, toute ouverture de lettres confiées à la poste, commise ou facilitée par un fonctionnaire ou un agent du gouvernement ou de l'administration des postes, sera punie d'une amende de 16 francs à 500 francs et d'un emprisonnement de trois mois à cinq ans. Le coupable sera de plus interdit de toute fonction ou emploi public pendant cinq ans au moins et dix ans au plus. » Ce sont là de ces contradictions que les légistes excellent à résoudre, mais auxquelles nous n'entendons rien.

Au mois de janvier 1867, un incident vint tout à coup solliciter l'opinion publique, appeler son attention sur le secret des lettres et déchaîner une tempête d'une extrême violence. Les journaux s'emparèrent de la question, la discutèrent avec feu, et le Corps législatif, dans la séance du 23 février, eut à se prononcer sur une interpellation très-accentuée formulée par M. Eugène Pelletan. Quel événement avait donc motivé cette juste et légitime émotion ? Le comte de Chambord avait fait autographier une lettre dans laquelle il s'expliquait, je crois, sur la situation intérieure du pays. Cette lettre, mise sous enveloppe, avait été envoyée à un assez grand nombre de personnes en France. Le préfet de police, au lieu de fermer les yeux sur un pareil fait qui n'avait rien d'inquiétant, rédigea, en vertu des pouvoirs que lui confère l'article 10 du code d'instruction criminelle, une réquisition en date du 23 janvier 1867, pour faire saisir la susdite lettre dans les bureaux de poste. Le directeur général des postes, obéissant à la réquisition du préfet de police agissant comme magistrat, adressa, le 24 janvier, une circulaire à tous ses agents et leur intima l'ordre de saisir, partout où ils pourraient la reconnaître, la fameuse lettre signée Henry [1].

[1] Voy. *Pièces justificatives*, 3 et 4.

La circulaire fut promptement connue et divulguée par la voie de la presse ; il y eut grand bruit dans Landerneau. La discussion ouverte au Corps législatif sur ce sujet fut instructive, car elle prouva péremptoirement et une fois de plus encore l'inanité de pareilles mesures. Le directeur général des postes avoua avec une bonne foi qui mit bien des rieurs de son côté que les efforts de son administration avaient abouti à faire arrêter *cinq* lettres qu'on présumait contenir la lettre suspectée. Les cinq lettres, envoyées au préfet de police, furent rendues par lui au service des postes sans avoir été ouvertes et subirent douze ou vingt-quatre heures de retard dans la transmission. Quant au fait en lui-même, régulier en principe, car la loi est malheureusement formelle à cet égard, il était irrégulier dans l'application. Le directeur général, au lieu d'agir sur tous les bureaux disséminés sur le territoire de la France, aurait dû limiter son action au département de la Seine, qui est la circonscription de l'autorité du préfet de police, et attendre la réquisition successive de tous les procureurs généraux pour faire opérer dans le ressort de chacun d'eux. Là était l'illégalité : elle ne fut pas niée par l'autorité compétente. En présence des explications données, la Chambre passa simplement à l'ordre du jour. — La malice française s'en mêla, et pendant longtemps des lettres jetées à la poste portaient ces mots sur l'enveloppe : *Rien du comte de Chambord.*

Il est à regretter que l'on n'ait pas profité du trouble très-réel et très-explicable qu'un tel incident jeta dans l'esprit de la population, pour demander la révision de la législation en ce qui touche le secret des lettres, et pour faire disparaître de notre code ces articles barbares que nous a légués la vieille monarchie, que tout gouvernement soucieux de sa propre dignité ferait bien de répudier et qui devraient limiter les cas très-rares, exceptionnels, et dans lesquels seulement il serait permis de se faire délivrer judiciairement les lettres adressées aux personnes accusées d'un crime avéré.

L'intérêt extrême que les gouvernements ont à pénétrer leurs mutuels secrets les a souvent entraînés à des actes que la délicatesse et la morale réprouvent. Parfois on n'a pas hésité à commettre des crimes pour s'emparer des dépêches d'un agent diplomatique. Dans ce cas-là surtout, on faisait appel à la raison d'État, et tout se trouvait justifié pour les gens qui s'imaginent qu'en toutes choses le résultat seul est à considérer. Chacun se souvient encore de l'assassinat des plénipotentiaires français, dans la nuit du 9 floréal an VII (28 avril 1799), à deux cents pas de Rastatt, près du pont de Rheinau, sur la route de Plittersdorf. Roberjot et Bonnier furent tués; Jean Debry, échappé par miracle, reçut treize blessures. Le but de cette agression, dont il faut lire le récit dans le procès-verbal même des ministres plénipotentiaires[1], était tout simplement de s'emparer des papiers que les envoyés français portaient avec eux dans leur voiture. L'Autriche a rougi de cet attentat; elle a essayé d'en rejeter la responsabilité sur des émigrés français déguisés en hussards hongrois; on accusa les royalistes, les agents du comte de Provence; il n'y a pas longtemps que cette thèse a été présentée de nouveau ; elle n'est pas soutenable; les historiens feront bien d'y renoncer et de ne plus réveiller ces honteux souvenirs.

Un autre fait excessivement grave et beaucoup moins connu s'est passé dans la première moitié du gouvernement de la Restauration. L'ambassadeur d'une très-grande puissance près d'une cour italienne de premier ordre s'aperçut à des indices certains que ses secrets étaient divulgués. Ses dépêches les mieux chiffrées étaient devinées, ses correspondances particulières avec son gou-

[1] Voy. *Pièces justificatives*, n° 5.

vernement étaient percées à jour, et le ministère d'un pays voisin en avait connaissance. En vain l'ambassadeur avait établi autour de lui une surveillance très-active, en vain il redoublait de perspicacité; le mystère demeurait impénétrable pour lui. Il était parvenu cependant à découvrir que ces renseignements pleins de trahison partaient de la ville même qu'il habitait, et qu'ils étaient souvent transportés par ses propres agents. Le moyen qu'il employa pour connaître la vérité fut féroce. Un jour que son courrier était parti chargé de ses dépêches, il le fit attendre près de la ville de T..., à un endroit mal famé du reste et volontiers visité par les coupeurs de bourse. Le malheureux courrier, qui venait de relayer, s'en allait au grand trot, sur le chemin qu'éclairait la lune, lorsqu'il reçut en pleine poitrine un coup de fusil qui le tua roide. Son sac de dépêches, prestement enlevé, fut remis à l'ambassadeur, qui, en l'inspectant, put se convaincre que le traître appartenait à son propre cabinet. Le secrétaire fut destitué sans bruit; on accusa les brigands d'avoir assassiné le courrier, on donna quelque argent à sa veuve et l'affaire fut étouffée. L'auteur ou plutôt l'instigateur de ce meurtre a vécu fort honoré; c'était un diplomate habile, et il est mort membre d'une chambre haute. Si secrète que fut tenue l'aventure, on finit par la connaître, et bien des gens qui la racontaient disaient volontiers en terminant le récit : « Certainement le moyen était excessif; mais, que diable ! l'intérêt de l'État doit passer avant tout. »

## III. — ORGANISATION GÉNÉRALE.

Les malles-postes de M. Conte. — Les bureaux ambulants. — Trajet annuel de la poste. — Travail dans les wagons. — Minutie des précautions. — Un *chargement*. — *Échantillons*. — Tortues vivantes. — Encombrement. — Mandats d'argent. — Libéralisme de la loi. — Valeurs déclarées. — Remboursement. — *Sous-seings*. — Abus permanent. — Ori gine des franchises dans l'édit du 19 juin 1464. — Système du sous-seing anglais. — Exemple à suivre. — La taxe militaire.

L'établissement successif des chemins de fer a amené une modification essentielle dans le transport des dépêches. Les grandes rapidités si admirées jadis nous feraient sourire aujourd'hui; les exigences se sont augmentées en raison directe des besoins, et les besoins se sont augmentés en raison directe des satisfactions qu'on leur donnait. Autrefois, dans les plus beaux temps de la direction de M. Conte, quatorze malles-postes attelées chacune de quatre chevaux conduits à grandes guides quittaient Paris à six heures du soir, et allaient porter à la France entière les lettres et les journaux. Chaque matin, entre quatre et cinq heures, quatorze malles-postes apportaient à Paris la correspondance des provinces. Ce service était régulier, rapide, excellent. Il a disparu aujourd'hui et pour toujours.

A la place de ces quatorze malles-postes qui traversaient nos rues au grand trot et parcouraient nos routes, où chaque voiture était tenue de leur céder le pavé, vingt bureaux ambulants partent de Paris, amarrés aux wagons qu'entraîne la locomotive; six employés, montés dans chaque bureau, utilisent le temps du voyage à trier les lettres, à les diviser en paquets destinés aux villes qu'on traverse, à en préparer à l'avance la distribution, qui peut, grâce à ce système, s'effectuer aussitôt après la remise des dépêches. Chaque jour, vingt autres bureaux ambulants arrivent à Paris, chargés des nombreuses correspondances qui y affluent de toutes parts. De plus, chaque train de petite, de moyenne, de grande vitesse, reçoit des courriers chargés de *convoyer*, distribuer, recevoir les correspondances qui ont été jetées à la poste après le départ de l'*ambulant*. On peut affirmer avec certitude que les 44,322 boîtes aux lettres qui sont dispersées sur le territoire de la France sont remplies, vidées, visitées plusieurs fois par jour. On est effrayé quand on pense à la longueur du chemin que la poste aux lettres fait dans notre pays. Annuellement elle franchit sur les chemins de fer 27,730,000 kilomètres et 51,700,000 sur les routes de grande et de petite vicinalité. Quelque remarquable que soit ce service, il ne pourra que s'améliorer encore par l'ouverture de nouvelles voies ferrées, et bientôt sans doute on arrivera à un parcours de 100,000,000 de kilomètres par an.

Chacun a pu, sur les chemins de fer, remarquer les bureaux ambulants, qui sont véritablement les annexes mobiles de l'administration centrale. Le travail y est incessant; à chaque station, on reçoit autant de dépêches qu'on en délivre; il faut recommencer le triage, classer de nouveau toutes les lettres, tous les paquets destinés aux localités desservies par le railway, et ainsi de suite jusqu'à ce qu'on soit parvenu au terme du voyage. Lorsqu'on remonte vers Paris, la même besogne recommence, s'activant au fur et à mesure qu'on approche — besogne fatigante, exigeant une rapidité de main extraordinaire, énervant les plus robustes, et rendue souvent très-pénible par la trépidation d'un train lancé à toute vitesse. La poste ressemble fort au tonneau des Danaïdes; le labeur y est excessif, et il faut toujours le recommencer. Malgré le dévouement des employés, leur extrême habileté et l'espèce d'ardeur fébrile qui est nécessairement devenue pour eux une seconde nature, c'est tout ce qu'ils peuvent faire que d'accomplir régulièrement la tâche énorme dont ils sont responsables.

Pendant l'année 1867, la poste française a transporté 772,199,426 objets, qui tous ont été réglementairement manipulés par plusieurs agents, et dont beaucoup, tels que les chargements et les mandats d'articles d'argent, ont exigé plusieurs mesures de contrôle et d'enregistrement. On ne saurait imaginer quelles précautions minutieuses prend l'administration des postes pour assurer la remise des objets qu'elle transporte. Ainsi, par exemple, une lettre *chargée* destinée à Marseille et déposée au bureau de la place de la Madeleine à Paris, subit une série d'opérations qui toutes sont vérifiées, et dont la preuve reste entre les mains de l'administration centrale. Le bureau de la Madeleine prend la lettre *en charge* et en donne un récépissé à l'expéditeur ; il envoie ensuite la lettre au bureau central, qui l'inscrit et en donne reçu ; celui-ci la remet avec les mêmes formalités au bureau ambulant, qui les exige à son tour du bureau de Marseille. Ce dernier la confie contre reçu au facteur, qui ne doit la livrer au destinataire qu'en échange d'une décharge définitive. Six enregistrements différents, six signatures différentes, sont donc nécessaires pour qu'une lettre chargée parvienne de Paris à Marseille ; il est inutile d'ajouter que ces diverses formalités ne doivent causer aucun retard au transport de la dépêche.

Nous avons dit le nombre vraiment extraordinaire et toujours croissant des objets confiés à la poste ; ils se divisent en cinq catégories distinctes, qui sont : les lettres, 341,579,726 ; les chargements, 4,305,120 ; les sous-seings, 116,000,000 ; les journaux, imprimés, échantillons, 305,319,320 ; les mandats d'articles d'argent, 4,995,260. — Chacun sait de quelle façon on procède pour les lettres, pour les journaux ; on vient de voir les diverses phases que traverse un *chargement ;* il nous reste à parler des échantillons, des mandats et des *sous-seings*.

La fixation d'un tarif minime pour les objets dits *échantillons* (loi du 25 juin 1856) a singulièrement favorisé ce genre d'envoi. On pourrait croire que le commerce se contente d'adresser par la poste des fragments d'étoffe, des spécimens qui serviront à déterminer plus tard une commande, et que c'est à cela qu'est limité le droit d'expédition ; pas du tout. Par suite de la tolérance de l'administration des postes, qui en toute chose fait acte de bonne volonté pour se plier aux exigences du public, par suite de cet esprit d'abus qui semblent inhérent aux Français, surtout en présence d'un monopole, les *échantillons* sont devenus peu à peu de véritables marchandises qui devraient être reléguées dans les wagons de messageries des chemins de fer. Comme les 100 grammes d'échantillons ne sont taxés qu'à 10 centimes, la poste transporte pour 30 centimes des *paquets* qui pèsent 300 grammes ; chaussures, dentelles, chapeaux, douzaines de paires de gants, s'en vont tranquillement et fort économiquement dans la boîte des facteurs pêle-mêle avec les lettres et les journaux. J'ai vu parmi ces amas d'objets de toutes sortes deux petites tortues vivantes, portant une adresse collée sur la carapace et qui furent transportées comme échantillons, car elles n'outre-passaient pas le poids légal.

Ces facilités sont tellement appréciées par le commerce, que depuis dix ans le nombre de ces prétendus *échantillons* a quintuplé ; il est devenu aujourd'hui un motif de sérieuses appréhensions pour l'administration. Son service, en effet, son service essentiel et spécial est celui des dépêches, et il est encombré de la façon la plus gênante par tous ces *colis* qui tiennent beaucoup de place, exigent une manipulation plus délicate, et entraînent une perte de temps précieux. La poste succombe littéralement sous l'amoncellement des lettres, des journaux, des imprimés ; il serait utile, dans son propre intérêt, qui est celui du public tout entier, de la débarrasser d'un surcroît de travail qui trouverait mieux son emploi ailleurs.

Si je blâme les facilités abusives accordées au transport des échantillons, je ne puis qu'approuver les efforts accomplis pour rendre les mandats d'articles d'argent accessibles à tout le monde. Par l'abaissement successif des droits dont ils sont frappés, on est arrivé à les mettre à la disposition des bourses les plus pauvres. La loi du 2 juillet 1862 a abaissé de 2 à 1 pour 100 le droit de transmission ; de plus, la loi du 2 juin 1864 a réduit le droit de timbre de 50 à 20 centimes : aussi dans l'année 1867 l'administration des postes a émis 4,995,260 mandats, qui représentent une somme totale de 146,000,000 francs. Il est facile de faire comprendre à quel point ce service est utile aux petites gens en disant que 15,356,957 francs ont été expédiés en 2,034,261 mandats de 10 fr. et au-dessous. Du reste, les sommes envoyées de cette manière ne sont jamais très-considérables, et le mandat le plus élevé dont on ait conservé le souvenir était d'une valeur de 30,000 francs ; venu de Constantinople, il fut touché à Paris le 11 juin 1863.

Mais, comme l'on sait, la poste se charge aussi de transporter des valeurs déclarées moyennant une prime d'assurance qui est de 1/10 pour 100 ; elle ne reçoit pas de *déclaration* au-dessus de 2,000 francs, et c'est la somme *maxima* qu'elle est autorisée à restituer en cas de perte. Lorsque nous nous sommes enquis du motif qui avait fait limiter à 2,000 francs la somme la plus élevée que la poste consentait à transporter dans une lettre, il nous a été répondu qu'elle voulait, par ce moyen, éviter de tenter la cupidité de ses agents. En 1867, 1,648,500 lettres contenant 908,804,000 francs de *valeurs déclarées* ont été enregistrées à l'administration. Ce total est considérable, et cependant il n'est rien en comparaison des valeurs contenues dans les lettres *chargées*, valeurs qui ne sont soumises à aucune déclaration préalable, et qui, d'après un calcul approximatif, s'élèvent à plus de trois milliards. Ce chiffre, rapproché du total des *mandats* et des *valeurs déclarées*, prouve que la poste transporte annuellement environ quatre milliards de francs.

De telles richesses peuvent tenter bien des agents pauvres, j'en conviens ; mais la surveillance est perpétuelle. A la fois occulte et patente, elle s'exerce jour et nuit, dans les bureaux sédentaires, comme dans les bureaux ambulants. Aussi en 1867, malgré l'énormité des valeurs manipulées par tant d'employés divers, l'administration n'a-t-elle eu à rembourser que 8,020 francs — 500 francs pour dix chargements disparus, à 50 francs l'un, et 7,520 francs pour perte ou détournements de valeurs déclarées. Dans ce dernier cas, l'administration est responsable de la totalité de la somme inscrite sur ses registres ; dans le premier elle ne rembourse jamais plus de 50 francs pour perte d'une lettre *chargée*, quel que soit le nombre de billets de banque qu'elle contienne. En présence d'une perte si minime qu'elle est insignifiante, comment ne pas admirer le haut sentiment du devoir qui dirige et soutient les 28,422 agents auxquels le soin des correspondances est confié ? Leur responsabilité est permanente, et malgré quelques déplorables exemples, sur lesquels les tribunaux ont eu à prononcer, on peut dire que cette grande armée administrative est un modèle d'honneur et de probité.

A côté des tentations qu'elle repousse, il y a les encombrements officiels qu'elle débrouille avec une sagacité merveilleuse sans permettre qu'ils puissent nuire au service public. Ce qu'on appelle les *contre-seings* suffirait à occuper toute une administration spéciale ; c'est un abus qui paraît croître dans des proportions telles, qu'il est bon de le signaler. Comme le cabinet noir, il remonte à Louis XI. Dans l'édit du 19 juin 1464, on lit : « Art. 21. Et quant aux paquets envoyés par ledit seigneur (le roi), ou qui lui seront adressés, lesdits maîtres coureurs sont tenus de lui porter en personne, sans aucun délai de l'un à l'autre, avec la cotte cy-mentionnée, sans en prendre aucun payement, ainsi se contenteront des droits et gages qui leur seront attribués. » *Sans en prendre aucun payement*, ces cinq mots contenaient en germe le contre-seing ou le droit de franchise, que bientôt chacun réclama soit à titre courtois, soit comme privilége de charge exercée, soit enfin pour cause d'utilité publique.

Peu à peu l'abus se propagea de telle sorte et devint si menaçant, que sous la Convention il fut reconnu que plus des trois quarts des correspondances transportées par les postes jouissaient du droit de franchise. Ce ne fut que sous le Directoire (décret du 27 vendémiaire an VI) qu'on osa faire payer régulièrement la taxe à cette innombrable quantité de fonctionnaires de tout ordre qui avaient trouvé moyen de s'en affranchir. Lors de la discussion du 7 février 1845, M. Monier de la Sizeranne demanda hardiment l'abolition de toutes les franchises. Malheureusement, tout en ayant raison, il heurtait tant de petits intérêts qu'il ne fut point écouté. Les contre-seings furent maintenus, et ils existent si bien aujourd'hui qu'ils ont atteint, en 1867, le chiffre de 67 millions d'objets pesant ensemble plus de quatre millions de kilogrammes, qui, taxés selon le droit commun, auraient rapporté la somme approximative de 32 millions de francs. En vérité, c'est trop.

De cette franchise qui, dans le principe, ne devait appartenir qu'au souverain seul, tous les dépositaires, tous les représentants de l'autorité ont demandé leur part. Aujourd'hui cent vingt mille fonctionnaires correspondent *franco* avec leurs supérieurs, leurs subordonnés et leurs collègues. Toutes les sociétés de bienfaisance, tous les comices agricoles, toutes les compagnies savantes, harcèlent l'administration de demandes et réclament à hauts cris ce bienheureux droit de sous-seing qui embarrasse le service, grève le budget, fatigue les employés et menace de tout envahir. Ai-je besoin de dire que la poste repousse ces prétentions que rien ne justifie? Elle a eu à lutter sérieusement contre quelques très-hauts fonctionnaires qui voulaient envoyer, à l'abri de la taxe, les invitations à dîner qu'ils adressaient à leurs amis. *Le Moniteur officiel* et *le Petit Moniteur* sont transportés en franchise [1]. Ce seul fait n'est-il pas la condamnation de tout le système des contre-seings et de l'extension arbitraire qu'on lui a donnée?

La poste a beau se défendre, elle est débordée ; ce ne sont pas seulement des correspondances administratives qu'on lui remet, ce sont des colis de toute sorte, des écharpes municipales, des pains de munition. La gendarmerie a été plus loin : sous le cachet de sa franchise, elle a expédié des bottes à l'écuyère, et elle a même trouvé fort mauvais qu'on se soit permis de lui soumettre quelques observations. Cet abus, qu'il devrait suffire de signaler pour qu'on s'empressât de le faire disparaître, durera-t-il longtemps encore en France? J'espère que non. C'est l'Angleterre qui a ouvert la voie de la réforme postale, c'est elle aussi qui nous apprend ce que nous avons à faire en présence de ce droit exorbitant.

Dans le Royaume-Uni, la correspondance administrative est frappée de la taxe ordinaire; la reine elle-même n'y échappe point, et ses lettres sont tarifées comme celle du plus humble de ses sujets. Comme les lettres nécessitées par le service public ne doivent pas toutefois être une charge particulière pour les fonctionnaires, le parlement vote chaque année une somme con-

[1] Ces deux journaux sont remplacés aujourd'hui par le *Journal officiel* et le *Bulletin français*, car le *Moniteur universel* a cessé d'être l'organe officiel du gouvernement depuis le 1er janvier 1869.

sacrée à l'affranchissement des correspondances de chaque département ministériel ; le contrôle parlementaire exercé naturellement sur cet objet une surveillance légitime, il empêche les abus de se produire et n'accable pas les postes sous un fardeau qui, chaque jour, devient plus pesant. Dans l'état actuel des choses, le contre-seing en France est une cause perpétuelle de difficultés pour le service des lettres et de pertes sérieuses pour le trésor public. Il est certain qu'une réforme radicale mécontenterait beaucoup de fonctionnaires qui ne se gênent guère pour faire passer leurs correspondances privées à l'abri de leur droit de franchise ; mais l'intérêt général y gagnerait d'une façon notable, et cela seul est à considérer.

S'il est juste de flétrir l'abus d'un tel privilége, on ne peut qu'applaudir à la mesure en vertu de laquelle le soldat et le marin jouissent d'un bénéfice qui leur permet de recevoir et d'expédier leurs lettres en n'acquittant que la taxe territoriale, même lorsque le corps dont ils font partie est à l'étranger. Ce sont les hommes de la Révolution qui ont décrété cette excellente prescription dans la loi du 27 juin 1792. Aussi, que nos soldats soient en Chine, en Cochinchine, au Mexique ; que nos marins soient sous l'équateur ou sur les côtes de Laponie, ils sont toujours considérés comme étant en France, et cela n'est que régulier, car là où est le drapeau, là est la patrie.

## IV. — LE SERVICE DE PARIS.

Pompe aspirante et foulante. — La poste à Paris. — Division par zones et bureaux. — Formation des *dépêches*. — Les tilburys. — Classification. — La dépêche de Paris. — Les timbres. — La salle de verre. — Le piquage. — La zone des erreurs. — Appel et rectification. — Le facteur du gouvernement. — Départ pour la distribution. — Le courrier de province. — Entre l'hôtel des postes et les gares. — La dernière minute. — Les déchiffreurs. — Adresses impossibles. — Les rebuts. — Modèles d'adresses envoyés aux écoles primaires. — Poste restante. — Amour et mystère. — Un employé spirituel. — Bureau des chargements. — Richesse et pauvreté. — La poste à l'Exposition universelle de 1867.

On a comparé le cœur à une pompe aspirante et foulante; on peut dire la même chose de l'hôtel central des postes : il attire sans cesse à lui les correspondances, et les refoule pour les distribuer dans toutes les directions. Paris est moralement le centre de la France; c'est de là que la vie s'élance, c'est là qu'elle revient. C'est plus qu'une capitale, c'est un monde, et bien des États n'ont point un mouvement postal semblable à celui de cette seule ville. 329,766,823 objets y ont été manipulés, pendant l'année 1867, par une légion d'employés pour qui les heures, en se succédant, n'apportent que du travail et jamais de repos. Cet énorme labeur, dont on peut dire que le poids augmente en raison de la vitesse forcée, est accompli par 1,921 agents, tels que facteurs et fonctionnaires divers de l'hôtel des postes et des trente-six bureaux qui s'ouvrent dans les principaux quartiers de Paris, l'ancien Paris, j'entends le Paris en dehors des communes nouvellement annexées, et qui est resté jusqu'à présent le Paris postal. Il est curieux d'étudier et de raconter comment une telle masse d'objets divers, lettres, imprimés, échantillons, est reçue, réunie, vérifiée, triée, divisée, subdivisée, et enfin distribuée. Du moment où elle est jetée à la boîte jusqu'au moment où elle est remise au domicile du destinataire, une lettre subit une série d'opérations que nous allons essayer de faire connaître.

L'administration des postes, afin de simplifier et d'activer son travail, s'est fait un cadastre municipal fictif, et a partagé Paris en onze zones principales, qui ont chacune un centre autour duquel viennent rayonner d'autres zones moins importantes. Parmi les trente-six bureaux urbains, on en a choisi onze qu'on appelle techniquement *bureaux de passe*, destinés à réunir dans leur sein le produit des vingt-cinq autres bureaux, à lui faire subir une trituration sommaire et à le diriger, à des heures réglementaires, sur l'administration centrale de la rue Jean-Jacques-Rousseau. Ce système est la base de toute la division du travail et de la distribution des lettres; c'est à la fois le point de départ et le point de retour; en un mot, c'est l'explication de l'énigme, explication sans laquelle il est difficile de se rendre un compte exact de ce mécanisme, à la fois si simple et si compliqué.

Sept fois par jour des facteurs visitent les boites dont seuls ils ont la clef; ils les vident, en rassemblent le contenu qu'ils renferment dans un large sac de cuir clos d'une serrure solide, et vont le porter au bureau qui se trouve dans leur circonscription. Là le sac est vidé sur une table, et des employés spéciaux font un tri préalable ; ils divisent la masse de lettres recueillies en quatre paquets différents ; chacun de ces paquets forme ce qu'on appelle une *dépêche*. On fait ainsi la dépêche de Paris, la dépêche de la banlieue, la dépêche des départements, la dépêche de l'étranger. Chacune de ces dépêches est ficelée à part et garnie d'une étiquette à gros caractères qui en indique la destination; puis tous ces paquets, après avoir été désignés sur un registre spécial, sont enfouis dans un sac de toile doublé de cuir, qu'on ferme à l'aide d'une corde, qu'on scelle d'un cachet de cire portant l'empreinte du bureau expéditeur, et auquel on attache un numéro d'ordre qui permet d'en reconnaitre immédiatement la provenance. Dès que ce travail est terminé, le sac est déposé dans un tilbury à coffre qui part immédiatement au grand trot et se rend à l'hôtel des postes. A la même heure, les onze tilburys qui ont été relever les dépêches des onze bureaux de passe arrivent dans l'ancienne cour des malles-postes et remettent leur dépôt aux employés qui les attendent.

Les sacs, rapidement montés dans une salle garnie de plusieurs tables, sont reçus par un agent qui, au fur et à mesure qu'il les ouvre, en indique d'un mot l'origine à un employé qui l'inscrit sur un registre. Le sac est non-seulement ouvert et vidé, mais, sous peine d'amende, il doit être retourné de façon qu'on puisse en voir le fond. Avec une dextérité, une rapidité que seule une longue habitude peut donner, l'agent lance les différentes dépêches aux tables où elles doivent être manipulées. Ici Paris, là les départements, plus loin la banlieue, ailleurs l'étranger. La dépêche générale de la province se subdivise en vingt sous-dépêches correspondant aux vingt bureaux ambulants qui voyagent sur les chemins de fer. Ces sous-dépêches sont, en attendant l'heure du départ, déposées dans un vaste casier où chaque compartiment porte un nom indicateur : le Havre, Quiévrain, Strasbourg[1], etc. Les dépêches pour l'étranger sont divisées suivant les offices postaux auxquels elles doivent parvenir. La dépêche pour Paris est dépecée immédiatement ; toutes les lettres qui s'en échappent sont versées en monceau sur une table autour de laquelle une quinzaine d'hommes sont réunis.

En hâte et fiévreusement, car les minutes sont comptées, on divise les lettres en deux parts, celles qui ne sont point affranchies et celles qui le sont. Les premières sont portées à un agent particulier qui en fait onze parts et additionne le total des taxes ; les secondes, poussées sur la table même du tri à des employés qui tiennent deux timbres dans la main droite, sont frappées de deux cachets, l'un qui indique la date du mois et

[1] Actuellement, pour les motifs que l'on sait, Avricourt a remplacé Strasbourg comme point frontière.

l'heure de la levée, l'autre qui oblitère l'affranchissement. La précision rapide de ce travail est extraordinaire : dans l'espace d'une minute, calculée à l'aide d'une montre à secondes, un de ces hommes a timbré devant moi, sans se douter que je l'examinais, quatre-vingt-sept lettres, et encore je dois ajouter que trois fois il a repris des lettres au tas, qu'on augmentait à chaque instant.

Lorsque toutes les lettres ont reçu leur double cachet, elles sont jetées dans des mannes posées sur de petits chariots en fer qu'on traîne dans une autre salle, salle singulière et dans laquelle je n'ai pu me défendre d'un subit serrement de cœur. Il est triste que le droit et le devoir d'une administration soient de toujours soupçonner ses agents ; mais c'est la première loi des services publics, et il serait cruel d'y manquer. Devant de grands casiers en cristal et par conséquent transparents de toutes parts, surveillés de tous côtés, des employés reçoivent les paniers qui contiennent les lettres. Ils prennent celles-ci et les mettent une à une, après en avoir vérifié l'adresse, dans l'un des onze compartiments qui représentent les onze circonscriptions postales de Paris ; sur une large table voisine, onze corbeilles portant des numéros d'ordre sont disposées au-dessous de onze cordons de sonnette.

Un employé va sans cesse visiter les casiers transparents; il y prend, par exemple, les lettres appartenant à la zone n° 3, il les dépose dans le panier n° 3, et tire la sonnette placée au-dessus du panier. Cette sonnette correspond à une salle voisine, salle immense où douze tables énormes reçoivent autour d'elles chacune quinze facteurs; la sonnette a retenti précisément au-dessus de la table n° 3; deux facteurs se lèvent, vont prendre le panier, le rapportent et le vident sur leur table particulière. Alors commence le travail du *piquage;* chaque facteur prend dans le monceau de lettres celles qui sont destinées aux rues qu'il dessert, et les dispose selon l'ordre même de sa distribution. Dans cette salle, si curieuse à visiter lorsque cette fourmilière s'y agite silencieusement, il y a une douzième table qui figure une douzième zone ; elle représente un canton fictif, le canton des erreurs. En effet, dans la hâte excessive de ce tri, il n'est pas rare et il est fort naturel qu'un employé se trompe, qu'il attribue au district n° 7 ce qui appartient au district n° 9. Il est presque sans exemple qu'un facteur ne relève pas immédiatement l'erreur ; la lettre qu'on a envoyée à sa table est alors expédiée, séance tenante, à cette douzième table supplémentaire. Là l'erreur est rectifiée, et la lettre est remise aux distributeurs de la circonscription à laquelle elle appartient.

Ce n'est pas tout ; il arrive tous les jours qu'en écrivant une adresse on mette le nom du destinataire et qu'on oublie d'indiquer sa demeure. Toutes les lettres dont l'adresse est ainsi incomplète sont remises à un inspecteur ; il monte dans une petite chaire située précisément au milieu de la salle, et d'où il domine facilement tous les facteurs occupés à leur piquage. Il crie d'une voix haute : Attention à l'appel ! et alors il prononce le nom qui, sur la lettre, n'a été suivi d'aucune indication d'adresse. Le facteur qui est accoutumé à voir ce nom dans son service se lève, donne le renseignement demandé et devient dépositaire de la lettre. Dans un coin, devant une toute petite table, un facteur particulier, dit *facteur du gouvernement*, ayant comme tel le droit de porter une broderie d'or au collet, un chapeau à trois cornes sur la tête et un portefeuille au lieu de boîte, fait le tri spécial des Tuileries.

Chaque facteur, quand son piquage est terminé, reçoit les lettres non affranchies dont il doit toucher la taxe ; on lui remet en même temps une feuille sur laquelle son compte est écrit et détaillé; de ce moment, il devient vis-à-vis de l'administration débiteur de la somme notée sur ce bulletin, et il doit en justifier au retour de sa tournée, soit en apportant l'argent qu'il a reçu, soit en rendant les lettres qui le représentaient, si elles ont été refusées par les destinataires. L'opération est terminée; les facteurs, debout devant leur place respective, attendent le signal du départ. Ils défilent un à un dans un ordre établi d'avance, se rendent dans la cour, montent dans les omnibus qui les attendent, qui les emportent et les déposent au point même où commence leur distribution. Grâce à la régularité des différentes opérations que je viens d'énumérer, une lettre doit être rendue d'un bout de Paris à l'autre dans un laps moyen de quatre heures : trois heures au moins, cinq heures au plus.

Les diverses phases de ce travail se renouvellent sept fois par jour pendant la semaine et cinq fois le dimanche; mais cette activité remarquable devient littéralement vertigineuse deux fois par jour, le matin à l'arrivée, et le soir au départ des trains de chemin de fer. Lorsqu'on assiste à cette formidable manipulation, on est surpris, non pas que la poste commette par-ci par-là quelque erreur, mais qu'une seule lettre puisse arriver à destination. A cinq heures précises du matin, les employés, les facteurs sont à leur poste; ils ont devant eux, non plus des paquets, mais des avalanches de lettres, d'imprimés, d'échantillons, représentant non-seulement le produit de la dernière levée de Paris et de l'ancienne banlieue, mais tout ce que les départements et l'étranger ont envoyé par les bureaux ambulants. Aussi cette première distribution, dite *courrier de province*, est la plus considérable; en outre, elle est la plus importante, puisque c'est par elle en général qu'arrivent les lettres d'affaires; elle est donc toujours impatiemment attendue, et il a fallu redoubler d'activité pour satisfaire aux exigences du public.

Mettre un facteur de plus dans la salle du *piquage* est impossible, grâce à l'insuffisance du local; le personnel qui l'occupe n'y est déjà que trop tassé et trop à l'étroit. Voici par quel procédé ingénieux on accélère cette première distribution sans encombrer l'hôtel des postes. Chaque facteur, en sortant de la salle où le tri s'est fait, emporte avec lui deux boîtes ; à l'endroit précis où l'omnibus le dépose, il trouve un de ses camarades qui l'attend; il lui remet la boîte contenant les lettres qu'il doit distribuer, la feuille où sont portées les taxes à percevoir, le carnet des chargements dont il lui faudra demander reçu, et la tournée commence, se dédoublant pour ainsi dire elle-même et arrivant ainsi à être terminée à l'heure normale où les affaires commencent.

Pour obvier à l'encombrement qui risque chaque jour de paralyser le départ du soir, auquel incombent naturellement les dépêches pour la province et l'étranger, l'administration s'est vue forcée de confier une partie du travail aux bureaux ambulants, qui dès trois heures de l'après-midi sont garnis de leurs agents et prêts à fonctionner. D'heure en heure, et quelquefois plus fréquemment, selon les besoins du service, des fourgons partent de l'hôtel des postes et vont verser aux bureaux remisés dans les gares d'énormes quantités d'objets qui déjà ont subi le tri préalable d'une destination générale.

Les rapports journaliers de l'hôtel des postes avec les gares peuvent se résumer par deux cents voyages de fourgons, aller et retour. Les *imprimés* seuls représentent une moyenne de deux cent soixante sacs plus larges et plus hauts que des sacs de blé. Le 1er et le 15 du mois, ce nombre est singulièrement dépassé. C'est sur des crochets, dans des voitures à bras, dans des tapissières que les recueils périodiques, les brochures, les journaux, sont apportés. Chacun de ces imprimés exige autant de soins, de manipulations, de formalités qu'une lettre : de plus ils tiennent beaucoup plus de place, risquent d'être détériorés par des froissements trop brusques et nécessitent par conséquent des précautions plus minutieuses. Toute la préoccupation de l'administration est de désencombrer l'hôtel des postes et d'alimenter le travail que les six employés de chaque bureau ambulant sont chargés de faire. Aussi on porte réglementairement aux gares à trois heures les imprimés, à quatre heures les paquets pour la province et l'étranger déjà recueillis dans les levées de la journée. A cinq heures, on fait un nouvel envoi de dépêches ; enfin au dernier moment, vers sept heures moins un quart, tout ce qui, apporté par les trains-poste arrivés à six heures, ne fait que traverser Paris et tout ce qu'on récolte dans les boîtes à la dernière limite de temps accordée par la loi est expédié aux gares de chemins de fer par un dernier fourgon.

Les employés, rapides, silencieux, portant des liasses de lettres, charriant des mannes regorgeant de papiers, vont et viennent sans se heurter dans les corridors resserrés ; par de longues trémies aboutissant aux fourgons mêmes, on fait glisser les sacs bourrés de dépêches ; dès qu'une de ces lourdes voitures a reçu son chargement, on l'entend qui s'ébranle, tourne dans la cour et s'éloigne bruyamment vers la gare où elle est attendue.

La *grande boîte*, celle des dernières levées, et que garde un factionnaire, est vidée de cinq minutes en cinq minutes ; des hommes haletants s'élancent à travers les escaliers, versent les lettres sur la table, où les manipulations dernières sont accomplies avec une rapidité fatigante à voir et plus fatigante à imaginer. L'heure sonne ; un dernier sac est lancé par la trémie, un dernier fourgon résonne sur le pavé : Tout est-il bien ? — Tout est bien !

Les hommes essuient leur front baigné de sueur ; les chefs donnent un dernier coup d'œil ; une inspection générale est faite pour bien s'assurer que nulle lettre ne traîne, que nulle cause d'incendie n'existe ; une voix dit : A bientôt, et surtout de l'exactitude ! — et l'hôtel des postes entre dans sa période de repos, période qui ne doit pas durer longtemps, car de neuf à onze heures il faut préparer le train du Havre. Et ainsi tous les soirs, tous les jours, avec un accroissement quotidien qui ne semble rien au premier abord, mais qui au bout de l'année se compte par 30 ou 40 millions d'objets[1]. Si à cela on ajoute le surcroît de travail de certaines époques exceptionnelles, telles que le jour de l'an, qui apporte à l'hôtel central 3,500,000 cartes de visite, on ne pourra qu'admirer un service qui en est arrivé, à force de soin et de volonté, à ne plus commettre qu'une erreur et demie sur mille objets.

Ce que le public ne sait pas, ce qu'il ne peut deviner qu'imparfaitement, c'est la constante activité que l'administration déploie pour éviter ou réparer ces inévitables erreurs qu'on lui a parfois reprochées avec une amertume imméritée. J'avoue que j'ai soumis la poste à plusieurs expériences qui toutes ont tourné à sa plus grande gloire. Je me suis fais écrire des lettres dont la suscription était en arabe, en russe, en grec ; je les jetais moi-même à la boite afin d'être bien certain qu'elles n'avaient point été égarées. Elles me sont toutes parvenues — avec un retard de six ou huit heures qui est parfaitement justifiable, puisque, arrivées à l'hôtel des postes, où elles n'avaient pu être déchiffrées, ces lettres

[1] En 1863, la boite de Paris a manipulé 205,833,419 objets ; en 1864, 252,157,238 ; en 1865, 283,595,921 ; en 1867, 329,766,823. — On peut jug de la progression.

avaient été portées aux ambassades de Turquie, de Russie, de Grèce, où la traduction de l'adresse avait été faite. La question fiscale ne pouvait entrer pour rien dans l'ardeur de l'administration à remplir son devoir, car ces lettres étaient affranchies[1].

Dès qu'une lettre porte une adresse illisible, incomplète ou erronée, elle est mise à part et confiée à deux employés spéciaux qui rendraient des points à Œdipe, liraient les tables de Manéthon à première vue, et pour qui nul *rébus*, si compliqué qu'il soit, ne peut avoir de mystère. Ils sont dans une sorte de cage vitrée appuyée contre une fenêtre bien éclairée, près d'un casier chargé de dictionnaires, devant une table où reluisent des loupes de toute dimension. Ce sont des *déchiffreurs* et des devins aussi, car non-seulement il faut déchiffrer, mais encore il faut deviner. L'un d'eux, homme grand, sec, à cheveux blancs et dont les yeux brillent d'une intelligence singulièrement perspicace, s'est composé pour les besoins de sa besogne personnelle un dictionnaire qui est bien la plus étrange œuvre de patience qu'on puisse imaginer. Il a fait le catalogue de tous les châteaux et de toutes les usines ; il en connait exactement le nombre et le nom des propriétaires ; il sait que les la Rochefoucauld ont vingt-trois châteaux et que les la Rochejacquelein en ont cinq. Bien des gens pensent avoir libellé régulièrement une adresse lorsqu'ils ont écrit : *A. M. E. B. en son château.* La lettre, mise au rebut provisoire par le manipulateur, est envoyée au déchiffreur : celui-ci consulte ses documents qui lui permettent d'assurer le trajet certain de la dépêche en inscrivant au dos : *Trangy, commune de Saint-Éloi, par Nevers,*

[1] J'ai voulu m'assurer que ce service était toujours aussi bien fait; le 4 janvier 1875, j'ai jeté à la poste une lettre portant pour suscription : *A l'auteur de madame Bovary;* le lendemain, elle était remise à M. Gustave Flaubert.

*Nièvre*. Une lettre simplement adressée à *M. F. O. à sa fabrique* sera vérifiée, complétée, et partira ensuite sans encombre pour *Vernon, Eure*. Parfois un mot oublié, le mot principal, celui de la ville même, amène un autre genre de recherches. J'ai vu l'adresse suivante : *M. P., négociant, Isère*. Immédiatement en interrogeant l'*Almanach de Bottin*, on apprit qu'il y avait à Grenoble un M. P. qui est marchand de bois. Ceci n'est pas un cas de certitude, ce n'est qu'un cas de probabilité. La lettre sera dirigée sur Grenoble ; si elle y est refusée, on tentera de nouvelles démarches. Il y a des suscriptions qui rendent forcément toute transmission impossible : *M*[lle] *Françoise, pour faire parvenir à son père. Lille en Flandre*. Ici le mystère est trop profond, et il faut renoncer à le pénétrer.

Une lettre porte *à M. N. à la Ferté* : il y a en France vingt-neuf villes ou villages de ce nom. Si nul indice particulier ne fait présumer que ce soit pour tel endroit plutôt que pour tel autre, la lettre s'en ira à toutes les la Ferté connues, sera frappée d'un timbre particulier à la poste de chacune de ces localités, et finira par rencontrer le destinataire qui, sans aucun doute, se plaindra du retard qu'aura subi sa lettre, mais ne payera pas un centime de surtaxe pour tous les voyages de découverte que l'étourderie de son expéditeur lui aura fait subir. Le travail le plus pénible est celui qui s'accomplit sur les adresses réellement frelatées à cause d'une orthographe impossible et de désignations improbables. Il faut une sagacité et une patience de Peau-Rouge pour arriver à reconstituer ces lignes hiéroglyphiques près desquelles les palimpsestes d'Herculanum paraissent faciles à lire du premier coup d'œil. Je puis transcrire d'invraisemblables suscriptions que j'ai vues, mais je ne puis en figurer l'écriture titubante, la disposition folle, l'inextricable enchevêtrement ; en voici deux, suivies de la traduction; il me serait facile d'en citer des milliers : *Mansieur Leclusier Dela mannai pour Tiechouraime abord Dasolferino a flouvy Paris Siens.* Monsieur l'éclusier de la Monnaie pour remettre à Tiéchour (Aimé), à bord du *Solferino*, appartenant à Flouvy; Paris, Seine. — *Monneur Clote Baucheron a St-Ouen dhauberville pres la marne de ellie a la baulle a rauns.* Monsieur Claude Baucheron, à Saint-Ouen-de-Thouberville (Eure), près la mare du sieur Ellie, par la Bouille près Rouen (Seine-Inférieure). Il suffit qu'une adresse soit compréhensible pour éviter les commentaires des déchiffreurs : *Aux meilleures rillettes de Tours, Indre-et-Loire; le facteur est prié de ne point se laisser influencer par ses relations personnelles.*

La moyenne des lettres qui exigent un travail de rectification est environ de mille par jour, sur lesquelles on parvient à en placer près de neuf cent cinquante. Celles que la poste est obligée de renoncer à remettre sont renvoyées au bureau des *rebuts* définitifs. C'est là, dans d'immenses pupitres fermés par un grillage en fil de fer, que dorment ces lettres embryonnaires qui n'ont pas eu la faculté d'arriver à la vie complète. Elles sont en assez grand nombre et composées de *lettres refusées à cause de la taxe* (c'est la majeure partie), de lettres absolument illisibles, de lettres dont les adresses sont trop incomplètes pour être comprises, enfin de lettres qui n'ont aucune suscription. Si singulier que le fait puisse paraître, il n'en existe pas moins; j'ai vu un tiroir plein de lettres, affranchies pour la plupart, dont on avait oublié de mettre l'adresse. Il y a des lettres dont la suscription est régulière, mais dont le destinataire est si loin qu'il a été impossible d'arriver jusqu'à lui; ainsi celle-ci : *Pour le bon Dieu dans le paradis* (*ciel*). Une fois apportées au bureau des *rebuts*, les lettres (non refusées à cause de la taxe) y sont ouvertes pour vérifier si elles ne contiennent pas quelque indice qui permette de les faire parvenir à destination ou de les retourner à l'expéditeur. Cette mesure donne d'excellents résultats, puisque sur 2,066,688 lettres tombées au rebut pendant l'année 1867, on est arrivé à en placer 1,018,266. On pourra s'étonner du chiffre considérable des rebuts, mais il diminuera singulièrement d'importance lorsqu'on remarquera qu'il se rapporte à un total de 341,379,726 lettres, et que beaucoup de personnes refusent les plis non affranchis.

La cause principale des *rebuts* est sans aucun doute la défectuosité des adresses; les pauvres gens dont l'instruction n'a été que trop négligée commettent en suscrivant leurs lettres des bévues qu'on ne peut soupçonner. L'administration des postes leur est venue en aide d'une façon ingénieuse, et qui, à mon avis, mérite tout éloge. Elle s'est entendue avec le ministère de l'instruction publique, et a fait distribuer dans les écoles primaires soixante-dix mille cahiers de modèles d'écriture qui contiennent, comme exemples, des adresses de lettres correctes et régulières. Vraiment il est difficile de pousser plus loin la passion du devoir, et il faut espérer que tant d'efforts généreux ne resteront point sans résultat. On comprendra facilement que si la poste conservait indéfiniment tous les rebuts qu'elle recueille, l'hôtel central serait, au bout de peu de temps, encombré de la cave au grenier. Pour éviter cet inconvénient, on détruit au pilon les lettres de rebut, mais graduellement et dans des proportions déterminées par un règlement qui tient compte de toutes les conditions essentielles[1].

[1] On détruit, au bout d'*un mois plein*, plus la fraction du mois pendant lequel elles sont entrées dans le service, les lettres *refusées;* au bout de *deux mois pleins*, plus la fraction du mois, etc. : 1° les lettres adressées à des personnes *décédées;* 2° les lettres adressées *poste restante;* 3° les lettres adressées *sans indication de domicile* à des voya-

Nulle lettre n'est anéantie sans avoir été ouverte. Six employés armés d'une forte serpette sont occupés à cette fastidieuse besogne; lorsque l'enveloppe a été fendue, la lettre en est extraite, dépliée, secouée. Quand on s'est assuré qu'elle ne contient aucune valeur, soit en billets de banque, soit en effets commerciaux, soit en mandats sur la poste, soit en timbres d'affranchissement, on la jette dans un trou carré, creusé au centre même de la table devant laquelle opèrent les six employés placés face à face, puis elle est emportée pour être réduite en pâte et devenir du papier neuf ou du carton, selon les hasards de sa destinée future.

Un autre bureau fort curieux est celui de la *poste restante;* c'est là que se jouent le prologue et l'épilogue de bien des drames et de bien des comédies; les employés y ont les mains pleines de dénoûments. Trois guichets s'ouvrent du bureau sur la salle d'attente, où le public est toujours impatient et contraste par son attitude avec l'impassibilité des agents chargés de la distribution. C'est là que viennent les étrangers de pas-

geurs, marins, passagers, etc.; 4° les lettres *portant une annotation extérieure* qui en indique le contenu. On détruit au bout de *trois mois :* 1° les lettres adressées à des personnes *inconnues ;* 2° les lettres adressées à des personnes *parties sans faire connaître leur nouvelle résidence;* 3° les lettres *sans adresse* ou portant une *adresse illisible* ou *incomplète*, et celles adressées *sous le couvert des agents des postes;* 4° les lettres d'origine française à destination de l'étranger et *renvoyées comme rebuts par les différents offices;* 5° les lettres *provenant des pays étrangers du continent* dont les relations avec la France ne sont pas réglées par des conventions de poste. — On détruit au bout de *six mois :* 1° les lettres non affranchies à destination des *pays de l'Europe* pour lesquels l'*affranchissement est obligatoire ;* 2° les lettres *originaires des pays étrangers d'outre-mer,* dont les relations avec la France ne sont pas réglées par des conventions de poste, et qui sont apportées dans les ports de France par des *paquebots réguliers.* — On détruit au bout d'*un an :* 1° les lettres non affranchies à destination des *pays situés hors de l'Europe* pour lesquels l'*affranchissement est obligatoire ;* 2° les lettres *originaires des pays d'outre-mer* qui ne correspondent avec la France que par la voie des *bâtiments de commerce.* — Au bout de *huit ans,* on détruit les lettres renfermant des *papiers importants, effets de commerce, timbres-poste, etc.*

sage à Paris, les faiseurs de projets imprimés à la quatrième page des journaux, et qui, n'osant avouer leur nom, demandent qu'on leur réponde à des initiales indiquées; à ceux-là les lettres ne sont remises que sur présentation de la quittance du fermier d'annonces : c'est là le moyen d'éviter les erreurs possibles ou les mauvaises plaisanteries.

Il est une catégorie de personnes qui fréquentent plus spécialement la salle de la poste restante : ce sont les jeunes femmes voilées et parlant d'une voix émue; ce sont les amoureux traqués par la jalousie conjugale, qui entrent effarés, et regardent s'ils ne sont pas suivis; ce sont des vieillards soignés, rafraîchis par toute sorte d'artifices, qui redoutent leur femme, se méfient de leur portier et arrivent en chantonnant tout bas : « *L'amour est un enfant: et Philis est sa mère!* » ce sont des collégiens, frisés chez le perruquier du coin, qui accourent, le dimanche, pour savoir si mademoiselle N..., des Délassements-Comiques, a répondu à leur pièce de vers; ce sont les amoureux en un mot, et les trois quarts des lettres gardées au bureau restant leur sont destinées. Rien ne serait plus curieux que de passer une journée à examiner ces pauvres victimes de l'éternel vainqueur. La lettre est saisie avec empressement, ouverte d'une main fiévreuse, et alors c'est le rayonnement ou le désespoir; si le jeune homme s'écrie : *Elle est à moi, divinités du Pinde!* la femme tremblante dit avec un sanglot : *Je ne t'ai point aimé, cruel? qu'ai-je donc fait?* Il y a là, chaque jour, dans cette pauvre salle terne, grise, froide, des élans de reconnaissance et des cris de désolation qu'on ne peut soupçonner.

Nul n'a le droit, à moins qu'il ne soit délégué par la justice, de se faire délivrer une lettre qui ne lui est pas adressée; il y a des maris malavisés et trop bénins qui ont été, avec simplicité, s'informer si la poste restante n'avait point de lettres pour leur femme ; on leur a répondu tranquillement : « Cela ne vous regarde pas ! » Une fois, il n'y a pas fort longtemps, les employés virent entrer dans la salle d'attente un homme visiblement agité et qui trainait, plutôt qu'il ne conduisait, une jeune femme pâle se soutenant à peine. Le monsieur fit la grosse voix et dit : « Avez-vous des lettres pour madame L...? » L'employé prit le paquet correspondant à l'initiale du nom, le feuilleta avec soin, le referma de ce geste sec, sûr et rapide que donne l'habitude, et répondit : « Il n'y en a pas. » Le couple dramatique sortit. Une heure après, la femme revint, seule cette fois et toute tremblante encore. Au premier coup d'œil, l'employé la reconnut, il prit de nouveau la liasse étiquetée L, en tira prestement une lettre et la remit à la malheureuse femme, qui se confondait en remerçîments. « Elle était à votre adresse, lui dit l'employé, je ne devais la livrer qu'à vous ! » Je soupçonne cette femme d'avoir gardé une haute opinion des agents de la poste restante.

Vers un autre coin de l'hôtel des postes, et aussi isolé que possible, s'ouvre avec toute sorte de précautions un long cabinet mal éclairé, où le gaz est nécessairement allumé une bonne partie de la journée, cabinet silencieux et presque mystérieux : c'est le bureau des *chargements*. Vingt-trois employés, assis chacun devant une table spéciale, inscrivent et décrivent sur des registres paraphés à toutes les pages les lettres scellées de cinq cachets dont ils ont la responsabilité. J'ai dit plus haut les formalités vétilleuses que nécessite ce genre d'envoi ; nulle fraude n'est possible, ou du moins celui qui se hasarderait à en commettre une serait immédiatement découvert, car l'état civil d'une lettre chargée est tel, qu'on peut, en le consultant, savoir précisément en quelles mains elle a passé, combien de temps elle y a séjourné, depuis la minute où elle a été déposée à la poste jusqu'à celle où elle est enfin remise au destinataire.

Dans ce bureau spécial, chacun travaille avec une sorte de défiance; une main écrit, l'autre est placée sur le précieux dépôt. La consigne y est tellement sévère que nul employé ne peut s'absenter pour n'importe quel motif, pour si peu d'instants que ce soit, sans avoir confié les lettres dont il est dépositaire à l'un de ses camarades, qui lui en donne un récépissé. Ce dernier alors prend en charge les dépêches jusqu'à ce que l'absent soit revenu et ait restitué le reçu après vérification. Chaque lettre est l'objet d'un procès-verbal particulier sur lequel sont relatés la date, le poids, la taxe, ainsi que le nombre, la couleur et la devise des cachets. Il faut reconnaître que l'administration des postes a fait tout ce qui était possible pour assurer la régularité de ce service, à la fois si important et si délicat. Quelle valeur représentaient les lettres que j'ai vues dans ce bureau lorsque je le traversais sans que ma présence ait fait seulement lever la tête aux employés? On peut le dire avec une certitude presque positive.

Le bureau central de Paris reçoit et expédie par an 82 millions de sommes déclarées et une énorme quantité de lettres chargées contenant des valeurs inconnues, mais dont on estime le montant à plus d'un milliard. C'est donc une somme de 2,964,383 francs que j'avais sous les yeux, garantie par une frêle enveloppe de papier et fermée par des cachets fragiles, faible défense contre une telle tentation. Certes les précautions ingénieusement prises par l'administration sont indispensables ; mais la moralité des agents les rend superflues, de même que leur improbité les rendrait illusoires.

Un simple rapprochement de chiffres prouvera de quelle estime et de quel respect sont dignes les hommes chargés de cette tâche, qui serait dangereuse pour toute vertu mal forgée. Le *service des chargements* de l'hôtel des postes occupe vingt-trois employés sous les ordres d'un commis dirigeant, au traitement de 3,600 francs. L'ensemble des émoluments de ces vingt-trois agents représente 48,000 francs, soit 2,087 francs par tête. Or le travail qu'exige la manipulation des trois millions quotidiens qui passent dans ce bureau est rémunéré par la somme quotidienne de 131 fr. 50. L'écart est profond, si profond, qu'il cause une surprise involontaire ; mais ces hommes dont le salaire paraît dérisoire en présence de ce Pactole qui coule incessamment à travers leurs mains, restent impassibles, fermés à toute tentation malsaine, tant ils portent loin le juste sentiment du devoir professionnel. Je les comparerais volontiers à ces dragons dont a parlé le moyen âge : ils gardent des trésors, les protégent et n'y touchent jamais.

Tous les différents services dont je viens d'essayer d'expliquer le mécanisme ont été établis, en 1867, au Champ de Mars, pendant la durée de l'Exposition universelle. Des cabanes en bois spacieuses, construites dans le jardin, ont servi de bureaux aux employés, qui ont eu 805,962 objets à manipuler. Neuf boites placées sur différents points de l'immense rotonde étaient levées de deux heures en deux heures par dix-sept facteurs qui en opéraient immédiatement la distribution. Les exposants correspondaient entre eux dans l'intérieur même du palais, à l'aide de la poste. Le personnel avait été choisi avec soin parmi les agents connaissant les langues anglaise, allemande, italienne, portugaise, espagnole; de plus, on avait découvert, je ne sais où, un homme étrange, polyglotte extraordinaire, qui aurait rendu des points à ce cardinal Mezzofanti que ses collègues du Sacré Collége appelaient, en plaisantant, le cardinal Pentecôte ; cet interprète universel avait été attaché au bureau spécial de l'Exposition, où il se tenait à la disposition du public. Cette organisation si rapidement installée et si intelligemment combinée frappa d'admiration les commissaires étrangers ; ils ne purent s'en taire, et s'empressèrent à l'envi de féliciter M. E. Vandal, qui depuis huit ans remplit avec une infatigable sollicitude les fonctions de directeur général des postes.

## V. — L'HOTEL DES POSTES.

Manifestement trop étroit. — Sa situation depuis 1757. — Craintes d'incendie. — Insuffisance de tous les locaux. — Impossibilités matérielles. — Dédale. — Le portier seul connaît les détours. — Écuries et remises. — Causes d'erreurs. — Projets. — Les postes et le fisc. — Surintendance des postes.

Si je suis arrivé à faire comprendre les avalanches de papier qui chaque jour s'abattent sur le bureau central, on doit se figurer que l'hôtel des postes de Paris est un vaste monument, composé d'un immense rez-de-chaussée où des salles aérées, éclairées, de plain-pied les unes avec les autres, ouvertes de larges débouchés, outillées de tous les ustensiles de la science moderne, entourées de cours spacieuses, précédées de galeries d'attente, salles ventilées ou chauffées selon la saison, offrent au travail cyclopéen qui s'y accomplit toutes les ressources et toutes les commodités possibles. Il n'en est rien. L'hôtel des postes de Paris est un bouge, une superposition de cabanons reliés par des échelles ; quand une fois on l'a parcouru en détail, il est difficile de comprendre qu'un service quelconque puisse s'y faire.

Situé rue Jean-Jacques-Rousseau, s'appuyant sur la rue Pagevin et la rue Coq-Héron, rues étroites et qui ont à peine des dégagements, composé des hôtels d'Épernon et de la Sablière, destiné au service des postes en 1757[1], il n'a reçu depuis cette époque que des accroissements insuffisants. On a eu beau l'agrandir en 1786 et en 1815, y faire quelques constructions indispensables en 1827, louer encore dernièrement trois chambres dans une maison voisine, percer de gros murs, emmancher des escaliers, imaginer de nouveaux expédients, il ne répond en rien aux besoins de l'administration qu'il contient, ou plutôt qu'il étouffe. Dès 1847, le ministre des finances déclarait que la situation était intolérable ; qu'est-elle donc aujourd'hui !

Ces corridors où la lumière du gaz est indispensable en plein jour; ces escaliers, où deux hommes non chargés ne peuvent passer de front; ces salles trop étroites, où les employés sont empilés les uns sur les autres ; ce dédale de chambres annexées qui ne se commandent pas et ne communiquent que par des degrés construits après coup ; cet outillage suranné, ces paniers qu'on tire à la corde et qui chapechutent avec tout leur contenu contre les feuillets disjoints du parquet, tout est à refaire, tout est à remplacer, tout est à édifier à nouveau et selon les exigences d'un service qui s'accroit chaque jour dans une inconcevable proportion. Sans cesse et sans cesse on surveille les lampes, les becs de gaz, les calorifères, les poêles, les cheminées, car le feu semble toujours près de saisir ce vieux bâtiment, où les cloisons, les poutres, les escaliers, le faîtage, les lambris en bois rendraient un incendie excessivement dangereux. Le poste de pompiers, qui occupe une partie du rez-de-chaussée de l'hôtel, est sans cesse sur le qui-vive. On a mis de l'eau partout où l'on a pu, les pompes sont toujours gréées, les fontaines toujours pleines, les seaux

[1] Avant cette époque, l'hôtel des postes, déjà insuffisant, était situé rue des Bourdonnais. Law, au temps de sa splendeur, avait acheté six maisons de la rue Vivienne, entre le jardin du Palais-Royal et la rue Colbert, pour y faire construire une Bourse et la Poste ; sa déconfiture ne lui permit pas de mettre ce projet à exécution

toujours préparés, car tout est à redouter avec un tel amas de matières combustibles dans un local aussi combustible qu'elles.

L'ancien bureau de la *poste restante*, où, pendant l'Exposition universelle de 1855, il venait plus de deux mille personnes par jour, était précédé par une salle d'attente où quinze individus pouvaient difficilement se trouver réunis ; à côté s'ouvrait la salle des vaguemestres, où se faisait le service de l'armée de Paris ; elle était tellement étroite, que deux hommes assis l'encombraient lorsque je la visitai, et qu'ils ont été obligés de se lever, de se ranger contre la muraille pour me laisser passer. Aussi, voyant venir l'Exposition de 1867 et prévoyant l'affluence extraordinaire d'étrangers qu'elle devait amener à Paris, le directeur général a-t-il abandonné son jardin afin qu'on pût y construire une *poste restante* plus commode, qui fonctionne aujourd'hui, mais qui est bien loin d'occuper l'emplacement dont un tel service a besoin dans une ville comme Paris.

Le bureau des *rebuts*, visité chaque jour par un nombre considérable de personnes qui vont faire des réclamations, est situé au second étage, et pour l'atteindre il faut franchir plusieurs escaliers qui s'entre-croisent. Ce qui est plus grave et plus incompréhensible encore, c'est que la grande salle des facteurs, la salle des manipulations constantes, est située au premier étage, qu'il faut y apporter *à bras*, par des escaliers où l'on ne peut passer qu'un à un, la récolte toujours renouvelée des boîtes de Paris et le produit des bureaux ambulants de la province. A la fin de la journée, aux dernières *limites d'heure*, quand on lève la boîte de cinq minutes en cinq minutes, il faut, pour porter à la table de trituration ces lettres qui ne peuvent perdre une seconde, traverser trois salles, faire plusieurs détours et franchir quelques marches que le gaz éclaire toujours. Un seul agent, un seul, je ne plaisante pas, connaît aujourd'hui les inextricables détours de ce nouveau dédale : c'est le portier même de l'hôtel de la rue Jean-Jacques-Rousseau; il arrive souvent que des chefs de service l'ont consulté sur la position d'un bureau où ils avaient des recherches à faire.

Quarante-deux fourgons, onze tilburys, neuf omnibus, faisant quatre cent cinquante et un voyages par jour, deux cents chevaux, sont nécessaires pour le service de la poste. Si l'on ajoute les fourgons qui viennent des ministères et de l'Imprimerie nationale, les voitures particulières, on aura pour l'entrée et la sortie plus de quatorze cents *colliers*, ainsi que l'on dit en terme de roulage. Or les cours sont insuffisantes, les voûtes sous lesquelles il faut passer beaucoup trop étroites, les écuries trop exiguës et les remises nulles. Dans ce service, où tout devrait être prévu, résolu d'avance, où la régularité nécessaire devrait être assurée par l'emploi d'un outillage perfectionné et par l'amplitude des aménagements, tout se fait par expédient. Qu'on en juge : soixante-deux voitures sont indispensables au service; l'hôtel des postes parvient à en remiser onze; vingt-six passent la nuit dans les cours; les vingt-cinq autres sont gardées par tolérance aux gares des chemins de fer. Les éventualités exigent qu'on ait toujours au moins quarante chevaux sous la main; l'écurie de la poste peut en contenir dix-huit; je l'ai visitée, un dix-neuvième n'y trouverait pas sa place.

De tout il en est ainsi; le résultat de l'exiguïté du local amène fatalement l'encombrement; les hommes et les dépêches sont en nombre beaucoup trop considérable dans un espace beaucoup trop restreint. Il a fallu obvier à cet inconvénient, qui menaçait d'entraver complétement le service et de paralyser des efforts sans cesse renouvelés. C'est alors qu'on a été forcé de donner aux bureaux ambulants une partie du travail qui normalement incombe au bureau central. Or le travail qu'on exécute en chemin de fer, dans une caisse étroite, avec une trépidation que rien n'arrête, avec la préoccupation constante d'avoir terminé avant la minute réglementaire, ce travail est nécessairement défectueux et amène souvent des irrégularités regrettables, dont la responsabilité remonte à l'administration, quoiqu'elle ait fait le possible et l'impossible pour les éviter. Les erreurs commises par la poste sont bien rares, mais on les diminuerait encore et on arriverait à les réduire à néant, si de vastes salles au rez-de-chaussée, desservies par des railways, offraient un emplacement convenable aux agents chargés de tant de manipulations délicates. Est-ce par économie qu'on ne construit pas à Paris un hôtel des postes digne enfin de la capitale de la France? Je ne le crois pas, car la somme dépensée depuis cinquante ans pour ajouter des appendices aux bâtiments actuels, pour remanier ces derniers et les disposer à des appropriations impérieusement exigées, aurait suffi à édifier un hôtel des postes modèle, armé d'un outillage sérieux et vraiment fait pour l'énorme mouvement de correspondances dont il est le centre.

En 1798 et en 1811, l'abandon de l'hôtel de la rue Jean-Jacques-Rousseau avait déjà été décidé en principe. On a élevé le ministère actuel des finances avec l'intention d'y placer l'administration des postes. En 1854, on a dû l'établir place du Châtelet, mais deux théâtres ont obtenu les terrains qui lui étaient réservés; d'autres projets ont été mis à l'étude, le public les connaît, je n'ai point à en parler, non plus que des causes qui les ont fait ajourner. Quand la transformation de Paris atteindra-t-elle enfin l'hôtel des postes? La situation actuelle crée des difficultés que chaque jour vient accroître. L'homme éminent qui dirige les postes avec une ardeur et une connaissance approfondie de son sujet auxquelles chacun rend justice, épuise son intelligence à chercher des palliatifs, à imaginer de nouvelles combinaisons empiriques, à parer aux dangers que lui apporte sans cesse l'augmentation des correspondances combinée avec l'insuffisance de plus en plus accentuée du local. On a parfois passé des journées entières — je parle sérieusement — à chercher comment on placerait une table dans une salle afin de ne gêner les mouvements d'aucun agent et de pouvoir introduire un employé de plus. C'est puéril, mais désespérant.

Tel est le côté matériel défectueux de l'administration des postes; quant à ses imperfections d'un autre ordre, elles méritent qu'on en dise un mot. La France est aujourd'hui le *seul* pays où la poste appartienne à l'élément fiscal : elle dépend du ministère des finances; elle rapporte des bénéfices fort importants, qu'elle ne peut même pas employer à d'indispensables améliorations. Elle est une source de revenus pour l'État, qui ne fait rien en sa faveur, se déclare trop pauvre pour lui venir sérieusement en aide, et la force à fonctionner dans des conditions désastreuses. Le transport des correspondances est un service public ; s'il couvre ses frais, c'est tout ce qu'on peut en exiger ; il doit avoir le droit de se parfaire avec ses propres ressources, et ne doit verser celles-ci au Trésor que si elles lui sont absolument inutiles. La poste, qui occupe 28,500 employés, qui maintenant par ses paquebots va aux quatre coins du monde, où elle a des agents spéciaux, qui, pendant ces sept dernières années, a fait 448,665,216 francs de recette brute, sur lesquels le Trésor a recueilli un bénéfice net de 91,289,589 francs, mérite d'être indépendante, d'être soustraite à la fiscalité qui en profite sans la secourir, et de devenir enfin une sorte de surintendance placée à côté des ministères et en dehors de leur action immédiate. On la verrait alors se développer, se mettre à la hauteur des besoins qu'elle a mission de servir, appeler à son aide les ressources de la science moderne, et placer enfin son administration centrale dans un établissement digne d'un peuple qui n'hésite jamais à se proclamer le premier peuple du monde.

**Appendice.** — L'investissement de Paris a tout à coup arrêté le fonctionnement de l'administration des postes qui, ne pouvant plus agir normalement hors de la ville close par les armées allemandes, eut recours aux transports aérostatiques pour remédier à cette paralysie forcée et transmettre quelques nouvelles à la province; elle fit partir 55 ballons chargés de 9,548 kilogrammes de dépêches qui, au poids moyen de 2 1/2 grammes, représentaient 3,819,200 lettres. Aussitôt que les circonstances l'ont permis, la poste a rétabli partout ses services, qui ont, depuis 1867, subi quelques modifications qu'il est bon de signaler.

Les bureaux ambulants voyageant sur les chemins de fer sont actuellement au nombre de 35; c'est donc 15 de plus qu'en 1867; à cette dernière époque, nous disions que le trajet annuel des bureaux ambulants et des facteurs atteindrait 100 millions de kilomètres. Nos prévisions sont déjà dépassées : les 49,640,000 kilomètres franchis sur les rail-ways, et les 50,570,000 parcourus sur les routes de grande et de petite vicinalité, forment un total supérieur à celui que nous avions indiqué. Le chiffre des boîtes a été augmenté, il est de 49,100, et celui des agents a été porté à 31,500, sans compter 5,500 aides ou courriers non commissionnés; parmi ces 37,000 employés, il faut compter 18,291 facteurs ruraux, dont le parcours quotidien équivaut à 486,143 kilomètres.

En 1873, la poste a transporté 733,137,194 objets, qui se décomposent ainsi : lettres, 334,478,841; cartes postales, 16,451,423; chargements, 6,114,635; contre-seings, 56,534,520; journaux, imprimés, échantillons, 315,361,354; mandats d'articles d'argent, 4,196,423; ceux-ci représentaient une somme de 120,212,010 francs. La prime d'assurance d'un dixième pour cent des valeurs déclarées a été élevée à 20 centimes pour 100 francs ou fraction de 100 francs par la loi du 24 août 1871; une autre loi du 25 janvier 1873 a fixé le maximum de la déclaration à 10,000 francs; en 1873, la poste a expédié 1,735,413 lettres ou boîtes renfermant 748,034,000 francs de valeurs déclarées. L'administration a eu à rembourser 6,776 fr. pour 14 lettres recommandées et 7 lettres contenant des valeurs déclarées qui ont été égarées ou détournées. Les objets tombés en rebut, sur l'ensemble de toutes les opérations, ont été de 2,168,147, sur lesquels 861,733 ont pu être, après recherches approfondies, remis aux destinataires. La vente des timbres-poste a produit 95,334.669 francs; la part seule de Paris a été de 20,279,634 fr. 96 cent. Quant aux contre-seings, ils sont plus abondants que jamais.

Le service exclusif de Paris a exigé 1,903 agents, qui ont manipulé 303,628,425 objets; 3 nouveaux bureaux ont été ouverts, ce qui donne un total de 39, dont 13, dits bureaux de passe, servent de point de départ à 13 lignes de tilburys. Pour désencombrer l'hôtel des postes, que l'accroissement des correspondances rend chaque jour plus étroit et plus impropre au service, on a laissé aux bureaux de passe le soin de classer les lettres destinées à la province, — ce sont les plus nombreuses. Ces bureaux forment la dépêche départementale (divisée en 35 sous-dépêches correspondant aux 35 bureaux ambulants) et la remettent aux tilburys qui, dans la cour de l'hôtel de la rue Jean-Jacques-Rousseau, la versent directement aux fourgons destinés aux gares de chemins de fer; l'administration centrale n'a donc plus à pourvoir qu'aux manipulations des dépêches de Paris, de la banlieue, de l'étranger, et c'est tout ce qu'elle peut faire dans les conditions déplorables où elle continue à être installée, malgré les plaintes incessantes de tous les intéressés.

Une loi du 20 décembre 1872 a autorisé la circulation de correspondances découvertes sur cartes postales, à taxe inférieure de 10 centimes pour la ville et de 15 centimes pour les départements; ces cartes, mises pour la première fois à la disposition du public le 15 janvier 1873, semblent avoir été acceptées dans une certaine proportion, car pendant la première année la poste en a transporté 5,156,071 à 10 centimes et 11,295,342 à 15 centimes. On peut regretter que la nécessité de faire face aux exigences financières créées par la guerre ait engagé l'Assemblée nationale à voter la loi du 24 août 1871, qui impose une surtaxe proportionnelle aux objets confiés à la poste; c'est se mettre en contradiction avec les besoins du public et avec la tendance intelligente des autres nations à pousser la réforme postale jusqu'aux dernières limites; il faut espérer que cette mesure rétrograde sera essentiellement transitoire, et que la force même des choses nous conduira à un tarif uniforme et très-modéré : 5 centimes pour la ville, 10 centimes pour la province, 15 centimes pour l'étranger. L'accroissement des correspondances comblerait promptement le déficit ouvert par l'abaissement de la taxe, et le fisc, qui continue en France à tirer bon parti de l'administration des postes, n'aurait pas à s'en plaindre.

Malgré la guerre, la Commune, la surtaxe, les postes sont entrées pour une part considérable dans notre budget des recettes; le produit brut de 1867 à 1873 inclusivement s'est élevé à la somme de 651,895,101 francs, sur lesquels le Trésor a recueilli un bénéfice net de 187,932,740 francs. Il est difficile de comprendre, en présence de pareils chiffres, que l'État ne se décide pas enfin à faire construire un hôtel des postes convenable et approprié aux exigences du service.

## CHAPITRE II

# LES TÉLÉGRAPHES

### I. — LES PREMIERS ESSAIS.

Une séance de la Convention. — La Tour de Babel. — Le guetteur d'Eschyle. — Télégraphe gaulois. — Télégraphie lunaire. — Robert Hooke. — Guillaume Amontons. — Opinion de Fontenelle. — Téléphonie projetée au dix-huitième siècle. — Linguet à la Bastille. — Séance du 22 mars 1792. — Claude Chappe. — Une invention d'écolier. — Premières tentatives. — Succès. — Essai à Paris. — Destruction. — Vocabulaire. — Émeute. — Miot parrain du télégraphe. — Lakanal. — Expérience concluante. — Création de la télégraphie. — Décret du 26 juillet 1793.

La séance du lundi 1er avril 1793 fut une des plus mémorables de la Convention. On venait d'apprendre la trahison de Dumouriez ; cette nouvelle avait jeté un trouble profond dans les esprits, déjà surexcités outre mesure par les passions politiques. La Gironde agressive menaçait la Montagne ; Danton, qui passait alors pour être le chef du Marais, tâchait de servir de trait d'union entre les adversaires qu'il conviait à oublier leurs défiances et à réunir leurs efforts pour sauver la France menacée par les étrangers et par les ennemis intérieurs. Les esprits étaient inquiets et prêts à la lutte.

Sous la présidence de Jean Debry, l'un des futurs plé

nipotentiaires du congrès de Rastatt, la séance s'ouvrit par quelques dénonciations de Marat; puis Cambacérès, au nom des comités de défense et de sûreté générale, vint donner communication des pièces qui prouvaient la culpabilité de Dumouriez. Boyer-Fonfrède, Robespierre, Bréard, prirent la parole; Danton se leva et demanda qu'une commission fût nommée pour rechercher les complices du général. La Gironde vit-elle une attaque directe dans cette motion? On pourrait le croire, car Lasource fit un discours à la fois ambigu et véhément, dans lequel il accusait Danton et faisait comprendre que celui-ci n'était resté étranger à aucune des manœuvres coupables de Dumouriez. Un tumulte inexprimable suivit cette étrange dénonciation; Danton répondit quelques paroles; les cris: « A la tribune! » le forcèrent d'y retourner; le président se couvrit, la séance fut suspendue; l'assemblée, consultée si elle voulait maintenir la parole à Danton, répondit oui à une grande majorité.

Il reprit alors avec une énergie sans égale; à ceux qui, comme Grangeneuve, voulaient l'interrompre, on criait: « A l'Abbaye! » Danton avait brisé toute barrière; sa nature, sa vraie nature, violente, emportée, généreuse, apparaît sans mystère; il renonce à tous les atermoiements; son habileté s'efface dans une fureur qu'il ne cherche même pas à déguiser. A ses adversaires il dit: « Vous en avez menti! » aux Girondins: « Vous êtes des scélérats! » Pendant ce temps, Marat trépigne de joie dans son coin, sa voix de batracien croasse des délations... « Et les petits soupers du côté droit!... et Lasource... et Gensonné!... ah! je dénoncerai tous les traîtres!... » A travers les interruptions, les applaudissements, les cris, Danton continuait, et il jette enfin la déclaration de guerre qui devait faire couler tant de sang: « Je vois qu'il n'est plus de trêve entre la Montagne, entre les patriotes qui ont voulu la mort du tyran et les lâches qui, en voulant le sauver, nous ont calomniés dans la France. » Tous les membres de la gauche se levèrent en s'écriant : « Nous sauverons la patrie ! » Danton poursuivit son discours ; il ressemblait plutôt à un Hercule écrasant ses ennemis qu'à un orateur cherchant à ramener des dissidents. La dernière phrase qu'il prononça en quittant la tribune peint admirablement la rhétorique ambitieuse de cette époque, où tout devait être excessif : « Je me suis retranché dans la citadelle de la raison, j'en sortirai avec le canon de la vérité et je pulvériserai les scélérats qui ont voulu m'accuser ! »

Au milieu des applaudissements et des embrassements qui accueillirent Danton lorsqu'il retournait à sa place, Marat glapit : « Frappons les traîtres, quelque part qu'ils se trouvent ! » Lentement, difficilement le calme se rétablit, et malgré les émotions poignantes qui venaient d'agiter la Convention, la séance ne fut pas levée. Un homme grave et froid parut à la tribune. Sans doute à cette assemblée toute frémissante encore il venait parler de trahison, de Pitt, de Cobourg, de Brunswick? Non pas, il venait lui demander un maigre subside pour essayer une invention nouvelle. Romme, car c'était lui, parlant au nom des comités réunis de l'instruction publique et de la guerre, fut écouté religieusement comme s'il se fût adressé à une société de savants paisibles, et non à des députés enfiévrés par des discussions qui allaient devenir mortelles. « Le citoyen Chappe, dit-il, offre un moyen ingénieux d'écrire en l'air, en y déployant des caractères très-peu nombreux, simples comme la ligne droite dont ils se composent, très-distincts entre eux, d'une exécution rapide et sensibles à de grandes distances. » Sans donner une plus ample description de l'appareil, Romme en fait ressortir l'utilité, surtout en temps de guerre ; mais il demande qu'avant de l'adopter définitivement, on en fasse un essai authentique qui prouvera si l'on peut avoir confiance dans les résultats prévus. En conséquence, il présentait à la Convention un décret autorisant l'essai du procédé du citoyen Chappe ; il y était dit : « Le comité d'instruction publique nommera deux de ses membres pour en faire les opérations. Pour les frais de cet essai, il sera pris une somme de 6,000 livres sur les fonds libres de la guerre[1]. » Le *télégraphe* venait de prendre un rang officiel parmi les inventions modernes et allait entrer dans les usages de la vie publique.

L'idée de supprimer la distance en correspondant par des signaux est vieille comme le monde. Dès que deux hommes ayant des intérêts communs ont été séparés, ils ont dû imaginer un moyen de communiquer à travers l'espace. Il est difficile de partager l'avis du major Boucherœder[2], qui voit dans la tour de Babel un point central destiné à transmettre des signaux aux hommes répandus sur la terre, mais je crois que la colonne de feu et la colonne de nuée qui précédaient les Hébreux dans le désert était un signe indicatif de la route qu'ils devaient suivre. Qui ne se souvient de la première scène de l'*Orestie ?* Le guetteur est debout sur la tour où l'on a sculpté le demi-loup argien. Il invoque le repos ; depuis dix ans qu'il veille, ses paupières fatiguées interrogent en vain l'horizon ; il est las de voir les astres se lever et se coucher régulièrement ; tout à coup un feu apparaît : « Salut, ô flambeau de la nuit, aurore d'un beau jour, gage des splendides fêtes de la victoire ! » Troie est prise, Clytemnestre en est avertie, et lorsque le chœur lui dit : « Quel messager a pu si promptement apporter cette nouvelle ? » elle répond : « Vulcain ! » Puis elle explique que des signaux de feu se correspondant ont été allumés successivement sur l'Ida, le pro-

[1] *Moniteur universel*, n°s 92, 93, 94. — 1793.
[2] *De l'Art des signaux.* Hanau, 1795.

montoire d'Hermès, le mont Athos, le Maciste, sur le Messape, sur le Cithéron, l'Égiplanète, et enfin sur le mont Arachné : « C'est de là qu'on a transmis au palais des Atrides cette lumière dont le feu de l'Ida fut l'aïeul éloigné. »

La quantité de mots relatifs aux signaux contenus dans la langue grecque prouve, sans autres recherches, que les Hellènes ont connu les moyens de communication à longue distance. Les Gaulois les ont pratiqués et y ont même ajouté une sorte de *téléphonie* primitive dont parle César. « Toutes les fois qu'il arrive quelque événement remarquable, ils l'annoncent aux campagnes et aux contrées voisines par des cris qui se transmettent de proche en proche. Ainsi ce qui s'est passé à Genabe au lever du soleil fut connu des Arvernes avant la fin de la première veille, à une distance de cent soixante milles [1] » (cinquante-cinq lieues). Végèce va plus loin, et il indique dans des termes qu'il faut citer une sorte de télégraphe dont les Gaulois faisaient usage : *Aliquanti in castellorum aut urbium turribus appendunt trabes quibus aliquando erectis, aliquando depositis, indicant quæ geruntur* [2]. Voici donc des poutres mobiles, placées sur de hauts lieux, hissées ou abaissées selon les nouvelles que l'on veut signaler. Si ce n'est là le télégraphe, c'en est du moins le germe. Du reste, il faut admettre que tous les peuples, si ignorants qu'ils soient, ont eu des moyens de correspondance d'une rapidité extrême. Il n'est pas douteux aujourd'hui que la prise d'Alger (14 juillet 1830) ait été connue le 17 du même mois à Bagdad.

Cependant cet art d'*écrire de loin*, si perfectionné qu'il ait pu être dans les temps anciens, était encore embryonnaire, car les signaux dont je viens de parler ra-

[1] *De Bello Gallico*, ch. VII, § 3.
[2] *Rei mil. inst.*, lib. III, § 50.

pidement ne pouvaient transmettre que des nouvelles d'événements prévus ; c'était déjà beaucoup, mais le résultat à chercher était de pouvoir entretenir une véritable conversation malgré la distance, c'est-à-dire de donner des ordres, d'apprendre des faits inattendus et d'être renseigné sur des circonstances que le hasard seul avait fait naître. Le moyen âge et la Renaissance ont usé des procédés déjà connus des anciens, et rien ne fait supposer qu'à ces deux époques on en ait cherché de nouveaux. Cependant Cornelius Agrippa fit quelques travaux pour retrouver le secret de Pythagore qui, pendant son voyage en Égypte, correspondait avec ses amis à l'aide de caractères tracés sur la lune. On ne dit pas que ses recherches aient été couronnées de succès.

Le premier essai de télégraphie sérieuse et pouvant s'appliquer aux diverses combinaisons de l'écriture paraît être dû à Robert Hooke. On sait que cet irascible bossu était une sorte d'homme universel ; il inventait des systèmes d'horlogerie, démontrait le mouvement de la terre, étudiait les étoiles et faisait des projets d'améliorations pour les villes populeuses. Il se mit en tête de découvrir un moyen de correspondre de loin par signaux, et fit le plan d'une machine fort compliquée en forme de châssis, où des planches noires, manœuvrées selon une certaine formule, représentaient les lettres de l'alphabet. Le moyen n'était pas nouveau, il était renouvelé des Romains ; Polybe indique en effet un système de torches qui, cachées ou rendues visibles, figuraient un alphabet complet. La lenteur et les difficultés inhérentes au procédé de Robert Hooke le firent promptement abandonner. On le prit néanmoins pendant quelque temps en sérieuse considération, et en 1684 l'auteur lut à la Société royale de Londres un rapport sur la distance qui devait séparer les stations télégraphiques les unes des autres.

Guillaume Amontons est le premier Français qui se soit occupé de télégraphie, et son système, dont on ne peut parler que par induction, car rien n'en a subsisté, paraît avoir beaucoup de ressemblance avec celui que Chappe devait faire prévaloir plus tard. Des expériences furent faites dans le jardin du Luxembourg en présence du dauphin et de mademoiselle Choin. Dans l'Éloge d'Amontons, Fontenelle regarde l'invention de ce dernier comme un jeu d'esprit très-ingénieux, et cependant il affirme qu'avec ce procédé il est facile d'envoyer une dépêche de Paris à Rome en trois ou quatre heures, sans que la nouvelle soit connue dans les pays intermédiaires. « Le secret, dit-il, consistait à disposer dans plusieurs postes consécutifs des gens qui, par des lunettes de longue vue, ayant aperçu certains signaux du poste précédent, les transmettaient au suivant, et toujours ainsi de suite, et ces différents signaux étaient autant de lettres d'un alphabet dont on n'avait le chiffre qu'à Paris et à Rome. La plus grande portée des lunettes faisait la distance des postes, dont le nombre devait être le moindre qu'il fût possible, et comme le second poste faisait des signaux au troisième à mesure qu'il les voyait faire au premier, la nouvelle se trouvait portée à Rome en presque aussi peu de temps qu'il en fallait pour faire les signaux à Paris. » L'indifférence du public, l'insouciance de l'auteur, pour qui la découverte théorique était plus importante que toute application, mirent à néant ce projet, dont il n'était déjà plus question depuis longtemps, lorsque Amontons mourut au mois d'octobre 1705.

Deux citations empruntées, l'une au *Journal* de Barbier, l'autre aux *Mémoires secrets* de Bachaumont, prouveront que le dix-huitième siècle en était réduit à d'assez pauvres inventions lorsqu'il s'agissait de correspondre de loin. « La grande inquiétude de Paris, dit

Barbier (janvier 1742), est à présent l'élection de l'Empereur, qui a dû se faire le 24 de ce mois. On dit qu'on a proposé à M. le Cardinal de faire savoir cette nouvelle en cinq heures, par le moyen de canons qu'on aurait portés de deux lieues en deux lieues. Mais le transport des canons pour cette opération aurait coûté 12,000 livres, et M. le Cardinal n'a pas voulu faire cette dépense. Il est plus patient. » Le 10 novembre 1778, Bachaumont écrit : « On parle de signaux qu'on prépare pour qu'en trois heures la cour de Vienne soit instruite de l'accouchement de Sa Majesté. Ces signaux s'exécuteront par des coups de canon, si le vent le permet, ou l'on y suppléera par des feux allumés de distance en distance. »

Deux hommes, connus pour toute autre chose que leur participation à des travaux scientifiques, inventèrent un procédé de correspondance aérienne ; le premier est Dupuis, l'auteur de l'*Origine de tous les cultes*, le second est l'avocat Linguet, qui écrivit *la Bastille dévoilée*. Ce dernier, en 1782, enfermé en vertu d'une lettre de cachet, offrait pour prix de sa liberté d'indiquer au ministre un moyen de transmettre aux distances les plus éloignées des nouvelles de quelque espèce et de quelque longueur qu'elles fussent, avec une rapidité presque égale à l'imagination [1]. » Le secret a été bien gardé ; car, malgré une expérience faite en présence de commissaires délégués, on ne sait en quoi consistait le procédé inventé par le prisonnier pendant son séjour à la Bastille. Dupuis, qui s'était servi utilement de son système

[1] Un couplet de chanson a gardé le souvenir de la tentative d'invention de Linguet :

> Que Linguet de sa courtine
> Veuille apprendre à notre orgueil
> Que l'on peut en un clin d'œil
> Se faire entendre de Chine :
> Eh ! qu'est qu' ça m' fait à moi ?
> On m'entend de ma cuisine,
> Ah ! qu'est qu' ça m' fait à moi,
> Quand je chante et quand je bois ?

particulier pour correspondre de Ménilmontant à Bagneux, y renonça spontanément après avoir eu connaissance de celui de Claude Chappe.

L'idée flottait dans les esprits, elle allait bientôt s'y condenser et trouver sa formule. Les procès-verbaux de l'Assemblée législative racontent que, dans la séance du jeudi soir 22 mars 1792, « M. Chappe est introduit à la barre; il fait hommage à l'Assemblée d'une découverte dont l'objet est de communiquer rapidement à de grandes distances tout ce qui peut former le sujet d'une correspondance. Il annonce que la vitesse de cette correspondance sera telle, que le corps législatif pourra faire parvenir ses ordres à nos frontières et en recevoir la réponse pendant la durée d'une même séance; il présente des procès-verbaux qui prouvent qu'il a déjà fait plusieurs expériences de son moyen dans le département de la Sarthe et qu'elles ont été suivies de succès. » L'Assemblée applaudit, admit M. Chappe aux honneurs de la séance, et renvoya l'examen de la découverte au comité de l'instruction publique.

Quelle était cette nouvelle invention qui se révélait tout à coup? Était-elle, comme celle qui l'avait précédée, incomplète, maladroite, hérissée de difficultés qui en rendaient l'application dispendieuse et l'usage impraticable? était-ce le rêve d'un cerveau tourmenté de célébrité à tout prix? Était-ce au contraire le résultat d'études sérieuses et bien pondérées, de combinaisons à la fois ingénieuses et faciles? Quel en était l'auteur et comment avait-il été amené à faire une telle et si importante découverte?

Claude Chappe était né dans le département de la Sarthe, à Brulon, en 1763; il avait donc vingt-neuf ans quand il se présenta à la barre de l'Assemblée législative. Les glorieux antécédents scientifiques ne faisaient point défaut dans sa famille; son oncle, l'abbé Chappe d'Auteroche, avait été envoyé par l'Académie des sciences, dont il était membre, à Tobolsk, afin d'y observer, le 6 juin 1761, le passage de Vénus sur le soleil; plus tard, pour étudier un phénomène semblable, il se rendit en Californie, où il mourut des suites de ses fatigues. Il avait légué à son neveu le goût des sciences et l'aptitude au travail, car Claude Chappe fut un travailleur infatigable. Cependant l'idée première de sa découverte, qui eut une si grande importance à la fin du siècle dernier, est plutôt due au hasard, à une malice d'enfant, qu'à une volonté préconçue et nettement dirigée vers un point défini. Claude Chappe, destiné à l'état ecclésiastique, avait été mis dans un séminaire éloigné de trois quarts de lieue environ du pensionnat où ses quatre frères faisaient leurs études. Ces enfants cherchèrent un moyen de communiquer entre eux malgré la distance, et Claude imagina d'appliquer des règles plates et noires sur la surface blanche des murailles du séminaire. A l'aide d'une lorgnette, ses frères pouvaient voir facilement les différentes positions qu'il faisait prendre à ses règles et lire ainsi des phrases dont le vocabulaire avait été convenu entre eux. Telle fut l'origine singulière de l'appareil et du système de signaux qui devaient former plus tard le télégraphe et le langage télégraphique.

Il est probable que ce jeu d'enfants cherchant à tromper la discipline d'une maison d'éducation ne laissa pas grande trace dans l'esprit de Claude Chappe, qui était devenu abbé et devait, ainsi que tant d'autres, se défroquer pendant la Révolution. Ce ne fut en effet que vers 1790 qu'il conçut le plan d'un système complet de correspondance par signaux. On dirait que du premier coup il eut une vision de l'avenir, car il dirigea ses recherches vers l'électricité, dont la force inconnue et les propriétés à peine soupçonnées préoccupaient les esprits sérieux de l'époque. Il renonça promptement à ses essais, qui n'aboutirent à aucun résultat satisfaisant. Il chercha alors, en combinant des objets de couleurs différentes, à obtenir des signaux visibles et distincts; mais il s'aperçut qu'il fallait multiplier les stations sur un espace relativement restreint, car dès que la distance était notablement augmentée, les nuances les plus diverses devenaient uniformément blanches au soleil et noires à l'ombre. Il eut recours au son et employa des casseroles, sur lesquelles on frappait, à faire parvenir à une distance de 400 mètres des phrases convenues. Toutes ces tentatives furent infructueuses, et peut-être Claude Chappe aurait-il renoncé à son projet, s'il ne s'était souvenu des règles qu'il avait utilisées dans son enfance pour correspondre avec ses frères. Cette fois il était sur la bonne route et ne la quitta plus.

Le 2 mars 1791, il avait amené son appareil à un point de perfection assez avancé pour qu'il pût convoquer les officiers municipaux de Parcé, district de Sablé (Sarthe), et faire devant eux des expériences dont ils dressèrent procès-verbal. C'est là l'acte de naissance de la Télégraphie. Deux instruments étaient en vue, l'un à Parcé, l'autre à Brulon, séparés par 16 kilomètres. Les phrases échangées furent : « Si vous réussissez, vous serez bientôt couvert de gloire. » — « L'Assemblée nationale récompensera les expériences utiles au public. » Et elles furent transmises dans l'espace de six minutes et vingt secondes. Le succès avait été complet. Chappe continua ses expériences pendant près d'une année, puis il vint à Paris tenter la grande publicité, et voulant avant toute chose attirer l'attention sur lui, il obtint par l'entremise de son frère Ignace Chappe, député à l'Assemblée législative, l'autorisation d'élever sa machine sur un des pavillons d'octroi de la barrière de l'Étoile. L'appareil construit allait pouvoir bientôt fonctionner, lorsque pendant une nuit des hommes masqués le renversèrent et le détruisirent sans que personne songeât à s'opposer à cet acte de vandalisme, dont le mobile a toujours été ignoré.

Cet accident tourna au bien de l'entreprise. Chappe se remit à l'œuvre, étudiant avec soin la forme des corps opaques afin de déterminer d'une façon certaine celle qui était le plus visible à travers l'espace. Après bien des tâtonnements, il se convainquit que la forme allongée remplissait toutes les conditions désirables; il s'arrêta à une règle étroite, armée à chaque extrémité d'une aile pivotante; il fit le dessin de sa machine, qui fut exécutée sous ses yeux par le mécanicien Bréguet. Ses frères avaient concouru à ses recherches techniques; un de ses parents, Léon Delaunay, qui, ayant été consul de France en Portugal, avait quelque connaissance des *chiffres* diplomatiques, l'aida à composer un vocabulaire provisoire composé de 9,999 mots transmissibles par signaux. L'invention n'était pas parfaite encore, mais du moins elle pouvait déjà rendre d'importants services. Ce fut alors que Chappe en fit hommage à l'Assemblée nationale.

Pour prouver que sa découverte était pratique, il voulut recommencer ses expériences publiques et établit un nouveau poste à Ménilmontant, dans le parc de Lepelletier de Saint-Fargeau. L'époque était fort troublée : c'était après le 10 août; le peuple de Paris, confiant parfois jusqu'à la sottise et souvent défiant jusqu'à la cruauté, était en proie à toute sorte d'inquiétudes; partout il voyait des traîtres, et, ivre de ses premières heures de liberté, il s'abandonnait à la folie contagieuse des soupçons indéterminés. Dans l'appareil des frères Chappe, dans cette machine inconnue, de forme singulière, qui semblait animée d'un mouvement propre, qui remuait les bras toute seule et se démenait en l'air sans raison apparente, on vit un instrument destiné à correspondre avec la famille royale, alors détenue au Temple, et élevé pour compromettre les nouvelles destinées de la nation. Un matin, un groupe d'hommes se précipita dans le parc de Ménilmontant, démolit la station, brisa le télégraphe, le jeta au feu et faillit en faire autant des frères Chappe, qui n'eurent que le temps de se sauver. Le 12 septembre 1792, Claude Chappe écrivit à l'Assemblée pour lui demander de protéger ses travaux et de l'indemniser des pertes que la bêtise populaire lui avait fait subir. Il ne reçut pas de réponse, car le 21 septembre la Convention nationale tint sa première séance.

Pendant de longs mois il ne fut plus question de l'invention nouvelle; Chappe fatiguait les bureaux et les comités de ses démarches inutiles. Ce fut pendant une de ces audiences qui bien souvent désespéraient l'inventeur, que sa machine reçut son baptême définitif. Miot de Mélito raconte[1] que Chappe vint le voir au ministère de la guerre et lui donna de minutieux détails sur son appareil, qu'il nommait alors le *tachygraphe* (ταχύ-γράφειν, écrire promptement). Miot lui dit que la dénomination était vicieuse et qu'il devait la changer en celle de *télégraphe* (τῆλε-γράφειν, écrire de loin). Chappe fut frappé de la justesse de l'observation et adopta l'appellation, qui depuis ce temps a prévalu. C'était beaucoup d'avoir trouvé un nom composé qui renfermât une définition exacte, mais ce n'était pas tout : il fallait faire sortir le projet des cartons où il demeurait enfoui, et il y serait peut-être resté longtemps encore si Romme ne l'y eût découvert. Nous avons dit plus haut à travers quelles circonstances il obtint de la Convention nationale que 6,000 livres seraient accordées à Chappe pour faire des essais sérieux et qu'une commission serait nommée pour les suivre.

[1] *Mémoires*, t. Ier, p. 58.

Les commissaires choisis dans le comité de l'instruction publique furent Arbogaste, Daunou et Lakanal. Les deux premiers étaient au moins indifférents, sinon hostiles aux tentatives de Chappe, dont ils ne comprenaient pas l'importance. Il n'en était heureusement pas ainsi de Lakanal; cet homme de bien, amoureux de tout ce qui pouvait faire la gloire de la France, ne fut pas long à se rendre compte des résultats exceptionnels que l'invention de Claude Chappe pouvait obtenir. Dès lors il se voua au télégraphe sans réserve, stimula l'apathie de ses collègues, fit pousser avec vigueur les travaux entrepris, convainquit Cambon, qui ne voyait là qu'une nouvelle source de dépenses pour l'État épuisé, et de haute lutte autant que par persuasion il réussit à mener l'œuvre à bonne fin. Chappe comprit bien qu'il devait tout à Lakanal; dans sa correspondance avec celui que la Restauration devait chasser de l'Institut, il y a des mots touchants qui peignent au vif sa gratitude : « Grâces vous soient rendues mille fois! Vous avez triomphé de tous les obstacles ; que dis-je? vous les avez transformés en moyens; me voilà pleinement satisfait. » Et ailleurs : « Je prie mon créateur de recevoir l'hommage de sa créature. »

La Convention avait permis à Chappe de requérir la garde nationale pour protéger ses travaux de construction ; mais nulle manifestation hostile ne se renouvela ; on connaissait maintenant dans le public la grandeur du but poursuivi et l'on ne vit plus reparaître l'absurde défiance des premiers jours. Le moment définitif était venu ; le 12 juillet 1793, la veille de l'assassinat de Marat, une expérience solennelle eut lieu en présence de Daunou, d'Arbogaste, de Lakanal et de personnages éminents appartenant à la politique, aux sciences et aux arts. La ligne partant de Ménilmontant, aboutissant à Saint-Martin-du-Tertre (Seine-et-Oise) avec station à

Écouen, avait 35 kilomètres d'étendue. A quatre heures et demie de l'après-midi, l'opération commença ; l'appareil de Ménilmontant se mit en mouvement et transmit en onze minutes à Saint-Martin-du-Tertre une dépêche de vingt-neuf mots ainsi conçue : « Daunou est arrivé ici ; il annonce que la Convention nationale vient d'autoriser son comité de sûreté générale à apposer les scellés sur les papiers des représentants du peuple. » Le poste de Saint-Martin-du-Tertre, après avoir répété la dépêche et prouvé ainsi qu'il l'avait reçue et comprise, expédia en neuf minutes une phrase de vingt-six mots. « Les habitants de cette belle contrée sont dignes de la liberté par leur amour pour elle et leur respect pour la Convention nationale et les lois. » Puis les commissaires causèrent entre eux à l'aide du télégraphe. « La commission et toute l'assistance, dit M. Édouard Gerpach[1], furent émerveillés de ce résultat ; la télégraphie était créée. »

Le 26 juillet 1793, la Convention, après avoir entendu la lecture des dépêches de Beauharnais qui annonçait un succès à Landau, voté un décret sur les accaparements, chargé le comité de sûreté générale de présenter sous trois jours l'acte d'accusation contre Brissot, appris un échec des patriotes en Vendée ; après avoir écouté Legendre, qui prenait la défense de Westermann accusé de trahison, la Convention, sur la proposition de Lakanal, adopta le décret suivant : « La Convention nationale accorde au citoyen Chappe le titre d'ingénieur-télégraphe aux appointements de lieutenant de génie, charge son comité de salut public d'examiner quelles sont les lignes qu'il importe à la république d'établir dans les circonstances présentes[2]. »

[1] *Histoire administrative de la Télégraphie aérienne en France*, p. 21

[2] *Moniteur universel*, n° 210. — 1793.

## II. — LE TÉLÉGRAPHE AÉRIEN.

État de la France. — De Paris à Lille. — Construction des machines. — Télégraphe au Louvre. — 15 fructidor an II. — Prise de Condé. — Échange de dépêches. — *Brumaire.* — Fil de laiton. — Hôtel Villeroy. — Suicide de Chappe. — Le télégraphe et l'émeute. — 1830. — Rue de Grenelle. — Insurgés facétieux. — Télégraphes secrets. — Préposés infidèles. — Affaire des frères Blanc. — Acquittement. — Législation modifiée. — Apparition du télégraphe électrique. — Le télégraphe aérien en Crimée.

Claude Chappe, lieutenant de génie aux appointements de cinq livres dix sous en assignats par jour, se mit à l'œuvre avec une ardeur indomptable. Dans une administration qui n'avait aucun précédent tout était à créer : les instruments, les ouvriers, le personnel. L'époque était singulièrement douloureuse et difficile. La France envahie par les étrangers voyait son papier-monnaie perdre 50 pour 100 de sa valeur nominale, les campagnes étaient dépeuplées, tout ce qui existait de valide était poussé vers la frontière, les hommes de main-d'œuvre étaient introuvables et la plupart des matériaux manquaient. De tels obstacles ne firent reculer personne. Le Comité de salut public rendit le 4 août 1793 un arrêté qui ordonnait d'urgence la construction de deux lignes télégraphiques, l'une de Paris à Lille, l'autre de Paris à Landau. Comme on le voit, on pensa d'abord à la guerre; Carnot prit l'affaire en main, car il comprit tout de suite qu'on lui offrait un nouveau moyen d'organiser la victoire.

On peut dire que pour cette première installation les frères Chappe ont tout fait. On mit à leur disposition une somme de 166,240 livres prise sur les 50 millions que le ministère de la guerre devait consacrer à la défense du pays ; mais en tenant compte de la déperdition régulière des assignats, on reconnaîtra qu'ils n'eurent, pour leurs premiers travaux, qu'une somme de 80,000 francs à dépenser. C'est à l'aide de si misérables ressources qu'on parvint cependant à établir la ligne de Paris à Lille.

Seize stations séparaient les deux points extrêmes : c'étaient seize postes à construire. Les pierres manquaient, on alla en chercher dans les carrières; le bois faisait défaut, on en abattit dans les forêts de l'État; les ouvriers refusaient de travailler pour un salaire illusoire payé en assignats dépréciés, on les mit en réquisition. Les frères Chappe faisaient tous les métiers; tour à tour géomètres, architectes, maçons, charpentiers, mécaniciens, ils se subdivisaient la besogne et se multipliaient à l'infini. Le Comité de salut public, auquel il n'était pas prudent de désobéir en ce temps-là, autorisa les inventeurs du télégraphe à placer leurs machines sur les tours, sur les clochers, partout enfin où ils trouveraient avantage ou économie de temps; par son ordre, ils obtinrent de faire abattre, moyennant indemnité discutée, les rideaux d'arbres qui pouvaient s'interposer entre deux stations. C'est aux frères de Claude Chappe qu'était échu le dur labeur de surveiller et d'activer l'établissement des stations; quant à lui, resté à Paris, il s'était réservé la plus pénible partie du travail, la construction des machines; il ne parvint pas à réunir sous sa surveillance directe un groupe d'ouvriers spéciaux pouvant former un atelier de menuiserie et de serrurerie; il fut obligé de faire exécuter les pièces séparément, une à une, par des artisans isolés. Lorsque à force de soins, de tâtonnements et de peines, il était parvenu à obtenir les différents organes de son instrument, il les assemblait lui-même et allait sur place établir l'appareil, le faire jouer et s'assurer qu'il pourrait fonctionner. En dehors de cette occupation incessante, il s'était donné la tâche de former lui-même les *stationnaires*, c'est-à-dire les hommes qui devaient faire mouvoir le télégraphe, en connaître tous les signes, savoir par quelle manœuvre particulière on les obtient, et arriver par l'étude et l'usage à cette habileté qui permet d'éviter les erreurs. Dès qu'il avait terminé l'éducation d'un stationnaire, il commençait celle d'un autre; ce travail de Pénélope ne lui laissait ni repos ni trêve. Malgré les difficultés, la construction de la ligne avançait. En mars 1794 (ventôse an II), elle était presque terminée ; en prairial, on éleva sur le Louvre même un télégraphe qui, correspondant avec le poste de Montmartre, était visible pour Chappe, dont les bureaux étaient établis sur le quai Voltaire, au coin de la rue du Bac, dans la maison qu'il habitait. La dernière station était sur la tour Sainte-Catherine à Lille ; les deux extrémités étaient sur le point de communiquer entre elles, et le télégraphe allait bientôt faire parler de lui.

Le 13 fructidor an II[1], au milieu d'une séance de la Convention, où Lecointre, Vadier, Tallien, Bourbon de l'Oise, ne se ménagèrent pas les épithètes, pendant que Merlin de Thionville présidait, Carnot parut à la tribune : « Voici, dit-il, le rapport du télégraphe qui nous arrive à l'instant : Condé est restitué à la république ; reddition avoir eu lieu ce matin à six heures. » L'Assemblée se lève, applaudit et crie : « Vive la République! » — *Gossuin :* « Depuis trois jours, on nous occupe de calomnies atroces, et de diatribes dont, j'espère, il sera fait justice aujourd'hui. Condé est rendu à la république ; changeons le nom qu'il portait en celui de Nord-Libre. »

[1] La date de cette séance semblerait très-difficile à déterminer, si l'on n'avait pour repère certain les procès-verbaux de la Convention : M. E. Gerspach (*Histoire administrative de la Télégraphie en France*) la fixe au 15 *fructidor an* II ; M. Block (*Dictionnaire de la politique*) au 30 *thermidor;* M. Le Verrier (Rapport du 25 janvier 1850) au 20 *novembre* 1794, c'est-à-dire au 3 *brumaire;* la réimpression du *Moniteur*, par suite d'une erreur typographique, au 3 *fructidor;* enfin, M. Ferdinand Barrot va plus loin en disant (Rapport du 1er mars 1850) que la télégraphie a été inventée en 1795.

Cette proposition est décrétée sur-le-champ. — *Cambon :* « Je demande que ce décret soit envoyé à Nord-Libre par la voie du télégraphe. » Cette proposition est adoptée. Vers la fin de la séance, le président lut la lettre suivante, que Claude Chappe venait de lui adresser : « Je t'annonce que les décrets de la Convention nationale qui annoncent le changement du nom de *Condé* en celui de *Nord-Libre*, et celui qui déclare que l'armée du Nord ne cesse de bien mériter de la patrie, sont transmis. J'en ai reçu le signal par le télégraphe. J'ai chargé mon préposé à Lille de faire passer ces décrets à Nord-Libre par un courrier extraordinaire[1]. » Si l'on se reporte à l'époque où ces faits sans précédents se produisaient, on comprendra facilement quel enthousiasme ils excitèrent en France et quelle curiosité jalouse ils firent naître dans toute l'Europe.

L'appareil qui venait de donner une telle preuve de puissance et de rapidité était d'une simplicité extrême ; il est inconcevable que le monde ait attendu près de six mille ans avant de l'inventer. Il se composait de trois pièces : la première, nommée *régulateur*, était un rectangle allongé de 13 pouces de largeur sur 14 pieds de long. Au centre, il était traversé par un axe sur lequel il pouvait facilement se mouvoir. A chaque extrémité du régulateur était fixée une autre pièce mobile longue de 6 pieds, qu'on appelait *indicateur*. Ces trois pièces composaient la partie visible du télégraphe. Les indicateurs, terminés par une queue de fer alourdie d'un plomb qui leur servait de contre-poids, pouvaient décrire un cercle. Cet assemblage était élevé à plus de 14 pieds au-dessus de la toiture du poste, afin que dans le plus grand développement les gestes du télégraphe restassent toujours distincts et isolés des surfaces voisines. L'appareil

[1] *Moniteur universel*, n[os] 345, 346. — 1794.

était mis en action à l'aide de fils de laiton reliés à une manivelle que le préposé faisait facilement mouvoir d'une seule main. Cette manivelle avait la forme exacte d'un petit télégraphe, s'appelait le *répétiteur* et reproduisait toutes les attitudes qu'elle transmettait au régulateur et aux indicateurs; ceux-ci étaient construits en forme de persienne, avec des lames de cuivre qui leur donnaient à la fois plus de légèreté, plus de solidité et les exposaient moins à être renversés par le vent; deux lorgnettes fixées dans les murs de la logette où se tenait le stationnaire et dirigées vers les deux télégraphes avec lesquels il était en communication, complétaient cet appareil peu compliqué.

Après bien des études, bien des observations, on s'arrêta à un nombre de quatre-vingt-seize signaux formés par les quatre-vingt-seize mouvements divers du télégraphe, combinés d'après les positions absolument distinctes que les trois pièces pouvaient prendre entre elles. Quatre de ces signaux furent expressément réservés à la correspondance des employés entre eux, lorsqu'ils avaient à se prévenir d'un fait normal pouvant interrompre momentanément le service de la ligne, tel que brouillard ou absence d'un préposé. Il restait donc quatre-vingt-douze signaux qu'on pouvait appliquer à la transmission des dépêches. Partant de cette donnée, Claude Chappe, aidé de Léon Delaunay et d'un inspecteur nommé Durand, rédigea trois vocabulaires contenant chacun quatre-vingt-douze pages qui chacune renfermaient quatre-vingt-douze mots, phrases ou noms propres. — Le premier était consacré aux mots, le second à des phrases usuelles, le troisième aux noms géographiques. On avait donc ainsi un dictionnaire télégraphique de vingt-cinq mille trois cent quatre-vingt-douze vocables. Chaque vocabulaire, chaque page, chaque ligne étaient marqués d'un signe spécial. Dès lors la façon de procéder se comprend très-facilement. Si l'on voulait, par exemple, transmettre le mot *envoyer* qui se trouve inscrit le quarante-sixième à la trente-quatrième page du vocabulaire, on indiquait à l'aide du télégraphe d'abord le signe représentant trente-quatre et immédiatement après le signe représentant quarante-six. Rien n'était plus rationnel et plus simple; ce système de machine et de mouvements nous paraît bien arriéré aujourd'hui que nous sommes accoutumés aux incalculables rapidités de l'électricité ; mais l'invention de Chappe n'en fut pas moins une œuvre admirable. Il est difficile d'imaginer ce qu'il fallait d'activité, de vigilance, de bon vouloir aux employés; mais on pourra s'en rendre compte lorsque nous aurons dit qu'une dépêche de quarante mots, expédiée de Paris à Bayonne, traversait cent onze stations et exigeait un total de *quarante-quatre mille quatre cents* mouvements.

Chaque poste intermédiaire avait deux employés qui se relayaient tous les jours à midi ; il fallait avoir sans cesse l'œil aux lunettes pour surveiller les télégraphes voisins, reproduire les signaux, s'assurer s'ils étaient répétés par la station correspondante et les inscrire sur un registre, afin qu'on pût les vérifier plus tard en cas d'erreur dans la transmission. Parfois, lorsqu'on était en train de signaler une dépêche indiquée *grande activité*, on était obligé de l'interrompre tout à coup pour faire passer une dépêche indiquant *grande urgence ;* quand celle-ci était terminée, on reprenait la première. Les préposés ignoraient absolument la valeur des signes qu'ils employaient. Le directeur à Paris, les inspecteurs en province en avaient seuls connaissance; ils les traduisaient en langage vulgaire et adressaient par estafette leur dépêche cachetée à qui de droit.

Dans les premiers temps surtout, les employés faisaient des maladresses; on a calculé qu'il fallait environ huit mois d'exercice pour former un stationnaire habile; l'inexpérience a causé bien des erreurs et bien des retards, mais les plus considérables étaient dus aux conditions mêmes de l'atmosphère. Nous nous rappelons tous le rôle que la nuit et le brouillard jouaient dans l'interruption des dépêches. Le langage de la télégraphie aérienne a gardé jusqu'au dernier jour une trace vivante de l'époque qui l'a vu naître; au lieu de brouillard, on signalait *brumaire*. Dans les grandes chaleurs, par ces temps énervants et lourds qui laissent au ciel toute sa pureté, mais nous alanguissent sous le souffle du *siroco*, les communications télégraphiques étaient impossibles. Les ondulations miroitantes de l'atmosphère, surtout pour les stations placées près des lieux marécageux, décomposaient, pour ainsi dire, les gestes de l'appareil, les rendaient illisibles et les perdaient dans une sorte d'éblouissement analogue à celui que produit le dégagement du gaz carbonique. Ces jours-là, il n'y avait rien à faire; les employés se croisaient les bras et le télégraphe faisait comme eux. Toutes ces conditions atmosphériques apportaient une telle perturbation dans le service, que Chappe-Chaumont a pu écrire : « J'ai calculé que sur 8,760 heures qui composent l'année, il y a au plus 2,190 heures pendant lesquelles on puisse communiquer avec le télégraphe aérien[1]. ».

Toutes ces difficultés avaient frappé Claude Chappe, lorsque ayant enfin construit la ligne, de Paris à Lille, il put multiplier ses observations en raison directe du nombre de stations qu'il mettait en mouvement et de l'espace qu'il avait à franchir. Il ne se découragea pas, car il sentit que son invention était alors unique pour les résultats qu'elle obtenait. Un arrêté du 12 vendémiaire an III ordonna la construction de la ligne de

[1] *Histoire de la Télégraphie*, Introduction.

Paris à Landau. Il serait trop long et superflu de raconter à travers quels obstacles elle fut établie, mais il faut dire cependant que Claude Chappe ayant demandé à la commission des armées 6,168 livres de fil de laiton destiné à faire mouvoir les appareils, on ne put jamais lui en fournir que 327. Il y suppléa en obtenant de la gérance des biens nationaux l'autorisation de prendre et de garder pour l'usage des télégraphes les cordelettes de métal qui servaient autrefois à suspendre les lampes et à attacher les girandoles dans les hôtels et les maisons riches dont le mobilier avait été en grande partie confisqué.

Pendant les premiers temps, la maison habitée par Chappe avait été le centre de son administration ; mais cette dernière s'étendait, devenait considérable, faisait concevoir des espérances d'agrandissement qu'elle a réalisées ; on lui chercha en conséquence un local convenable, et on l'installa (nivôse an III) à l'ancien hôtel Villeroy, rue de l'Université, n° 9. La direction des télégraphes y demeura jusqu'au jour où elle fut réunie au ministère de l'intérieur, rue de Grenelle[1]. La télégraphie ancienne, uniquement due à la découverte de Claude Chappe, à l'initiative intelligente de Romme, de Lakanal et de Carnot, devait recevoir de chaque gouvernement successif le développement qu'elle comportait ; mais il ne fut point donné à l'inventeur d'y apporter son concours et d'en jouir. Il avait vu tomber la République et naître l'Empire ; il était demeuré immuable à son poste, dirigeant l'administration dont il était le créateur. Tant de fatigues, tant de luttes l'avaient épuisé ; devenu hypocondriaque, atteint d'une maladie insupportablement douloureuse (un cancer dans l'oreille), il se sentit si découragé, si vaincu, qu'il de-

[1] La rue Neuve de l'Université a été ouverte sur l'emplacement de l'ancien hôtel des télégraphes ; c'est aujourd'hui la rue du Pré-aux-Clercs.

manda à la mort la fin de ses souffrances. Ce n'était pas l'heure pour lui cependant, car la ligne de Paris à Milan par Lyon et Turin allait être mise en activité. Le 23 janvier 1805, au matin, on le chercha vainement dans ses bureaux; on ne le découvrit que plus tard, dans la journée, au fonds d'un puits qui alimentait le jardin de l'hôtel; avant de s'y précipiter il s'était coupé la gorge avec un rasoir.

L'importance du télégraphe était trop connue pour qu'on n'en étendît pas l'usage. Les frères de Chappe lui succédèrent. L'Empire, la Restauration, le gouvernement de Juillet augmentèrent les lignes, les poussèrent jusqu'à nos frontières et firent un réseau qui nous mettait en communication avec les pays voisins. Le siége de l'administration était toujours situé rue de l'Université, dans un hôtel d'un accès facile et qui aisément pouvait être enlevé d'un coup de main. C'était là une vive préoccupation pour le gouvernement. Sous les Bourbons et sous Louis-Philippe les émeutes n'étaient point rares à Paris; tout y servait de prétexte, les revues, les enterrements, les changements de ministère, les discussions des chambres; le pays vivait et affirmait sa vie d'une façon parfois trop bruyante. Dès que l'on avait cassé quelques réverbères ou entonné *la Marseillaise*, le pouvoir, ainsi que l'on disait alors, pensait aux télégraphes, et l'hôtel Villeroy était occupé par la troupe, qui en cernait l'enceinte, remplissait les cours et bloquait la place de façon à la rendre inaccessible aux émeutiers. Les employés, gardés comme des prisonniers d'État, ne pouvaient sortir, couchaient dans leurs bureaux, nourris on ne sait comme, et ne recouvraient la liberté que lorsque l'ordre était rétabli.

Il n'était point facile de les intimider cependant; au mois de juillet 1830, le directeur général, Chappe-Chaumont, refusa obstinément au gouvernement provisoire de transmettre les dépêches qu'il en recevait; naturellement, il fut destitué pour n'avoir jamais voulu trahir le roi Charles X, à qui il avait prêté serment de fidélité. Comme on redoutait toujours de voir l'administration centrale des télégraphes envahie pendant un jour de troubles, on lui chercha un emplacement meilleur et on le trouva rue de Grenelle, près du ministère de l'intérieur, aux attributions duquel elle avait du reste été définitivement réunie par ordonnance du 28 mai 1831, après avoir successivement et conjointement appartenu à la guerre, à la marine, aux travaux publics[1]. Ce fut alors qu'on bâtit la tour carrée, où nous avons vu les télégraphes manœuvrer et dessiner leurs bras noirs sur une surface blanche et circulaire; l'administration prit possession de son nouveau local au mois de septembre 1841. C'était une véritable forteresse; en temps d'émeute, elle se remplissait de soldats et se trouvait toujours prête à la défense.

A une époque bien plus rapprochée de nous, pendant la seconde république, sous le ministère de M. Léon Faucher, le midi de la France fut remué par je ne sais

[1] Pendant longtemps la télégraphie fut subventionnée par les différents ministères, selon les services qu'elle rendait à chacun d'eux; la loterie même lui fournit souvent de fortes sommes; la ligne de Strasbourg recevait annuellement une centaine de mille francs en bons de loterie sur les caisses départementales. La loterie retirait un grand avantage de l'emploi des télégraphes; mais elle se lassa bientôt de sa générosité, et, vers 1819, elle ne voulut plus donner que 4 à 5,000 fr., sous forme de gratification aux employés. Ce fut en 1821 que l'entretien et la construction des télégraphes furent attribués au ministère de l'intérieur. Il est bon d'indiquer les différentes dates de l'établissement successif des lignes télégraphiques : de Paris à Lille, 1794; jusqu'à Ostende, 1795; jusqu'à Flessingue, 1809; jusqu'à Amsterdam, 1810. — De Paris à Strasbourg, 1798; jusqu'à Huningue, 1799. — De Paris à Brest, 1798. — De Paris à Milan, par Lyon et Turin, 1805; jusqu'à Venise, 1810. — Ligne de l'Est prolongée de Metz à Mayence, 1813. — De Paris à Calais, par Saint-Omer, 1816. — De Lyon à Toulon, 1820. — De Paris à Bayonne, 1823. — D'Avignon à Montpellier, 1832. — Embranchement de Nantes, Cherbourg, Perpignan, 1833. — De Montpellier à Bordeaux, 1834. — De Calais à Boulogne, 1841. — De Dijon à Besançon, 1842.

quelle tentative d'insurrection socialiste ayant des ramifications entre Lyon et Marseille. Nos lignes de télégraphie électrique étaient loin d'être complètes, et les départements menacés étaient encore desservis par les télégraphes aériens. Le ministère craignit que les postes ne fussent enlevés; il s'entendit avec le ministère de la guerre, obtint des fusils, des munitions, et fit armer les stationnaires en leur donnant ordre de se défendre à outrance et de repousser par la force les hommes isolés ou réunis qui tenteraient de s'emparer de leurs stations. Il va sans dire que la nouvelle de cet armement inusité se répandit très-rapidement dans la contrée. Les insurgés facétieux ne s'amusèrent point à attaquer des employés si bien pourvus : pendant la nuit, en l'absence des préposés, ils crochetèrent les portes des stations, ils pénétrèrent dans l'intérieur, en enlevèrent simplement les lunettes et écrivirent sur le registre aux signaux : « Reçu de l'administration télégraphique deux longues-vues, dont décharge; » — de plus, ils emportèrent les fusils que chaque stationnaire avait gardés avec soin dans sa logette pour être prêt à s'en servir à la première occasion.

On peut penser que l'établissement des télégraphes, de ce service dont l'État avait seul la jouissance, avait fortement donné à réfléchir aux hommes qui voient dans la spéculation un moyen de s'enrichir, pour qui le gain sans travail est l'idéal de la vie et qui cherchent partout des renseignements à l'aide desquels ils puissent jouer à coup sûr. Avant l'invention des chemins de fer, avant l'application de l'électricité à la télégraphie, le cours de la Bourse de Paris n'était connu à Bordeaux, à Rouen, à Lyon, à Marseille, qu'à l'arrivée de la malle-poste. Les agioteurs qui eussent appris le mouvement des fonds publics douze heures d'avance étaient donc en mesure de faire des bénéfices coupables, mais assurés. Or cela seul leur importait. A l'aide de moulins dont les ailes étaient disposées d'une certaine manière, à l'aide de pigeons dressés à cet effet, on essayait d'être renseigné d'une façon positive sur la hausse ou la baisse de Paris. Une ligne télégraphique secrète fonctionna même régulièrement entre Paris et Rouen. Le gouvernement déjouait ces manœuvres de son mieux, mais il n'y réussissait pas toujours. Le cas n'avait pas été prévu par la loi, et l'on s'en aperçut dans des circonstances qu'il faut rapporter.

Au mois de mai 1836, M. Bourgoing, directeur des télégraphes à Tours, fut informé que les employés Guibout et Lucas, stationnaires du télégraphe n° 4 situé sur la mairie, faisaient un usage clandestin de leurs signaux. Une enquête très-prudente fut commencée, pendant laquelle Lucas, tombé malade et près de mourir, fit des aveux complets. On acquit la certitude que Guibout, aussitôt après l'arrivée de la malle-poste de Paris, introduisait un faux signal dans la première dépêche qu'il avait à transmettre sur la ligne de Bordeaux, et qu'aussitôt après il indiquait : *erreur*. Mais le faux signal n'en parcourait pas moins sa route forcée, il était répété de station en station, il allait *à fond de ligne*, c'est-à-dire jusqu'à Bordeaux, où le directeur le *rectifiait*, corrigeait la dépêche fautive et empêchait qu'elle ne parvînt plus loin avec cette indication parasite et inutile. La fraude partait donc de Tours pour aboutir à Bordeaux. Avec le point de départ et le point d'arrivée, la police judiciaire avait entre les mains de quoi découvrir la vérité.

Deux jumeaux, François et Joseph Blanc, habitant Bordeaux, joueurs de bourse et spéculateurs de profession, avaient un agent à Paris ; celui-ci, lorsque le trois pour cent avait baissé dans une proportion déterminée, envoyait par la poste à Guibout, stationnaire télégraphique à Tours, une paire de gants ou une paire de bas gris; lorsque, au contraire, la hausse s'était faite, il envoyait des gants blancs ou un foulard. Selon la nature ou la couleur de l'objet qu'il avait reçu, le préposé faisait un faux signal convenu qui, parvenu à Bordeaux, était communiqué par le stationnaire de la tour Saint-Michel au commis des frères Blanc. Ceux-ci, connaissant vingt-quatre heures à l'avance la cote de Paris, étaient maîtres du marché et faisaient d'importants bénéfices.

Tous ces gens tarés, stationnaires et agioteurs, furent arrêtés et emprisonnés vers la fin du mois d'août 1836.

Le procès s'ouvrit à Tours, le 11 mars 1837, devant la cour d'assises. Les accusés firent des aveux explicites. Guibourt recevait des frères Blanc 300 francs fixes par mois et 50 francs de gratification par faux signal; c'était beaucoup pour un employé qui gagnait 1 fr. 50 par jour. L'attitude des frères Blanc fut curieuse d'impudence; leur système consista uniquement à soutenir que tout moyen d'information est licite pour gagner de l'argent, que l'unique préoccupation des gens de bourse étant de savoir d'avance le cours des fonds publics, afin de jouer à coup sûr, ils avaient fait comme beaucoup de leurs confrères, et n'avaient par conséquent rien à se reprocher. Cette morale de cour des Miracles prévalut; M. Chaix d'Est-Ange plaidait; il fut habile, dérouta le jury, le fit rire, l'émut, le troubla. Les questions posées concernant Guibout étaient : 1° A-t-il fait passer des signaux autres que ceux de l'administration? — 2° A-t-il reçu des dons pour faire passer ces signaux? — 3° En faisant cette transmission, *a-t-il fait acte de son emploi?* — Aux deux premières questions, le jury répondit : Oui; à la troisième, il répondit : Non; dès lors les accusés étaient non pas acquittés, mais absous, car le verdict venait de déclarer qu'ils ne tombaient pas sous le coup des articles 177 et 179 du Code pénal. Cependant on avait constaté au procès que du 22 août 1834 au 25 août 1836, les frères Blanc avaient reçu cent vingt et une fois le faux signal indicatif du mouvement des fonds.

L'instruction qui précéda le procès avait ouvert les yeux du ministère, et dès lors il voulut posséder le droit d'un monopole qui n'existait que de fait. Le 6 janvier 1837, M. de Gasparin, ministre de l'intérieur, exposant les motifs de la loi qui attribue l'usage du télégraphe au gouvernement seul, put dire avec raison: « Nous sommes forcés de demander plus à la législation que nos devanciers, parce que nous demandons moins à l'arbitraire. » Le 28 février suivant, M. Portalis fit le rapport et conclut à l'adoption d'un article unique ainsi conçu : « Quiconque transmettra sans autorisation des signaux d'un lieu à un autre, soit à l'aide de machines télégraphiques, soit par tout autre moyen, sera puni d'un emprisonnement d'un mois à un an et d'une amende de 100 à 10,000 francs. » La loi fut votée le 14 mars 1837 par 112 voix contre 37. Tout l'effort des ministres, de la commission, des orateurs, avait été de prouver que la télégraphie deviendrait un instrument de sédition des plus dangereux, si par malheur on ne lui interdisait pas sévèrement de servir aux correspondances du public. Moins de treize ans après, une loi devait battre en brèche ces vieux arguments et faire entrer la télégraphie privée dans le droit commun et dans les usages de la nation.

Mais ce qui devint possible avec la télégraphie électrique ne l'était pas avec la télégraphie aérienne; celle-ci allait être bientôt renversée par sa jeune et toute-puissante rivale. Dès le 2 juin 1842, à propos d'un crédit de 30,000 fr. demandé à la chambre des députés pour faire un essai de télégraphie nocturne, Arago put dire : « Nous sommes à la veille de voir disparaitre non-seulement les télégraphes de nuit, mais encore les télégraphes de jour actuels. Tout cela sera remplacé par la télégraphie électrique. Nous avons eu en 1838, à l'Académie des sciences, un appareil construit par un physicien américain, M. Morse, et qu'on a pu faire fonctionner[1]. » Avant de rentrer dans le néant, le télégraphe aérien, qui déjà avait tant fait pour la France, devait lui donner une dernière et glorieuse preuve de dévouement. Il a affirmé sa propre naissance en annonçant la prise de Condé, il devait employer ses derniers efforts à assurer le succès du siége de Sébastopol. Nos appareils transportés en Crimée ont rendu d'incalculables services, et la conduite vigoureuse des employés a montré que le vieux sang gaulois n'avait encore rien perdu de sa vigueur.

Au moment où ils disparurent pour toujours[2], les télégraphes jouissaient d'un budget particulier de 1,180,000 fr., et s'étendaient en France sur un espace de 1,250 myriamètres, divisés en cinq cent trente-quatre stations. Le point central, le moyeu de ce rayonnement de signaux, était la tourelle du ministère de l'intérieur, dont les télégraphes placés aux quatre faces correspondaient à Paris, avec le poste du ministère de la marine (ligne de Brest), le poste de l'église des Petits-Pères (ligne de Lille), le poste nord de Saint-Sulpice (ligne de Strasbourg), le poste sud (lignes de Lyon et d'Italie). Par les circonstances atmosphériques les plus favorables, les dépêches parvenaient de Paris à Marseille en une heure et un quart; mais bien souvent l'état du

[1] Le *Moniteur* (3 juin 1842) fait une singulière faute d'impression ; il imprime : *qu'on n'a pu* faire fonctionner. Le sténographe, trompé certainement par la liaison euphonique de l'*n* et de l'*a*, en avait fait une négation.

[2] Les télégraphes aériens furent supprimés, en province, vers 1854. A Paris, on les conserva jusqu'en 1858 ; le dernier fut celui des buttes Montmartre.

temps était tel que les administrateurs avaient avantage, pour désencombrer leurs bureaux et obvier aux difficultés de transmission, à expédier leurs dépêches par la poste ou par des courriers spéciaux. Grâce à la télégraphie électrique, de pareilles nécessités ne sont plus à craindre aujourd'hui.

## III. — LA TÉLÉGRAPHIE ÉLECTRIQUE.

Deux dépêches russes. — Physique amusante. — Témoignage de Diderot. — Expérience à Madrid. — Cadrans de Jean Alexandre. — Volta, Œrsted, Ampère, Arago, créateurs théoriques de la télégraphie électrique. — Acte de naissance. — Mécanisme. — Premier télégraphe électrique. — M. Morse. — Initiative de M. Foy. — Première expérience. — Problème résolu par M. Foy. — *Télégraphe français.* — Députés récalcitrants. — On redoute les émeutiers. — Télégraphie privée. — La ville libre de Brême. — Oscar de la Fayette et Lacave-Laplagne. — Loi votée le 29 novembre 1850. — Restrictions. — Taxe. — Parallèles.

Un simple rapprochement montrera quelle révolution l'électricité allait apporter dans la transmission des dépêches ; la nouvelle de la mort de Paul Ier (12 mars 1801) mit vingt et un jours à parvenir à Londres ; la mort de Nicolas (2 mars 1855) y fut connue en quatre heures un quart ; mais cette révolution ne s'accomplit pas d'un seul coup, et il fallut bien du temps avant que la mécanique pût appliquer les principes nouveaux que la physique avait découverts.

Nous avons dit plus haut que les premières recherches de Claude Chappe, lorsqu'il songeait à l'invention du télégraphe, avaient été dirigées vers l'électricité ; ses efforts n'aboutirent à rien, mais il n'en est pas moins certain que plusieurs essais de télégraphie électrique[1]

[1] On lit dans les Voyages d'Arthur Young en France (édit. de 1794), t. Ier, p. 79 : « 16 octobre 1787. — Le soir, je suis allé chez M. Lomond, un ouvrier ingénieux et inventif, qui a amélioré les machines à filer le coton. Il a fait une remarquable découverte en électricité. Vous écrivez deux ou trois mots sur un papier. Il l'emporte avec lui dans une chambre et tourne une machine renfermée dans une caisse cylindrique au haut

ont été faits au siècle dernier; aucun d'eux n'a réussi et ne pouvait réussir; quelques-uns cependant, expérimentés à de très-courtes distances, sont restés comme des procédés de physique amusante. Diderot parle dans ses Lettres à mademoiselle Voland d'un prestidigitateur appelé Comus, et dont le vrai nom était Ledru, qui établissait une correspondance d'une chambre à une autre « sans le secours sensible d'un agent intermédiaire [1] ». Il est fort probable que l'électricité jouait un grand rôle dans ce tour d'adresse. On lit dans *le Moniteur* du 10 ventôse an V (28 février 1797) : « *De Madrid*, 1er *février*. — Le docteur don François Salva a lu à l'Académie royale de Barcelone un mémoire sur l'application de l'électricité à la mécanique. Ce savant vient de mettre en pratique sa théorie ingénieuse. Son *télégraphe électrique* (le nom est déjà trouvé) a été examiné par le prince de la Paix, qui a été entièrement satisfait de sa simplicité et de l'effet rapide de cette machine. Ce télégraphe de nouvelle invention a été transporté dans les appartements de l'infant don Antoine, qui se propose d'en faire construire un autre dont les dimensions, animées par la plus grande force électrique possible, aident à correspondre à de grandes distances, tant sur terre que sur mer. On prépare à cet effet une immense machine électrique. Les expériences seront dirigées par le docteur Salva. » — En 1802, le gouvernement français fut saisi d'une demande

de laquelle est une petite boule de poix en guise d'électromètre. Un fil métallique unit cette caisse avec un cylindre et un électromètre pareils, situés dans une autre partie éloignée de l'appartement, et la femme de Lomond, en observant les mouvements correspondants de la petite boule, écrit les mots qu'elle indique; d'où il suit que Lomond a inventé un alphabet par les mouvements. Comme la longueur du fil métallique ne fait aucune différence dans les effets produits, on pourrait ainsi entretenir une correspondance à une distance quelconque, par exemple, en dedans et en dehors d'une ville assiégée. Quel que soit l'usage qu'on en puisse faire, l'invention est magnifique. »

[1] Le petit-fils de ce Comus, M. Ledru-Rollin, eut quelque notoriété politique après la révolution de Février 1848.

qui lui était adressée par un sieur Jean Alexandre à l'effet d'établir un télégraphe qui pouvait transmettre instantanément une dépêche, à la distance de 25 ou 30 kilomètres, à l'aide de deux cadrans alphabétiques; l'inventeur affirmait que ni le brouillard ni même la nuit ne pouvaient empêcher son appareil de fonctionner. Des expériences publiques furent faites en présence des préfets de la Vienne et d'Indre-et-Loire; elles parurent satisfaisantes; les rapports furent favorables à la découverte nouvelle, mais nulle suite n'y fut donnée, et Alexandre est mort sans avoir livré son secret. En parlant de cette tentative avortée, M. Gavarret dit : « On ne peut s'empêcher d'être frappé des analogies qui existent entre ce système de communication et les appareils à cadran de la télégraphie électrique[1]. »

Dans l'état où la science se trouvait à cette époque, rien de sérieux ne pouvait être créé en pareille matière; avant d'appliquer l'électricité à la transmission des dépêches, il fallait en déterminer les lois. Le télégraphe électrique n'aurait jamais existé sans Volta, Œrsted, Ampère et Arago; s'il n'en ont point découvert le mécanisme, qu'ils n'ont même pas cherché, ils en ont fixé les

[1] *Télégr. élect.*, J. Gavarret, p. 4 — Une analogie non moins frappante se retrouve dans une correspondance antérieure de trente ans aux essais d'Alexandre. L'abbé Barthélemy écrit à madame du Deffand : « Chanteloup, 8 août 1772. — Je pense souvent à une expérience qui ferait notre bonheur. On dit qu'avec deux pendules dont les aiguilles sont également aimantées, il suffit de mouvoir une de ces aiguilles pour que l'autre prenne la même direction, de manière qu'en faisant sonner midi à l'une, l'autre sonnera la même heure. Supposons qu'on puisse perfectionner les aimants artificiels au point que leur vertu puisse se communiquer d'ici à Paris. Vous aurez une de ces pendules, nous en aurons une autre; au lieu des heures, nous trouverons sur le cadran les lettres de l'alphabet... Vous sentez qu'on peut faciliter encore l'opération; que le premier mouvement de l'aiguille peut faire sonner un timbre qui avertira que l'oracle peut parler. Cette idée me plaît infiniment. On la corromprait bientôt en l'appliquant à l'espionnage dans les armées et dans la politique. Mais elle serait bien agréable dans le commerce de l'amitié... » (*Correspondance inédite de madame du Deffand*, publiée par M. de Saint-Aulaire.)

principes fondamentaux. En effet, ce fut Volta qui, *empilant* l'un sur l'autre des disques de zinc et de cuivre séparés par une rondelle de drap mouillé, inventa un instrument qui peut produire l'électricité d'une façon continue[1] ; ce fut Œrsted qui découvrit qu'un fil chargé d'électricité fait dévier l'aiguille aimantée ; Ampère a indiqué les lois de la marche des courants électriques et leur action générale ; enfin, Arago, en prouvant qu'un fil électrisé roulé autour d'un fer doux aimante instantanément ce dernier, a permis la création de l'électro-aimant.

Ces quatre lois étant connues, il devenait facile de construire un télégraphe mû par l'électricité. Dès 1820, Ampère écrivait : « On pourrait, au moyen d'autant de fils conducteurs et d'aiguilles aimantées qu'il y a de lettres, établir à l'aide d'une pile placée loin de ces aiguilles, et qu'on ferait communiquer alternativement par les deux extrémités à celles de chaque conducteur,

[1] M. Cantù a publié récemment en Italie une lettre qui prouve que Volta avait, dès le principe, aperçu les conséquences de sa découverte. Cette lettre, datée du 15 avril 1777 et adressée au professeur Barletti, est ainsi conçue : « Combien de belles idées d'expériences surprenantes qui s'agitent dans mon cerveau, et basées sur cet artifice d'envoyer l'étincelle électrique faire partir le pistolet, à quelque distance que ce soit et dans toutes les directions et situations ! Au lieu du *colombino* qui va mettre le feu aux feux d'artifice, j'y enverrai, d'un endroit quelconque, qui ne serait même pas en ligne directe, l'étincelle électrique qui y mettra le feu au moyen du pistolet. Écoutez. Je ne sais à combien de milles un fil de fer tendu sur le sol des champs ou de la route, replié en arrière ou traversant un canal d'eau, conduirait l'étincelle suivant le parcours indiqué : mais je prévois que, dans un très-long voyage sur la terre humide ou à travers les eaux courantes, il s'établirait bientôt une communication qui dévierait le cours du feu électrique séparé du crochet de la bouteille pour retourner au fond. Mais si le fil de fer était soutenu à une certaine élévation au-dessus du sol par des poteaux en bois plantés de distance en distance, par exemple de Côme à Milan, et interrompu seulement dans ce dernier lieu par mon pistolet, qu'il continuât et vînt enfin plonger dans un canal de navigation (*naviglio*) qui communique avec mon lac de Côme, je ne crois pas impossible de faire partir mon pistolet à Milan avec une bonne bouteille de Leyde chargée par moi à Côme.

« Votre affectionné ami, A. VOLTA. »

former une sorte de télégraphe propre à écrire tous les détails qu'on voudrait transmettre, à travers quelques obstacles que ce soit, à la personne chargée d'observer les lettres placées sur les aiguilles. En établissant sur la pile un clavier dont les touches porteraient les mêmes lettres et établiraient la communication par leur abaissement, ce moyen de correspondre pourrait avoir lieu avec facilité et n'exigerait que le temps nécessaire pour toucher d'un côté et lire de l'autre chaque lettre[1]. »

En principe, le problème était résolu. En quoi consistait-il ? A reproduire et à interrompre à volonté dans un fil conducteur le courant électrique de manière à se servir de ce dernier comme d'un agent moteur pouvant déterminer à distance et avec un synchronisme parfait des oscillations ou des battements sur une aiguille, un alphabet ou un clavier.

Le fluide électrique est doué d'une rapidité sans égale. Sa vitesse, mesurée par Wheatstone, est de 333,300 kilomètres par seconde. « Pendant la durée d'une seule pulsation de l'artère, a dit M. Le Verrier, l'électricité ferait sept fois le tour de la terre. » Si donc un fil a l'une de ses extrémités à Paris et l'autre à Marseille, si ce fil est convenablement électrisé par une pile de force suffisante, si chacune de ses extrémités est en rapport avec une aiguille soumise à un mécanisme identique, il est certain que les interruptions ou les dégagements d'électricité se feront sentir simultanément au point de départ et au point d'arrivée ; en d'autres termes, les signes obtenus sur l'appareil de Paris seront instantanément reproduits sur l'appareil de Marseille. C'est là tout le mystère de la télégraphie électrique ; l'électro-aimant en est l'agent indicateur principal, puisqu'il a littéralement des alternatives d'action et de repos, de vie

[1] *Annales de physique et de chimie*, IIe série, 1820, t. XV, p. 73.

et de mort, selon que les spires de fil conducteur qui entourent le fer doux reçoivent ou ne reçoivent pas le courant électrique. Tous les appareils dont on s'est servi dans la télégraphie, qu'ils impriment, sonnent, fassent mouvoir une aiguille ou rayent le papier, sont construits en vertu des lois que je viens d'expliquer brièvement.

De la théorie découverte par les grands hommes qui nous ont dotés de la plus féconde invention des temps modernes, à la pratique, il y avait loin, et il fallut attendre bien des années avant qu'on utilisât l'électricité pour la correspondance. Le premier télégraphe électrique établi fut celui de M. Wheatstone, qui fonctionna entre Londres et Liverpool à l'aide de cinq fils agissant sur un système alphabétique complet. Ce nouveau mode de correspondance fut communiqué le 8 janvier 1838 à notre Académie des sciences ; huit mois après, la même compagnie examinait l'appareil inventé par M. Morse, professeur à l'Université de New-York. La télégraphie électrique s'affirmait, on profitait des expériences déjà faites pour améliorer les instruments, réduire le nombre des fils, simplifier le mécanisme et faire sortir du domaine de la théorie une invention admirable. Elle donnait déjà de bons résultats en Amérique et en Angleterre, lorsque M. Foy, directeur en chef des télégraphes français, mû par cet esprit excellent de recherche et de progrès qui a laissé d'impérissables souvenirs dans son ancienne administration, partit spontanément pour Londres afin d'étudier par lui-même et sur le terrain des expériences le système de télégraphie magnétique dont se servaient nos voisins d'outre-Manche. M. Foy revint convaincu de la supériorité des procédés nouveaux et décidé à en doter son pays. C'est à lui, à son initiative intelligente, il ne faut point l'oublier, que nous devons l'établissement de nos premières lignes électriques.

Il provoque et il obtient le 23 novembre 1844 une ordonnance royale qui ouvre au ministère de l'intérieur un crédit extraordinaire de 240,000 francs, destiné à la construction d'une ligne de télégraphie électrique entre Paris et Rouen. M. Foy y mettait un légitime amour-propre, et, grâce à lui, les travaux furent entrepris et poussés avec une extrême activité. La première, la solennelle expérience eut lieu le 18 mai 1845 à la gare du chemin de fer de Saint-Germain. Comme celle que Claude Chappe avait dirigée cinquante et un ans plus tôt sur les hauteurs de Ménilmontant, elle fut concluante. En présence des faits qui se révélèrent successivement pendant cette première séance, en présence de la rapidité, de la sûreté, de la régularité de la transmission des dépêches, on fut persuadé que ce nouveau mode de communication était non-seulement possible, mais facile et d'un usage désormais assuré.

M. Foy se trouvait néanmoins en face d'une difficulté qui pouvait causer de graves embarras à son administration. Les télégraphes aériens existaient partout en France, et, malgré toute bonne volonté, on ne pouvait les remplacer immédiatement par les engins électro-dynamiques. Il fallait cependant les utiliser, exiger d'eux les services qu'ils pouvaient rendre encore jusqu'au jour où ils céderaient la place aux nouveaux venus. Or ces derniers *écrivaient* et les premiers *signalaient*. L'unité du système indicatif était brisée ; faudrait-il donc faire traduire en langage *aérien* les dépêches électriques, lorsqu'une ligne ancienne se trouvait en communication avec une ligne nouvelle? Le problème paraissait malaisé à résoudre ; M. Foy s'en tira avec une habileté parfaite. Ne voulant et ne pouvant se servir de l'appareil Wheatstone, qui soulevait des lettres, ni de l'appareil Morse, qui traçait des lignes et des points correspondant aux signes de l'alphabet, il inventa, aidé par M. Bréguet, une machine fort simple, très-ingénieuse, qu'on appela le *télégraphe français*, et qui, par les diverses combinaisons de deux aiguilles mobiles à l'extrémité d'un régulateur fixe, opérait en figurant les signaux usités par les *aériens*. Seulement chaque signe, au lieu de correspondre à la page d'un vocabulaire déterminé, devint la représentation d'une des lettres de l'alphabet, et les employés des anciens télégraphes purent manipuler le nouveau sans trop de difficulté[1].

Il était charmant, ce petit télégraphe français : il représentait assez bien une pendule dont le cadran eût été carré. Les employés qui l'ont manœuvré jadis le regrettent encore. Il avait quelque chose de personnel et d'humain que les autres appareils n'ont pas ; ceux-ci lui sont supérieurs sans doute comme mécanisme, mais ils n'en ont ni les soubresauts nerveux, ni les lassitudes apparentes. A voir ses aiguilles minuscules qui manœuvraient comme les indicateurs de la machine de Chappe, avec une rapidité que l'électricité et leurs courtes dimensions rendaient vertigineuse, on pouvait facilement comprendre si le correspondant éloigné qui le faisait mouvoir était d'un caractère apathique ou emporté. Ses gestes saccadés semblaient obéir aux pulsations d'une artère, et parfois il était si brusque, si désordonné dans son langage muet, qu'on éclatait de rire en le regardant. Il n'en est plus question aujourd'hui, car il a été rejoindre les vieilles lunes et je dirai bientôt dans quelles circonstances impérieuses il a dû faire place à d'autres instruments.

Par l'établissement de la ligne de Paris à Rouen, l'élan était donné, et, le 28 mars 1846, M. Duchâtel, ministre de l'intérieur, demanda un crédit de 408,060

[1] Voy. *Pièces justificatives*, 6.

francs pour relier télégraphiquement Paris à Lille. M. Pouillet, au nom de la commission, lut dans la séance du 4 juin un rapport plus libéral que le projet ministériel, et qui concluait à la prolongation de la ligne jusqu'à la frontière belge. La loi fut votée avec cette importante modification, qui créait, ou du moins invitait à créer la télégraphie internationale. Mais la discussion qui précéda le vote fut curieuse à plus d'un titre. MM. Lachèze et Mauguin préféraient à l'emploi de l'électricité pour la correspondance un nouveau système de télégraphes aériens récemment inventés par M. Ennemond de Gonin[1]. Arago s'escrima de son mieux et ne parvint pas à convaincre M. Berryer, qui déclara n'avoir qu'une foi très-modérée dans l'avenir de la télégraphie électrique. Malgré l'évidence des faits et l'expérience ininterrompue qui durait avec succès depuis plus d'une année, il se trouva des récalcitrants dans la Chambre des députés, et 40 voix protestèrent contre l'adoption de la loi.

Les députés, pendant la discussion, avaient été surtout préoccupés de la facilité avec laquelle on pouvait rompre les fils conjonctifs. En effet, fixés, comme chacun a pu le remarquer, à des poteaux de bois dont ils sont isolés par un godet en porcelaine, ils offraient à la malveillance une tentation permanente. Rien n'était plus aisé que de les couper ; on redoutait les émeutiers qui, en temps de troubles, l'avaient belle pour intercepter les communications télégraphiques d'une ville à une autre. Tout en discutant les mérites de l'invention nouvelle, on parlait des factions et on les montrait volontiers toutes prêtes à déraciner les poteaux, détruire les fils, bouleverser les piles, casser les cadrans et pendre les employés. De tous ces tristes et violents pronostics aucun

[1] Un mémoire sur cette découverte fut lu par l'auteur à l'Académie des sciences dans la séance du 12 février 1844.

ne s'est réalisé, et la télégraphie électrique a pu fonctionner en toute sécurité[1].

Cependant les événements politiques s'étaient singulièrement modifiés en France à la suite de la révolution de Février; le roi Louis-Philippe n'était plus sur le trône, et la monarchie avait fait place à la république. Maintenir au gouvernement seul le droit de se servir du télégraphe paraissait bien excessif avec des institutions républicaines, et l'on commença à parler sérieusement de la télégraphie privée. L'idée n'était point neuve, et le premier qui tenta de l'appliquer fut l'inventeur même de la télégraphie aérienne. Au mois de nivôse de l'an VII, Claude Chappe présenta au ministre un mémoire pour demander que les négociants fussent admis, moyennant rétribution, à jouir de la faculté d'expédier leurs dépêches par le télégraphe. Pendant la première année du Consulat, il reprit ce projet en le modifiant; il proposa que le télégraphe servît aux correspondances des particuliers entre eux, fournît des renseignements à un journal créé spécialement pour donner des nouvelles de date récente et devînt entre Paris et la province l'intermédiaire de la loterie. De ces trois projets, le dernier était d'une moralité douteuse; ce fut le seul qu'on adopta. Au mois d'avril 1830, un officier d'état-major, M. de Montureux, publia dans un journal de Montpellier un travail qui concluait à l'établissement de la télégraphie privée. « L'auteur, dit M. Édouard Pelicier[2], proposait de mettre annuellement à l'enchère le droit de correspondre par le télégraphe et d'appliquer aux dépêches un tarif de tant par syllabe, en dehors du prix d'abonnement; il laissait, bien entendu, aux dépêches officielles la priorité de transmission. » La loi du 3 mai 1837 prouva

[1] La proportion des accidents dus à la malveillance que subissent les lignes télégraphiques est à peine de 1 pour 1,000.

[2] *Statistique de la télégraphie privée.*

quelles idées animaient le gouvernement à cet égard.

L'exemple avait été donné par l'Allemagne ; la ville libre de Brême reconnut au public, pour la première fois en Europe, le droit de faire usage du télégraphe, et, au mois de janvier 1847, la ligne reliant la ville et le port fut ouverte aux correspondances particulières. La même année, au mois de juillet, M. Oscar de la Fayette éleva la voix à la tribune pour demander que la nation fût enfin admise à jouir du bénéfice des transmissions rapides. M. Lacave-Laplagne répondit, au nom du ministère, que le télégraphe était et devait rester un instrument politique. Il n'en fut reparlé que deux ans plus tard. Dans la séance du 3 avril 1849, M. Marchal interpella M. Léon Faucher et lui demanda pourquoi la France était tenue en chartre close quant à la télégraphie, tandis que l'Angleterre, l'Amérique et la Belgique en usaient sans réserve comme sans danger. M. Léon Faucher, — qui dit un jour à Petin, l'inventeur d'un système d'aérostation : « Nous avons déjà bien assez des chemins de fer, » — n'était pas homme à abandonner un monopole ; sa réponse le démontra clairement. Cependant les journaux réclamaient, l'opinion se formait peu à peu ; les vieux motifs de la raison d'Etat ne tenaient plus devant les besoins nouveaux ; on n'était pas encore au port, mais du moins on l'entrevoyait. Le 8 février 1850, à propos d'un crédit important demandé pour la construction de nouvelles lignes télégraphiques [1], M. Hovyn-Tranchère demanda nettement l'établissement immédiat de la télégraphie privée. M. Ferdinand Barrot, ministre de l'intérieur, répondit que le conseil d'État venait d'être saisi d'un projet de loi sur ce sujet, et, le 1er mars suivant, il en donna lecture à la Chambre. M. Le Verrier, nommé rapporteur

[1] Ces lignes devaient mettre Paris en relation directe avec Angers, Tonnerre, le Havre, Châlons-sur-Marne, Nevers, Châteauroux et Dunkerque.

de la commission, lut son rapport dans la séance du 18 juin; la première délibération eut lieu le 8 juillet, la seconde le 18 novembre, et la loi fut définitivement adoptée le 29 du même mois.

Le projet du gouvernement était libéral et ne contenait aucune restriction; la Chambre fut moins généreuse, et en vertu de l'esprit de réaction qui l'animait alors, elle modifia le premier article, qui était ainsi conçu : « Il est permis à toutes personnes de correspondre au moyen du télégraphe électrique de l'État par l'intermédiaire des fonctionnaires de l'administration télégraphique. » L'amendement ajouta : « A toutes personnes *dont l'identité est établie.* » Aussi l'arrêté ministériel du 18 février 1851 porte : « Toute personne qui voudra faire usage de la correspondance télégraphique devra d'abord faire constater son identité. » Puis suit une nomenclature des moyens qu'on peut employer : légalisation de signature *ad libitum* par les préfets, les maires, les présidents de tribunaux; présentation de passe-ports, d'actes de naissance, de jugements. C'était mettre tant de broussailles autour de la télégraphie privée, qu'elle devenait d'un usage presque illusoire en présence des fastidieuses formalités dont on l'entourait. La taxe était fixée à 3 francs pour vingt mots, plus un droit de 12 centimes par myriamètre; à ce taux-là, une dépêche de Paris pour Marseille eût coûté 15 francs. Ainsi qu'on le voit, l'emploi de ce moyen de correspondance était dans le principe fort cher, assez difficile, et par conséquent d'un emploi très-restreint. La loi fut mise en vigueur le 1er mars 1851[1].

L'administration des télégraphes électriques possé-

[1] Par un rapprochement singulier, au moment où la télégraphie entrait enfin dans le domaine public, le grand physicien qui avait découvert une des lois primordiales de l'électricité, Œrsted, mourait à Copenhague (16 mars 1851).

dait alors 17 stations en France; elle expédia cette année-là (1851) 9,014 dépêches taxées, équivalant à la somme de 76,722 fr. 60. On s'aperçoit qu'on est aux premiers jours d'une organisation encore bien inexpérimentée. La proportion devait aller toujours en augmentant; en 1867, les dépêches privées se sont élevées au chiffre de 3,213,993, ayant produit une recette de 9,529,837 fr. 41. Le nombre des stations est, au 1er janvier 1868, de 2,276, et celui des employés, depuis le directeur général jusqu'aux facteurs, de 4,739. C'est peu, si l'on considère que ce total représente la correspondance télégraphique d'un pays qui possède 38 millions d'habitants; mais c'est beaucoup, si l'on pense que ce service a été rendu public depuis quinze ans seulement. La France, qui se croit une nation hardie, pleine d'initiative et prête à tout oser, est réfractaire au progrès; la routine la retient sur les chemins étroits, et il faut parfois bien du temps avant qu'un usage utile, commode et pratique, soit généralement adopté et passé dans nos mœurs.

## IV. — LE BUREAU CENTRAL.

La vieille tourelle. — Salle des *Piles*. — Chemises. — Chambre des *fils*. — Poste central. — La salle de transit. — *La Salle de Paris*. — Chambrettes. — Service de nuit. — Fatigue nerveuse. — Condition misérable des employés. — Emplacement insuffisant et excentrique. — Mouvement des dépêches. — Expéditions. — Rebuts. — Télégrammes secrets. — Orsini. — Les appareils. — Guerre de Crimée. — Substitution de l'appareil Morse au télégraphe français. — Appareil Morse. — Alphabet. — L'appareil Hughes. — Contre-poids et trépidations. — Mécaniciens à demeure. — Mystère. — *Pantélégraphe* de Caselli. — Sorcellerie. — Prix de la dépêche. — Salle d'étude. — Salle des expériences. — Paratonnerres.

La France possède aujourd'hui 37,151 kilomètres de lignes télégraphiques, donnant un développement de 112 millions et demi de fils métalliques; le sixième environ appartient aux compagnies de chemins de fer et est réservé au service spécial des voies. La direction générale a son siége à Paris, rue de Grenelle-Saint-Germain; c'est là qu'est situé le bureau central qui, par rapport au réseau tout entier, figure assez bien le milieu d'une toile d'araignée. C'est une usine à dépêches, on en fabrique jour et nuit; on *manipule* sans repos ni trêve; le tac-tac de l'appareil Morse, le ronflement de l'appareil Hughes ne s'arrêtent jamais. C'est le palais de l'électricité; il mérite d'être visité en détail.

La cour est froide et nue, plus longue que large, bordée de hauts murs en pierres de taille semblables à ceux d'une caserne, terminée au fond par la haute tourelle tétragone d'où jadis partaient les signaux aériens. Cette vieille forteresse de la télégraphie est bien déchue de sa splendeur; elle fait involontairement penser à ces donjons du moyen âge auxquels on a mis des ailes et qui sont devenus des moulins. On a enlevé les machines de Chappe qui faisaient des gestes vers les quatre points cardinaux; on a supprimé les longues-vues qui fouillaient l'horizon; les employés ne gravissent plus en maugréant les deux cents marches de l'escalier, et dans le *poste*, où aboutissaient toutes les nouvelles de la France et du monde, on a empilé des cartons, de vieux registres, des liasses de papier; les souris s'y promènent en paix, les araignées y filent leur toile sans contrainte : *Sic transit!* La logette centrale est devenue un grenier.

La tourelle seule donne quelque originalité à cette triste cour, qui ressemble à celle de tous les ministères. Une porte donne entrée dans une grande salle où sur de larges tables sont posées les *piles* qui fournissent la quantité d'électricité nécessaire au service. Il y a là environ six mille éléments Marié-Davy[1] qu'on entretient

[1] La *pile* Marié-Davy est à sulfate de mercure; elle a été récemment adoptée par l'administration française des télégraphes, qui auparavant

avec un soin méticuleux, sur lesquels un employé veille sans cesse et qu'on renouvelle en moyenne une fois par an. A ces piles communiquent les cent cinquante-deux fils qui partent du bureau central et traversent souterrainement Paris en s'appliquant aux murs des égouts, en longeant le plafond des catacombes, en se dissimulant dans des canaux spécialement creusés pour les recevoir. Parfois on en réunit plusieurs dans une même chemise après avoir eu soin de les envelopper séparément de gutta-percha, afin de les isoler les uns des autres. Il y aurait une belle fortune à faire pour l'inventeur qui trouverait une nouvelle matière isolante appropriable à la télégraphie. En effet, si la gutta-percha est bonne et solide lorsqu'elle est enfermée dans des conduits de fonte enterrés qui la maintiennent sévèrement hors du contact de l'air extérieur, elle devient promptement insuffisante lorsqu'elle est exposée aux variations de l'atmosphère; elle se *résinifie*, elle se fendille et ouvre ainsi à l'électricité mille petits chemins dont celle-ci profite pour diminuer sa force et perdre de sa puissance[1].

Au-dessus de la salle des piles se trouve la chambre des fils ; ils sont dressés et fixés le long d'une muraille en bois peint, à peu près comme les cordes d'un piano sont dressées contre la table d'harmonie. A chacun d'eux est attaché un double jeton d'ivoire; sur l'un est écrit le nom du poste auquel il aboutit : — *Place du Havre*

employait la pile *Daniell* à sulfate de cuivre. — La pile Marié-Davy est actuellement remplacée, en grande partie, par les éléments à sulfate de cuivre de M. Callaud. La salle des piles contient 3,000 éléments Marié-Davy, 3,000 éléments Callaud et 1,000 éléments divers à l'essai (avril 1875).

[1] La gutta-percha, qui coûtait 2 francs par kilogramme lorsqu'on a commencé à l'employer pour revêtir les fils, revient aujourd'hui à 7 francs la livre. Cependant on est forcé de s'en servir, car c'est encore le moins médiocre des *isolants ;* le ciment, le goudron, le bitume, le sable, ont été essayés tour à tour et n'ont donné que de mauvais résultats. La peinture serait excellente, mais elle s'éraille, s'écaille et laisse, par conséquent, échapper le fluide.

— *Florence* — *Bordeaux;* sur l'autre est gravé un mot indicatif du trajet souterrain qu'il parcourt : — *Catacombes n° 8* — *Égout n° 123.* C'est le signalement et la feuille de route des fils télégraphiques de Paris. Aussitôt qu'un fil cesse de fonctionner ou fonctionne mal, comme on en connaît le point de départ, le point d'arrivée et le parcours, il est facile d'aller réparer l'accident dont il a été l'objet.

Le poste central proprement dit est au second étage; il est aussi incommode qu'il est indispensable, et l'installation en est aussi défectueuse que les services en sont précieux. Il se divise en deux parties distinctes, la *salle de transit* et la *salle de Paris;* chacune d'elles est sous la surveillance d'un directeur spécial. La salle de transit est chargée du service des dépêches qui, dirigées de la province sur la province, de l'étranger sur l'étranger, passent par Paris; quatre brigades de quatre-vingt-seize employés, se relayant de quatre heures en quatre heures, reçoivent les télégrammes et les réexpédient immédiatement à destination; de plus, c'est ce bureau qui est chargé de fournir des agents manipulateurs aux postes de Paris, lorsque le stationnaire est malade, absent ou empêché. A cet effet, une brigade volante de vingt-cinq hommes se tient toujours prête; dès qu'un vide est signalé dans une station, le directeur crie un nom, un employé prend son chapeau et se sauve en courant.

J'ai dit que ce bureau s'appelait la *salle* de transit : j'aurais dû dire les *chambres*, car en réalité ce sont quatre chambres contiguës qui le composent; la surveillance, on le comprend, n'y est point aisée, et il faut que les inspecteurs aillent sans cesse et sans repos d'une pièce à l'autre. C'étaient autrefois les bureaux de je ne sais quelle administration communale; on a abattu les refends, enlevé les portes, respecté forcément les gros murs, et tant bien que mal on a empilé un nombre exagéré d'employés qui, pour manœuvrer soixante-dix appareils, ont à peine chacun un espace de 60 centimètres carrés pour se mouvoir.

Après la salle de transit s'ouvre la *salle de Paris;* celle-ci n'est pas composée de quatre chambres, mais de sept chambrettes semblables à celles que les poëtes peu difficiles sur le logement célèbrent dans leurs chansonnettes en parlant des charmes de leurs grisettes alertes, fraîches et proprettes. On y serait peut-être fort bien à vingt ans, à cet âge peu soucieux où l'on ne rentre chez soi que pour dormir, mais assurément on y est fort mal pour faire de la télégraphie. Cent vingt agents, divisés en deux brigades, sont là tout le jour, penchés au-dessus de quatre-vingt-dix appareils, déroulant la bande étroite de papier, juchés sur des chaises de paille, attentifs à tout signal, se dérangeant mutuellement toutes les fois qu'ils remuent, correspondant avec les quarante-huit postes dispersés dans Paris et avec toutes les stations du département de la Seine. Quelques-uns de ces jeunes gens, dont les traits pâlis annoncent la fatigue, ont un livre auprès d'eux, dans l'espoir de pouvoir lire si leur appareil reste immobile pendant quelques minutes. Aucun d'eux, j'en suis certain, n'a pu terminer le paragraphe commencé; une dépêche arrive, puis une autre, puis une autre, et ainsi de suite et toujours, et avec un travail qui se modifie à chaque nouveau télégramme, travail différent de composition et de traduction qui rend les erreurs si faciles et cependant ne les multiplie pas trop. La salle de Paris ne ferme ni jour ni nuit; sept employés restent de neuf heures à minuit et quatre de minuit à huit heures du matin; ils correspondent avec les postes du Louvre, du Grand-Hôtel, de la Bourse et des gares de chemins de fer, qui ne sont jamais clos.

La fatigue que cause le travail de manipulation est excessive. L'appareil est desservi par deux agents : l'un reçoit ou expédie la dépêche, l'autre la traduit si elle est arrivée par l'appareil Morse, ou la coupe et la colle sur la feuille de route si elle est parvenue par l'appareil Hughes. Toutes les deux ou trois heures, ils alternent. Cela n'a l'air de rien au premier abord : être assis sur une chaise en présence d'une machine intelligente qui paraît fonctionner d'elle-même, suivre du regard les traits qu'elle dessine, dérouler une bande de papier, c'est là tout le travail apparent; mais, pour être bien fait, il nécessite une rapidité de main, une fixité de regard, une tension d'esprit et souvent même un déploiement de forces considérable. Tout l'être participe à la fonction; un instant d'inadvertance peut amener une erreur, et il faut savoir les éviter. Il n'y a pas une seconde de repos, tous les nerfs sont surexcités; la diversité même des dépêches qui se succèdent sans relâche amène une lassitude de plus : affaires de famille, tripotages de bourse, opérations commerciales, nouvelles politiques, lettres chiffrées, langue anglaise, française, italienne, espagnole, hollandaise, allemande arrivent l'une après l'autre, comme les battements d'une pendule, régulièrement et infatigablement dans l'espace du même quart d'heure. A cela il faut ajouter le bruit ininterrompu des appareils, bruit nerveux, saccadé, presque aigre tant il est sec et qui, à force de se reproduire sans discontinuité, finit par ébranler les natures les plus vigoureuses. Si jamais on arrive à écrire l'histoire des maladies spéciales à chaque corps de métier, je suis persuadé que la télégraphie électrique fournira un contingent remarquable et tout à fait particulier.

La rémunération d'un tel travail est illusoire. Après deux ans ou dix-huit mois de surnumérariat, nécessaire pour compléter une éducation télégraphique suffisante, l'employé reçoit 1,400 francs par an : c'est à peine le pain quotidien; il peut arriver successivement à émarger 1,600, 1,800, 2,100, 2,400 francs, mais après un stage minimum de deux ans entre chaque augmentation. Ceux qui, après huit années de service, obtiennent la dernière somme, sont les heureux, les prédestinés; en existe-t-il beaucoup? J'en doute; un sur deux cents peut-être, et je n'oserais l'affirmer. Une telle situation est singulièrement douloureuse, et en voyant la position qui est faite à des employés indispensables, dont le zèle ne se dément jamais, qu'accable un travail essentiellement difficile et énervant, n'est-on pas en droit de regretter certaines dépenses d'apparat qui se font tous les jours et qui sont au moins inutiles? La direction fait ce qu'elle peut pour soulager son personnel; mais que peut-elle en présence du budget, qu'elle est forcée de subir sans discussion?

Quant au local où elle a parqué ses agents, il n'y a guère de reproche à lui adresser, car elle a utilisé l'emplacement insuffisant qu'on lui a concédé. N'est-il pas étrange que le bureau central soit précisément placé dans un quartier excentrique? Loin de la Bourse, loin des rues commerçantes, loin des Tuileries, loin du ministre de l'intérieur, qui maintenant habite place Beauvau? Il n'y a que la France pour présenter de telles et si choquantes anomalies. Notre hôtel des postes est honteux, notre hôtel des télégraphes est absurde. Il serait temps cependant de porter remède à ce fâcheux état de choses qui frappe tous les yeux et menace sérieusement le bon fonctionnement des services publics. On ouvre un nouveau boulevard[1] sur l'emplacement actuel du théâtre du Vaudeville. La situation est indiquée d'elle-

[1] C'est la rue du Dix-Décembre, — actuellement du Quatre-Septembre, — qui fut tracée en 1867; c'est là que l'on aurait dû installer l'administration des télégraphes.

même, c'est là que doit être établie l'administration des lignes télégraphiques, en face même de la Bourse, avec laquelle elle a les relations les plus nombreuses, non loin des Tuileries, non loin des Halles, qu'elle pourra rejoindre par un tube pneumatique; mais j'ai bien peur qu'il n'en soit pour la télégraphie comme pour la poste, et que le provisoire ne devienne définitif.

Le poste central, dont j'ai essayé de donner une idée au lecteur, a en moyenne un mouvement journalier de 7,800 dépêches, qui se décomposent ainsi : dépêches de départ, 2,300 ; d'arrivée, 2,500 ; de transit, 1,600 ; de Paris pour Paris, 1,400; ces 7,800 dépêches exigent 15,600 transmissions. La façon de procéder est fort simple : La dépêche à destination de Paris, parvenue au bureau central, qu'elle vienne de Paris, de la province ou de l'étranger, est adressée télégraphiquement au poste le plus voisin de la demeure du destinataire; le stationnaire la reçoit, la copie, la met sous enveloppe, la scelle et l'envoie immédiatement à domicile par un porteur. — La personne à laquelle on remet la dépêche doit signer un reçu et dater avec indication de l'heure précise. — Le double des dépêches expédiées est gardé pendant trois jours dans le bureau expéditeur et pendant une année dans les archives, à la direction générale. Lorsque, par suite d'une erreur d'adresse, le facteur ne trouve pas le destinataire, la dépêche est renvoyée au bureau central ; de là elle est réexpédiée d'office et avant toute autre au poste qui l'a adressée, fût-il à Saint-Pétersbourg ou à New-York, avec avis portant : adresse vicieuse. La dépêche revient le plus souvent avec une suscription rectifiée qui permet de la faire enfin parvenir à destination. Grâce à ces mesures, les rebuts sont assez rares. D'après des renseignements qui m'ont paru sérieux, ils doivent s'élever à sept ou huit pour mille.

On pourrait croire que, depuis la loi du 13 juin 1866, l'usage des dépêches chiffrées est entré dans les habitudes du public ; il n'en est rien. Sur les huit mille expéditions journalières du bureau central, la moyenne des télégrammes secrets est de huit, et, c'est un fait à noter, presque tous sont adressés à Alexandrie ou à Constantinople [1]. Cette loi, qui est libérale et qui, comme telle, mérite d'être approuvée, est en réalité assez insignifiante. La dépêche secrète a existé de tout temps. Des phrases ayant un sens plausible, convenues d'avance entre deux correspondants, peuvent parfaitement tenir lieu de chiffres. — Orsini l'a bien prouvé ; c'est le télégraphe électrique qu'il avait chargé de préparer son horrible complot : *acheter la maison*, voulait dire : *tuer l'Empereur !* Qui pouvait s'en douter ? Je suis persuadé que les neuf dixièmes des opérations commerciales et financières que la province fait sur le marché de Paris sont commandées par des dépêches qui signifient tout autre chose que ce qu'elles ont l'air de dire.

Les appareils employés aux transmissions électriques sont de trois espèces : l'appareil *à cadran*, qui ressemble assez exactement à un tourniquet pour tirer les macarons, est presque exclusivement réservé au service des chemins de fer ; il porte l'indication des lettres de l'alphabet, les dix premiers chiffres et les signes de la ponctuation ; une aiguille y désigne les lettres successives qui doivent former les mots et les phrases communiqués. Le procédé est fort simple et peut être facilement expérimenté sans études préalables ; c'est là surtout ce qui le rend précieux dans les gares. Au télégraphe *français* a succédé l'appareil Morse. L'Europe entière se servait déjà de ce dernier, que nous avions conservé, par

[1] La faculté d'expédier des télégrammes secrets, absolument supprimée aussitôt après la déclaration de guerre en 1870, vient d'être rendue aux particuliers (mai 1875).

routine autant que par amour-propre national, la machine qui reproduisait les signaux de Chappe. Or nos dépêches pour l'étranger ne pouvaient parvenir lisiblement que jusqu'à nos frontières ; là il fallait les traduire en langage Morse afin qu'elles pussent continuer leur route. Ce fut surtout pendant la guerre de Crimée que cet inconvénient apparut dans toute sa gravité. Les dépêches parties de Bucharest arrivaient jour et nuit par centaines au bureau de Strasbourg. Là elles subissaient forcément un temps d'arrêt, puisque nos appareils ne reproduisaient pas les signes des télégraphes étrangers. Il n'existait pas à ce moment d'appareil Morse en France et nul mécanicien n'en fabriquait.

La direction générale se mit en quête et on trouva deux de ces appareils en assez piteux état au fond d'un magasin de l'administration. On les fit réparer tant bien que mal, on en étudia la manipulation, on forma des élèves qui devinrent bientôt des maîtres, on commanda un nombre d'appareils suffisant afin de pouvoir se mettre en rapport télégraphique avec l'étranger, et l'on arriva à substituer très-promptement la machine de Morse à nos vieux engins français devenus illusoires. Si l'on réfléchit que chaque appareil différent exige une manipulation absolument spéciale, on comprendra quelle activité il a fallu déployer pour instruire rapidement tout un personnel à une manœuvre nouvelle et dont il ne soupçonnait pas le premier geste. Cette transformation a été extrêmement heureuse, car elle a donné plus de rapidité, de sûreté et d'étendue à nos communications.

L'appareil Morse, qui, dans le principe, traçait des lignes et des points à l'aide d'un poinçon sur une bande de papier, fait aujourd'hui les mêmes signes avec de l'encre, ce qui évite les déchirures et diminue les causes d'erreur. Il a un alphabet particulier où chaque lettre est composée d'un certain nombre de points et de tirets.

Paris s'écrit ainsi : (P) - — — - (A) - — (R) - — - (I) - - (S) - - - ; une dépêche de vingt mots précédée du préambule indicatif couvre une bande de papier longue de trois ou quatre mètres [1]. On le manœuvre à l'aide d'un manipulateur qui, en interrompant le courant électrique et en lui laissant passage, force l'appareil avec lequel on correspond à former les points ou les traits qui désignent les lettres qu'on veut transmettre. En s'abaissant sous la pression de la main, la poignée de ce manipulateur détermine un petit bruit sec comparable au battement d'un léger marteau ; l'intervalle qui sépare chacun de ces battements est plus ou moins prolongé, selon qu'on a voulu obtenir des tirets ou des points ; cette alternation rapide de bruit et de repos est exactement reproduite dans le poste destinataire. Il y a des employés tellement habiles, que ce seul tac-tac, qui paraît monotone et toujours semblable à une oreille inexercée, leur suffit pour comprendre une dépêche. Lorsque les agents de l'administration correspondent entre eux pour affaire de service, il est rare qu'ils écrivent leur dépêche : ils se contentent de la *frapper*.

L'appareil Morse est facile à manœuvrer une fois qu'on en a bien compris le mécanisme ; il est de petite dimension, d'un transport commode, et peut par conséquent rendre de grands services aux armées en campagne ; c'est lui qui a fonctionné en Italie pendant l'expédition de 1859. Cependant il a quelques défauts qu'il faut signaler. Il exige une force de courant relativement considérable ; aussi, pendant les jours de pluie ou de brouillard, lorsque les poteaux qui soutiennent les fils deviennent humides et bons conducteurs de l'électricité, lorsque les gouttes d'eau amassées sous le godet isolateur communiquent avec le bois des supports, l'appareil

[1] Voy. *Pièces justificatives*, 7.

ne fonctionne plus qu'irrégulièrement, les mouvements en sont faibles, souvent trop faibles pour tracer les lignes conventionnelles, et il faut alors faire répéter la dépêche jusqu'à ce qu'enfin elle devienne intelligible. Ainsi que me le disait spirituellement un employé : « Dans ces cas-là nous envoyons un coup de poing de Paris et il n'arrive qu'une chiquenaude à Bordeaux. » Un appareil Morse en bon état manipulé par un agent habile peut expédier en une heure vingt dépêches simples.

L'appareil Hughes, qui tend à remplacer partout celui de Morse, est plus actif, plus rapide, plus sûr, singulièrement ingénieux, et s'il n'était d'une manœuvre très-fatigante, il serait parfait. Le manipulateur est un clavier semblable à celui d'un petit piano ; les touches, alternativement blanches et noires, portent les lettres, les chiffres, les signes de ponctuation. Une roue verticale imbibée d'encre et sous laquelle passe une bande de papier sans fin, semble avoir été *composée* en caractères d'imprimerie et reproduit les signes du manipulateur. Si l'on frappe sur la touche de la lettre *a*, le courant en intervenant brusquement fait mouvoir une détente pouvant à la balance déplacer un poids de cinq kilogrammes ; cette détente pousse vivement le papier contre la roue verticale, qui, par un mouvement synchronique admirablement combiné, présente précisément la lettre *a*. La lettre est imprimée en un temps incalculable qu'on évalue à moins d'un six-mille-sept-centième de minute.

Le mouvement est communiqué au mécanisme par un poids d'horloge qui pèse 60 kilogrammes et dont la chaîne aboutit à une pédale que l'employé met en branle avec ses pieds et qui exige un effort équivalant à 35 livres. Il y a donc là une cause incessante de fatigue ; les pieds, les mains sont occupés ; les yeux suivent attentivement la dépêche qui s'imprime ; le cerveau combine les gestes extra-rapides qu'il faut faire ; la lassitude causée par un semblable travail est extrême. Si l'on ajoute à cela que le *volant* de la machine imprime à l'appareil d'abord, à la table ensuite, une trépidation d'autant plus multipliée que les ondulations en sont plus courtes, on comprendra que tout le système nerveux soit singulièrement ébranlé et que les employés soient obligés de se relayer de deux en deux heures.

Peut-être ne serait-il pas très-difficile d'établir dans les postes où l'on se sert du télégraphe Hughes, une machine qui remonterait le poids des appareils et éviterait ainsi aux employés une fatigue et une préoccupation constantes ; alors il serait irréprochable. Il coûte plus cher que l'appareil Morse [1] ; mais comme il use infiniment moins de papier (cinq centimètres par dépêche simple), il paye par ce seul fait la différence en deux années. Comme il imprime lui-même, il n'exige aucune traduction, aucune écriture ; entre les mains d'un employé très-habile, il peut transmettre cinquante-cinq dépêches par heure. On m'a cité un agent qui parvenait à en expédier soixante-quatre ; mais celui-là est une exception. M. Hughes est arrivé à faire exécuter de l'autographie par son appareil ; au moyen de l'addition d'un simple cylindre, son télégraphe imprime ou reproduit l'écriture à volonté. Je n'ai pu me rendre compte de cette curieuse modification, l'appareil spécimen qui l'a subie étant à Vienne, où M. Hughes l'a expérimenté pour le faire adopter.

Dans les salles du bureau central, un poste de mécaniciens se tient à demeure, afin d'obvier immédiatement aux petites avaries qui peuvent inopinément arrêter le fonctionnement des appareils ; le mécanisme Hughes

[1] Le Morse, aujourd'hui, coûte 300 francs ; le Hughes, 1,300 francs.

est surtout fort délicat et ses organes ont besoin de réparations fréquentes. En cas d'accident grave, l'appareil est remplacé sans délai ; il y en a toujours un certain nombre en réserve.

En descendant du bureau central, je suis passé devant une porte mystérieuse : *Le public n'entre pas ici.* Cette porte donne accès au *cabinet.* C'est là que viennent les dépêches qui ne sont point faites pour les petites gens comme vous et moi, ainsi que disait le Petit-Père André. Les spéculateurs à la Bourse donneraient beaucoup pour pouvoir pénétrer dans ces arcanes où arrivent les grosses nouvelles : mort d'empereurs et de rois, révolutions, abdications, traités de paix, déclarations de guerre, attentats, mariages souverains, naissances princières ; les combinaisons où se joue le sort du monde se pressent là, tout élaborées, après avoir voyagé de conserve à travers l'étendue avec une commande de trois-six et une opération véreuse à quatre d'écart dont deux.

Au rez-de-chaussée, une petite salle contient quatre *pantélégraphes* Caselli. On les a inaugurés à la direction générale le 5 février 1865. Chacun sait que cet appareil, qui est électro-chimique, reproduit en *fac-simile* tout ce qu'on peut tracer sur un papier : un portrait dessiné à la plume, soumis à l'influence de l'appareil de Lyon, sera pour ainsi dire photographié par l'appareil de Paris. Le résultat est si étrange qu'on peut à peine le concevoir ; il est cependant obtenu par un procédé extrêmement simple. A la station de départ, une dépêche est écrite sur un papier d'étain avec de l'encre ordinaire, qui n'est pas une substance conductrice, mais qu'on épaissit par surcroît de précaution. La dépêche est placée sur une surface convexe horizontale qu'un poinçon de fer, formant l'extrémité même du fil télégraphique, parcourt en suivant des lignes parallèles successives. A la station d'arrivée, un poinçon semblable, terminant aussi le fil conjonctif, fera naturellement les mêmes mouvements. Si, sous ce poinçon, on met une feuille de papier imbibée d'une dissolution de cyanoferrure jaune de potassium, les lettres de la dépêche originale apparaîtront régulièrement et inévitablement, parce que toutes les fois que le poinçon du départ rencontrera l'encre non conductrice, un courant passera dans le poinçon d'arrivée, et ce courant produira sur le papier chimiquement préparé une coloration bleuâtre. Pour que les deux appareils mis en communication puissent opérer, il faut que leurs mouvements soient absolument isochrones.

Cette découverte, vraiment merveilleuse, qui aurait valu les honneurs du bûcher à son inventeur, il y a quelques siècles, est due à l'intelligente combinaison de la chimie et de la physique. Le poinçon met six minutes à accomplir les quatre-vingt-dix mouvements de va-et-vient qui lui sont nécessaires pour rayer toute la surface des 30 centimètres accordés à chaque dépêche. C'est long ; mais comme l'appareil peut autographier deux, et même au besoin quatre dépêches à la fois, on doit réduire à une minute et demie le temps qu'exige une transmission. On aurait pu croire que le pantélégraphe Caselli allait entrer promptement dans nos usages, que les négociants, les banquiers l'emploieraient souvent ; il n'en est rien. On en avait établi un au Havre : on l'a supprimé, car il restait inoccupé.

Aujourd'hui Lyon et Paris sont seuls en correspondance par ce moyen. Le mouvement des dépêches pour l'année 1867 a été de 5,555, ce qui est excessivement peu, eu égard à l'importance commerciale des deux villes. J'ajouterai que toutes ces dépêches, sauf sept, avaient des opérations de bourse pour objet. Ce qui fait peut-être reculer devant l'emploi régulier de l'appareil Caselli, c'est le haut prix de la dépêche, qui coûte six francs. Ce serait mal raisonné, car la surface réglementaire accordée étant de dix centimètres sur cinq, on peut facilement y faire tenir quarante et même cinquante mots ; et puis n'est-ce donc rien, en pareille matière, d'avoir à ses ordres, et avec une obéissance passive, un instrument qui, forcément, ne peut commettre aucune erreur, ni par sa faute, ni par celle des employés chargés de le faire mouvoir ? Aux murailles de la salle des pantélégraphes sont appendus des cadres renfermant des spécimens obtenus par ce procédé diabolique : ce sont des dessins de tapisserie, des modèles de guipure, des dépêches en arabe, en chinois, en sanscrit, des portraits et des signatures ornées de paraphes invraisemblables [1].

Au fond de la cour, sous la tourelle, une assez vaste salle sert d'*étude* aux surnuméraires qui apprennent la manipulation. Un cours à la fois théorique et pratique leur est fait sur l'appareil Hughes par un jeune homme aux yeux intelligents et fins, pour qui la mécanique et l'électricité n'ont point de secrets. De grandes pancartes tendues contre les murs représentent les différentes parties des mécaniques grossies dans des proportions considérables. J'ai vu là beaucoup de sous-officiers qui jouaient à grand'peine quelques dépêches sur le piano Hughes ; on les surveille, on rectifie leurs erreurs, on leur apprend la patience, et plus d'un sans doute, en maniant le télégraphe, regrette le maniement du fusil.

En face, s'ouvre la salle des expériences ; c'est là que la commission d'examen, composée d'hommes spéciaux, interroge l'électricité, la force d'obéir à de nouveaux

[1] L'admirable invention de M. Caselli ne paraît pas être le dernier mot de la télégraphie autographique. La *Nazione* du 19 février 1867 annonçait que M. Bonelli avait fait à Florence des expériences décisives avec son nouvel appareil à un seul fil, et qu'il avait obtenu, dans une heure, plus de cent dépêches imprimées ou autographiées. Malheureusement, M. Bonelli est mort, et il est à craindre que ses expériences ne soient pas poursuivies.

agents de transmission et expérimente scientifiquement toute invention nouvelle applicable à la télégraphie. Quand j'y suis entré, tout était au repos; les boussoles des sinus dormaient à côté des électro-aimants, et des bouteilles de Leyde, toutes brillantes de clinquant, se dressaient sur la table auprès d'une gigantesque *bobine* qui, mieux que le char et le pont d'airain de Salmonée, doit savoir comment on fait le tonnerre. Aux premiers temps de la télégraphie électrique, dans les postes, pendant les orages, les sonneries entraient en danse toutes seules, les appareils s'affolaient, parfois les pointes métalliques, liquéfiées par la foudre, s'égouttaient en pluie de feu; il fallait fuir le courroux de l'Olympe. Sur les chemins de fer, les rails et les fils télégraphiques échangeaient des étincelles menaçantes. Les magiciens de la science moderne n'ont point été effrayés de ce fracas. M. Bréguet, M. Froment, M. Bertsch ont inventé des paratonnerres qui n'ont rien de commun avec les tiges métalliques qui s'élèvent sur nos monuments. Ce sont des instruments qui ont à peu près la forme d'un volume in-18. Ils sont destinés à mettre les fils en communication immédiate avec la terre, c'est-à-dire à annihiler instantanément et à volonté la puissance de l'électricité atmosphérique pendant les temps orageux. Tous les postes télégraphiques sont aujourd'hui pourvus de paratonnerres, et nul danger n'existe plus pour eux. Quand les éclairs ouvrent le ciel, lorsque les nuages s'amoncellent en grondant, lorsque l'on entend les profondes rumeurs des colères aériennes, soyez persuadés que l'extrémité des fils est rentrée en terre, que les dépêches s'arrêtent en chemin et que le télégraphe dort au bruit de la tempête.

## V. — LES DESIDERATA.

Le public encore peu accoutumé à la télégraphie. — Diminution de la taxe. — Insuffisance du budget. — Abus des franchises, — Tube pneumatique. — Le palmier *aren*. — Coq-à-l'âne des dépêches. — Paris et le monde. — Paresse des communes. — Résistances à vaincre.

La télégraphie n'est pas encore tout à fait passée dans nos usages, elle reste un genre de correspondance de luxe. Malgré les très-sérieux services qu'elle rend tous les jours au public, celui-ci n'est pas familiarisé avec elle, et le temps n'est pas venu où la dépêche sera aussi fréquente que la lettre. Pendant que l'hôtel des Postes manipule journellement à Paris 800,000 objets, le bureau central télégraphique n'a qu'un maniement de 7,800 dépêches. Bien des personnes hésitent à expédier un télégramme dans la crainte de causer au destinataire une première émotion pénible. Il y a là une éducation à faire ; elle se poursuit progressivement, mais elle est loin d'être complète. Ce sont les négociants, les banquiers, les agents de change qui usent le plus volontiers de ce moyen rapide. Dans une statistique très-bien faite et que j'ai déjà citée, M. Édouard Pelicier a prouvé qu'en 1858, 15,409 dépêches échangées entre Paris et les trente premières villes de France se divisaient ainsi : intérêts de famille, 3,012 ; journaux, 523 ; commerce et industrie, 6,132 ; affaires de bourse, 5,253 ; affaires diverses, 399. Le nombre des dépêches a singulièrement augmenté depuis cette époque, mais la proportion n'a point varié ; plus des deux tiers appartiennent toujours aux affaires d'argent. Le haut prix que coûtent les dépêches pour certains pays est certainement un obstacle à une correspondance plus fréquente : ainsi les télégrammes envoyés de Paris en Amérique par le câble pendant l'année 1867 n'ont été que de 676 [1].

[1] La dépêche simple coûte aujourd'hui, de Paris pour New-York, 87 fr. 50.

Quant au tarif des dépêches de la France pour la France et de Paris pour Paris, il vient d'être abaissé : la loi adoptée le 2 juin 1868 par le Corps législatif fixe la taxe à 50 centimes pour le même département et à 1 franc pour la France entière. C'est un grand progrès qu'on attendait avec impatience, et il faut espérer que l'on ne s'arrêtera pas là. Mais un nouvel abaissement des tarifs, on doit le reconnaître, ne pourra être mis en vigueur que dans quelque temps, au fur et à mesure que de nouveaux employés auront été formés et que de nouvelles lignes auront été construites. On compare volontiers le service de la télégraphie à celui des postes; la similitude est loin d'être exacte. Peu importe qu'un facteur ait dans sa boîte vingt lettres ou cent lettres; peu importe qu'un bureau ambulant contienne trois sacs ou quarante sacs : le transport n'en doit pas moins se faire et tout ce qui dépasse un certain chiffre de dépenses obligatoires devient un bénéfice dont la poste tient compte au Trésor ; mais pour la télégraphie électrique il n'en est point ainsi. Toute modification de tarifs amène un accroissement de correspondances[1] qui nécessite l'établissement de fils supplémentaires, l'achat d'appareils, la construction de stations indispensables. Certes, il est à souhaiter que toutes les mesures soient promptement prises pour que les dépêches ne coûtent plus que 25 centimes dans le département, et 50 centimes pour la France ; la direction générale ne reculerait pas, pour sa part, devant cette amélioration désirée, mais elle s'arrête en face du budget, et comme elle n'a point d'argent, qu'elle se suffit à peine à elle-même, elle

[1] Voici une indication comparative du mouvement des dépêches par rapport à la diminution des tarifs. Loi du 29 novembre 1850, 3 francs, plus 12 centimes par myriamètre. — 1851, 9,014. — 1857, 48,105. — En 1861, le total est de 920,537. — Loi du 3 juillet 1861, 1 franc pour le département, 2 francs pour tout l'empire. — Dès 1862, les dépêches s'élèvent au chiffre de 1,518,044.

est forcée d'attendre des temps meilleurs. Un crédit de 10 millions pourrait donner à la télégraphie un développement qui la mettrait réellement à la portée de tout le monde. A quoi donc doit servir la fortune publique, si ce n'est à propager, fût-ce même au prix d'un sacrifice important, les inventions utiles qui suppriment les distances, fusionnent les intérêts et offrent à l'industrie des facilités sans précédent jusqu'à ce jour[1] ?

La télégraphie électrique abandonnée à ses seules ressources pourrait sans doute accomplir des réformes importantes, si, comme la poste, elle n'était écrasée par les *franchises*. Il est grand le nombre des fonctionnaires qui ont droit d'expédier leurs dépêches sans acquitter la taxe, et le nombre en augmente tous les jours. En 1867, la direction des télégraphes a transmis 519,088 dépêches gratuites qui, si elles eussent été payées selon le tarif adopté, eussent produit une recette de 1,336,368 fr. 15. Si les fonctionnaires se contentaient d'envoyer des correspondances écrites en style télégraphique, on comprendrait jusqu'à un certain point cette sorte d'impôt forcé; mais il n'en est rien : ce sont de véritables épitres qu'ils échangent entre eux; rien n'y manque, pas même la banalité des protocoles. Cet abus est intolérable, et toute une ligne est souvent occupée par des dépêches portant des récits aussi prolixes qu'inutiles. Le 16 août, une avalanche de télégrammes officiels s'abat dans les stations et vient rouler jusqu'au poste central. Il ne faut pas croire qu'un préfet se contente de télégraphier : « Tout a bien été; » non pas : il parle des coups de canon qui dès six heures du matin ont annoncé la solennité; il décrit le *Te Deum*, raconte la beauté des illuminations et l'attitude des troupes qu'on a passées en revue. Est-ce tout ? Non. Si le préfet envoie

[1] La France, qui, d'après le dernier recensement, a 37,545 communes, ne possède encore que 2,276 postes télégraphiques.

une telle dépêche au ministre de l'intérieur, le général commandant la division militaire, le procureur général, l'évêque ou l'archevêque ne veulent pas être en reste; on prouve son zèle et les longues phrases recommencent à circuler sur les fils, encombrent les bureaux de la rue de Grenelle et s'en vont en grande hâte aux ministères de la guerre, de la justice et des cultes. Pendant ce temps, les dépêches privées, les dépêches utiles attendent patiemment que ce lyrisme télégraphique se soit enfin épuisé de lui-même. La *franchise* est un abus pour les postes aussi bien que pour les télégraphes, et le seul moyen de le faire cesser est d'ouvrir un compte spécial à chaque ministère pour payer ses lettres et ses télégrammes.

Si l'administration télégraphique avait perçu la taxe afférente à ces dépêches franches, elle aurait pu donner plus de développement au service privé et apporter encore des améliorations nouvelles à ses procédés de transmission. Il en est une cependant qu'elle est parvenue à créer et qui, lorsqu'elle sera généralisée à Paris, sera un bienfait véritable pour notre population industrielle et commerçante. Je veux parler du tube pneumatique [1] qui, reliant le poste de la Bourse à celui du Grand-Hôtel, peut, dans l'espace d'une minute, envoyer 400 dépêches: j'entends 400 dépêches imprimées ou transcrites et enfermées sous enveloppes scellées. Ce tube fonctionne tous les jours, régulièrement, sans avaries, sans accidents; l'expérience est faite aujourd'hui et démonstrative. Chacun a vu des enfants lancer de petites balles de terre glaise desséchée en soufflant dans une sarbacane. Le tube est une sarbacane de 1,200 mètres; la bouche qui souffle est remplacée par une machine à air comprimé; un étui de cuivre (*chariot*) joue le rôle de la

[1] Voy. *Pièces justificatives*, n° 8.

balle de terre glaise. La propulsion est telle, que les 1,200 mètres sont franchis en 90 secondes. Un seul homme peut facilement, et sans fatigue, manœuvrer cet appareil ingénieux, dont l'usage va bientôt se répandre dans Paris.

Le projet de la direction est excellent ; il faut espérer que le budget la mettra prochainement à même de l'exécuter. Un cercle concentrique de tubes partirait du bureau central et y aboutirait ; un autre cercle très-étendu embrasserait toutes les communes de la banlieue nouvellement annexées ; une série de tubes relierait directement le premier cercle au second. Tout cet ensemble figurerait très-nettement une route complète, le moyeu réuni aux jantes par les rayons[1]. On voit d'ici l'avantage qu'offrirait une telle combinaison : les dépêches télégraphiques écrites, cachetées, seraient directement portées au poste voisin, qui, par le tube pneumatique, les expédierait aussitôt à destination. L'art des transmissions rapides, malgré les admirables résultats qu'il obtient déjà, est encore dans l'enfance ; il bégaye, il tâtonne, il essaye. Laissez-le grandir, aidez à sa croissance et vous verrez de belles merveilles.

Il est un autre progrès qu'on est en droit d'attendre de la direction. On n'a pas encore trouvé une enveloppe inaltérable pour revêtir les fils conjonctifs. La gutta-percha, je l'ai dit plus haut, subit promptement l'in-

[1] La direction n'a pas perdu son temps, et elle travaille sans relâche à l'achèvement de son réseau pneumatique, dont l'action, lorsqu'il sera terminé, pourrait bien être substituée à celle de la poste aux lettres dans l'intérieur de Paris. Le premier cercle est construit et fonctionne aujourd'hui. Partant de la rue de Grenelle, il y revient en passant par une série de stations situées rue des Saints-Pères, rue Richelieu, place de la Bourse, boulevard des Capucines et rue Boissy-d'Anglas. Le second cercle est déjà amorcé aux stations de la rue La Fayette et de la rue Jean-Jacques-Rousseau. Il est à désirer que l'ensemble de ces travaux soit promptement terminé ; car alors le service de la télégraphie pourra prendre, à Paris, une activité et une rapidité qu'il n'a point encore su conquérir (1870).

fluence des variations atmosphériques. Or la gutta-percha est la meilleure substance isolante que l'on connaisse, il faut donc l'employer jusqu'à nouvel ordre; mais il serait nécessaire de la couvrir elle-même d'une chemise indestructible; de cette façon elle serait protégée, par conséquent elle se détériorerait moins rapidement et maintiendrait avec plus de sûreté l'électricité dans le fil métallique. Le règne végétal peut offrir, je crois, une matière facile à tisser, qui, imbibée de goudron et roulée en bandes, serait une armure à toute épreuve pour les gaînes isolantes. Dans l'archipel Indien croît naturellement un palmier qui atteint souvent plus de 100 pieds de haut; les naturels le nomment *aren;* il produit une pulpe mangeable[1]. Tout le tronc de l'aren et la naissance de ses feuilles longues de dix mètres sont couverts par des fibres ligneuses, noires, très-minces, d'une résistance extraordinaire et qui ressemblent à une chevelure épaisse et rude. Les Indiens en font des câbles. Une ancre retrouvée après un séjour de plus de soixante ans au fond de la mer était attachée à une corde d'aren; pas une des fibres n'était pourrie. Cet exemple, je le sais, ne prouve pas grand'chose, car on a découvert dans les cités lacustres des paniers en tissu végétal qui n'étaient point sensiblement altérés. Mais en 1842, à Java, M. Francis van den Broek, qui est Français malgré son nom hollandais, ayant à diriger l'eau d'une rivière dans une sucrerie, s'aperçut que l'eau était vaseuse : il déposa sous sa chute un matelas en fibre d'aren et obtint un liquide d'une clarté parfaite; depuis cette époque, depuis vingt-cinq ans, le même filtre sert au même usage; il passe dans l'eau la *saison*, c'est-à-dire les quatre mois pendant lesquels

[1] *Arengha saccarifera* de Labillardière; *Saguerus Rumphii* de Rumph. Il en existe deux beaux sujets dans les serres tropicales du Jardin des Plantes.

dure la fabrication du sucre, et il demeure pendant huit mois exposé sur les hangars à l'action terrible du soleil des tropiques. Nulle de ces variations brusques de température et de condition extérieure n'a influé sur les fibres, qui par ce fait ont prouvé qu'elles étaient imputrescibles. Il y a là une indication précieuse et dont il faut tenir compte. La nature végétale nous a donné la gutta-percha, qui est un puissant auxiliaire du télégraphe électrique; elle nous fournira peut-être, par l'emploi des fibres d'aren, l'enveloppe qui doit assurer la durée de cette dernière[1].

Toutes ces précautions, je le sais, n'empêcheront pas certains dérangements de se produire, mais du moins elles les rendront plus rares; elles ne mettront pas non plus un terme aux erreurs qui, bien souvent, il faut l'avouer, doivent être attribuées à l'inadvertance ou à la fatigue des employés. Je me souviens d'avoir reçu en Allemagne, le 5 juillet 1866, une dépêche ainsi conçue : « La Vénétie cède à la France officielle *le Moniteur* de ce matin; » il ne m'a pas fallu un grand génie pour lui rendre un sens raisonnable, mais je n'ai jamais su si c'était aux agents français ou allemands que je devais attribuer cette rédaction baroque. Parfois des dépêches, obscures à force de concision, ont produit des coqs-à-l'âne divertissants. A l'époque où *la coulisse* fut forcée de disparaître de la Bourse, on envoya en Belgique le télégramme suivant, destiné simplement à faire connaître quel avait été le mouvement des fonds à la Bourse et au passage de l'Opéra et à annoncer en même temps la suppression de la coulisse : « Parquet,

[1] M. van den Broek a fait spontanément remettre à la direction générale un ballot de ces fibres, afin qu'on pût les expérimenter. Le câble sous-marin qui relie Batavia à Singapour, s'étant rompu, vient d'être rétabli; il a environ 1,000 kilomètres de développement, et il a été revêtu complétement d'un tissu d'aren; on pourra donc, d'ici à peu, savoir si cette matière est de nature à préserver sérieusement les fils électriques (novembre 1866).

Opéra, descendu. — Coulisse, interdiction de jouer. — Signé : Robert. » Un journal le traduisit ainsi en *faits divers :* « Le parquet de l'Opéra est descendu dans la coulisse; par suite de cet accident on a interdit la représentation de *Robert le Diable.* » — Après l'attentat d'Orsini, on transmit en Allemagne cette dépêche : « Machine infernale; empereur et impératrice saufs. — Général Roguet blessé. » — On en interpréta la fin de cette manière : « un général et le petit chien de l'impératrice ont été blessés. » — On avait simplement lu ou écrit : roquet au lieu de : Roguet. On met volontiers toutes ces niaiseries sur le compte de la télégraphie électrique; le plus souvent elle n'en est pas coupable, et, par les services qu'elle a déjà rendus, elle prouve ce que l'on peut attendre d'elle.

On reste émerveillé quand on pense que la première ligne a fonctionné en France il y a vingt-quatre ans, et que maintenant Paris est en communication permanente avec le monde entier : avec la Chine par les fils russes, avec l'Afrique par le câble de la Méditerranée, avec les Indes par la Turquie d'Asie et le câble du golfe Persique, avec l'Amérique par le câble de l'Océan, et cependant il reste beaucoup à faire à la France; il faut qu'elle se mette en communication avec elle-même; il faut que chaque ville, chaque village, chaque bourgade ait son poste et jouisse du bienfait des correspondances rapides. Cela est de toute nécessité; une nation qui paye régulièrement l'impôt a droit à toutes les facilités possibles de communication. La direction générale est prête à établir le réseau cantonal, mais il faut qu'elle soit aidée par le pays lui-même, c'est-à-dire par les intéressés. Là, elle aura de grands obstacles à surmonter; la France a l'habitude de tendre toujours les mains vers le gouvernement et de ne savoir rien faire par elle-même. La vie communale n'existe réellement pas chez nous et l'administration des télégraphes aura, je le crains, à s'en apercevoir.

On demande à la commune de fournir le local et de payer la moitié de la dépense de l'établissement de sa ligne spéciale[1]; en échange, on lui fournit les appareils, on lui donne une indemnité proportionnelle par dépêche, et on la fait entrer dans cette grande circulation électrique qui est une des gloires de notre époque. Beaucoup ont refusé, mais ceci n'aura qu'un temps. Les efforts de l'administration sont incessants, ils triompheront des difficultés. Quand avec un simple et même fil métallique on remue magiquement à distance tous les signes du langage, quand on imprime ou qu'on écrit à volonté, quand de Paris à Marseille on envoie instantanément une dépêche pour un franc, on doit arriver à convaincre les récalcitrants, à ramener les populations ignorantes et à faire comprendre la nécessité d'un sacrifice en échange duquel on offre d'incalculables avantages.

**Appendice.** — Quoique l'administration des télégraphes ait fait de grands progrès depuis 1867, nous sommes encore loin d'avoir demandé à la télégraphie électrique tous les services qu'elle peut rendre, et il s'en faut que toutes nos communes soient pourvues de cet admirable instrument de communication. Le nombre des postes a cependant été augmenté dans de notables proportions ; au lieu des 2,276 que nous possédions en 1867, on en comptait 3,735 au 1er janvier 1874, dont 2,415 relevant de l'État et 1,320 ouverts dans les gares aux correspondances privées. 47,055 kilomètres de lignes donnent, à la même époque, un développement de 125,808,000 mètres de fils métalliques, parmi lesquels ne sont pas compris les fils appartenant directement aux compagnies de chemins de fer. Le réseau sémaphorique est de 1,423 kilomètres, et les câbles sous-marins de la Méditerranée et du littoral ont 1,294 kilomètres de longueur. Les dépêches se sont élevées, en 1873, au chiffre de 6,550,023, dont 877,264 internationales, et 5,673,369

[1] 565 francs en moyenne par kilomètre

intérieures; le produit de ces transmissions a été de 13,666,559 fr. 70 cent.; le personnel a dû être augmenté : au 1er janvier 1874, il était de 5,278 employés de tout grade.

Le poste central, qui est plus insuffisant que jamais, manipule quotidiennement 13,000 dépêches, qui exigent 26,000 transmissions; les erreurs diminuent dans une mesure dont il faut louer les employés : elles ne dépassent pas cinq ou six pour mille; pour 6,550,023 télégrammes déposés en 1873, l'administration n'a reçu que 2,892 réclamations, dont 1,839 ont été reconnues fondées. L'abus des dépêches officielles gratuites tend à s'augmenter tous les jours; les événements de 1870-1871 l'ont singulièrement développé. En 1867, la moyenne des télégrammes de cette nature arrivant au bureau central était de 350 par jour; elle est de plus de 1,000 aujourd'hui. Par compensation, nos correspondances télégraphiques avec l'Amérique ont subi un accroissement considérable; au lieu des 676 dépêches que Paris avait expédiées en 1867 par le câble transatlantique, l'administration en a envoyé 32,236, et reçu 34,240 en 1873. Le tarif subira une modification à partir du 1er mai 1875; on ne payera plus par dépêche, on payera par mot (2 fr. 50 cent.). Le prix des dépêches a été augmenté. La loi du 29 mars 1872, appliquée dès le 6 avril suivant, a élevé la taxe départementale à 60 centimes, et la taxe interdépartementale à 1 fr. 40 cent.

Pendant que le nombre des dépêches augmente et que le public se familiarise de plus en plus avec cette façon rapide et sûre de correspondre, les inventeurs sont à l'œuvre et cherchent le moyen d'accélérer les transmissions en les multipliant. L'appareil Hughes, légèrement modifié, est moins bruyant qu'autrefois; on est parvenu à neutraliser les trépidations qui le rendaient si fatigant. Le pantélégraphe Caselli n'existe plus qu'à l'état de relique; ce n'est pas l'administration qui l'a supprimé, c'est le public qui l'a délaissé, n'attachant aucune importance à l'autographie électrique, et ne se souciant que de l'acheminement des dépêches. Il est remplacé actuellement entre Paris et Lyon par le merveilleux appareil multiple de M. Meyer, employé de l'administration, qui a obtenu le diplôme d'honneur, la plus haute récompense, à l'Exposition de Vienne en 1872. Grâce à un système aussi intelligent qu'ingénieux, un seul fil reçoit simultanément six transmissions, et peut facilement expédier 150 dépêches par heure.

Le tube pneumatique continue à cheminer sous notre sous-sol; il compte actuellement 17 stations en relation les unes avec les autres et avec le bureau central; peu à peu il s'étend, au fur et à mesure des ressources que lui offre le budget; dans quelques années, il occupera Paris tout entier, rayonnant dans tous les sens et soulageant le travail des appareils électriques proprement dits; le jour où il saura se contenter d'une taxe de 15 centimes par dépêche, il se substituera naturellement à la petite poste et gagnera des millions.

Depuis le 11 janvier 1875, un bureau télégraphique directement relié au bureau central de Londres, qui est contigu au *Stock-exchange*, a été installé au palais de la Bourse, dans l'ancien local réservé au Tribunal de Commerce, et où la reconstitution des actes de l'état civil, incendiés par la Commune, a fonctionné jusqu'au 31 décembre 1874. La Bourse de Paris est donc actuellement en communication directe avec celle de Londres, les deux plus grands marchés du monde se parlent sans intermédiaire. C'est là une mesure libérale et excellente, qu'il serait facile d'étendre à Vienne, à Francfort, à Berlin, à toute ville, en un mot, dont nous avons intérêt à connaître, sans délai, le mouvement financier.

## CHAPITRE III

# LES VOITURES PUBLIQUES

## FIACRES ET OMNIBUS

### I. — LES FIACRES.

Démocratie. — Généalogie du fiacre. — Premiers tarifs. — Taxe. — Cabriolets. — Les voitures de remise. — Stations. — Contrôleurs. — Opinion d'un cocher. — Fiacres stationnaires pendant trente-huit ans. — Valeur d'un numéro roulant. — Calomnie. — Monopole. — Conditions léonines. — Grève des cochers. — Liberté absolue; décret du 25 mai 1860. — Nombre des voitures. — Cochers libres. — Numérotage. — P. P. et P. S. — L'ancien fiacre. — Le fiacre actuel. — *Compagnie générale.* — La journée du fiacre. — Matériel roulant. — Cavalerie. — Dressage. — Dépôts. — Charges écrasantes de la Compagnie. — Voitures de grande remise. — Dépôt de la rue Basse-du-Rempart. — Dépôt des voitures de place. — État civil. — Provenance des chevaux. — Cabinet de toilette — La Sorbonne des cochers. — Examens préalables. — Ateliers de construction. — Magasins. — Carrosserie. — Forges et scierie. — Fin du fiacre.

Paris est après Londres la ville du monde où l'on emploie le plus de voitures; aussi les fiacres et les omnibus sont-ils devenus une sorte de service public qui a son importance sociale comme la poste et les télégraphes. Chacun en use, et le matin il n'est pas rare de voir quatre maçons, installés dans un fiacre sur lequel les auges sont déposées avec les truelles, se rendre à leurs chantiers. A cette vue, que penseraient les entrepreneurs des *carrosses à cinq sols* qui, dans leurs placards de mai 1662, avaient soin de dire : « On fait aussi sçavoir que par l'arrêt de vérification du Parlement, défenses sont faites à tous soldats, pages, laquais et tous autres gens de livrée, manœuvres et gens de bras d'y entrer, pour la plus grande commodité et liberté des bourgeois. » Aujourd'hui il n'y a point de coin de rue, de carrefours, de quais et de boulevards où l'on ne trouve des coupés, des calèches, des fiacres et des omnibus; le nombre s'en accroît tous les jours, et grâce au décret du 23 mai 1866 qui reconnaît la liberté illimitée en pareille matière, le chiffre des voitures de louage ne fera qu'augmenter encore. Cela est fort bien fait; mais un tel état de choses n'a pas été improvisé en un jour, car voilà près de deux cent trente ans que le premier fiacre s'est montré à Paris.

Au commencement du dix-septième siècle, il n'existait qu'une seule entreprise de *chaises* à bras qu'on pouvait louer; elle avait été créée en 1617. Les porteurs savaient faire payer les clients récalcitrants : on peut à ce sujet consulter *les Précieuses ridicules* [1]. Ce fut en 1640 qu'un certain Nicolas Sauvage, facteur des maîtres de coche d'Amiens, imagina d'établir des carrosses qui, toujours attelés et stationnaires dans des quartiers désignés, se tiendraient à la disposition du public. Ces voitures furent appelées *fiacres;* est-ce parce que Sauvage habitait dans la rue Saint-Martin, en face de la rue de Montmorency, une maison qui avait pour enseigne l'image de saint Fiacre ? Est-ce parce que vers cette époque un moine des Petits-Pères, nommé Fiacre, mourut en odeur de sain-

[1] Il y avait aussi les *vinaigrettes;* Lister en parle : « C'est, dit-il, une caisse de voiture sur deux roues, traînée par un homme et poussée par derrière par une femme ou un enfant, ou bien par tous les deux à la fois. » (*Voyage de Lister à Paris en 1698*, p. 27.)

tété et qu'on mit son portrait dans les nouvelles voitures pour les protéger contre les accidents? Je ne sais, mais ce nom, qui n'a aucune raison d'être apparente, a prévalu malgré tous les efforts qu'on a faits à diverses reprises pour le changer en celui d'urbaines ou de lutéciennes [1].

Il faut croire que la spéculation n'était pas mauvaise, car immédiatement les personnages qui avaient l'oreille des ministres ou du roi sollicitèrent et obtinrent de nouveaux priviléges. Les voitures augmentèrent dans une proportion telle, qu'une ordonnance de 1703 en prescrivit le numérotage, afin qu'il fût facile de les reconnaître et de désigner au lieutenant de police les cochers dont on avait à se plaindre. Dès 1688, un règlement avait décidé quelles stations les fiacres devaient occuper, et une ordonnance du 20 janvier 1696 avait fixé le tarif : 25 sous pour la première heure et 20 sous pour les suivantes. L'ordonnance ne fut guère exécutée ; les cochers élevèrent peu à peu leurs prétentions et leurs prix : ils exigeaient 3 francs pour une heure, 50 et même 60 livres par journée de remise ; en 1720, l'abus était devenu tellement intolérable qu'un arrêt du conseil d'État, en date du 12 février, le fit cesser et fixa un tarif qui fut respecté, car plus de cinquante ans après Mercier disait : « Vous avez un équipage, des chevaux et un cocher, fouet et bride en main pour *trente sols par heure.* » En 1753, il existe à Paris 28 places de fiacres et 60 entrepreneurs de carrosses de remise possédant environ 170 voitures [2].

[1] Sarrasin, dans une lettre envoyée en mai 1648 à Ménage, pour lui décrire l'enterrement de Voiture, raconte en plaisantant : « Comme Velturius entreprit la conduite de la reyne de Sarmatie jusqu'au chasteau des Péronelles (Péronne), et comme Lionnelle (mademoiselle Paulet) l'y suivit dans le char de l'enchanteur *Fiacron.* » *Œuvres de Sarrasin*, édit. de 1685, t. II, p. 19.

[2] Le passage suivant du *Journal* de Barbier (mai 1723) indique quelles pouvaient être, au siècle dernier, les relations entre le public et les co-

On vécut sous le régime du privilége jusqu'à la Révolution française, régime qui ne contentait personne, ainsi qu'on peut s'en convaincre en lisant les *Doléances, souhaits et propositions des loueurs des carrosses de place*[1]. Le 24 novembre 1790, l'exploitation des voitures de louage devint libre, et les sieurs Perreau, qui possédaient l'entreprise exclusive, furent indemnisés par une somme de 420,000 livres. Le 9 vendémiaire an V (30 septembre 1797), on établit une taxe régulière et annuelle de 50 à 75 francs sur les véhicules publics, selon leur importance. Le 11 vendémiaire an X (3 octobre 1800), le tarif est modifié : on paye 1 fr. 50 c. la course et 2 francs l'heure; c'est à bien peu de chose près celui qui est encore en vigueur. Vers 1800 apparurent les premiers cabriolets de place, si bien nommés, car sur les pavés ils dansaient comme des chèvres. Jusqu'en 1817, les loueurs et les entrepreneurs de voitures avaient pleine liberté d'action sous le contrôle de la police, qui surveillait, réprimandait et au besoin punissait les cochers. A cette époque, la préfecture de police devient souveraine maîtresse; elle seule a droit d'accorder des autorisations pour l'exploitation, le remisage, le stationnement des voitures; chaque fiacre est frappé d'une taxe annuelle de 150 francs au profit de la caisse municipale; cet impôt est porté à 215 francs pour les cabriolets; à ce moment, Paris possède 1,390 voitures de place (900 fiacres, 490 cabriolets).

De 1790 à 1822, il n'existait pas réellement de voi-

chers : « Jeudi, jour de l'Ascension, six particuliers voulurent prendre un fiacre contre les Innocents. Le fiacre ne voulut point marcher; cela forma querelle. Le fiacre, ayant reçu quelques coups, voulut jouer de son fouet; quatre vinrent sur lui l'épée à la main et le poursuivirent jusque dans l'église des Innocents, où il s'enfuit; on disait vêpres; ils y entrèrent l'épée à la main, blessèrent le fiacre et le suisse de la paroisse, causèrent bien du tumulte, ce qui fit cesser le service. Ils sont pris; une *impertinence* pareille mérite un exemple. » (Tome I<sup>er</sup>, p. 272.)

[1] Voy. *Pièces justificatives*, n° 9.

tures de remise qu'on pût prendre à la course ou à l'heure; en 1822 seulement, 100 cabriolets de régie furent créés[1]; après 1830, ces derniers jouirent d'une liberté sans limites, purent se multiplier à l'infini, à cette condition expresse cependant de ne pouvoir jamais stationner sur la voie publique lorsqu'ils n'étaient pas loués. Sous le gouvernement de Juillet, la police apporta de sérieuses améliorations à l'administration des voitures de place et prit différentes mesures qui lui permirent de protéger la population contre les prétentions souvent excessives et même contre la brutalité des cochers. Dès 1830, toute personne qui prend un fiacre a le droit d'exiger que le cocher lui remette une carte portant son numéro d'ordre; en 1841, on établit des surveillants auprès de chaque station; le numéro de chaque voiture qui arrive ou qui part est pointé sur un carnet; 104 contrôleurs et agents spéciaux sont employés à ce service. De 1830 à 1855 nous avons assisté à la création de bien des voitures nouvelles : citadines, urbaines, deltas, cabriolets compteurs, lutéciennes, cabriolets mylords, thérèses, cabs ; peu à peu le cabriolet jaune, le vieux cabriolet de place qui sautait, mais n'avançait pas, disparaît devant le coupé; devant la *petite voiture*, comme l'on disait déjà. Je me souviens qu'un cocher de cabriolet me dit un jour : « Tous ces coupés, toutes ces voitures *modernes*, ça ne tiendra pas ; on prend un cabriolet, ce n'est pas pour aller plus vite, c'est pour causer avec le cocher ! »

En 1855, il y avait à Paris à la disposition du public 4,487 voitures marchant à l'heure et à la course ; elles se divisaient ainsi : 733 coupés ou cabriolets, 2,488 voitures de régie, 913 fiacres à quatre places et 353 voi-

[1] Une statistique municipale, dressée par ordre de M. de Chabrol, préfet de la Seine, donne, pour 1824, les chiffres suivants : fiacres, 900; calèches, 20; cabriolets de place, 733; cabriolets de remise, 600; total, 2,253 voitures.

tures supplémentaires; ces dernières, facilement reconnaissables à leur numéro peint en blanc, n'auraient dû circuler que le dimanche, les jours de fête, de Longchamp ou de carnaval; par tolérance, on leur permit vers 1854 de sortir quotidiennement. Tout l'accroissement des voitures de louage avait, depuis 1817, porté sur celles dites de *remise*, puisque dans l'espace de trente-huit ans les fiacres ne se sont augmentés que de treize numéros. Cela tient à ce qu'à cette époque un numéro de fiacre valait 5 ou 6,000 francs; la préfecture de police, ne voulant point accorder un privilége qui eût constitué une fortune véritable, ne pouvant consentir à le vendre à son profit, refusa systématiquement toute autorisation nouvelle. On a dit souvent que les différents souverains qui se sont succédé en France depuis 1830 avaient parfois donné à leurs amis ou à leurs serviteurs le droit de créer 100, 200 fiacres, que ce droit, immédiatement transmis à un entrepreneur, leur valait une somme considérable : rien n'est plus faux; les chiffres que je viens de relever le démontrent avec évidence.

En 1855, on crut, pour assurer le bon fonctionnement d'un service qui devenait plus important de jour en jour, devoir réunir sous une seule direction toutes les voitures de remise ou de place; ce fut alors qu'on institua la Compagnie impériale des voitures de Paris, qui, moyennant indemnité stipulée, racheta tous les *numéros roulants* dont les propriétaires consentirent à cette nouvelle combinaison. Cependant la fusion ne fut pas imposée : elle resta facultative; 1,850 cochers ne voulurent pas profiter des avantages qu'elle offrait et restèrent libres sous leur remise. C'était un monopole qu'on venait de créer, il était singulièrement amoindri par les charges qu'il acceptait.

En effet, l'autorité municipale contraignit la Compagnie à établir ses dépôts en dedans du mur d'enceinte et par conséquent l'assujettissait à l'octroi ; de plus elle exigeait un accroissement considérable de matériel et de *cavalerie*. L'annexion de la banlieue avait doublé les distances, mais le tarif restait le même et tel qu'il était en 1800; en outre chaque voiture était frappée d'une taxe fixe de un franc par jour pour droit de stationnement[1]. Par suite de ces mesures, il y eut du malaise dans la Compagnie; ce malaise ne fit que s'accroître avec le renchérissement des terrains, des loyers, des denrées, des fourrages, et il aboutit à la grève du mois de juin 1865. Certes, les cochers pouvaient suspendre leur travail, délibérer entre eux, faire connaître leurs griefs, tâcher d'obtenir des conditions meilleures et demander qu'on augmentât leur salaire, qui était de trois francs par jour, non compris les pourboires ; mais ils sortirent violemment de leur droit et se mirent dans leur tort en voulant empêcher la Compagnie de les remplacer, de veiller aux intérêts du public et de faire conduire les voitures par des cochers de hasard. Il y eut des injures, des menaces, des horions, des rixes, et la police correctionnelle s'en mêla. Les cochers reprirent le fouet, l'uniforme, le chapeau de cuir, remontèrent sur leur siége et tout fut dit.

L'expérience cependant avait porté ses fruits; on changea brusquement de régime, et du monopole on passa à la liberté absolue. Le décret du 25 mars 1866 dit expressément : « Tout individu a la faculté de mettre en circulation dans Paris des voitures de place ou de remise, destinées au transport des personnes et se louant à l'heure ou à la course. » La liberté en matière d'entreprise de voiture avait duré trois ans, de 1793 à 1797 ; il faut espérer que la nouvelle période, ouverte le 15 juin 1866, vivra plus longtemps.

[1] Décret du 16 août 1855.

On compte actuellement à Paris 6,101 voitures de place et de régie [1], auxquelles il faut ajouter 2,950 voitures de grande remise; ces voitures appartiennent à dix-huit cents entrepreneurs et à la *Compagnie générale*, qui seule est intéressante à étudier, car elle représente une administration complète et elle a les rapports les plus fréquents avec le public.

Parmi les loueurs, il y en a beaucoup, — plus de huit cents, — qui n'ont qu'une voiture et qu'un cheval; ce sont pour ainsi dire des cochers libres, qui échappent aux règlements des entreprises particulières, mais fort heureusement n'en restent pas moins soumis à ceux de la préfecture de police. Pas plus que les autres, ils ne peuvent refuser le service qu'on est en droit d'exiger d'eux, et ils doivent marcher à toute réquisition. D'après les nouvelles ordonnances, les voitures sont divisées en trois catégories distinctes : 1° les *voitures de place* proprement dites, qui, moyennant une redevance annuelle de 365 fr., peuvent stationner sur un des 158 emplacements désignés par la police; elles sont marquées d'un numéro couleur d'or; 2° les *voitures mixtes*, qui, acquittant la taxe municipale, peuvent séjourner à leur choix sur place ou sous remise; le numéro en est rouge; 3° les *voitures de remise*, qui, ne payant aucune taxe, ne peuvent pas charger sur la voie publique et n'ont d'autres stations que leur remise particulière; elles sont aussi numérotées en rouge. Le public peut ne faire aucune différence entre elles, mais les agents de police et les surveillants ne s'y trompent pas. En effet, toute voiture de louage porte un timbre rouge aux lettres **P. P.** (préfecture de police), qui prouve que son numéro est régulier; mais celles qui ont le droit de demeurer sur les *places* et qui comme telles acquittent l'impôt municipal

[1] Sur ce nombre, 5,131 ont droit de stationner sur la voie publique.

sont poinçonnées des lettres P. S. (préfecture de la Seine). Toute voiture qui n'a pas ces deux lettres près de son numéro et qui stationne sur la voie publique est en contravention.

Qui ne se souvient de ce fiacre monumental, de ce *sapin*, qui cahotait dans Paris aux jours de notre enfance ? On y montait par un marchepied de fer à six étages ; on s'installait tant bien que mal dans la boîte incommode couverte d'un velours d'Utrecht jaune, piquant comme un paquet d'aiguilles ; sous les pieds s'amoncelait une litière de paille qui ressemblait bien à du fumier, sentait le moisi et tenait les pieds humides ; les portières ne fermaient pas, les vitres étaient cassées ou absentes. Le cocher, toujours grognon, vêtu d'un carrick crasseux à sept collets, la tête enfouie sous un lourd bonnet de laine que coiffait un chapeau déformé, les pieds enfoncés dans de larges sabots, escaladait son siége après avoir allumé sa pipe, et fouaillait ses rosses, qui flottaient dans les harnais raccommodés avec des ficelles. On partait quelquefois, on n'arrivait pas toujours. Balançant leur tête amaigrie, remuant une queue dénudée, les chevaux s'ébranlaient au tout petit trot, mâchant un brin de foin resté fixé à leurs lèvres pendantes, et entraînaient cahin-caha la lourde machine, qui heurtait les pavés pointus avec un bruit de ferraille peu rassurant. Quand on était pressé, il était plus sage d'aller à pied. Si un de ces vieux fiacres qui nous reconduisaient jadis au collége apparaissait tout à coup dans les rues de Paris, il aurait son heure de célébrité, car il représenterait pour les voitures un spécimen antédiluvien des espèces disparues.

Aujourd'hui le fiacre, qu'il soit à deux ou à quatre places, est une voiture bien construite, peu élevée au-dessus du sol, garnie intérieurement de drap bleu, close, légère, attelée de chevaux qui se reposent au moins un jour sur deux, conduite par un cocher uniformément vêtu, portant son numéro sur sa caisse et sur ses lanternes, lavée et brossée une fois en vingt-quatre heures, et qui offre sinon un grand luxe, du moins un confortable suffisant. Si l'on rencontre encore par-ci par-là des *rôdeurs* menant une voiture écaillée, sale, dont la tenture est déchirée, la caisse bossuée et les harnais déchiquetés, soyez persuadé que ce véhicule dégradé n'appartient pas à la *Compagnie générale*. Cette dernière en effet, malgré la libre concurrence, se regarde encore, et avec raison, comme chargée de subvenir spécialement aux besoins du public parisien ; aussi n'épargne-t-elle point ses efforts pour tenir en bon état un matériel chaque jour usé et détérioré par un service que rien ne ralentit et qui devient de plus en plus étendu. Son personnel, qui est presque une petite armée, se compose de 6,815 agents de tout rang et de toute fonction [1].

Quand un cocher *charge* à la station ou sur la voie publique, il doit inscrire sur sa *feuille* l'heure, le point de départ, le point d'arrivée ; avant de quitter la station, il fait viser ce bulletin par l'inspecteur. Le soir, lorsqu'il rentre au dépôt, il remet entre les mains d'un agent spécial sa feuille *de retour* et le gain de la journée, après avoir prélevé les quatre francs qui constituent actuellement son salaire quotidien. Puis il va se coucher où il veut, à son domicile s'il est marié, le plus souvent dans un garni s'il est célibataire. Les laveurs s'emparent alors de la voiture couverte de poussière ou de crotte ; ils l'aspergent à grande eau, la brossent, la fourbissent rapidement et la remisent à son numéro d'ordre ; pendant ce temps, les palefreniers détellent les chevaux, les lavent, les étrillent, les bouchonnent, les attachent

[1] En l'énumérant, je ferai facilement comprendre le mécanisme de cette grande administration. Employés dans les bureaux, 160 ; — surveillants, 160 ; — ouvriers d'atelier, 900 ; — maréchaux, 180 ; — laveurs, 900 ; — graisseurs, 200 ; — palefreniers, 500 ; — cochers, 3,925.

au râtelier sur la litière et les mettent à même de réparer leurs forces épuisées par la fatigue. Le lendemain matin, à l'heure réglementaire, lorsque le cocher arrive, il trouve ses chevaux pansés, nourris, attelés, sous des harnais luisants, à une voiture nettoyée. Avant qu'il parte, un maréchal-ferrant a visité les pieds des chevaux ; un charron a examiné les roues, les ferrements, a frappé sur les essieux, a tâté les écrous, et un vitrier a vérifié si les glaces ne sont point cassées. Le cocher va chercher sa feuille, il monte sur son siége et se rend à la station. Et tous les jours il en est ainsi.

La Compagnie générale construit elle-même ses voitures ; elle achète le bois en grume, le fer en barres, le cuir en tas. Dans ses immenses ateliers de carrosserie, où les scies à vapeur et les marteaux-pilons ne sont jamais en repos, on se hâte, on se presse afin que les voitures mises au rebut soit remplacées sans que le public ait jamais à souffrir de retard ; on tresse les licous, on taille les caparaçons, on rembourre les coussins, on coud les passementeries ; c'est un monde d'ouvriers qui s'agite et pousse annuellement sur le pavé de Paris plus de 500 voitures neuves, estimées en moyenne 1,007 fr. 66. Le chêne, l'érable, l'orme, le sapin et le peuplier sont les essences généralement utilisées par le charronnage et la carrosserie. Quelle est la durée de la vie moyenne d'une de ces voitures surmenées et qui semblent toujours errantes comme des âmes en peine ? Dix ans au moins, douze ans au plus. Parfois elle meurt violemment, avant l'âge, prise entre une muraille et un fardier. Malgré la quantité considérable de voitures qui se meuvent dans Paris, les accidents qui les atteignent sont relativement rares et ne sont presque jamais irréparables. En 1866, sur les 4,500 voitures qu'elle possède, la Compagnie générale en a mis en circulation 3,200, qui ensemble ont fait 1,178,488 journées de travail ; on voit donc que le repos est rare pour les chevaux, pour les cochers, et que ce n'est pas tout plaisir que d'être à la disposition d'un maître aussi pressé, aussi multiple, aussi exigeant que le public parisien.

Pour conduire tant de voitures, les mettre toujours à même de sortir et ne pas laisser en souffrance les besoins qu'elles ont mission de servir, il faut une *cavalerie* considérable; celle de la Compagnie générale se composait, en 1866, de 10,741 chevaux, dont la valeur moyenne varie entre 650 et 800 francs. Chaque voiture a un relais, de sorte que les chevaux se reposent de deux jours l'un ; de plus, comme il faut prévoir les accidents et les maladies, un certain nombre de chevaux est constamment tenu en réserve aux écuries de manière à combler immédiatement les vides qui peuvent se produire. Il faut du temps pour bien dresser un cheval à ce métier pénible d'être toujours dehors, de manger à des heures irrégulières, de trotter sur le pavé par le soleil, la pluie, la poussière et la neige, de rester à demi endormi debout entre les brancards.

On procède lentement, par fatigues successives ; un quart de journée d'abord, puis une demie, puis un peu plus et enfin la journée entière de sept heures du matin à minuit. Il faut une extrême prudence dans cette éducation première ; si on l'active plus que de raison, si l'animal est surmené trop tôt, il meurt. On nourrit les chevaux avec un grand soin, car c'est l'intérêt de la Compagnie de leur donner le plus de forces possible. En 1866, les fourrages consommés ont représenté la somme de 9,113,750 fr. 88, c'est-à-dire près de 25,000 francs par jour : 7 fr. 64 par voiture et 2 fr. 42 par ration. On ne ménage ni le foin ni l'avoine ; on va jusqu'à l'orge, jusqu'aux féveroles, et l'on ne recule même pas devant l'emploi des carottes, dont les chevaux sont très-friands.

Il faut remiser toutes ces voitures et loger cette cavalerie considérable; aussi la Compagnie possède-t-elle dans Paris même 173,600 mètres de terrain, sur lesquels elle a fait construire dix-neuf dépôts, qui représentent une valeur de plus de 13 millions de francs; elle est en outre locataire, dans différents quartiers, de huit vastes bâtiments appropriés à ses besoins et dont les baux annuels sont de 138,281 francs. De plus, elle loue dans les rues centrales et commerçantes 30 stations de remise qu'elle paye 111,160 francs par an. Si à cela on ajoute que la redevance municipale, l'octroi, les contributions de toute sorte montent à la somme de 2,146,266 francs, on comprendra que la Compagnie générale est accablée par des charges très-lourdes et qu'il lui faut recevoir le prix de bien des heures, de bien des courses de voiture pour faire face à tant d'obligations.

Ses bénéfices sont toujours aléatoires et soumis aux variations souvent excessives du prix des fourrages. En 1864, les fourrages ont été bon marché: chaque voiture coûtant 13 fr. 42 par jour et ayant rapporté 14 fr. 55, il y eut un gain de 1 fr. 23; mais en 1865, les fourrages ayant été très-chers, la dépense a été de 15 fr. 27; la recette, il est vrai, s'est élevée à 14 fr. 67; mais la différence constitue une perte sèche et quotidienne de 0 fr. 60. C'est peu que 0 fr. 60; mais l'année a 365 jours, l'exploitation a 3,200 voitures et le total arrive à la somme considérable de 700,800 francs. Ce sont là des inconvénients graves, que nulle prévision humaine ne saurait empêcher de se produire; peut-être la Compagnie arriverait-elle à en diminuer l'importance, — maintenant qu'elle n'est plus soumise aux mesures restrictives qui contre-balançaient la valeur de son monopole, — en transportant ses dépôts hors des fortifications et en économisant ainsi les 600,000 francs qu'elle paye annuellement à l'octroi; mais il lui faudrait alors acquérir de nouveaux terrains, vendre ceux qu'elle possède, opérer par conséquent un remaniement complet dans son administration, dans ses façons d'agir, et placer ses remises et ses écuries bien loin des centres populeux qu'elle doit desservir.

Non contente d'offrir au public les fiacres et les voitures qu'on appelait autrefois *de régie*, la Compagnie générale, appréciant les besoins variés du monde parisien, a créé des voitures dites de *grande remise;* ce sont celles qu'on loue à l'année, au mois ou à la journée, sans tarif fixe, à prix débattu. Elle a compris que ce dépôt particulier et tout à fait spécial devait être placé dans un quartier très-riche, très-fréquenté, en un mot dans le quartier de l'oisiveté et du luxe; elle a fait construire cet établissement rue Basse-du-Rempart; il est curieux et unique, je crois, en son genre.

Deux étages d'écuries superposées contiennent environ 260 chevaux carrossiers d'une valeur moyenne de 1,200 francs; les cloisons des stalles sont mobiles, peuvent se détacher subitement à l'aide d'une simple *sauterelle*, et permettent ainsi d'éviter les accidents fréquents dans les écuries lorsqu'un cheval trop vif, se défendant, ou mal attaché, enjambe le *bat-flanc* de son *box*. Ces écuries immenses, fournies d'eau à chaque extrémité, balayées avec soin, où les cuivres reluisent comme sur un vaisseau de ligne, où le foin abonde, où la litière est haute, n'ont rien à envier aux belles écuries d'Angleterre. Elles sont alimentées par d'énormes greniers, d'où le foin bottelé s'échappe par un soupirail et d'où l'avoine s'écoule toute vannée à l'aide d'un tuyau ventilé par un double courant d'air. Non loin s'ouvre l'infirmerie, qu'un vétérinaire à demeure visite plusieurs fois par jour. Les deux étages d'écuries aboutissent de plain-pied, par une pente douce, dans une cour de 920 mètres carrés, couverte d'un vitrage, et qu'anime le mouvement des cochers sifflant et chantant. C'est là, en effet, la remise proprement dite et l'atelier de lavage. On n'y ménage pas l'eau, ni le tripoli pour le cuivre, ni le blanc d'Espagne pour le plaqué, ni le cirage pour les harnais. Derrière ce vaste hangar vitré s'arrondit une petite cour, où souffle la forge, où les maréchaux visitent et ferrent les chevaux.

Au premier étage s'étendent les magasins, d'où les voitures sont descendues à l'aide d'un treuil puissant facile à manœuvrer. Dans de larges salles sont rangés les *carrosses*, ainsi qu'on eût dit autrefois : calèches à huit ressorts, berlines, coupés Dorsay, landaus, sont pressés les uns contre les autres, tout luisants de vernis et prêts à aller briller aux Champs-Élysées. A côté, la sellerie renferme les harnachements et les chaînes de fer poli. C'est là que l'on vient choisir sa voiture, quand on veut se donner ce luxe sans en avoir l'embarras. On habille le cocher au goût le plus nouveau, on lui fait au besoin une livrée spéciale que l'on peut broder sur chaque couture. Tout se paye, spécialement la vanité ; sur les panneaux, on peint toutes les armoiries, toutes les couronnes imaginables ; avec quelques écus on se donne facilement l'air d'un prince du saint-empire.

Une calèche à huit ressorts, attelée de deux chevaux assortis, se loue 1,200 francs par mois, plus 150 francs pour le cocher ; si l'on veut un valet de pied, c'est six francs par jour ; un chasseur coûte plus cher à cause des épaulettes, du baudrier et du chapeau à plumes. Si l'on est de si grande maison qu'il faille des *gens* poudrés, rien n'est plus simple. Il y a un cabinet de toilette spécial où on les enfarine avec élégance ; les jours de course, on les coiffe d'un catogan pour en faire des postillons ; au frontal des chevaux on ajoute des queues de renard, on leur attache des grelots au cou, et le public naïf admire votre équipage. Grande remise que tout cela, tant par mois et quelquefois tant par heure! Un employé me disait : Nous faisons toutes les noces huppées! Je le crois sans peine. Pour ces sortes de cérémonies, l'administration fournit jusqu'aux bouquets de fleurs virginales qui décorent la boutonnière des cochers. On transporte les ministres, les ambassadeurs, les riches étrangers de passage à Paris ; on sert le luxe en un mot, et le grand confortable.

C'est là aussi que les jeunes personnes émancipées viennent prendre ces *poney-chaises* qu'elles conduisent elles-mêmes, à travers les écueils des boulevards et du bois de Boulogne. Mais, dans ce cas-là, l'administration ne fait pas preuve d'une confiance aveugle et elle demande toujours à être payée d'avance. Elle sait très-bien à quoi s'en tenir sur sa clientèle et je soupçonne que des notes secrètes sont tenues avec soin. Les romanciers qui s'occupent spécialement du monde moderne trouveraient, je crois, de précieux renseignements dans les registres de l'entreprise des grandes remises de la Compagnie générale.

Comme on l'imagine, les dépôts des voitures de place ne ressemblent guère à la luxueuse installation dont je viens de parler ; ils sont curieux cependant, et répondent à tous les besoins qui peuvent se présenter ; car il faut être prêt à parer à toute éventualité et ne jamais se laisser prendre au dépourvu. Sauf des détails peu importants, les dépôts se ressemblent singulièrement, et celui de l'avenue Ségur donnera au lecteur une idée générale de l'organisation de tous les autres. Une immense cour est occupée sur chacun des quatre côtés par un bâtiment composé d'un rez-de-chaussée et d'un étage en brisis ; en bas sont les écuries, en haut sont les greniers. Au milieu de la cour un hangar en bois soutenu par des piliers et séparé en trois larges avenues forme la remise ; c'est là que dans un ordre réglementaire sont rangées les voitures lorsqu'elles ont terminé le service journalier. Des pigeons, des poules picorent les grains d'avoine tombés des musettes et paraissent vivre en assez bonne intelligence avec les chats et les chiens terriers chargés de faire la chasse aux rats. Un vaste abreuvoir demi-circulaire donne l'eau en abondance pour les chevaux et pour les besoins du service. L'infirmerie et la forge occupent un des coins de la cour.

Chaque cheval acquis par la Compagnie après essais est marqué au sabot d'un chiffre qui constate son identité. Puis on établit son *état civil :* sur une *fiche*, on inscrit son âge, son signalement, son prix, ses qualités, ses tares, la date de son entrée au service, le nom du vendeur. Les petits chevaux venaient autrefois en grande partie de la Bretagne ; mais cette province est épuisée : on les tire généralement de Normandie ; les environs de Cherbourg produisent une race solide et fort estimée ; les gros chevaux arrivent du Perche et du Limousin. Ce n'est point une œuvre facile de recruter la cavalerie de la Compagnie générale, et c'est avec raison qu'un homme spécial a pu dire : « Il faut, pour le service de Paris, des chevaux de race énergique, habitués aux privations et à la misère. » Dans de bonnes conditions de nourriture, de logement et de santé, un cheval de fiacre dure de trois à cinq ans ; au bout de ce temps-là, il prend généralement le triste chemin de l'équarrissage.

Après avoir traversé une autre cour plus petite et côtoyée également par une double écurie, on pénètre dans de larges ateliers où l'on répare les voitures endommagées par accident ou par usure. Là on les repeint, on les capitonne, on remet le rais brisé, l'écrou perdu, le brancard éclaté, le marchepied faussé : c'est à la fois l'hôpital et le cabinet de toilette des fiacres ; on panse leurs plaies, qui sont nombreuses et fréquentes ; quand ils sont trop vieux, on les farde

Pour réparer des ans l'irréparable outrage.

Au delà de ces ateliers s'ouvre une longue cour, qu'on nomme plaisamment *la Sorbonne des cochers.* C'est là en effet qu'ils passent leurs examens et qu'ils prouvent s'ils sont aptes à conduire une voiture. La seule constatation de leur habileté ne suffit pas ; il faut qu'ils connaissent Paris, ce Paris multiple, enchevêtré, dont les rues changent de nom tous les huit jours et où Thésée se perdrait malgré le fil d'Ariane. On interroge le postulant. Soyez certain qu'on ne lui demande pas quelle route il suivra pour aller de la place de la Concorde à l'Arc-de-Triomphe ; mais on lui dira : Par quel chemin irez-vous de l'impasse Saint-Sabin à la rue de l'Épée-de-Bois ? Si le bachelier répond mal, il n'obtient pas son diplôme ; mais, dès qu'il a passé un examen suffisant, il est nommé cocher adjoint ; il a payé 25 francs pour prix des leçons de *dressage* qu'on lui a données, il dépose un cautionnement de 200 francs pour garantir le payement de ses futures amendes, il monte sur son siége, entre en circulation, et au bout de six mois, s'il n'a pas trop accroché, n'a pas trop injurié les passants, n'a pas trop volé l'administration, ne s'est pas trop grisé, ne s'est pas trop battu avec ses camarades, n'a pas trop gardé pour lui ce qu'on avait oublié dans sa voiture, n'a pas eu trop de démêlés avec la police, il devient cocher titulaire.

La Compagnie générale a deux ateliers de construction, l'un situé rue Stanislas, l'autre rue du Chemin-Vert. Nous visiterons le premier, qui couvre une étendue de 15,000 mètres de terrain. Les matières y arrivent à l'état brut ; elles en sortent sous forme de fiacres, de coupés, de victorias, de voitures de grande remise. Les bâtiments sont divisés en deux parties bien distinctes : les magasins et les ateliers proprement dits. Les magasins renferment en quantité considérable tout ce qui est nécessaire à l'attirail complet d'une voiture : drap pour les tentures, cuir pour les capotes, poignées pour les portières, passementeries pour les embrasses, mérinos rouge pour les stores, paillassons pour garnir le fond, boutons de faïence pour faire mouvoir la sonnette d'appel, musettes et couvertures pour les chevaux, bottes de fouets, paquets de crin; tout est rangé, étiqueté et ne sort du magasin que sur un bon signé du chef d'atelier.

Plus loin, sont empilés les ressorts, les essieux, les cercles de moyeus, les écrous, les clous, les vis, les lanternes, les crochets d'italiennes, les boucles de harnais, les mors, les marchepieds, tous de dimensions réglementaires et en rapport mathématique avec chacune des espèces de voitures que fabrique la Compagnie. Dans des greniers longs et étroits qui font le tour de la maison, on a disposé tous les morceaux de bois œuvré qui entrent dans la construction des voitures. Les essences sont différentes selon les parties : la carcasse est en frêne, les brancards sont en chêne ou en noyer, les panneaux en orme, la doublure de l'impériale de tôle est en sapin. Chaque catégorie de voitures a sa chambre particulière : ici le *trois-quarts* (c'est le nom administratif du fiacre), là le coupé, plus loin la victoria. Chaque voiture représente un nombre de casiers égal au nombre de pièces qui la composent ; le fiacre à quatre places en compte cent soixante-trois.

Au-dessous de ces larges magasins si bien approvisionnés, s'étendent les ateliers de carrosserie et de charronnage; c'est là qu'on assemble les pièces de menuiserie, qu'on les ferre, qu'on les couvre, qu'on les peint et qu'on les vernit, pendant que dans une salle voisine les bourreliers tirent l'aiguille, taillent le cuir et façonnent les colliers à grand renfort de filasse. C'est d'une activité merveilleuse; les voitures naissent et grandissent à vue d'œil. J'ai pu voir là trois cents *paniers* reluisants, coquets et tout battants neufs qu'on allait mettre en circulation.

Dans une autre partie de l'établissement, en face, dans la même rue, gronde une machine forte de vingt chevaux qui fait mouvoir les forges et la scierie. Les *martinets*, les tours, les forets, les meules obéissent à la vapeur, qui enfle aussi les soufflets et fait fonctionner le ventilateur ; c'est là qu'on coude les *cols de cygne*, qu'on assemble les ressorts, qu'on bat les essieux, dont on tourne les *fusées* selon un calibre voulu. Les ouvriers, noircis, en sueur, défendus par le large tablier de cuir, vont et viennent à travers ces fournaises retentissantes où jaillissent les étincelles, où les enclumes résonnent en cadence sous le choc assuré des *frappe-devant*.

A ce bruit se mêle celui de la scierie mécanique, qui est voisine. Les pièces de bois, les troncs d'arbres, amenés à l'aide d'un petit chemin de fer sont livrés aux dents aiguës qui les taillent ; le ronflement précipité de la scie à rubans est dominé par le cri horrible de la scie circulaire, qui ne laisse même pas entendre le va-et-vient de la scie à mouvement alternatif : c'est une rumeur folle. Dans les cours sont rangés les troncs d'arbres qui attendent que le temps les ait fait suffisamment sécher pour en rendre l'emploi possible ; ils sont déjà débités en planches séparées l'une de l'autre par un tasseau qui permet la circulation de l'air sur toutes les surfaces et active ainsi la dessiccation. Malgré ces précautions, il faut trois années de stage avant de pouvoir utiliser le bois.

Quand une voiture est sortie des ateliers de la rue Stanislas, elle n'y rentre jamais que pour être brisée [1].

[1] Le fiacre neuf sortant des ateliers pèse 575 kilogrammes ; il peut contenir quatre personnes, plus le cocher. A 70 kilogrammes en moyenne, les chevaux, lorsque la voiture est au complet, ont donc un poids de 925 kilogrammes à mettre en mouvement.

Toutes les réparations dont elle peut avoir besoin pendant le cours de son existence doivent être faites au dépôt qui lui est assigné. Lorsqu'elle a reçu son numéro et ses timbres administratifs, la Compagnie générale lui ouvre un compte sur lequel on porte avec soin toutes les dégradations qu'elle subit et l'usure régulière, qui est calculée à 0 fr. 50 par jour de travail ; une voiture perd donc en moyenne 180 francs par an. En dehors des réparations urgentes et nécessitées par les accidents particuliers qui peuvent l'atteindre, elle a droit réglementairement à deux *peintures* par année. Lorsque à force de rouler sur le pavé de Paris, de suivre les noces, les enterrements et les baptêmes, de faire le tour du bois de Boulogne, d'attendre à la porte des ministères, des hôtels et des cabarets, elle voit arriver, comme le poëte,

> L'instant de retourner au sein de la nature,

elle est renvoyée aux ateliers d'où elle est sortie jadis toute fraîche et pimpante. On la casse (c'est le mot technique), on la dépèce; on remet les ferrures à la forge, on essaye d'utiliser les vieux bois, puis du reste de sa défroque on fait un paquet que l'on vend à quelque brocanteur qui saura bien encore tirer parti de ces épaves décrépites.

## II. — LES COCHERS.

Provenances principales. — Les bons sujets. — Les ivrognes. — Les bohêmes. — Épaves. — Les prêtres et les bacheliers. — Manière dont les cochers envisagent la caisse de leur administration. — Compteur mécanique. — Surveillance et contrôle. — Inspecteurs ambulants. — Police secrète. — Produit des amendes. — Mise à pied. — Préfecture de police : service des voitures. — Enquêtes. — Dossier. — Plaintes. — Récompenses. — Le cocher Collignon. — La fourrière. — Le chenil. — Voleurs de chiens. — L'écurie. — Inspecteurs des chevaux et des voitures. — Dépôt de la préfecture. — Objets trouvés. — Dépôt central. — Fagots de parapluies. — Un cocher russe. — Progrès.

Les cochers forment au milieu de la population parisienne une classe distincte, généralement peu estimée et souvent difficile à manier. L'habitude de marcher à toute réquisition vers un but toujours différent et qu'ils ne choisissent jamais, aurait dû les façonner à une sorte d'obéissance passive. Il n'en est rien. Le cocher de fiacre est un révolté, toujours en lutte contre son administration, qu'il essaye de tromper, contre la préfecture de police, qu'il maudit tout en tremblant devant elle. C'est un monde à part, composé de toute espèce d'éléments. Les provinces où il se recrute principalement sont la Lorraine, la Normandie, l'Auvergne et la Savoie; cette dernière fournit les meilleurs sujets, j'entends les plus soumis et les moins ivrognes.

Les cochers peuvent se diviser en trois catégories : les bons sujets, qui aiment leur métier, qui ont le goût des chevaux, cherchent à s'amasser un petit pécule pour devenir à leur tour propriétaires d'une voiture attelée, connaissent le code multiple des contraventions et des délits, évitent les punitions disciplinaires et sont parfois récompensés pour leur probité. Les ivrognes viennent ensuite : la passion du vin les entraîne; entre chaque course, ils s'arrêtent au cabaret et boivent un *canon;* à ce métier-là, la raison ne résiste pas longtemps, et si l'habitude de conduire n'était devenue pour eux une seconde nature, tout accident serait à redouter; à moins que l'ivresse ne les égare et ne les pousse à la brutalité, ils ne sont point mauvais; ils se repentent volontiers et sincèrement de leur sottise, mais ils recommencent le lendemain, tout en jurant qu'on ne les y reprendra plus. Ceux-là aussi aiment et soignent leurs chevaux; un vieux proverbe a cours dans les écuries : « Cheval d'ivrogne n'est jamais maigre. »

Les derniers, on les appelle les *bohèmes*. Ceux-là sont récalcitrants et parfois dangereux; leur fouet est l'argument qu'ils emploient de préférence; de punition en punition, ils en arrivent à l'exclusion du service; la police correctionnelle les connaît et souvent même la cour d'assises aussi. Ce sont les déclassés, les paresseux, les incorrigibles, épaves incommodes que toute civilisation rejette sur ses bords. Ce qui les a amenés à faire un métier pour lequel ils n'ont aucune aptitude, c'est l'horreur du travail, le dégoût de la vie régulière, l'effroi de toute contrainte; ils se sont imaginé qu'une fois sur leur siége, au grand air, s'arrêtant deci et delà pour *étrangler un perroquet*, comme ils disent dans leur argot, c'est-à-dire pour boire un verre d'absinthe, ils seraient libres, ou du moins auraient l'illusion de la liberté : erreur profonde, dont ils ne tardent pas à revenir, qui leur cause un dépit amer et les jette parfois dans des rébellions sérieuses. Pour ceux-là, le cheval peut crever, la voiture être défoncée, que leur importe? à leurs yeux, les agents sont des mouchards, le directeur général un tyran, le surveillant une canaille. Toute révolte leur paraît permise, et le bourgeois serait pour eux une proie toujours attaquée, si la préfecture de police ne les tenait sous sa main de fer. Ils connaissent bien le chemin de la fourrière et du violon; leur montre est souvent au mont-de-piété, leur paye est toujours dépensée d'avance, ils vivent d'emprunts qu'ils ne remboursent jamais. On en a vu qui dételaient leur voiture, l'abandonnaient au hasard sur la voie publique, vendaient le cheval à vil prix et s'en allaient vers les barrières mal famées épuiser en orgies le produit de leur vol. On les jette en cour d'assises, on les interroge : « Pourquoi avez-vous vendu un cheval qui ne vous appartenait pas? — Ah! voilà; ça me disait d'aller faire la noce. »

Où se ramasse ce personnel à faces innombrables qui

compose à Paris les cochers de voitures de louage? Partout; il n'existe peut-être pas une seule classe de la société qui n'y ait fourni quelques sujets : beaucoup de cochers particuliers se trouvant sans place, des gens de la campagne venus pour tenter la fortune de la grande ville et n'ayant point réussi, d'anciens soldats du train, des garçons de café, des perruquiers, des porteurs d'eau, des huissiers ruinés, des maîtres d'étude chassés de leur collége, des clercs de notaire congédiés, des photographes en faillite, enfin, je n'oserais le dire si je n'en étais certain, il existe aujourd'hui sur le siége d'un fiacre le fils d'un ambassadeur de France. Rien ne serait plus instructif et plus étrange que de dépouiller le dossier des cochers de Paris; on découvrirait là des mystères sociaux que l'imagination la plus féconde ne saurait inventer.

A propos d'un procès célèbre, on a beaucoup parlé, il y a quelques années, des cochers de fiacres; on a fabriqué des statistiques baroques, et l'on a même imprimé que plus de sept cents prêtres interdits ou défroqués appartenaient au service des voitures publiques. Cette prétendue découverte eut du retentissement; le parlement anglais s'en occupa incidemment et des explications furent demandées à la préfecture de police. Comme toujours l'esprit de parti s'était mêlé de cette affaire et l'avait singulièrement exagérée. Il y a des prêtres réfractaires parmi les cochers parisiens, ceci n'est point douteux, mais ils sont en nombre infime, et je puis affirmer, avec connaissance de cause, que depuis douze ans un seul s'est présenté aux bureaux de la police pour demander son inscription de cocher. En revanche, les bacheliers ès lettres abondent, et du haut de leur siége ils peuvent dire, en se rappelant un vieux souvenir de collége :

Quadrupedante putrem sonitu quatit ungula campum.

Les cochers paraissent pour la plupart n'avoir sur le droit de propriété que des notions peu distinctes et tout à fait insuffisantes. Je ne veux pas dire par là qu'ils détroussent les passants et crochètent les serrures; non, mais en général ils considèrent volontiers la caisse de leur administration comme une caisse commune, à laquelle il n'est point criminel de puiser de temps en temps. Les calculs les plus modérés estiment que chaque cocher détourne en moyenne trois francs par jour; or il y a à Paris 6,101 voitures de louage payées à la course ou à l'heure; les cochers s'attribuent donc par an la somme de 6,680,595 francs; c'est presque un budget. On a essayé de bien des moyens pour arrêter cette fraude permanente, on a toujours échoué. La préfecture de police, la préfecture de la Seine, la Compagnie générale, ont proposé un prix important pour l'inventeur d'un *compteur* infaillible qui serait à l'abri du cocher et du client. On n'a point réussi jusqu'à présent. Le problème, en effet, n'est point facile à résoudre. Il faudrait que l'appareil indiquât, d'une façon positive, l'espace parcouru, le temps employé à le parcourir, les moments de repos, la vitesse du cheval et enfin si la voiture a été louée à l'heure ou à la course. On cherche, on fait des essais, mais en admettant qu'on soit, comme on l'a dit, sur le point de découvrir le chef-d'œuvre rêvé, je ne donne pas huit jours aux cochers pour l'avoir rendu aussi menteur que leur feuille de travail. Qui ne se souvient de ces fameux cabriolets compteurs dont le cadran indicateur passait pour une merveille? Ils n'ont pas duré deux mois. Pour contrôler la probité des cochers, la préfecture de police et la Compagnie générale ont imaginé divers moyens qui approchent du but, mais ne l'atteignent pas.

A chacune des cent cinquante-huit *places* disséminées dans Paris, un surveillant est attaché; de cinq minutes en cinq minutes, il doit inscrire le numéro des voitures qui sont à la station, veiller à ce que les deux cochers qui sont en tête ne donnent pas à manger à leurs chevaux et à ce qu'ils ne les quittent pas sans permission. Dès qu'un fiacre s'éloigne, on note sur un carnet l'heure exacte de son départ, comme on a déjà écrit le moment de son arrivée. Par la comparaison du carnet des surveillants et de la feuille tenue par le cocher lui-même, on a un point de repère pour vérifier les erreurs. Cette organisation, qui est excellente et qui a rendu de grands services à la population parisienne, appartient à la préfecture de police.

De son côté, la Compagnie générale a des inspecteurs ambulants qui visitent les stations, relèvent les numéros qui s'y trouvent, parcourent les rues, visent la feuille des cochers arrêtés aux portes, prennent note de ceux qu'ils voient charger sur la voie publique, interrogent parfois les personnes qui quittent les voitures et font chaque soir un rapport sur les observations qu'ils ont recueillies dans la journée. C'est un troisième moyen de contrôle; mais il en est un quatrième que les cochers redoutent singulièrement, car ils en ignorent le mécanisme. La Compagnie générale a une police secrète parfaitement installée, fonctionnant régulièrement et qui forme une véritable administration, dont le siége est situé dans un des quartiers élégants de Paris. Les agents de cette surveillance occulte se mettent en rapport avec les personnes qui, par fonction, sont forcées de prendre souvent des voitures. Moyennant des conventions que l'on peut soupçonner[1], ces personnes remettent à l'a-

[1] Voici la copie de la circulaire envoyée par l'agence secrète : « Monsieur, pour chaque voiture faisant partie des séries de numéros ci-dessous indiqués, prise à l'heure et occupée une heure quinze minutes au moins, il sera remboursé 1 fr. 25 cent. pour les voitures prises en station, 1 fr. 50 cent. pour celles prises en *raccroc*, si on remplit le bulletin ci-joint d'après les indications qui y sont portées, et si, dans les vingt-

gence secrète la carte des voitures qu'elles ont employées, après avoir eu le soin d'y écrire le nombre exact d'heures et de minutes qu'elles ont payées. Ces cartes, adressées à la Compagnie générale, sont mises en regard de la feuille des cochers; si une erreur est constatée, si un préjudice a été fait à la Compagnie, l'agent secret reçoit sept francs pour prix de sa délation, et le cocher est frappé d'une amende qui peut varier de vingt à cent francs. C'est sur le travail *à l'heure* que les cochers volent le plus; s'ils marchent pendant une heure un quart, ils portent une heure sur leur bulletin et empochent la différence; c'est donc principalement aux gens qui gardent les fiacres une partie de la journée que s'adresse cette mystérieuse police. Le procédé est ingénieux, les cochers le soupçonnent, mais comment reconnaître ces surveillants discrets qui se laissent toujours ignorer et n'ont point souci d'avouer l'étrange métier qu'ils font[1]?

Le produit des amendes est versé à la caisse de la société de secours mutuels et de prévoyance formée entre les cochers et les divers employés; elle est alimentée en outre par des cotisations mensuelles, par des souscriptions et par une subvention de la Compagnie qui, n'épargnant rien pour se défendre contre l'âpreté des cochers, essaye de les moraliser par le bien-être et l'économie. Les grosses amendes ne sont appliquées quépour vol; les peccadilles, les insolences, les refus

quatre heures, on le fait parvenir sous enveloppe affranchie à l'adresse ci-dessous. Quant aux voitures prises à la course, il sera traité de gré à gré. Les remboursements se feront du 15 au 20 de chaque mois, rue X..., et du 27 au 30, au domicile de la personne qui aura employé la voiture. » Suivent la signature, les numéros des voitures, le tarif et un bulletin formulé indiquant les heures et le prix du travail.

[1] En 1866, la Compagnie générale a payé 229,552 fr. 35 cent. pour frais de surveillance : sur cette somme, l'agence secrète a reçu plus de 50,000 francs. Les amendes dont les cochers ont été frappés se sont, pour la même année, élevées au chiffre de 139,210 fr. 95 cent.

momentanés de service, sont punis par des amendes de un à vingt francs. La *mise à pied*, c'est-à-dire l'interdiction de travailler, est la dernière mesure à laquelle se résout la Compagnie, et seulement lorsqu'elle doit sévir contre un cocher grossier envers un voyageur. Les cochers redoutent les sévérités de leur administration, mais ce qu'ils craignent bien plus encore, c'est la préfecture de police, *la curieuse*, comme ils l'appellent. En effet, elle est pour eux une autorité souveraine : c'est le premier et le dernier ressort de la juridiction disciplinaire à laquelle ils sont soumis.

Un service spécial est consacré aux voitures de louage ; je l'ai étudié en détail, et je puis dire avec quelle régularité il fonctionne. Tout semble avoir été prévu pour assurer le roulement régulier des voitures dans Paris et pour rendre les cochers des serviteurs, non pas dévoués, — c'est impossible, — mais du moins polis et obéissants. Nul ne peut exercer le métier de cocher de voiture publique sans y être autorisé par la préfecture de police. Une demande *ad hoc* accompagnée de pièces constatant l'identité du candidat doit être remise dans les bureaux. Une enquête est immédiatement ouverte sur le postulant ; on écrit dans les pays où il a séjourné, aux différents patrons qu'il a pu servir, aux propriétaires des maisons qu'il a habitées, et, selon les renseignements que l'on a obtenus, on lui refuse ou on lui accorde l'autorisation qu'il sollicite. Lorsque sa moralité paraît suffisante et qu'il est admis au nombre des cochers, on lui donne un numéro qui n'a rien de commun avec celui des voitures[1], et on forme son dossier. Une *chemise* de fort papier administratif contient toutes les pièces qui concernent le cocher. Elle est naturellement composée

[1] En dix ans, du 14 mars 1857 au 14 mars 1867, la préfecture de police a délivré 23,635 numéros de cochers. Au 31 décembre 1873, les numéros délivrés s'élevaient au chiffre de 36,174.

de quatre pages ; sur la première on écrit le nom du cocher, son numéro, la date de son inscription; puis cette première page et la seconde portent l'intitulé : *relevé des mises à pied*, divisé en quatre colonnes : 1° numéros d'ordre ; 2° date des décisions ; 3° durée des punitions ; 4° analyse des plaintes. La troisième page est partagée en deux : *relevé des rapports non suivis de punitions ; relevé des sommiers judiciaires ;* la quatrième est réservée aux antécédents : favorables — défavorables. De sorte qu'au premier coup d'œil on voit à qui l'on a affaire, et qu'on peut prononcer en connaissance de cause.

Toute plainte adressée à la police contre un cocher est suivie d'effet. Si la plainte a été écrite sur le registre spécial qui est déposé dans chacune des stations de Paris, elle est copiée par le surveillant et envoyée par lui au chef de bureau ; si la plainte a été adressée directement au préfet, elle est immédiatement transmise au même chef de bureau, qui connaît son nombreux personnel de façon à ne se point laisser tromper. Une instruction est faite par le contrôleur de la fourrière, le cocher inculpé est appelé ; s'il y a doute, on le met en présence du plaignant, afin qu'il y ait débat contradictoire ; le contrôleur fait le rapport, explique brièvement, sur une formule imprimée, les faits qui sont à la charge et à la décharge du cocher, et propose, selon sa conviction, une punition ou un acquittement ; puis le tout est retourné au chef de bureau, qui, revoyant de nouveau l'affaire, pesant les considérations qui militent pour ou contre le cocher, prononce sans appel. Le plaignant est alors prévenu par une lettre officielle de la décision que la préfecture de police a prise. La peine est toujours une mise à pied plus ou moins longue; jamais on n'inflige d'amendes : au profit de qui seraient-elles versées? Cependant lorsque tous les ans la préfecture de police récompense les cochers qui ont montré de la probité, c'est dans sa propre caisse qu'elle prend les 1,500 fr. qu'elle leur distribue.

Quand un cocher est devenu absolument incorrigible, que les observations, les punitions, les réprimandes, les menaces, les encouragements, s'émoussent sur son obstination, on le renvoie et on lui retire le droit de conduire les voitures de louage. L'exclusion n'est jamais prononcée que par le préfet de police lui-même, sur le rapport minutieusement motivé du chef de bureau spécial approuvé par le chef de division. Le samedi, on réunit à la préfecture de police toutes les condamnations disciplinaires prononcées pendant la semaine, on les signale le lundi à la brigade de sergents de ville spécialement chargée de la surveillance des voitures[1], et la mise à pied commence réglementairement le mardi. Les réclamations des voyageurs sont nombreuses : 180 par mois environ, dont 60 au moins sont suivies de punitions ; l'année 1866 a été exceptionnelle, car elle n'a produit que 1,754 plaintes.

Autrefois, lorsqu'un cocher avait surtaxé un voyageur et qu'on en acquérait la preuve, il était mis à pied et, de plus, il devait se transporter de sa personne chez le plaignant, lui faire des excuses, lui remettre la somme en trop qu'il avait exigée et rapporter à la préfecture de police le reçu qui constatait sa restitution. Cette méthode offrait plus de danger qu'on ne pensait ; on en fit la dure expérience. Le 16 septembre 1855, le directeur de l'école normale de Douai, M. Juge, accompagné de sa femme, prit sur la place de la Concorde la voiture du

[1] Cette brigade spéciale est composée de 60 agents, sous la direction d'un officier de paix; en outre, les 3,600 sergents de ville disséminés dans Paris ont le droit et le devoir de surveiller les voitures de louage, de vérifier la feuille des cochers, de les mettre en contravention et de leur déclarer procès-verbal. Cette surveillance multiple est incessante et s'exerce la nuit aussi bien que le jour.

cocher Collignon et se fit conduire au Bois de Boulogne. Le cocher exigea du voyageur plus qu'il ne lui était dû. M. Juge adressa une plainte à la préfecture de police dès le lendemain. Le 22 septembre, Collignon, appelé à la fourrière, reçut l'ordre d'aller reporter à M. Juge la somme qui constituait la surtaxe. En sortant de la fourrière, Collignon acheta des pistolets; il vendit son mobilier le 24, et se rendit rue d'Enfer, 83, chez M. Juge. La discussion fut des plus calmes, mais, pendant que M. Juge signait le reçu, Collignon lui tira un coup de pistolet à bout portant et lui fit sauter la cervelle ; M^me^ Juge s'étant précipitée pour soutenir son mari, l'assassin la visa, fit feu et la manqua. Puis il ouvrit la porte et se sauvait dans les escaliers, lorsqu'il fut arrêté par Proudhon. Il comparut le 12 novembre devant la cour d'assises et fut condamné à mort. Il ne montra aucun repentir ni pendant les débats, ni en prison, ni à la dernière heure. Il mourut impassible sur l'échafaud le 6 décembre. Depuis cet événement on a adopté un autre système de restitution. La somme exigée en sus du prix légitimement dû est déposée à la préfecture de police, qui fait écrire au voyageur lésé qu'il ait à venir la retirer ; si on l'abandonne, ce sont les bureaux de bienfaisance qui en profitent au bout d'une année.

Les cochers sont tenus de montrer leurs papiers à toute réquisition des agents de l'autorité ; ceux-ci sont en outre chargés de faire conduire à la fourrière les voitures abandonnées sur la voie publique ou dont les cochers sont dans un tel état d'ivresse qu'il serait dangereux de les laisser circuler plus longtemps. La fourrière joue un assez grand rôle dans la vie des fiacres pour qu'il soit bon de la faire connaître. Elle est située rue de Pontoise, à deux pas du boulevard Saint-Germain. C'est un bâtiment triste à voir, surmonté d'un vieux drapeau fané qui flotte au-dessus de la porte charretière. Une petite maison contient le logement et les bureaux du contrôleur ; dans l'antichambre, deux gardes municipaux de planton sont toujours là prêts à prêter main-forte, s'il en est besoin ; c'est là que souvent on appelle les plaignants et les cochers, lorsqu'une confrontation est devenue nécessaire ; ai-je besoin de dire que de minutieuses précautions sont prises pour isoler les deux parties tout en les faisant communiquer ?

La cour est un immense hangar accosté d'un chenil et d'une écurie. On y fait, au prix de 70 centimes, le numérotage officiel des voitures de place, et on y entasse aussi toutes les épaves trouvées dans les rues de Paris ou les gros objets vendus en contravention. Les charrettes à bras y sont en grand nombre et aussi les boîtes à lait que les crémiers déposent aux portes le matin et que des farceurs s'amusent à déplacer ; un agent de police les trouve et les expédie à la fourrière. Il y a de tout dans cette morgue de choses inanimées, un mobilier abandonné dans un déménagement furtif, une harpe enlevée sans doute à quelque pauvre petit virtuose non autorisé, deux ou trois vieux coupés laissés sur les boulevards extérieurs, des échelles, des tonneaux vides; j'y ai vu un tableau d'histoire que la veille on avait trouvé à minuit dans la rue de Clichy. Si au bout d'un an ces objets ne sont pas réclamés, on en fait ce que l'on nomme *livraison* au domaine.

A côté s'ouvre le chenil ; il est bruyant et plein. Chaque chien a sa niche spéciale, très-aérée, avec plancher en pente et une bonne toiture. Tous les huit jours, le domaine les vend quand ils en valent la peine et qu'ils n'ont pas été réclamés, sinon ils sont remis à l'équarrisseur, qui les pend. La fourrière reçoit en moyenne 900 chiens par mois, dont 600 sont condamnés à mort. Jadis il suffisait d'avoir un chien perdu à réclamer pour pouvoir entrer au chenil et faire son choix. Le métier de voleur de chiens est lucratif et bien des gens l'exercent. Pour le bien faire, il faut être deux. Un des acolytes visite la fourrière, prend le signalement d'un beau chien et s'en va. Quelques heures après, l'autre arrive et demande si l'on n'a pas un chien de telle robe et de tel poil. On lui remet, en échange du prix de la nourriture, le chien désigné, qu'il va vendre au plus tôt. On exigeait, il est vrai, un certificat d'un commissaire de police et l'affirmation écrite de deux témoins; mais de telles pièces n'étaient point difficiles à obtenir et n'offraient point une garantie sérieuse. Aussi pour sauvegarder les intérêts des propriétaires, pour éviter de laisser ce genre de commerce s'étendre, on ne peut aujourd'hui parcourir le chenil qu'après avoir inscrit sur un registre son nom, son adresse et les signes caractéristiques du chien que l'on réclame.

L'écurie est voisine; trois ou quatre pauvres rosses y mangent le foin amer de la captivité; leurs voitures saisies sont sous le hangar; où sont les cochers? Au violon sans doute pour tapage nocturne, ivresse et rébellion. Tout animal égaré est conduit en fourrière. N'y a-t-on pas amené un troupeau de bœufs qui se promenait la nuit dans l'avenue de l'Impératrice, pendant que son conducteur ronflait sous la table d'un cabaret? De la fourrière dépendent les inspecteurs des voitures et celui des chevaux. Un agent spécial est chargé de constater sur les places et sous les remises quels sont les chevaux dont l'apparence misérable indique qu'ils ne peuvent plus faire leur service. Le cocher ou l'entrepreneur est alors appelé à la fourrière, et il est sommé d'avoir à remplacer le cheval condamné par un autre qui soit moins invalide. Deux agents inspectent les voitures; ils doivent les visiter, s'assurer qu'elles n'offrent aucun danger pour le public: celles que la vieillesse ou le malheur a rendues trop hideuses sont exclues de la circulation. Je suis persuadé que ces deux derniers agents remplissent leur mission avec zèle; mais à voir les horribles pataches que mènent certains rôdeurs, on pourrait en douter.

La fourrière n'est pas le seul local où l'on dépose les épaves; il en est un autre spécialement destiné à recevoir les objets oubliés dans les voitures de louage; il est situé à la préfecture de police même et ne chôme guère : c'est un va-et-vient perpétuel. D'après les règlements, tout cocher doit, sous peine de contravention, visiter sa voiture lorsqu'un voyageur en descend et déposer à son administration les objets qu'il a pu y trouver. Celle-ci les envoie à la préfecture [1]. Chacun de ces objets, quel qu'il soit, est inscrit sur un registre, porte un numéro d'ordre particulier, plus le numéro de la voiture où il a été laissé, et est rangé dans un casier qui est le contraire du tonneau des Danaïdes, car il se remplit toujours et ne se vide jamais. J'y ai vu bien des parapluies, bien des manchons, bien des sacs, bien des lorgnettes, et un portefeuille qui renfermait 6,500 francs. Si l'objet déposé contient une indication quelconque qui permette de reconnaître le propriétaire, on écrit immédiatement à ce dernier afin de le prévenir.

Le bureau des objets trouvés dans les voitures serait vite encombré; aussi, tous les mois, il *verse* au dépôt central tout ce qui n'a pas été légitimement repris. Ce dépôt est curieux : c'est une série de pièces obscures, espèces de caves situées au rez-de-chaussée, et où le gaz doit être incessamment allumé. C'est la catacombe des parapluies, jamais je n'en ai tant vu; ils sont par bottes,

[1] Chaque jour, un coupé, attelé de deux chevaux, muni d'une galerie sur l'impériale, apporte au dépôt de la préfecture les objets trouvés la veille dans les voitures de la Compagnie générale.

en chantier comme des fagots; chacun d'eux est muni d'une étiquette indicative. La comptabilité est fort bien tenue et varie selon que les objets ont été trouvés dans des voitures de louage, dans des omnibus, dans des wagons de chemins de fer, dans des hôtels garnis, sur la voie publique ou qu'ils proviennent de contraventions. Il y a un registre particulièrement affecté aux parapluies. Les restitutions sont en moyenne de 40 pour 100; cependant au mois de mars 1867 le dépôt central gardait 19,636 objets trouvés dans les voitures pendant l'année 1866 et qui n'ont pas encore été réclamés; sur ce nombre, il faut compter 6,225 parapluies. Tout est enregistré, contrôlé, catalogué. Chaque objet, quel qu'il soit, fût-ce un gant dépareillé, a sa feuille d'entrée, sa place désignée, son bulletin de sortie ou son procès-verbal de livraison au domaine, qui devient propriétaire définitif au bout de trois ans.

Il est triste d'avoir à constater, mais il est certain, que l'étroite surveillance dont les cochers sont l'objet, les a rendus plus honnêtes que par le passé. Leur probité s'est accrue en proportion exacte du contrôle. Aussi *les cochers fidèles*, dont jadis on faisait des enseignes de cabaret, sont moins rares aujourd'hui qu'autrefois. Le diable n'y perd rien sans doute; mais s'ils enragent d'être forcés à de pénibles restitutions, ils ont du moins plus de philosophie qu'un cocher russe dont on m'a conté l'histoire. M. X. gagne trente mille roubles au jeu; à minuit, il quitte la réunion où il était, monte dans un coupé de louage qu'il avait pris au mois, rentre chez lui et s'aperçoit aussitôt qu'il a oublié ses billets de banque sur les coussins de la voiture. Il court à la remise, trouve le cocher occupé à donner l'avoine à son cheval, ouvre le coupé et y reprend les 30,000 roubles qui n'avaient même pas été aperçus. A cette vue, le cocher se frappe la tête, saisit un licou, le passe dans une des poutres de l'écurie et se pend de désespoir d'avoir manqué une si bonne aubaine.

La Compagnie générale et la préfecture de police font ce qu'elles peuvent pour assurer le service des voitures de louage, auquel la population parisienne est accoutumée maintenant, qui n'est pas parfait, mais qui s'améliore chaque jour en raison directe de l'expérience et de la bonne volonté de ceux qui le dirigent. Mes contemporains, j'entends ceux dont les souvenirs d'enfance remontent à plus de trente ans, peuvent être frappés comme moi des progrès remarquables que l'organisation des voitures de place a faits à Paris. Ces progrès, il serait ingrat de ne pas les reconnaître et injuste de ne pas les signaler.

## III. — LES OMNIBUS.

Pascal et les carrosses à cinq sols. — *Routes* des premiers *omnibus*. — Ordonnance du 7 février 1662. — Nantes, 1826. — M. Baudry repoussé à Paris. — 30 janvier 1828. — Le nom. — Fanfares. — Mauvais début. — Fortune. — Décret centralisateur du 22 février 1855. — L'entreprise en 1855 et en 1866. — Trajet annuel. — Bénéfices. — Améliorations. — Trajets allongés. — Correspondances. — Places d'impériale. — Cavalerie. — Provenance. — L'administration des haras et les chevaux hongres. — Dépôts. — Service médical. — Départ. — Écuries et relais. — Chevaux de renfort. — Couplage des chevaux. — Carrosserie. — Impôt municipal. — Cochers et conducteurs. — Précautions. — Vols dans les omnibus. — Vol *à la tire*. — Objets oubliés. — Itinéraire forcé. — Lignes riches et lignes pauvres. — Le vendredi. — Condition des cochers et des conducteurs. — Accidents. — Barricades. — Enlèvement des neiges. — Octroi. — Souvenir de Henri IV. — Les voitures, les cochers et le public pendant la durée de l'Exposition universelle de 1867.

Dans une fourmilière comme Paris, toujours agitée, où les minutes valent des heures, où les distances sont parfois excessives, le seul service des voitures de louage marchant à la course et à l'heure ne pouvait suffire. Il est naturel qu'on ait pensé à mettre à la disposition du public des voitures qui, faisant le transport en commun et suivant des itinéraires déterminés, pouvaient offrir le double avantage de la rapidité et du bon marché. C'est de cette idée que naquirent les *omnibus*, vieille idée qui fut appliquée à Paris dans la seconde moitié du dix-septième siècle. Pascal, l'auteur des *Provinciales*, inventa les carosses à cinq sols, que l'on inaugura solennellement le 16 mars 1662.

> L'établissement des carrosses,
> Tirés par des chevaux non rosses,
> (Mais qui pourront à l'avenir
> Par le travail le devenir)
> A commencé d'aujourd'hui même.
> . . . . . . . . . . . . . . .
> Le dix-huit de mars notre veine
> D'écrire cecy prit la peine.

C'est Loret qui le dit dans sa *Muse historique*, et on peut le croire. La bibliothèque de l'Arsenal possède une lettre de Gilberte Pascal avec *post-scriptum* de son frère, qui relate le même fait[1]. Les *routes* furent fixées *de par le roy ;* les cochers étaient vêtus aux couleurs de la ville de Paris, et les voitures étaient distinguées par un plus ou moins grand nombre de fleurs de lis, comme aujourd'hui elles sont distinguées par des numéros. Il y eut trois lignes parcourues chacune par sept carrosses. La première, commençant à la porte Saint-Antoine, aboutissait au Luxembourg; la seconde partait de la place Royale et s'arrêtait rue Saint-Honoré, auprès de Saint-Roch; la troisième allait du Luxembourg à la pointe Saint-Eustache. Le privilége de ces voitures avait été accordé par Louis XIV aux marquis de Sourches et de Crénan et au duc de Roannès qui, par alliance, tenait à la maison de Lorraine ; il est dit dans l'ordonnance, en date du 7 février 1662, qu'il leur est donné « faculté et

[1] *Les Carrosses à cinq sols, ou les Omnibus du dix-septième siècle.* Monmerqué, Paris, 1828.

permission d'establir en nostre dite ville et fauxbourgs de Paris, et autres de notre obéissance, tel nombre de carrosses qu'ils jugeront à propos, et aux lieux qu'ils trouveront le plus commode, qui partiront à heures réglées pour aller continuellement d'un quartier à un autre, où chacun de ceux qui se trouveront aux dites heures ne payera que sa place, par un prix modique, comme il est dit cy-dessus. » Les premiers carrosses ne pouvaient contenir que six personnes; c'était trop peu; on ne tarda pas à s'en apercevoir, et l'on y ajouta deux places de plus. L'usage de ces voitures était presque exclusivement réservé à la bourgeoisie; quelques gens de noblesse s'y montrèrent parfois, mais le cas parut assez rare pour que les gazettes du temps crussent ne pas devoir le passer sous silence; quant au peuple, ainsi que l'on disait alors, il en était sévèrement exclu. Ces carrosses durèrent une quinzaine d'années et disparurent sans laisser trace.

Il fallut attendre bien des années avant de les retrouver, et ce n'est pas à Paris qu'ils se montrent, c'est à Nantes, en 1826. Ils y obtinrent un succès qui engagea l'entrepreneur à demander de les établir à Paris. M. Baudry, qui venait de remettre au jour la vieille invention de Pascal, avait été très-compromis dans les affaires du carbonarisme; je ne sais si M. Delavau, qui était alors préfet de police, vit un danger politique dans la circulation de voitures destinées à toutes les classes de la société, mais il éconduisit M. Baudry, qui s'en alla à Bordeaux installer un service inauguré le 25 octobre 1827. Sur ces entrefaites, M. Debelleyme avait remplacé M. Delavau. Le nouveau préfet de police avait sans doute l'esprit plus libéral et moins timoré que son prédécesseur, car le 30 janvier 1828 il autorisa MM. Baudry, Boitard et Saint-Céran à mettre enfin leur projet à exécution. L'entreprise générale des *omnibus* fut fondée.

Le nom seul est un chef-d'œuvre. Il est à la fois facile à retenir, étrange par son origine exotique et contient une définition complète. En effet, les voitures étaient *pour tous :* c'est là ce qui devait en assurer le succès et finir par les rendre indispensables à la population. Cent omnibus furent offerts au public. Ils partaient de stations fixes, parcouraient un itinéraire invariable fixé par l'autorité compétente et contenaient quatorze places qui, comme au temps de Louis XIV, coûtaient cinq sous chacune. C'étaient de lourdes voitures dont la forme extérieure rappelait celle des gondoles ; elles étaient traînées par trois chevaux attelés de front, et le cocher — à l'aide d'une pédale à soufflet placée sous ses pieds et aboutissant à trois trompettes — sonnait des fanfares lugubres pour annoncer son passage.

Ce fut de l'engouement. Les omnibus suffisaient à peine à conduire tous les voyageurs qui se pressaient aux abords des stations. Cependant l'affaire ne réussit pas, elle était chargée de frais trop pesants, auxquels ne répondaient pas les bénéfices. On rétablit l'équilibre en supprimant un cheval, en augmentant de cinq centimes le prix de la course et en construisant des voitures qui, moins larges, mais plus longues, pouvaient contenir deux places de plus et un strapontin supplémentaire. Dès lors la fortune de l'entreprise fut faite ; chacun demanda des concessions nouvelles ; on n'en fut pas avare, et les rues de Paris furent sillonnées du matin au soir par des voitures oubliées aujourd'hui, mais qui firent parler d'elles autrefois.

C'étaient les tricycles, qui n'avaient que trois roues, les favorites, les béarnaises, les dames blanches, les dames réunies, les constantines, les batignollaises, les gazelles, les hirondelles, les écossaises, les excellentes, les parisiennes, les citadines, et d'autres certainement que j'oublie, qui vécurent un jour et n'ont plus reparu.

Quelques-unes ont subsisté jusqu'en 1855. A cette époque, on voulut réunir en une seule toutes ces entreprises diverses ; une fusion s'opéra sous le patronage de l'administration municipale, et il n'y eut plus que des omnibus. Un décret du 22 février 1855 reconnaît à la Société formée pour cette exploitation le monopole exclusif du transport en commun dans Paris.

En 1855, l'entreprise avait dans Paris 347 voitures, qui ont transporté 36,000,000 de voyageurs ; en 1866, elle en a 664[1], qui ont transporté 107,212,074 personnes. Si à cette circulation exclusivement parisienne on ajoute celle de la banlieue (3,430,252) et celle des omnibus sur rails (1,401,474), on arrive au total énorme de 111,743,800 voyageurs pour une seule année. Ce chiffre prouve l'importance réellement générale d'un pareil service. S'il venait à manquer tout à coup, ce serait un désastre, et le Parisien ne saurait plus que devenir.

En effet, quel chemin resterait chaque jour à parcourir, si l'on n'avait plus ces larges voitures hospitalières qui font un trajet annuel de 21,971,928 kilomètres ? Quant au bénéfice que la Compagnie retire d'un tel transport, il semble assez minime : 1 centime $\frac{28}{100}$ par voyageur en 1866.

Depuis l'installation de 1828, les omnibus ont reçu des améliorations notables et dont il faut parler : les voitures sont plus commodes, les chevaux sont meilleurs, les conducteurs sont plus complaisants ; les besoins du public ont été mieux servis, grâce à deux mesures dues à l'initiative de M. Moreau-Chaslon qui, dès 1830, a pris la direction de l'entreprise et l'a toujours conduite avec

[1] Dans ce nombre, je ne compte ni 289 omnibus appartenant aux chemins de fer, ni les 100 voitures nouvelles que l'entreprise générale a mises en circulation pendant l'Exposition universelle, ni les 58 omnibus qui font le service de la banlieue, ni les 10 (à 50 places) qui vont, sur la voie ferrée, de la place de la Concorde à Sèvres, en suivant les quais.

un esprit pratique très-remarquable. Dans le principe, les lignes étaient fort courtes et par conséquent fort chères. Ainsi, celle des boulevards était divisée en deux : de la Madeleine à la porte Saint-Martin ; de la porte Saint-Martin à la Bastille. Aujourd'hui, ces deux points extrêmes sont réunis par un seul et même trajet ; mais cela ne parut pas suffisant, et on établit les *correspondances*[1], c'est-à-dire que pour le prix de la place une fois payé on a le droit de prendre deux voitures, de faire deux courses et de passer d'une ligne sur une

[1] Les personnes qui veulent prendre une *correspondance* reçoivent, avant de quitter l'omnibus, un billet indicatif qu'elles doivent montrer en montant dans une autre voiture. Ce moyen de contrôle est aussi simple que pratique; mais il n'a pas paru tel à un particulier qui a adressé à l'administration la lettre suivante, curieuse à plus d'un titre; elle prouvera à quels genres d'élucubrations sont exposés les directeurs de nos grandes entreprises :

« Monsieur le secrétaire général,

« Ayant remarqué le luxe que l'administration des omnibus a nouvellement apporté dans ses cartes de correspondance, j'ai pensé à la dépense que cela devait occasionner, et me suis efforcé de chercher un moyen aussi simple qu'économique qui rendit impossible toute fraude.

« Je l'ai trouvé! et trouvé dans vos propres usages ; et enfin, dans un but d'utilité que tout bon citoyen doit chercher, je crois devoir vous en faire part, comptant sur votre justice pour m'en tenir compte, si vous l'adoptez. Mon moyen est bien simple, et le voici. Vos contrôleurs et même, je crois, vos conducteurs, sont munis d'un petit poinçon ou cachet servant à pointer en rouge ou en bleu les feuilles de route. Eh bien, chaque conducteur devra avoir, en guise de cartes de correspondances, un cachet ou poinçon portant la lettre de sa voiture, chargé d'une couleur rouge ou bleue tout à fait exempte d'agents corrosifs ou malfaisants, et, de plus, pouvant s'effacer facilement et marquer sur un point apparent, comme la joue ou le front, tout voyageur réclamant la correspondance. Puis cette marque devra être effacée, au moyen d'une petite éponge sèche, par le conducteur qui recevra le voyageur dans sa voiture. Par ce moyen : 1° grande économie matérielle; 2° plus de fraude possible en changeant, aux différentes heures de la journée, la couleur du timbre, et enfin 3° impossibilité pour le voyageur de perdre sa correspondance.

« Si vous daignez lire au conseil d'administration mon projet, et qu'il soit approuvé, veuillez m'en faire part; s'il est repoussé, regardez ma proposition comme non avenue, et daignez agréer, monsieur le secrétaire général, l'expression du profond respect de votre très-humble et obéissant serviteur. »

autre. C'est ainsi que pour se rendre de Bercy à la porte Maillot il n'en coûte que 30 centimes[1]; il est difficile de franchir de telles distances à meilleur marché. Sur le nombre de voyageurs transportés par les omnibus de Paris pendant l'année 1866, 17,331,217 ont profité du bénéfice des correspondances.

Cette amélioration date de 1834 ; il en est une autre plus récente (1853) qui a permis d'augmenter singulièrement les facilités de transport. Douze places à 15 centimes ont été établies sur l'impériale des voitures et offrent ainsi aux ouvriers, aux fumeurs, aux jeunes gens un moyen de voyager avec une dépense insignifiante. Le public a répondu avec empressement aux avances de l'administration, et tout le monde y a trouvé son compte, car en 1861 la banquette d'impériale des omnibus de Paris a reçu 42,590,517 personnes. Cette modification a nécessité un changement dans la construction des voitures; on les a raccourcies de façon qu'elles ne puissent plus contenir que 14 personnes à l'intérieur. Un omnibus complet porte donc aujourd'hui 26 voyageurs[2], plus le conducteur et le cocher. Or 28 personnes représentent en moyenne 1,960 kilogrammes, la voiture en pèse 1,700 ; c'est donc un poids de 7,320 livres que les chevaux ont à déplacer, à faire mouvoir en trottant, à faire circuler à travers les mille obstacles qui encombrent la route. Aussi l'on comprend que l'administration des omnibus veille avec un soin tout particulier sur ses chevaux, qui sont généralement d'une vigueur et d'une beauté exceptionnelles.

[1] Les militaires payent demi-place dans l'intérieur, et place entière sur l'impériale. — Aujourd'hui (1875) la ligne s'arrête à la place de l'Étoile depuis l'établissement (1874) du tramway, qui va de l'avenue de la Grande-Armée à Suresnes.

[2] L'entreprise expérimente aujourd'hui, sur les lignes courtes, planes et faciles de Paris, un nouveau modèle de voiture qui a 14 places sur l'impériale (1866).

Sa cavalerie, composée actuellement de 9,656 animaux, provient de Normandie, du Perche, des Ardennes et de Bretagne ; ils sont tous abondamment nourris, car le prix de chaque ration revient à 2 francs 59 centimes. Les omnibus n'emploient guère que des chevaux entiers; s'ils offrent quelques difficultés pour le dressage, ils les compensent largement par leur force et leur entrain prolongé. L'administration des haras fait cependant de grands efforts pour propager l'usage des chevaux hongres, et elle y a réussi. A-t-elle raison, a-t-elle tort? je ne saurais le dire; il y a là une question d'hippiatrique pour laquelle je décline toute compétence, mais le but poursuivi est facile à déterminer. On veut, en cas de guerre, avoir sous la main une remonte toute faite de chevaux très-bien dressés, accoutumés à un service pénible, pour l'attelage de l'artillerie et du train : c'est assez bien imaginé; l'entreprise générale, qui n'a encore que 7 ou 800 chevaux hongres dans ses écuries, était seule apte, en face des exigences de son service et des besoins du public, à juger de la conduite qu'elle avait à tenir[1].

L'entreprise a distribué ses écuries, ses remises et ses magasins dans quarante-quatre dépôts, dont vingt-six lui appartiennent et représentent une superficie de 138,857 mètres de terrain, couverts par 68,766 mètres de constructions. Tous sont tenus avec ordre et discipline. Depuis les plus anciens, comme celui de la barrière Blanche, jusqu'aux nouveaux, comme celui du faubourg Saint-Martin, qui est un dépôt modèle à deux étages d'écuries superposées, ils peuvent être offerts en exemple de ce qu'une exploitation de cette espèce, lorsqu'elle est bien dirigée, révèle d'intelligence et d'économie.

[1] Voir *Pièces justificatives*, n° 10.

Chaque dépôt est sous la surveillance d'un chef accosté d'un ou de deux piqueurs; il a la haute main sur les conducteurs, les cochers, les palefreniers, les charrons, les laveurs, les maréchaux-ferrants, les lampistes, et peut les punir disciplinairement. Chaque matin, il envoie à l'administration centrale un rapport détaillé selon une formule sur le personnel, la cavalerie et les fourrages; chaque conducteur lui remet le soir la recette de la journée et sa feuille de travail. Le dépôt a son infirmerie visitée chaque soir par un vétérinaire; quant au service médical pour les hommes, il est organisé de telle sorte qu'une consultation quotidienne est donnée dans un dépôt de chaque quartier et que les malades sont, au besoin, visités à domicile par les médecins de l'entreprise générale.

C'est entre six et sept heures du matin qu'il faut voir ces larges cours, où les poules se promènent en caquetant et en cherchant pâture[1]. Les chevaux de service achèvent de manger l'avoine; on les harnache après les avoir frottés d'un dernier coup d'étrille et de brosse, on les détache, on leur donne une claque sur les reins en disant : Hue! Ils traversent l'écurie l'un derrière l'autre, s'en vont lentement par la cour et viennent se placer devant la voiture qu'ils ont l'habitude de conduire, tranquillement, avec cette résignation intelligente qui est si admirable chez les animaux. Pendant qu'on les attelle, le cocher arrive, le fouet en main; il monte sur son siége; le conducteur va prendre sa feuille. Sept heures sonnent, il s'élance sur le marche-pied, la lourde voiture s'ébranle et commence sa tournée, qui finira à neuf heures du soir; celles qui sortent à neuf heures du matin ne rentrent qu'à minuit.

Les écuries sont larges et contiennent vingt chevaux

[1] L'administration autorise chaque chef de dépôt à avoir une basse-cour composée de trente-cinq à quarante-cinq volailles.

en moyenne, ce qu'on appelle *deux voitures*. Chaque omnibus a, en effet, dix chevaux attachés à son service spécial. Ils marchent tous les jours et fournissent cinq relais. C'est là une excellente organisation, qui ménage les chevaux, les habitue à un travail régulier et permet de donner à l'allure une vitesse relativement considérable. Chaque *collier* ne parcourt en moyenne que 16 kilomètres par jour; de cette façon, on a sans cesse des chevaux frais, leur santé n'est point compromise par des fatigues excessives, et ils ont leur nourriture à des heures réglées : aussi n'est-il pas rare de voir dans les dépôts des chevaux de quinze ans pouvant encore faire un excellent service.

On les soulage en cas de besoin, et toutes les fois que sur leur parcours se rencontre une pente trop roide (il y en a trente et une à Paris), on leur adjoint un cheval de renfort. A moins d'accidents ou de maladie, ce sont toujours les deux mêmes chevaux qui sont attelés en même temps au même omnibus, sous le même cocher. A l'écurie, ils ne se quittent pas, ils sont réunis dans un seul *box* devant une mangeoire unique, divisée en deux augettes. Grâce à ce système, — dont l'adoption prouve à quel point l'on s'est préoccupé de ce que j'appellerai prétentieusement le bien-être moral des animaux, — un attelage est un tout complet, intelligent, se connaissant parfaitement, où la corrélation des animaux entre eux et du cocher aux animaux existe en permanence. Ceux qui, dans nos rues populeuses, sur nos boulevards encombrés, ont été, comme moi, souvent émerveillés de l'inconcevable docilité des chevaux d'omnibus, qui s'arrêtent, repartent, évitent les chocs et semblent, tant ils dépensent d'adresse, avoir une âme prévoyante et un raisonnement subtil, savent maintenant le secret de leur intelligence extraordinaire. On les a *sociäbilisés* en les accouplant selon leurs aptitudes et leur tempérament, en ne les séparant pas du compagnon auquel ils sont habitués, en les laissant sous la même main dont ils connaissent le moindre mouvement. En un mot, on a pris la peine de faire leur éducation.

L'entreprise générale fabrique ses voitures d'après un type imposé par la préfecture de la Seine ; ses ateliers sont situés à La Chapelle-Saint-Denis et sont fournis de tous les instruments que la science moderne offre à l'industrie. Un omnibus prêt à être attelé et pouvant contenir vingt-huit personnes revient à 3,500 francs (non compris les frais généraux d'atelier) ; à ce prix, une voiture est construite avec des matériaux de premier choix et par des ouvriers d'élite. Le droit de stationnement perçu par la caisse municipale est d'un million pour les 500 premières voitures et de 1,000 francs par voiture excédant le nombre de 500 ; aussi l'entreprise a-t-elle payé 1,958,000 francs d'impôts en 1866. Les fourrages, achetés en quantités assez considérables pour dépasser tous les besoins prévus, sont répartis dans tous les dépôts, qui sont munis de greniers aérés, où l'avoine est retournée au moins trois fois par mois, afin d'éviter toute mauvaise chance de fermentation.

Le personnel actif de l'entreprise générale n'est peut-être pas parfait, mais il est d'une moralité extrême, si on le compare à celui des fiacres. Les registres de la préfecture de police en font foi ; les plaintes portées contre les cochers et les conducteurs des omnibus sont rares en regard de celles qui atteignent les cochers de voitures à la course. Sur soixante réclamations adressées contre les omnibus, il y en a environ cinquante-sept qui frappent les cochers, auxquels on reproche de ne pas s'être arrêtés au signal qu'on leur faisait, d'avoir été grossiers, d'avoir menacé quelqu'un à l'aide du fouet ; les trois autres ont pour objet les conducteurs, qu'on accuse parfois d'un excès de vivacité dans le langage ou d'un peu trop de galanterie dans les gestes. Ce ne sont là que des peccadilles, et, sauf de rares exceptions, tout ce personnel, qui a été sévèrement choisi, se conduit avec régularité.

L'entreprise générale surveille très-activement ses agents; sachant que l'homme est essentiellement faillible, elle lui impose une série de mesures préservatrices qui forcent sa probité à ne jamais dévier. C'est surtout à l'égard des conducteurs qui, chaque jour, ont en main une recette moyenne de 83 fr. 04 c., que les précautions sont accumulées. A chaque voyageur qui monte en omnibus, le conducteur doit *sonner* un des deux cadrans indiquant le nombre de places occupées dans l'intérieur ou sur l'impériale; toutes les fois qu'il s'arrête à l'une des cent vingt stations de l'entreprise, il doit faire viser sa feuille par le contrôleur, qui constate d'un coup d'œil le nombre de personnes présentes dans la voiture[1]; de plus, il existe une inspection secrète dont il est superflu de faire connaître le mécanisme; mais je crois que le personnel occulte en est nombreux, car il a coûté 42,732 fr. en 1866. On peut donc affirmer

[1] La feuille des conducteurs mérite une rapide description. Elle est imprimée et porte : l'indication de la ligne, le nom du dépôt, la date du service, le numéro de la voiture, le nom du conducteur, celui du cocher. Le recto est divisé en colonnes verticales : heures de départ, heures d'arrivée, durée du parcours, numéro des courses. Une division horizontale correspondant aux numéros des courses, et portant des chiffres depuis 1 jusqu'à 40, est intitulée : *visa des voyageurs d'intérieur ;* plus loin, avec la même répétition : *visa des voyageurs d'impériale.* Le verso est consacré aux *correspondances d'intérieur, correspondances d'impériale, voyageurs montés sur l'impériale pendant le trajet,* ou vice versâ, *militaires montés dans l'intérieur.* Chaque division est suivie d'une colonne réservée au total particulier. Une dernière colonne, désignée sous le nom de récapitulation, indique le nombre de voyageurs transportés, les sommes reçues dans la journée, et les observations. J'ai sous les yeux la feuille de travail du 6 juillet 1866, ligne de la Madeleine à la Bastille ; la moyenne des courses a été de 30 minutes, il y a eu 474 voyageurs, et la recette a été de 105 fr. 45 cent. La feuille porte 138 poinçons de visa, et 145 chiffres écrits à la main par les contrôleurs de station. Toute précaution semble donc prise pour éviter les fraudes et les détournements.

que, contrairement à la Compagnie générale, l'entreprise des omnibus est très-peu volée. Les sommes détournées par les conducteurs sont insignifiantes, et, à défaut de documents, même approximatifs, il serait imprudent d'essayer d'en déterminer le chiffre.

Si l'entreprise générale est peu volée, en revanche on vole beaucoup dans les omnibus; ces grandes boîtes longues, mouvantes et secouées, où l'attention est sollicitée par le bruit et par le spectacle des rues que l'on traverse, où l'on est forcément très-pressés les uns contre les autres, sont un excellent terrain de chasse pour les *pick-pockets*. C'est là que des femmes, plus adroites que scrupuleuses, coupent les poches de leurs voisines, et que des messieurs très-polis vous débarrassent de votre portefeuille. Il est un genre de vol spécialement pratiqué dans les omnibus et qui mérite d'être raconté avec quelques détails. Pour bien l'exécuter, il faut une grande sûreté de coup d'œil et de mouvement.

Le voleur, en montant dans la voiture, choisit la place qui lui paraît la plus propice; il feint ordinairement d'être absorbé par ses préoccupations; il est immobile, mais, entre l'index et le pouce, il tient un grain de plomb fixé à un fil de soie noire très-mince et très-résistant. Quand son voisin ouvre son porte-monnaie pour payer le prix de sa place, au moment précis où il va le refermer, le voleur y lance son grain de plomb, puis, selon l'expression maritime, il laisse filer le grelin. Le porte-monnaie refermé est remis dans la poche, mais, grâce au grain de plomb, il tient au fil de soie, dont l'autre extrémité est restée roulée au doigt du voleur. Celui-ci tire avec légèreté, ou, s'il sent une résistance quelconque, il profite d'un cahot, d'un arrêt trop brusque des chevaux, pour se laisser tomber vivement sur son voisin; il s'excuse de sa maladresse, mais un coup sec a mis le porte-monnaie en sa possession. Il fait signe au conducteur ; on arrête ; il salue poliment à droite et à gauche ; il descend, et tout est dit. Il est un moyen fort simple de neutraliser ces tours d'adresse : c'est, avant de monter en omnibus, de mettre à part le prix de sa place.

On oublie dans les omnibus presque autant que dans les fiacres, et les cuisinières qui le matin reviennent de la halle y laissent volontiers des volailles, du poisson et des bottes de radis. L'entreprise générale recueille avec soin tous les objets perdus dans ses voitures, les rend lorsqu'ils sont réclamés, ou sinon les remet au dépôt de la préfecture de police. En 1866, 18,158 objets ont été trouvés dans les omnibus ; 5,905 ont été restitués directement, 12,253 ont été envoyés à la préfecture. Sur ces objets, il y avait en monnaie d'or, d'argent ou de papier une valeur de 95,040 fr. Les conducteurs ont, pendant la même année, reçu 4,249 fr. 50 c. de récompense pour faits de probité.

Le service des omnibus comprend trente et une lignes qui, se rencontrant en correspondance à leurs points d'intersection, sillonnent absolument tout Paris. Ces lignes sont loin d'avoir toutes la même importance, et c'est là peut-être que le monopole accordé à l'entreprise générale est fort utile à la population. En effet, par le cahier des charges imposé, les omnibus ne sont pas libres de choisir leur itinéraire ; au lieu d'avoir, comme à Londres, la faculté d'augmenter leur prix à volonté, de se grouper dans les zones du centre et de négliger les faubourgs isolés, ils sont forcés d'avoir un tarif invariablement uniforme et de traverser des quartiers pauvres, souvent peu productifs, où leur présence est plus utile au public qu'à eux-mêmes. Cette mesure est irréprochable, car elle produit de bons résultats pour tout le monde. Les omnibus compensent leurs pertes particulières par leurs bénéfices généraux, et tous les habitants de Paris peuvent les prendre auprès de leur demeure. Les deux lignes les plus suivies sont celles de la Madeleine à la Bastille et de l'Odéon à Batignolles; les deux qu'on fréquente le moins sont celles de Charonne à la place d'Italie et de Passy au Palais-Royal[1].

Selon la saison, les omnibus sont plus ou moins occupés; cependant la différence n'est pas considérable. Si le mois de février, qui contient moins de jours que les autres, est invariablement le moins chargé, les mois d'été, juin et juillet, subissent une augmentation qui s'explique facilement par la beauté du temps et la longueur des journées. La semaine elle-même subit des variations singulières et qui prouvent combien les vieilles superstitions sont enracinées chez les peuples catholiques. Le dimanche est le jour du repos, du plaisir, de la promenade; le vendredi semble être le jour de la retraite. Les omnibus ne chôment certes pas, mais leur recette baisse d'une façon notable. Le vendredi est néfaste, et bien des personnes n'oseraient rien entreprendre sous son influence. C'est presque de tradition en France. Barbier écrit : « Le roi est parti le 4 de ce mois (juin 1728) pour Compiègne, jusqu'au 28 du mois. Il est parti vendredi dernier. Louis XIV ne partait jamais ce jour-là. » C'était dans l'antiquité le jour heureux par excellence, le jour fécond, le jour consacré à Vénus. Dans les pratiques de la Kabbale, il représente encore le commencement de la période ascendante; les musulmans l'ont adopté; le catholicisme l'a maudit, ou peu s'en faut, car c'est lui qui a vu le supplice du Golgotha. Il y a bien des pays

[1] En 1866, la ligne de la Madeleine à la Bastille a encaissé 1,741,076 fr. 80; celle de l'Odéon à Batignolles, 1,047,230 fr. 27. En revanche, la ligne de Charonne à la barrière d'Italie a produit 344,262 fr. 24, et celle de Passy au Palais-Royal, 368,915 fr. 43. La moyenne de la recette brute des trente et une lignes a été de 641,561 fr. 77. Chaque ligne a transporté en moyenne 447 voyageurs par jour.

où l'on jure encore : Par le péché du vendredi ! Les chevaux d'omnibus ne s'en plaignent pas, car leur charge est moins lourde[1].

Les cochers et les conducteurs d'omnibus sont, comme les cochers de fiacre, soumis à la double autorité de leur administration et de la préfecture de police ; les peines disciplinaires sont les mêmes : l'amende, la mise à pied et l'exclusion. Ils gagnent quatre francs par jour pendant les premières années de service, et cinq francs au bout de trois ans. Une mesure récente (1867), inspirée par le haut prix des denrées alimentaires, vient d'accorder à chacun des agents subalternes de l'entreprise une *indemnité de pain* de dix centimes par jour. C'est un bon état, facile, régulier, sans morte-saison, et qui profite de tous les avantages que l'administration offre à ses employés : soins gratuits de médecin, vêtements au prix coûtant[2], caisse de retraite, caisse de secours. Aussi les demandes d'admission sont nombreuses, et il ne se passe pas d'année que le secrétariat de l'entreprise n'en ait douze ou quinze cents à enregistrer. On est difficile pour les cochers, et l'on a raison. Il faut une habileté spéciale pour conduire adroitement ces lourdes voitures dans les rues de Paris, où l'obstacle renaît sans cesse, où l'embarras se multiplie de minute en minute.

L'omnibus a une telle ampleur que les autres voitures l'évitent avec soin et se rangent promptement à son

[1] En prenant le nombre total des voyageurs transportés pendant le mois de juillet 1866, on trouve, pour le vendredi, 292,902, et en moyenne, pour chacun des six autres jours, 317,065 : c'est une différence nette de 24,163 personnes.

[2] En 1866, l'atelier spécial de l'entreprise a livré au personnel 8,883 pièces d'habillement, représentant une valeur de 148,255 fr. 85. Voici le prix auquel les cochers et les conducteurs peuvent se vêtir en s'adressant à l'administration : pantalon de drap, 20 fr. ; de coutil, 7 fr. ; veste de conducteur, 37 fr. 40 ; de cocher, 30 fr. ; veste fourrée, 50 fr. ; gilet, 9 fr. ; redingote en drap, 42 fr. ; en orléans, 30 fr. ; caban, 52 fr. ; manteau, 60 fr.

approche. Dans les rencontres les plus violentes, il est rarement ébranlé : *mole suâ stat*. Toute voiture, coupé, calèche, charrette, pirouette à son choc ; il n'y a que les fardiers qui lui résistent ; aussi il les respecte et leur cède sans discussion le haut du pavé. Les accidents causés par les omnibus sont relativement assez rares ; on a calculé qu'il s'en produisait un pour 4,800 kilomètres parcourus, et j'appelle accident tout ce qui peut donner lieu à un rapport, une vitre brisée aussi bien qu'une voiture défoncée, un essieu tordu aussi bien qu'un homme écrasé ; en somme, les accidents frappant les personnes et pouvant entraîner une incapacité de travail sont de un par jour ; ceux qui atteignent les voitures et qui méritent d'être signalés sont au nombre de deux [1].

Il fut un temps où les omnibus subissaient eux-mêmes des accidents graves et souvent irréparables. C'était dans les jours d'émeute. L'omnibus qui pouvait sain et sauf regagner son dépôt, avait été favorisé du ciel ; à tous les coins de rue, les insurgés le guettaient ; on se jetait à la tête des chevaux, on les arrêtait, on faisait descendre les voyageurs, en ayant soin d'offrir galamment la main aux dames, on laissait au cocher le temps de dételer : puis, la voiture, en deux coups d'épaule, était jetée bas, les roues en l'air ; on l'assurait de quelques pavés, on la flanquait de deux ou trois tonneaux remplis de sable ; au sommet de son timon, redressé comme un mât, on arborait un drapeau, et la barricade était faite. L'omnibus devenait ainsi un instrument de désordre ou de victoire, selon les péripéties de la journée. L'année 1848 a coûté cher à la Compagnie, qui s'en souvient encore avec une certaine amertume.

[1] D'après une statistique, le nombre des accidents causés aux personnes, par *toute espèce* de voitures, avait été, en 1866, de 1,606, se divisant ainsi : tués, 139 ; blessés, 1,467. De tels chiffres me paraissent gérés.

La mission de transporter à peu de frais la population n'est pas la seule qu'ait acceptée l'entreprise générale. Son cahier des charges lui impose une condition onéreuse. Elle doit, en hiver, concourir à l'enlèvement des neiges et « mettre gratuitement à la disposition des ingénieurs du service municipal cinquante tombereaux par jour, attelés de deux forts chevaux guidés par un conducteur ou un charretier[1] ». De plus, l'octroi met sur elle une main pesante, car tous ses dépôts, sauf ceux de Courbevoie, de Vincennes et de la barrière de Fontainebleau, doivent être situés dans l'intérieur de Paris; c'est un lourd impôt, quand on consomme par an pour plusieurs millions de fourrages. La taxe annuelle de l'octroi représente une dépense de près de 600,000 francs, à raison de 60 francs par cheval.

La Compagnie générale des voitures et l'entreprise des omnibus sont aujourd'hui deux organes essentiels de la vie de Paris; elles représentent la locomotion rapide et facile. Ces deux services, entourés par l'autorité de toutes les garanties désirables, améliorés chaque jour par les efforts des administrateurs, sont devenus pour les Parisiens un objet de première nécessité. A toute heure, quelque temps qu'il fasse, nous trouvons à notre disposition ces véhicules nombreux qui épargnent nos heures, notre fatigue, et aident singulièrement aux transactions de toute espèce. Paris sans voitures serait paralysé et ne pourrait plus se mouvoir. Elles sont assez multipliées pour subvenir même à toutes les fantaisies, et le temps est loin où Henri IV écrivait à Sully : « Je ne pourrai aller vous voir aujourd'hui, ma femme m'a pris mon coche. »

Et cependant, lorsqu'un fait exceptionnel amène à Paris un surcroît d'étrangers et détermine vers un point

[1] Traité passé, le 18 juin 1860, entre la ville de Paris et l'entreprise générale des omnibus, article 4.

excentrique une affluence extraordinaire, les moyens de transport sont insuffisants et ne répondent plus à l'exigence démesurée des besoins. C'est en vain que la Compagnie générale jette sa réserve sur le pavé, que l'entreprise des omnibus invente des voitures spéciales, que les bateaux à vapeur sillonnent la Seine, que les chemins de fer ouvrent leurs wagons au public, qu'on va chercher sous les remises des faubourgs toutes les *tapissières* qu'on peut y découvrir, les véhicules manquent. La population se plaint avec amertume, sans réfléchir que des administrations régulières et définitives ne peuvent faire face à toutes les éventualités créées par des circonstances transitoires et anormales. C'est ce que nous avons vu à propos de l'Exposition universelle. Le nombre des voitures n'était plus en rapport avec les nécessités du moment, et les cochers semblaient être devenus les maîtres de Paris. Selon l'usage français, on a accusé l'autorité de négligence ; il faut voir cependant ce qu'elle a fait.

La préfecture de la Seine et la préfecture de police ont créé le service des *Mouches*, qui par la voie du fleuve peuvent transporter journellement 10,000 personnes; sous la même impulsion, les omnibus modifiaient leurs itinéraires, et leurs stationnements ont eu 169 voitures qui, faisant 2,420 voyages, ont pu porter 73,816 personnes; de plus, le chemin de fer de l'Ouest a mis au service du public trente trains contenant 36,000 places; à cela il faut ajouter 6,427 voitures; en admettant que chacune d'elles, chargeant trois personnes, ait fait une seule course au Champ de Mars, nous trouvons que 19,281 voyageurs en ont pu profiter. Paris a donc offert, pendant cette période, aux visiteurs de l'Exposition des moyens de transport quotidiens et peu coûteux pour 139,097 personnes. Et encore je ne compte pas les tapissières qui, faisant incessamment la navette entre le pont d'Iéna et les différents quartiers de Paris, recevaient au moins 10,000 voyageurs par jour. Certes, c'était plus que suffisant, mais chacun voulait arriver et partir aux mêmes heures, de sorte que les places de stationnement, engorgées pendant toute la journée, se vidaient presque à la même minute, et que tout le monde était mécontent.

Il est difficile de s'imaginer que Paris ait pu manquer de voitures, car certains boulevards, certaines rues sont tellement encombrés par les véhicules de toute sorte, qu'il est parfois imprudent et souvent dangereux d'essayer de les traverser. Que serait-ce donc si, comme quelques inventeurs trop hardis le proposent, on appliquait la vapeur à la traction des voitures spéciales sur nos voies macadamisées ! Paris deviendrait inhabitable et infranchissable; j'aime mieux ce modeste entrepreneur qui, faisant un retour vers le passé, va, dit-on, nous offrir bientôt cinq cents chaises à bras, avec galant uniforme pour les porteurs et dorures sur les panneaux. La concurrence ne sera pas redoutable pour les fiacres et les omnibus. Ce sera bien lent pour traverser notre ville immense ; mais, le soir, ce sera commode pour aller en soirée de porte en porte, et lorsqu'il tombera de l'eau, nos jeunes marquis de Mascarille pourront sortir sans « exposer l'embonpoint de leurs plumes aux inclémences de la saison pluvieuse [1] ».

**Appendice.** — Paris, en 1873, a eu à sa disposition 6,757 voitures marchant à l'heure et à la course, et 1,500 voitures de grande remise faisant le service au jour, à la semaine, au mois ou à l'année. Ces 8,257 véhicules appartiennent à 1,500 loueurs et à la Compagnie générale. Cette dernière administration est la mieux pourvue ; elle possède 5,073 voitures de place, sur lesquelles elle en a

[1] Ce projet, formé dans les premiers mois de l'année 1867, n'a pas été au delà d'un contrat d'association.

mis 3,061 en circulation pendant l'année 1873[1]. Ces 3,061 voitures ont fait 1,122,556 journées de travail, ont opéré une moyenne de 31,000 chargements, et ont nécessité l'emploi d'une cavalerie qui, au 31 décembre 1873, comptait 8,315 chevaux, dont le prix d'achat a été de 785 fr. 57 c. par tête. La recette totale des voitures de place a été de 14,574,185 fr. 15 c., auxquels il convient d'ajouter 38,452 fr. 85 c., produits par la rectification de la feuille des cochers, qui ne sont pas plus honnêtes que par le passé. Les 148 voitures de grande remise appartenant à la Compagnie ont fait 554,451 fr. 11 c. de recettes, représentant 17,365 journées de travail. On est revenu à la vieille idée des compteurs mécaniques, sorte de surveillants automatiques et impeccables, permettant de contrôler avec certitude le service des cochers; les essais, dont on se promettait d'excellents résultats, semblent n'avoir pas tenu toutes leurs promesses, car je lis dans un document administratif se rapportant à l'exercice de 1873 : « Nous avons fait beaucoup d'expériences sur les compteurs durant cette année, notamment avec le concours et sous le contrôle de l'autorité municipale; ces expériences nous ont prouvé que le but n'était pas encore atteint. »

Quelques voitures, qui n'appartiennent pas à la Compagnie générale, ont, pendant l'hiver, circulé dans Paris, montrant aux badauds étonnés une pancarte sur laquelle on pouvait lire : *voiture chauffée*. Elles étaient munies, à l'intérieur, d'une boule remplie d'eau chaude, semblable à celles dont on fait usage dans les wagons de première classe de nos chemins de fer. Les cochers des loueurs particuliers et de la Compagnie n'ont point vécu en trop mauvaise intelligence avec le public, car la préfecture de police n'a reçu que 1,766 plaintes contre eux. La brigade qui les surveille est composée d'un officier de paix, d'un brigadier, de six sous-brigadiers et de 75 gardiens de la paix; comme autrefois, elle relève les contraventions et fait subir les punitions disciplinaires. Les voyageurs sont tout aussi négligents que par le passé, car *le Dépôt* a reçu, en 1873, 20,562 objets oubliés dans les voitures : 10,720 dans les fiacres et 9,842 dans les omnibus. La période 1870-1871 a durement pesé sur la Compagnie générale; on en jugera par ce fait que sa cavalerie qui, au 31 décembre 1869, comptait 9,620 chevaux, était réduite à 3,051 au 31 décembre 1870, et à 569 au 1er mars. Les services militaires et l'alimentation publique avaient amené cet écart profond, qui fut promptement comblé; dès le 31 décembre 1871, les écuries avaient reçu 8,639 animaux.

Les omnibus mis en circulation dans Paris, sur les trente-deux lignes déterminées par l'autorité municipale, ont été, en 1873, au

[1] Les numéros réservés à la Compagnie générale vont de 1 à 3,500 et de 4,001 à 5,000.

nombre de 647, qui ont fait 238,244 journées. Les recettes se sont élevées au total de 20,772,262 fr. 72 c., ce qui donne une moyenne quotidienne de 87 fr. 07 c. par voiture. Les voyages dans Paris représentent un parcours de 22,234,036 kilomètres; 111,035,901 voyageurs ont été transportés, dont 64,287,182 dans l'intérieur, et 46,748,719 sur l'impériale; de ce nombre 17,710,146 ont pris des correspondances. Ces chiffres sont fort importants, mais ils n'atteignent cependant pas encore ceux de 1869, qui accusent 116,778,756 voyageurs. La cavalerie, qui, au 31 décembre 1873, était de 8,371 chevaux, équivalant à une valeur de 923 fr. 42 c. par tête, a été moins éprouvée que celle de la Compagnie des petites voitures en 1870-1871; l'entreprise générale des omnibus paraît s'en être tirée à bon compte: elle n'a livré que 1,017 animaux aux boucheries municipales, et possédait encore 6,992 chevaux au 31 décembre 1870. En revanche, elle a cédé au gouvernement de la Défense nationale 29,750 quintaux d'avoine, qui ont servi, en grande partie, à la fabrication du pain pendant les deux derniers mois du siége. L'entreprise expérimente avec succès, dans son dépôt de la rue Monge, pour conserver ses avoines à l'abri de toute avarie, des silos en fer analogues à ceux auxquels la boulangerie Scipion a confié la conservation de ses blés[1]. Les fiacres, les omnibus, les larges et spacieuses voitures qui font route sur rails de fer entre le Louvre et Sèvres, n'ont pas paru suffire aux multiples besoins de la circulation parisienne[2]; une délibération du Conseil municipal a décidé que dix-neuf lignes de tramways seraient créées et mettraient ainsi au service de la population des moyens de locomotion faciles, rapides et peu coûteux[3].

[1] Voir t. II, ch. VII.

[2] Un arrêté préfectoral en date du 16 mars 1874 autorise l'entreprise générale des omnibus à prolonger la voie ferrée depuis le Louvre jusqu'à Vincennes.

[3] Ces dix-neuf lignes, qui ne sont actuellement (janvier 1875) qu'à l'état de projet ou d'étude, doivent embrasser le trajet : 1° de Pantin au Château-d'Eau; 2° d'Aubervilliers au Château-d'Eau; 3° de Saint-Denis au boulevard de la Chapelle; 4° de Saint-Denis au boulevard Clichy; 5° de Saint-Ouen au boulevard Clichy; 6° de Gennevilliers au boulevard Clichy; 7° de Levallois-Perret à l'église Saint-Augustin; 8° de Neuilly à l'église Saint-Augustin; 9° de la place de l'Étoile à la Villette; 10° de la Villette à la place du Trône; 11° de la place du Trône à la barrière d'Italie; 12° de la rue de Lyon à la gare Montparnasse; 13° de la gare Montparnasse à la place de l'Étoile; 14° de Montreuil à la place du Trône; 15° de Clamart à Saint-Germain-des-Prés; 16° de Fontenay-aux-Roses à Saint-Germain-des-Prés; 17° de Villejuif au Collége de France; 18° de Vitry-Ivry au Collége de France et au pont d'Austerlitz; 19° de Charenton à la Bastille. Toutes ces lignes de tramways sont distribuées de manière à correspondre avec les lignes d'omnibus qui desservent les différents quartiers de Paris.

CHAPITRE IV

# LES CHEMINS DE FER

## GARE DE L'OUEST (RIVE DROITE)

### I. — LES TATONNEMENTS.

Premiers moyens de transport en France. — Sully. — Les coches à la ferme des postes. — Turgotines. — Vœux des cahiers contre les messageries. — Le *coucou obstiné.* — Relais pour Louis XIV. — Mademoiselle de Montpensier de Paris à Bayonne. — Voyages d'autrefois. — Chemins de bois. — Invention des rails. — Cugnot. — James Watt. — Tentatives. — Marc Séguin ; chaudière tubulaire. — George Stephenson. — Concours de 1829; *the Rocket.* — Citation d'Arago. — La France réfractaire. — Initiation par le bassin de Rive-de-Gier. — Chambre des députés. — Opinion de Robert Peel. — Opinion d'un homme d'État français. — Loi du 9 juillet 1835. — Catarrhes et pleurésies. — De Paris à Saint-Germain. — Inauguration. — Projet de loi rejeté. — Rivalités. — Le public. — Concessions partielles. — Loi du 11 juin 1842. — Agiotage. — Espérances dépassées. — Un mandement d'évêque. — La carte des chemins de fer français. — Mouvement en 1866.

Pendant longtemps on ne put voyager en France qu'à pied ou à cheval, et la voiture faisant de longs trajets est une invention relativement moderne. Les premiers *coches*, nous l'avons déjà dit, appartenaient à l'Université, dont les *messagers* étaient primitivement destinés à amener les écoliers à Paris et à les reconduire dans leur province. Ils partaient fort au hasard, selon le temps qu'il faisait, selon la saison, selon leur fantaisie. En 1517, on voit s'établir entre Paris et Orléans le premier service de carrosses. Henri IV, guidé par Sully qui semble avoir toujours été préoccupé de faire communiquer les différentes parties de la France les unes avec les autres, institua un surintendant général des carrosses publics, et le parlement ne dédaigna pas de fixer lui-même le prix des places ; en 1610, au moment de la mort du roi, les coches mettaient Paris en relations suivies et régulières avec Orléans, Châlons, Vitry, Château-Thierry et quelques autres villes.

Louis XIV, qui voulait que tout en France découlât directement de l'autorité royale, ordonna en 1676 que les divers services de messageries, de coches, de carrosses, seraient réunis à la ferme des postes. C'était donner à cette dernière administration un labeur au-dessus de ses forces ; aussi, ne conservant que le transport des dépêches, elle abandonna celui des personnes et des marchandises à différents industriels qui l'acceptèrent à bail débattu. Cet état de choses dura jusqu'en 1775. A cette époque, le roi, réunissant au domaine les concessions précédemment faites, racheta tous les baux et fit créer un service de voitures uniformes pour tout le royaume. Les *messageries royales* s'installèrent rue Notre-Dame-des-Victoires, où elles sont encore ; les diligences qu'elles livrèrent au public furent ces *turgotines* dont on a tant parlé jadis et qui semblaient alors le *nec plus ultra* du confortable et de la rapidité. Le surnom qu'on leur avait donné indique suffisamment qu'elles étaient l'œuvre de l'infatigable Turgot ; le public les adopta avec reconnaissance, mais elles encoururent un reproche que l'on n'avait guère soupçonné : on les accusa d'encourager l'athéisme. En effet, les anciens entrepreneurs de voitures devaient, par leur cahier des charges, offrir aux voyageurs la possibilité d'entendre la messe[1]; l'activité de service imprimée aux turgotines supprimait la messe et le chapelain : d'où grande colère dans ce que l'on appellerait aujourd'hui le parti clérical; on ne ménagea pas les insultes à Turgot, et les anas du temps ont conservé ce quatrain injurieux :

Ministre ivre d'orgueil, tranchant du souverain,
Toi qui, sans t'émouvoir, fais tant de misérables,
Puisse ta poste absurde aller un si grand train,
Qu'elle te mène à tous les diables !

Quoi qu'il en soit, ce fut là en réalité le premier service public, régulier, sérieux, responsable, établi en France pour le transport des voyageurs ; il constituait un progrès remarquable et était un véritable bienfait pour la population, qui semble cependant n'en avoir pas compris toute l'importance, car bien des cahiers des états généraux formulent le vœu « que l'on supprime le privilége des messageries, et, par contre, qu'on diminue le nombre des grandes routes. » Idée fausse par excellence. Par ce moyen on eût rendu, il est vrai, des terres à l'agriculture, mais on eût immobilisé les denrées et détruit tout mouvement commercial.

Modifiée dans sa constitution par les lois du 29 août 1790, du 25 vendémiaire an III, du 9 vendémiaire an VI, cette entreprise s'est sans cesse améliorée ; elle a servi de modèle à ses rivales, qui ne l'ont jamais complétement égalée, et elle a fonctionné avec un succès que la construction des chemins de fer devait arrêter pour toujours. Autour de ces messageries qui tour à tour, suivant le vent politique qui soufflait, furent royales, na-

[1] « Diligence de Lyon, port Saint-Paul ; départ de Paris, de deux jours l'un, à quatre heures du matin. Il y a une chapelle dans l'hôtel des diligences, où l'on dit la messe à trois heures et demie du matin, les jours de dimanches et fêtes. » *État ou tableau de la ville de Paris*, M.DCC.LX, p. 359.

tionales, impériales, s'étaient groupées diverses entreprises qui reliaient Paris à la banlieue et à la province. C'étaient les diligences Laffitte et Caillard, les gondoles, les accélérées, les carabas, les pots-de-chambre[1], les coucous, les tapissières, sans compter ces voitures de louage qu'on appellerait aujourd'hui *de grande remise*, calèches, briskas, landaus, qui le dimanche menaient les familles bourgeoises à la campagne. Les chemins de fer ont mis à néant tous ces véhicules qui furent la joie de notre enfance et qui maintenant n'existent plus que dans notre souvenir.

Quelques-uns ont tenu contre la mauvaise fortune et ont voulu protester jusqu'à la fin. Le dernier coucou n'a disparu de Paris qu'en 1861 ; il siégeait place de la Bastille et allait à Vincennes. Son cocher, un vieux cocher d'autrefois, à carrick et à sabots fournis de paille, appelait les voyageurs, les entassait dans sa boite incommode, en prenait un en *lapin*, fouettait ses rosses amaigries et partait au petit trop balancé. Il était fier sans doute de son entêtement, car sur la caisse jaune de la voiture on lisait en grosses lettres noires : *Au coucou obstiné*.

Nous qui sommes accoutumés aux rapidités de la vapeur, nous sourions volontiers de ces façons de voyager si désagréables et si lentes. Ces voitures de toute sorte étaient cependant bien supérieures à ce qui les avait précédées. Avant elles, les moyens de communication étaient presque nuls. Quand, le 21 août 1715, Louis XIV,

[1] La baronne Oberkirch donne, dans ses *Mémoires*, une intéressante description de ce genre de voitures : « Sur la route de Versailles, on aperçoit tout le temps des *carabas* et des *pots-de-chambre* qui conduisent des solliciteurs. Les *carabas*, lourdes voitures qui contiennent vingt-six personnes, ont huit chevaux, qui mettent six heures et demie pour aller à Versailles. Quant aux *pots-de-chambre*, outre leur six habitants, ils ont encore deux *singes*, deux *lapins* et deux *araignées*. Les lapins sont devant, à côté du cocher ; les *singes*, sur l'impériale, et les *araignées* derrière, comme ils peuvent. Cela me parut fort drôle. »

après avoir passé une revue à Marly, rentra souffrant du mal qui devait l'emporter, et qu'on lui ordonna les eaux de Bourbon-l'Archambault, on fut obligé d'établir entre cette dernière localité et Versailles des relais pour les deux cents chevaux destinés à traîner les six *charrettes* payées 25 livres par jour, qui servaient à voiturer la boisson et les bains du roi. Le bonhomme Buvat raconte, dans son *Journal de la régence*, qu'à Lyon, Aix, Strasbourg, Bordeaux, au moment de l'agiotage de la rue Quincampoix, « les carrosses et autres voitures publiques étaient retenues deux mois d'avance et que même on agiotait les places, tant il y avait d'empressement de tous les côtés pour venir à Paris pour avoir des actions, comme si c'eût été le comble de la fortune la plus assurée. »

Lorsque en 1721 mademoiselle de Montpensier épousa le prince des Asturies, elle employa trente jours à franchir les 187 lieues qui séparent Paris de Bayonne. Il est juste de dire qu'elle marchait en gala, et s'arrêtait souvent ; mais en 1775 le service régulier des *turgotines* mettait vingt jours, c'est-à-dire quatre cent quatre-vingts heures, à accomplir le même trajet : aujourd'hui il dure exactement seize heures dix minutes, et encore on perd cinquante minutes à Bordeaux. Il y a cent ans, il fallait douze jours pour aller de Paris à Strasbourg, dix pour aller à Lyon, trois pour aller à Rouen. La moyenne du parcours quotidien était de dix lieues ; le soir on s'arrêtait, à toutes les côtes on descendait de voiture pour soulager les chevaux, à toutes les descentes on mettait pied à terre par prudence, la maréchaussée escortait les voitures par crainte des voleurs, qu'on n'évitait pas toujours. Les chemins de fer, en supprimant la distance, ont doublé la vie de l'homme qui voyage.

La France a été lente, très-lente à accepter franchement ce nouveau mode de locomotion ; par suite d'un esprit de défiance et de paresse assez difficile à définir, elle en était encore aux hésitations et aux tâtonnements que déjà l'Angleterre et la Belgique construisaient en hâte et partout des voies ferrées. Comme bien des découvertes, celle-là s'égara dès le principe, et il fallût attendre bien des années avant qu'elle pût franchir l'énorme distance qui sépare la théorie de la pratique. En principe, les chemins de fer sont nés de cette idée fort simple qui déjà dans l'antiquité avait créé les voies romaines : supprimer par des moyens artificiels les causes naturelles de résistance offertes à la traction. Depuis des siècles on se servait en Allemagne, dans les mines du Harz, de chemins à bandes de bois (*hundegestænge*) qui facilitaient singulièrement le passage des chariots. Il est à présumer que les ouvriers allemands ont introduit ce système en Angleterre lorsque la reine Élisabeth les y appela pour exploiter les mines de Newcastle. C'est là du moins qu'en 1676 on constate d'une façon certaine l'emploi dans les houillères anglaises des premiers chemins de bois. Un siècle plus tard, en 1776, l'ingénieur Cun, voyant les traverses de bois s'user rapidement au contact des roues, imagina de les remplacer par des bandes de fer qu'il nomma *rails*. Ces rails, d'abord plats, n'offrirent pas une grande solidité ; on les modifia, et sauf des détails peu importants, on les façonna en forme d'ornière saillante, comme nous les voyons encore aujourd'hui ; la roue qui devait les parcourir était munie d'un ourlet extérieur débordant qui l'empêchait de dévier. En somme, *la voie* était trouvée. On hésitait entre la fonte et le fer, et il fallut qu'en 1820 John Birkinshaw imaginât l'art de laminer les rails en fer pour que ces derniers fussent définitivement adoptés.

Restait le moteur à découvrir, et ce ne fut pas l'affaire d'un jour. Dans le principe, les wagons étaient traînés par des chevaux comme sur le chemin de fer dit américain qui va de la place de la Concorde à Versailles. Le premier homme qui tenta d'appliquer la vapeur à la traction des voitures sur les routes ordinaires fut un officier du génie nommé Cugnot, qui fit différents essais à Paris en 1769, et construisit même une machine ingénieuse qu'on peut voir exposée dans une des salles du Conservatoire des arts et métiers. Destinée, dans le principe, au transport des grosses pièces d'artillerie, elle fut expérimentée en présence de MM. de Choiseul et de Gribeauval. Asthmatique et oscillante, elle s'arrêtait fréquemment ; mal pondérée, elle donnait des à-coups inattendus et défonça un des murs de l'Arsenal. Bref, elle ne fut jamais que ce qu'elle est aujourd'hui, un objet de curiosité.

James Watt, le véritable inventeur de la machine à vapeur, c'est-à-dire celui qui la rendit pratique, apporta dans la construction des perfectionnements dont chacun profita, et dès 1804 une locomotive construite par Trewithick et Vivian fut attelée à des wagons sur un chemin de fer des mines de Newcastle ; elle avait la vitesse d'un cheval de roulage, et le foyer était activé à l'aide de soufflets mis en jeu par les mouvements mêmes de la machine. Tout cela était bien incomplet. On était parti d'une théorie fausse, non expérimentée, et qui longtemps paralysa les essais. On croyait que la pesanteur de la locomotive l'immobiliserait et la forcerait à tourner sur place. Pour remédier à cet inconvénient imaginaire, Blenkinsop inventa des roues dentelées et Brunton alla jusqu'à armer sa locomotive de deux béquilles de fer qui s'élevaient et s'abaissaient à chaque tour des roues. Ce fut en 1813 seulement qu'on revint de cette erreur, grâce aux expériences faites avec succès par Blacken, et l'on reconnut alors que si le poids de la locomotive était suffisant pour maintenir l'adhérence sur les rails, il était loin d'être assez considérable pour la rendre stationnaire. On avançait lentement, pas à pas, à travers mille tentatives dont chacune constituait un progrès, mais ne donnait aux engins de traction ni sécurité ni vitesse.

La France peut réclamer sa part de gloire dans la mécanique appliquée aux transports, car ce fut M. Marc Séguin[1] qui, en 1828, inventa la chaudière tubulaire, étendit *la surface de chauffe* dans des proportions inespérées qui devaient donner à la locomotion une continuité de puissance irrésistible. A la même époque, George Stephenson imaginait d'activer le tirage par un jet de vapeur échappée du cylindre. Ces deux améliorations étaient toute une révolution; on allait enfin entrer dans la pratique; en cette matière la pratique c'était l'établissement des chemins de fer, c'est-à-dire une rapidité de locomotion sans exemple et l'application d'une force infatigable aux transports de toute espèce.

Aussi, lorsque en 1829, au concours des machines ouvert par la Compagnie du *Railway* de Manchester à Liverpool, George Stephenson exposa la locomotive *the Rocket* (la Fusée), construite d'après les principes nouveaux de la chaudière tubulaire et de l'accélération du tirage, ce fut un cri d'admiration. Elle était à la fois forte et vive, car, pesant 4,316 kilogrammes, elle faisait 22 kilomètres à l'heure et remorquait un poids de 12,912 kilogrammes. Elle ne ressemblait guère aux admirables machines que chaque jour, et sans même y prendre garde, nous voyons rouler sur nos voies ferrées; elle était aux locomotives de Crampton ce que l'ichthyosaure est aux lézards; mais telle qu'elle était, avec sa forme maladroite, ses roues trop écartées, son *tender* chargé d'une barrique pleine d'eau réservée à la chaudière, elle renfermait les organes principaux, organes

[1] Marc Séguin, qui était né à Annonay le 20 avril 1786, est mort le 24 février 1875.

de vie, de mouvement, de vigueur, qu'on a pu améliorer depuis et rendre presque parfaits, mais qui sont restés les organes essentiels et primordiaux de toute machine destinée à la traction.

Le moteur étant trouvé, comme la voie, les chemins de fer étaient créés. C'était une révolution analogue à celle qui, par la découverte de Gutenberg, avait substitué l'imprimerie à l'art des copistes. Dans sa biographie de James Watt, Arago se sert d'une comparaison saisissante pour faire comprendre à quelle puissance de force et à quelle rapidité d'action l'homme parvenait, grâce à la machine à vapeur : « L'ascension du mont Blanc, dit-il, à partir de la vallée de Chamouny, est considérée à juste titre comme l'œuvre la plus pénible qu'un homme puisse exécuter en deux jours. Ainsi le maximum mécanique dont nous soyons capables en deux fois vingt-quatre heures, est mesuré par le transport du poids de notre corps à la hauteur du mont Blanc. Ce travail ou l'équivalent, une machine à vapeur l'exécute en brûlant un kilogramme de charbon de terre. Watt a donc établi que la force journalière d'un homme ne dépasse pas celle qui est renfermée dans 500 grammes de houille. »

L'invention devait avoir d'incalculables conséquences; mais le plus difficile restait à faire, il fallait qu'elle sortît du domaine de la science industrielle et entrât dans nos mœurs. La France y fut réfractaire à un point qu'il serait bien difficile de comprendre aujourd'hui, si nous ne savions que l'esprit de routine semble être l'âme même d'une nation dont l'entêtement seul égale la mobilité. Une ordonnance du 26 février 1823 avait autorisé la création d'un chemin de fer entre Saint-Étienne et Andrézieux; inauguré cinq ans après, le 1er octobre 1828, il ne servait guère qu'au transport des marchandises. Ce fut ce bassin houiller qui donna l'exemple au reste du pays, les voies ferrées y furent promptement adoptées et offertes au besoin de l'industrie ; des lignes très-courtes, locales, égoïstes, si l'on peut dire, s'ouvrent successivement de Rive-de-Gier à Givors (1830), de Givors à Lyon (1832), de Rive-de-Gier à Saint-Étienne (1833), d'Andrézieux à Roanne (1834). Une gondole traînée par trois chevaux était mise à la disposition des voyageurs.

Cependant quelques députés qu'on traitait volontiers de téméraires demandaient à la tribune que la France ne se refusât pas plus longtemps à un progrès qui tendait à devenir universel, et qu'elle ne laissât pas l'Angleterre nous devancer trop rapidement dans cette admirable voie ouverte à l'activité humaine. Efforts inutiles ; c'est à peine si on les écoutait, et ce ne fut pas sans grande difficulté qu'on arracha aux représentants du pays légal, ainsi que l'on disait alors, le vote de la loi du 27 juin 1833, qui accordait un crédit de 500,000 francs pour études et *exécutions* de chemins de fer ; c'était dérisoire, ou peu s'en faut. Une mauvaise volonté latente et perpétuelle semblait déjouer les intentions les meilleures. Dans la séance du 7 mai 1834, M. Larabit demanda l'établissement immédiat des lignes de chemins de fer dont la France avait besoin. Ce qui prouve combien la question était peu à maturité et sur quelles illusions on vivait, c'est que l'orateur déclara qu'une somme de 400 millions serait suffisante pour mettre Paris en rapport avec les frontières à l'aide de voies ferrées. Ce fut M. Auguis qui lui répondit, et après avoir affirmé que la dépense totale dépasserait même 800 millions, il se sert, pour repousser la motion de M. Larabit, de l'étrange argument que voici : « L'intérêt le plus élevé dans les chemins de fer anglais ne va pas au delà de 9 pour 100, tandis que l'intérêt dans les canaux va de 30, 32 à 50, 52, 70 et 72 pour 100 ; » et il termine en disant, avec l'approbation de la chambre :

« Ne nous engageons pas facilement dans la construction des chemins de fer! »

Précisément à la même époque, dans un *meeting* à Tamworth, Robert Peel, chef du ministère anglais, disait : « Hâtons-nous de construire des chemins de fer; il est indispensable d'établir d'un bout à l'autre de ce royaume des communications à la vapeur, si la Grande-Bretagne veut maintenir dans le monde son rang et sa supériorité. » Pendant que les chefs du *foreign-office* stimulaient l'émulation de leurs compatriotes, nos ministres raillaient les efforts des nôtres, et dans cette même année 1834 un homme d'État français, déjà irréfutable à cette époque, après avoir été visiter le *railway* de Liverpool, déclarait d'une manière irréfragable que les chemins de fer étaient bons à amuser les désœuvrés d'une capitale, et il ajoutait avec assurance : « Il faut voir la réalité, car, même en supposant beaucoup de succès aux chemins de fer, le développement ne serait pas ce que l'on avait supposé. Si on venait m'assurer qu'en France on fera cinq lieues de voie ferrée par année, je me tiendrais pour fort heureux! » On ne peut s'empêcher d'éprouver un sentiment d'amertume et de tristesse en pensant que la France a plusieurs fois remis ses destinées et obéi à des hommes de vue si courte et de si défaillante initiative. Le résultat d'un pareil système et d'un tel aveuglement est facile à constater : en 1836, l'Angleterre avait 3,046 kilomètres de chemins de fer en exploitation; la France en avait 142.

Cependant on ne pouvait rester absolument sourd aux appels de l'opinion publique; mais, au lieu de prendre une détermination sérieuse, on s'arrêta à un moyen terme peu digne d'une grande nation, et une loi votée le 9 juillet 1835 autorisa la construction d'un chemin de fer entre Paris et Saint-Germain. Selon l'expression d'un ingénieur, ce ne fut qu'un *joujou*, mais ce joujou apprit aux Parisiens d'abord, aux Français ensuite, quels services innombrables un chemin de fer pouvait leur rendre. Ce fut donc là, en réalité, le germe expérimental d'où notre grand réseau ferré devait sortir. Il ne fallut rien moins que les deux petits souterrains qu'on avait à traverser en sortant de Paris pour faire évanouir des craintes conçues par le public, qui s'était avec empressement emparé de l'opinion émise par un savant illustre : « On rencontrera dans les tunnels, avait-il dit, une température de 8° Réaumur, en venant d'en subir une de 40° à 45°. J'affirme sans hésiter que, dans ce passage subit du chaud au froid, les personnes sujettes à la transpiration seront incommodées, qu'elles gagneront des fluxions de poitrine, des pleurésies, des catarrhes ! » Diafoirus et Purgon n'auraient pas plus sagement raisonné.

Une ordonnance du 24 août 1837 nomma auprès du chemin de Paris à Saint-Germain des commissaires spéciaux de surveillance, et l'inauguration du premier *railway* que posséda enfin Paris eut lieu officiellement le 26 août de la même année. La musique de la garde nationale joua des fanfares pendant le trajet, qui dura vingt-cinq minutes ; on fit des discours, personne ne s'enrhuma sous les tunnels, la locomotive n'éclata point, les wagons ne déraillèrent pas, et l'on put croire qu'un voyage en chemin de fer n'était pas nécessairement mortel. Les journaux, les ingénieurs, les industriels, invoquant de plus belle l'exemple de l'Angleterre, recommencèrent à demander que la France se résolût enfin à faire construire des voies de communication par la vapeur. Le gouvernement prit cette fois l'initiative, et, en son nom, M. Martin (du Nord) déposa, le 15 février 1838, un projet de loi autorisant la création de sept lignes principales partant de Paris et aboutissant : 1° à la frontière de Belgique ; 2° au Havre ; 3° à Nantes ; 4° à la frontière d'Espagne par Bayonne ; 5° à Toulouse par la région centrale du pays ; 6° à Marseille par Lyon ; 7° à Strasbourg par Nancy. De plus, on devait construire deux lignes supplémentaires : l'une aurait relié Marseille à Bordeaux par Toulouse ; l'autre aurait rejoint Marseille et Bâle par Lyon et Besançon. Le projet était libéral et vraiment grandiose. Le 24 avril, Arago lut son rapport, qui se ressent singulièrement des indécisions du moment. Il dénie aux chemins de fer toute influence stratégique et combat l'établissement simultané de toutes les lignes, disant avec raison qu'il faut, par des constructions successives, profiter de toutes les améliorations qu'il est plus facile de prévoir que d'indiquer, et apprendre, par l'exemple des fautes commises, à éviter les fautes à commettre. Tant d'intérêts locaux étaient en jeu, tant de compétitions se faisaient jour, tant d'appétits mauvais étaient éveillés, que la chambre des députés sembla reculer devant la responsabilité et que l'ensemble de la loi fut rejeté par 196 voix contre 69.

On retomba dans le système des concessions partielles, on accorda des têtes de lignes plutôt que des lignes entières ; on ne savait vraiment que faire au milieu de tous les tiraillements des rivalités diverses ; on ne savait se résoudre ni à l'action ni à l'inaction, et, comme toujours en pareil cas, les demi-mesures que l'on adoptait ne satisfaisaient personne. Quant au public, se familiarisait-il avec ce nouveau mode de transport ? On peut en douter, car M. Perdonnet dit[1] : « Nous sommes loin du jour où, lorsque nous ouvrîmes le chemin de Versailles (rive droite, 2 août 1839), on nous jeta des pierres à notre entrée dans la gare. »

Une loi du 7 juillet 1838, une autre du 15 juillet 1840 avaient accordé la concession de Paris à Orléans

[1] *Traité élémentaire des chemins de fer*, Introduction, XLV.

et de Paris à Rouen; mais cela ne suffisait guère aux justes exigences qui se manifestaient avec d'autant plus d'activité qu'elles se heurtaient sans cesse contre une résistance passive. Après bien des retards, le gouvernement se décida enfin à reprendre l'application des idées que la chambre avait repoussées en 1838, et le 7 février 1842 un nouveau projet de loi fut présenté. M. Dufaure, nommé rapporteur, qualifia sévèrement l'état languissant où la France se traînait en matière de chemins de fer, et parla de « l'œuvre incomplète et incohérente commencée dans les dernières années ». Le réseau était décidé en principe; mais, pour l'exécuter, on se trouvait en présence de deux systèmes qui avaient chacun de bons et de mauvais côtés. L'un, s'inspirant de l'exemple de l'Angleterre, voulait confier à l'industrie privée le soin de construire toutes les lignes projetées; l'autre, à l'imitation de la Belgique, voulait le réserver exclusivement à l'État. Pendant quinze jours, on parla pour et contre; on mêla dans d'égales proportions les deux systèmes en présence, et il en sortit la loi du 11 juin 1842, qui est pour ainsi dire le code des chemins de fer français, et par laquelle l'État et les compagnies concourent dans une mesure déterminée aux charges et aux bénéfices de la construction et de l'exploitation.

On se mit à l'œuvre sans plus de retard; mais ce qui domina d'abord, c'est un agiotage effréné. Vingt compagnies pour une s'étaient constituées à un capital quelconque, émettant des actions qui, selon les chances variables, subissaient des fluctuations dont les manieurs d'argent savaient tirer profit. Ce fut une folie scandaleuse qui put remettre en mémoire les beaux jours du système de Law. Tous ceux qui en France avaient une influence quelconque s'ingénièrent à tirer de leur côté les concessions définitives. La spéculation se jeta dans le mouvement à corps perdu, délia les cordons de sa bourse, et, entraînée par l'espoir et l'exemple de gros bénéfices, offrit aux futurs chemins de fer plus d'argent qu'ils n'en demandaient. Si le mobile fut peu louable, le résultat du moins fut excellent, et l'on put, grâce aux capitaux qui abondaient, grâce à une armée d'ingénieurs remarquablement intelligents, déployer dans la construction de nos voies ferrées autant d'activité qu'on avait mis jadis de lenteur et de mauvais vouloir à les adopter. Partout on travailla à la fois avec un ensemble irréprochable, et l'on commença enfin ce réseau français qui s'achève aujourd'hui et ne tardera pas à être complet.

On n'a pas à se repentir d'avoir pris ce grand parti, et les prévisions les meilleures, celles des prétendus utopistes qui promettaient un grand avenir à nos chemins de fer, ont été dépassées dans des proportions que des chiffres feront apprécier. Quand on a construit le chemin de fer de l'Est (Paris à Strasbourg), on avait évalué le produit des marchandises à 12,000 francs par kilomètre, et celui des voyageurs, messageries, bagages, à 6,000 francs. Or, en 1864, le produit de la petite vitesse sur la voie de l'Est a été de 38,959 francs par kilomètre, et celui des voyageurs, bagages et messageries de 27,893 francs; c'est à-dire que le produit total, étant de 66,732 francs au lieu de 18,000, a dépassé les premiers calculs de près de 48,000 francs[1]. Est-ce à dire que de si magnifiques résultats aient désarmé les adversaires systématiques des chemins de fer? Non pas, et en 1854 un archevêque dont je tairai le nom a dit, dans un mandement rendu public et affiché à la porte des églises, que les chemins de fer avaient été suscités pour punir

[1] J'emprunte ces chiffres et d'autres renseignements techniques à l'excellent ouvrage de M. Jacqmin, *De l'Exploitation des chemins de fer*, 2 vol. in-8. Paris, Garnier frères, 1868.

les prévarications des cabaretiers, dont l'impiété ne craignait pas de donner à boire le dimanche aux rouliers qui passaient. C'est là un côté de la question que l'on n'avait pas encore étudié.

Quand on regarde une carte de France, on semble voir une forte toile d'araignée dont le nœud est situé à gauche et en haut ; c'est là, en effet, la forme de notre réseau, dont toutes les lignes convergent sur Paris ; la solution de continuité est encore apparente sur Clermont-Ferrand, Aurillac et Mende, sur Gap et Digne, sur Bressuire et Napoléon-Vendée, vers Avranches et Mayenne; mais partout ailleurs les mailles du grand filet métallique se serrent, s'entre-croisent, portant avec elles la fécondation et la vie.

Les lignes exploitées ont coûté plus de 8 milliards à construire : on est loin des 400 et des 800 millions dont on parlait en 1838 ; pour être complètes, elles doivent se développer sur un rayonnement de 21,040 kilomètres, dont 15,750 étaient livrés à la circulation au 1er janvier 1868. Les compagnies chargées de les exploiter ont à leur service une véritable armée d'employés spéciaux qu'on peut évaluer à plus de 60,000 hommes ; leur force motrice est représentée par 4,064 locomotives, et leurs moyens de transport par 90,490 voitures ou fourgons. Pendant l'année 1866[1], le transport effectué par les chemins de fer français a été : voyageurs, 92 millions 124,914[2]; espèces d'or et d'argent (valeur déclarée), 4 milliards 16 millions 442,694 fr. 56 ; voitures, 19,779 ; bagages, 177 millions 662,872 kilogrammes ;

[1] Pour serrer la vérité de plus près et m'appuyer sur des documents aussi concluants que possible, j'ai pris comme base de mes appréciations les comptes de l'année 1866 ; il m'eût été facile de me servir de ceux de 1867 ; mais, cette année-là, l'Exposition universelle a produit sur les chemins de fer une activité anormale qui pourrait conduire à des conclusions exagérées.

[2] La population de la France est de 36,877,000 habitants.

articles de messageries et denrées fraîches, 378 millions 015,403 kilogrammes; animaux, tels que chiens, chevaux, porcs et bestiaux, 6 millions 112,788 têtes; marchandises, 38 milliards 782 millions 977,125 kilogrammes. Après de tels chiffres, il serait superflu d'insister sur les services que les chemins de fer rendent à la France.

## II. — LA GARE DES VOYAGEURS.

Fusion et nombre des compagnies. — Gare de l'Ouest (rive droite). — Projetée place de la Madeleine. — Plan primitif. — La première gare à Paris. — Matériel. — Tombereaux. — Portières fermées. — Nombre des convois. — La gare actuelle. — Voyageurs, matériel, personnel. — Aspect général. — L'employé aux renseignements. — Plaignez les malheureux. — Salles d'attente. — Gare extérieure. — Inconvénient inévitable. — Navette des trains de banlieue. — Le chef du mouvement. — Ses fonctions. — Freins. — Wagon de secours. — Une seule voie. — Le *graphique*. — Roulement du matériel. — Répartition du travail des employés. — Télégraphie. — Le chef de gare. — Manœuvres et signaux. — Disques, aiguilles et fanaux. — Article du règlement. — Appareil Viguier. — Caisse de sûreté.

A mesure que le réseau s'étendait et se complétait, on reconnaissait les nombreux inconvénients qu'offrait dans la pratique de l'exploitation le morcellement des concessions. Pour y remédier, pour parvenir autant que possible à l'unité de direction nécessaire dans de telles et si importantes administrations, les chemins de fer furent divisés en six groupes et chacun d'eux fut attribué à une seule compagnie. Cette fusion très-intelligente, et dont les résultats ont été excellents, fut consacrée par diverses lois en 1859 et 1863. Les six compagnies qui exploitent aujourd'hui les chemins de fer français sont celles de l'Ouest, de l'Est, du Nord, de Paris à la Méditerranée, d'Orléans et du Midi. Les voyageurs partent de Paris et y arrivent par huit gares, qui sont celles du Nord, de l'Est, de Lyon, d'Orléans, d'Orsay, de Vincennes, de l'Ouest rive gauche et de l'Ouest rive droite. C'est de cette dernière que nous parlerons principalement, car c'est la gare-mère, et de plus c'est celle qui, par ses lignes de banlieue, a les rapports les plus fréquents avec les Parisiens.

Quand il fut question de la construire, quelque temps avant l'inauguration du chemin de fer qui aboutissait au Pecq, on trouva l'emplacement qui lui était réservé, place de l'Europe, si éloigné du centre des affaires, du Paris habité, qu'on agita très-sérieusement le projet de l'établir à l'angle sud-est de la place de la Madeleine et de la rue Tronchet. Les rails, supportés sur « d'élégants arceaux de fonte élevés de 20 pieds au-dessus du sol et ayant une longueur de 615 mètres », selon le rapport, auraient traversé les rues Saint-Lazare, Saint-Nicolas, des Mathurins et Castellane, qui chacune auraient eu une station particulière. Aussi, dans le principe, la gare de la place de l'Europe ne fut-elle que provisoire ; mais les propriétaires des immeubles menacés par l'expropriation firent entendre de telles clameurs, l'ouverture du chemin de fer amena dans le quartier Saint-Lazare une si grande affluence de voitures, qu'on abandonna définitivement ce projet qui avait été poussé bien loin, car on avait arrêté et soumis à l'autorité compétente le plan du bâtiment destiné à faire façade sur la place de la Madeleine. Ce plan existe encore, et je l'ai sous les yeux.

Rien qu'à le voir, on comprend combien on avait peu deviné l'avenir réservé aux chemins de fer. Quoique qualifiée de « monumentale », la façade de cette gare, qui heureusement n'a jamais été construite, est de dimensions singulièrement restreintes ; elle ne suffirait même pas à loger un des magasins qui s'étalent maintenant aux angles de certains carrefours. C'est une sorte de maison à l'italienne, à trois étages ouverts chacun de huit fenêtres ; le dégagement principal est représenté par un escalier de vingt-quatre marches se dégorgeant sous un porche plein cintre assez large pour laisser passer cinq ou six personnes de front. La gare d'une ville de province de troisième ordre a aujourd'hui une importance plus considérable que cette triste et insuffisante construction. Elle était cependant bien réellement monumentale, si on la compare à la masure qui, sur la place de l'Europe, recevait les voyageurs. Cette dernière était située au-dessus du premier tunnel, à l'endroit où fut planté un square récemment enlevé et remplacé par ce magnifique pont en étoile, sorti des ateliers de Cail, et qui est sans contredit un des chefs-d'œuvre métallurgiques de notre époque. Le bâtiment était petit, assez mal distribué, construit en *limousinerie*, peint en jaune clair, et donnait accès à la voie par deux rampes non abritées qui laissaient les voyageurs exposés à toutes les intempéries. C'était désagréable et laid.

Le matériel de l'exploitation était en rapport avec la gare ; il y avait cinq espèces de voitures : berlines fermées, cinq ; berlines ouvertes, deux ; diligences, huit ; wagons garnis, vingt ; wagons non garnis, soixante-dix. Ces 105 voitures contenaient ensemble 4,070 places. C'était, croyait-on à cette époque, de quoi pourvoir largement dans le présent et dans l'avenir à toutes les éventualités. Les diligences et les berlines ressemblaient aux voitures dont elles portaient le nom ; sur l'impériale, on entassait les bagages, pour lesquels on n'avait pas encore inventé de fourgons spéciaux ; les berlines ouvertes et les wagons garnis étaient plus ou moins rembourrés, n'avaient point de murailles, mais étaient latéralement protégés par des filets à larges mailles qui donnaient passage à d'insupportables courants d'air ; quant aux wagons non garnis, il faut les avoir vus pour imaginer qu'on ait osé offrir de tels tombereaux à des voyageurs. C'étaient de grandes auges meublées de bancs en bois, sans plafond et sans côtés; on y était absolument en plein air. Il ne fallut rien moins qu'une campagne entreprise par les journalistes, surtout par Alphonse Karr, qui la mena vertement dans *les Guêpes*, pour faire abandonner cet inhumain moyen de transport, auquel fut substitué ce que l'on nomme aujourd'hui les *troisièmes*.

On était tellement en garde contre les imprudences et les enfantillages du public parisien, que toute voiture était fermée à clef et qu'il n'était pas possible d'en sortir sans l'intervention d'un des employés chargés d'accompagner le train. Cette prétendue mesure de sécurité eut d'épouvantables résultats, que j'aurai à raconter. La force motrice de l'exploitation était composée de douze locomotives, représentant ensemble une puissance de 360 chevaux. Il y avait sept départs de Paris pour le Pecq et huit du Pecq pour Paris; c'était donc un total de quinze convois à la gare de la place de l'Europe. A Batignolles, on avait construit une gare destinée aux marchandises; on en admirait alors les vastes proportions; elle avait 250 mètres de long sur 100 mètres de large.

La gare du chemin de fer de Saint-Germain a fait comme ces cactus dont les feuilles, poussant successivement l'une sur l'autre, finissent par devenir un arbre énorme. Aujourd'hui, ouverte sur la rue Saint-Lazare, bordée par la rue de Rome, le pont de l'Europe, la rue de Londres, la rue d'Amsterdam, elle couvre une superficie de onze hectares; elle est la tête d'un réseau qui se développe déjà sur une étendue de 2,054 kilomètres; l'exploitation possède 630 locomotives et 13,686 voitures de toute espèce; en 1866, elle a transporté 22 millions 122,224 voyageurs, dont 14 millions 140,025 pour la seule banlieue de Paris; son personnel classé se compose de 12,572 agents. Quant au nombre de trains que la gare expédie et reçoit, il est parfois tellement énorme que le 2 juin 1867 il s'est élevé au chiffre invraisemblable de 475; il faut dire que, ce jour-là, les préposés aux guichets ont délivré 159,742 billets pour la banlieue. Cela prouve que le public s'est familiarisé avec cette façon de voyager; il y a trente ans cependant bien des gens croyaient faire acte de courage en allant de Paris au Pecq en chemin de fer. Quant au mouvement que les voies ferrées ont imprimé aux habitudes sédentaires des Parisiens, il est facile de le constater. On a calculé qu'en 1836 le va-et-vient annuel entre Paris et Saint-Germain était représenté, en chiffres ronds, par 400,000 personnes se servant de gondoles, de tapissières, de coucous; en 1863, 3 millions 482,789 voyageurs ont fait le même trajet par le chemin de fer.

Il faudrait un volume pour raconter en détail tous les aménagements divers de la gare de l'Ouest et toutes les opérations qui s'y exécutent à chaque instant, depuis le premier train qui s'éloigne de Paris à 4 h. 50 m. du matin, jusqu'au dernier qui part à minuit 45. Elle n'est pas uniquement consacrée à l'exploitation : elle loge l'administration, la comptabilité, et offre par cela même le double aspect d'une usine en activité et d'un ministère. Chaque destination spéciale a un guichet où l'on délivre des billets, des salles d'attente particulières, un quai réservé pour l'embarquement. De plus, il faut compter les échoppes de libraires, de marchands de journaux, de comestibles, les bureaux de correspondances pour les villes qu'une route et un service d'omnibus relient à une station éloignée, un poste d'agents de police, une boîte aux lettres, un bureau télégraphique, des salles différentes de bagages pour le départ et pour l'arrivée, et enfin un bureau de renseignements dont l'employé me paraît l'homme le plus à plaindre du monde, car il doit répondre avec exactitude et résignation à des questions multiples sans cesse renouvelées, embrassant une quantité de localités diverses, questions fatigantes, monotones, souvent inutiles et parfois saugrenues.

En Angleterre il n'en est point ainsi : dans les gares sont tendues de grandes affiches où tous les renseignements imaginables concernant l'exploitation de la voie sont minutieusement détaillés. C'est au voyageur à se rendre compte des formalités qu'il doit remplir. L'administration l'a mis à même d'apprendre vite et bien tout ce qu'il lui importe de savoir ; elle ne s'inquiète plus du reste, et l'idée ne lui vient même pas d'avoir un agent chargé de répéter de vive voix ce qu'on peut lire d'un seul coup d'œil sur une pancarte placée en évidence et à la portée de tous. Que de fois, dans une gare française, nous avons vu un employé dont la patience nous émerveillait, expliquer des heures de départ et d'arrivée à un voyageur qui n'avait qu'à se retourner pour en voir le tableau affiché à côté de lui ! On se plaint souvent de la vivacité des gens d'administration ; a-t-on bien réfléchi que les saints eux-mêmes se damneraient à être en toute minute en contact avec un public dont la paresse augmente l'ignorance et qui s'imagine volontiers que les employés devant tout savoir sont tenus de répondre à toutes les interrogations qu'on leur adresse, même lorsqu'elles ne concernent pas leur service ? Les agents trouvent le public injuste et font entendre bien des doléances sur leur sort ; cela parfois devient même assez plaisant : les employés du chemin de Paris-Lyon-Méditerranée portent sur leur casquette (qu'on appelle indifféremment *le tampon* ou *la plaque tournante*) les lettres P. L. M. Ils prétendent que ces trois initiales signifient : Plaignez Les Malheureux.

La partie de la gare réservée au public est sans cesse dans une animation excessive. Ce qui s'y passe, chacun le sait : on prend son billet, on fait peser et inscrire son bagage, on se rend dans une salle d'attente correspondant à la ligne sur laquelle on doit voyager et à la classe de wagons que l'on a choisie. Ces salles, gardées par des agents qui vérifient exactement votre billet, sont spacieuses, garnies de siéges plus solides qu'élégants, et maintenues en hiver à une température égale par de nombreuses bouches de calorifère. L'industrie s'en est emparée, et grâce à une redevance assez faible, elle a le droit de tapisser les murs de cadres contenant des affiches et des annonces.

La gare extérieure, celle qui est consacrée au départ et à l'arrivée des trains, commence au quai sur lequel s'ouvrent à larges battants les portes des salles d'attente, et s'arrête au souterrain qui passe sous le boulevard des Batignolles. Elle a plusieurs *gares d'évitement;* on appelle ainsi une voie latérale supplémentaire sur laquelle un train peut se ranger momentanément si, par suite d'une circonstance fortuite, la voie normale qu'il parcourt est occupée. La gare de la rive droite a un inconvénient qui est inhérent à sa destination spéciale et que rend inévitable son service de banlieue. Dans une gare bien distribuée (celle de Paris-Lyon est, je crois, la plus parfaite) les salles d'attente s'ouvrent latéralement sur le quai de départ. Les voyageurs n'ont alors que quelques pas à faire pour se trouver en face des voitures et y monter; mais ce système excellent n'est praticable que pour les trains à longs parcours, qui ont deux, trois, quatre départs au plus dans la journée. Le train se forme quelques instants avant l'heure réglementaire, est amené wagon par wagon et rangé ainsi le long du quai sur la voie qui lui est réservée. Dans une gare qui fait la banlieue et où les convois se succèdent avec une extrême fréquence (parfois 116 de Paris à Versailles, et *vice versa*), il ne peut en être ainsi. Les trains, composés dès le matin aux deux gares extrêmes, font la navette toute la journée; celui qui arrive repart presque immédiatement : on se contente de détacher la locomotive; à l'aide d'une plaque tournante on la met sur une voie parallèle; elle s'éloigne jusqu'à l'aiguillage qui la rend à sa voie spéciale, où elle revient, machine en arrière, reprendre la tête de son train. La gare de l'Ouest dessert trois lignes de banlieue toujours en mouvement : Saint-Germain-Argenteuil, Versailles, Auteuil-ceinture; le quai de départ et celui d'arrivée sont les mêmes pour chaque destination. On comprend dès lors qu'à moins de couper les voies elles-mêmes par des bâtiments latéraux contenant des salles d'attente, il faut que les portes de dégagement soient situées à l'arrière des trains et que les voyageurs fassent un trajet relativement assez long pour gagner les voitures. C'est là l'inconvénient majeur, mais inéluctable de la gare de l'Ouest. A part ce défaut, auquel on ne pense guère, elle est excellente, large, disposée sur un assez grand espace pour que les manœuvres s'y exécutent toujours avec ponctualité et sécurité, abritée sous d'immenses constructions vitrées qui ont donné l'idée première des Halles centrales, surveillée par de nombreux employés qui dirigent le public, maintiennent l'ordre et assurent la régularité du service.

La composition des trains, les diverses combinaisons par lesquelles ils ne doivent jamais être en retard et ne jamais être exposés à aucun accident, incombent au *chef du mouvement*, fonctionnaire à responsabilité illimitée, fort inconnu du public qui n'a jamais affaire à lui, mais ayant son bureau sur le quai même, afin de pouvoir être prévenu sans délai de tout incident produit sur la voie. Pour être à la hauteur de cette fonction délicate et périlleuse, il faut connaître avec certitude et d'une façon absolument complète, non-seulement le chemin, les stations, les embranchements, mais aussi le matériel qu'on emploie et le personnel auquel on le confie ; il faut en outre être doué d'un singulier esprit de prévision pour ne laisser, sur une ligne exceptionnellement chargée de trains, très-souvent parcourue par des convois supplémentaires, comme celle de la banlieue, place à la possibilité d'aucune erreur pouvant entraîner un désastre. Bien des généraux d'armée qui ont remporté des victoires reculeraient devant une pareille tâche, car ici le combat est incessant. On ne sait jamais par où l'ennemi viendra, et si l'on ne perdra pas la bataille. Quand chaque point a été étudié, quand les instructions les plus précises et les plus méticuleuses ont été données, quand les agents les meilleurs ont été choisis, quand tout semble prévu, il reste encore ce que le hasard tient dans sa main. L'*x* de ce problème se renouvelle plus de quatre cents fois par jour et a de quoi faire reculer l'homme le plus hardi. C'est le chef du mouvement qui est réellement l'âme du chemin de fer ; pour mettre cette vaste machine en œuvre, le chef de traction lui fournit les muscles, mais c'est lui qui est le cerveau.

Le chef du mouvement indique la marche des trains qui doivent faire le service de la journée, le nombre et l'espèce de voitures qui le composent, le genre de locomotive qui les remorquera, le nombre d'agents qui doivent les accompagner. Il spécifie la quantité de wagons *à freins* qui doivent réglementairement faire partie du convoi. Ces freins, destinés à appuyer latéralement deux sabots sur les roues et par conséquent à ralentir singulièrement la force d'impulsion, sont disposés de manière à être très-aisément manœuvrés par les conducteurs ; dans les pentes rapides, à l'arrivée aux stations, ils calment le mouvement acquis et facilitent l'arrêt. La moyenne des wagons à freins possédés par l'Ouest est de 1,400. On peut donc affirmer qu'un convoi de vingt voitures est toujours muni de trois freins[1].

Dans ces énormes trains de marchandises qui nous paraissent cheminer si lentement et qu'autrefois nulle malle-poste n'eût pu atteindre, on a soin de donner le chargement le plus lourd aux wagons-freins, afin que la pesanteur, augmentant la force de résistance, rende plus faciles les manœuvres d'arrêt ou de simple ralentissement. On a expérimenté sur la ligne d'Auteuil des freins à vapeur mus par la machine elle-même, mais on y a promptement renoncé ; ils étaient brutaux et procédaient par saccades qui auraient pu avoir des résultats fâcheux. Grâce au sifflet de sa locomotive, le mécanicien est en rapport avec le conducteur, et lui parle un langage convenu auquel celui-ci doit obéir : deux coups de sifflet très-brefs signifient : serrez les freins ; un seul : desserrez-les. De plus, comme il faut pouvoir parer à un accident, chaque train est muni d'une boîte de pansement et de certains outils propres à réparer un dégât inopiné et peu considérable ; en outre toute station un peu importante a sous remise un wagon spécial gréé de toutes sortes de crics, de pinces, de leviers, prêt à être attelé à la machine de secours et à partir.

Ce n'est pas tout que d'avoir composé un train, il reste à en déterminer la marche de façon qu'il ne gêne pas les autres convois et ne soit pas gêné par eux. Il faut tenir compte de la distance et du temps par mètre et par minute. Quand une ligne a deux voies, l'une descendante (s'éloignant de Paris), l'autre montante (ve-

[1] Extrait du Règlement général, n° 3, *pour les conducteurs de trains :*
« Art. 6. Le nombre minimum des freins, pour chaque train, est fixé de la manière suivante : trains de voyageurs, trains composés de 1 à 7 voitures, 1 frein, placé dans le dernier tiers du train ; trains composés de 8 à 15 voitures, 2 freins, dont un placé dans le dernier quart du train ; trains composés de 16 à 34 voitures, 3 freins, dont un placé dans le dernier cinquième du train. »

nant vers Paris), cela offre moins de difficulté, car ces voies sont toujours consacrées au même parcours : la voie montante est à droite, la voie descendante est à gauche ; mais que dire lorsque, le chemin de fer n'ayant qu'une voie, comme cela se rencontre encore malheureusement dans certaines parties de la France, il faut combiner le passage et le garage des trains avec une prudence et une sagacité qui défient toute possibilité d'accident ! La prévoyance est telle que sur les chemins de fer de l'Ouest, où parfois cinq cent vingt-neuf convois se sont entre-croisés en une seule journée, chacun d'eux est arrivé à une heure fixe, sans avarie, comme s'il eût eu pour lui seul pendant tout le parcours une voie absolument spéciale. Il l'avait en effet, puisque, en lui garantissant ses heures de départ, de passage et d'arrivée, on lui avait fait la route libre.

Tout voyage de train exige un travail préliminaire ; c'est ce que l'on nomme le tracé de la marche, ou, en langage administratif, *le graphique*. Lorsqu'on voit un graphique pour la première fois, on n'y comprend rien. C'est un entre-croisement de lignes qui paraissent inextricables et tout à fait arbitraires ; mais, dès qu'on en a la clef, la lumière se fait, l'enchevêtrement se débrouille, et l'on reste étonné de la simplicité du procédé. Une feuille de papier est partagée verticalement en autant de traits qu'il y a d'heures de départ dans la journée ; chaque heure est divisée en six parties égales dont chacune équivaut à dix minutes. Les lignes verticales représentent donc le temps. Elles sont croisées par des lignes horizontales qui, figurant les distances, sont aussi nombreuses que les stations du parcours. En face de chacune de ces dernières lignes, le nom de la station est écrit, comme le nom de l'heure est placé au-dessus des premières : le temps et la distance étant donnés, tout devient facile.

Pour tracer, par exemple, la marche du train qui, partant de Paris à 7 h. 1/2 du matin, arrive à Versailles à 8 h. 22 m., on dessine une ligne qui prend naissance à la troisième des six divisions marquées entre les lignes verticales de 7 à 8 heures, sur la ligne horizontale intitulée Paris, et on la conduit un peu au delà de la deuxième division verticale, entre 8 et 9 heures, au trait horizontal correspondant à Versailles. Si le trajet était direct, la ligne serait droite; mais comme le train s'arrête à toutes les stations, la ligne se brise à chacune d'elles, et la brisure est plus ou moins étendue, selon que l'arrêt est plus ou moins prolongé. Le chef du mouvement prépare ainsi tout son service, fait un travail analogue pour les services extraordinaires motivés par les fêtes locales, les grandes eaux, les revues, les trains de plaisir, et peut d'un coup d'œil voir l'ensemble de sa ligne en mouvement avec les heures de départ, d'arrivée, de stationnement; en somme, c'est un plan animé qui s'explique de lui-même et n'a point besoin de légende. Tous les employés du mouvement, tous les agents de la direction des gares lisent le *graphique* avec autant de facilité que nous lisons le journal.

De plus, sous le titre de *roulement du matériel*, une pancarte est rédigée qui indique le mouvement des trains d'un point à un autre pour les jours de la semaine et pour le dimanche. Chaque train est spécifié par son numéro d'ordre (les trains descendants portent toujours des numéros impairs; les numéros pairs sont réservés aux trains montants), par son heure de départ, par son heure d'arrivée à destination; on précise que le convoi s'arrête à toutes les stations, ou à certaines stations désignées, ou qu'il est *haut le pied*, c'est-à-dire qu'il ramène le matériel vide. Il faut enfin faire la *répartition du travail des employés* dans la gare, afin d'assurer le service et de savoir au besoin à qui faire remonter la responsabilité d'une faute ou d'une erreur. On divise les employés en autant de groupes qu'il y a de lignes spéciales : Versailles, un groupe ; Saint-Germain-Argenteuil un autre groupe, et ainsi de suite. On les désigne par leurs noms et par leurs fonctions ; on écrit le nombre d'heures de travail effectif qu'ils doivent, on délimite avec soin leurs attributions, et dans des *notes* on leur adresse les recommandations particulières que comporte leur travail de tel ou tel jour, de telle ou telle heure.

*Le graphique, le roulement du matériel, la répartition du travail*, sont le comble de la prévoyance. Ces trois papiers sont remis au chef de gare qui est chargé de faire exécuter les prescriptions qu'ils contiennent et dont chaque employé intéressé peut prendre connaissance. Ainsi, quand un train part, il est comme un régiment qui change de garnison; il a sa feuille de route expliquant toutes ses étapes et le temps qu'elles doivent durer. Les communications rapides de l'électricité ont apporté une force de plus au commandement et à la direction. Dès qu'une irrégularité quelconque se manifeste, on en informe qui de droit; des renseignements, des instructions, sont transmis dès qu'on peut soupçonner qu'ils auront quelque utilité. Chaque gare a un employé spécial chargé de ce service télégraphique, et celle de l'Ouest (rive droite) a pendant l'année 1867 échangé 43,901 dépêches relatives à l'exploitation du chemin de fer.

Muni des documents émanés de la direction du mouvement et dans lesquels, comme nous venons de le voir, il peut lire tous les ordres concernant ses fonctions, le chef de gare a pour mission de veiller à la formation des trains, qu'il fait ranger, selon la destination, contre un des vingt quais qui servent au départ et à l'arrivée ; il surveille l'installation des voyageurs, fait décomposer le train parvenu à terme de voyage après qu'on a relevé le numéro d'ordre de chaque wagon et vérifié si les voyageurs n'ont rien oublié dans les voitures ; enfin il commande les trois cent quatre-vingt-neuf employés qui font le service de son domaine particulier. Un bon chef de gare est inappréciable pour une compagnie de chemin de fer ; mais cela n'est pas facile à trouver, car il faut savoir faire respecter le règlement tout en étant plein de complaisance pour les voyageurs, dont les exigences vont trop souvent au delà du possible.

Lorsque, tournant le dos au souterrain à triple tunnel qui passe sous le boulevard des Batignolles, on aperçoit l'ensemble de la gare[1], on reconnaît qu'elle a presque la forme d'une immense mandoline dont les rails seraient les cordes et dont les poteaux de signaux, placés à chaque embranchement, seraient les chevilles. Là on comprend mieux que partout ailleurs la complication et la simplicité des manœuvres. Un son de *huchet* retentit au loin, il est immédiatement répété à l'entrée de la gare ; on voit un homme sortir d'une petite cabane vitrée, saisir le levier d'une aiguille, l'abaisser, modifier par ce seul geste la position d'un disque indicateur et mettre le train arrivant sur la voie qui doit le conduire à son quai spécial. Incessamment, pour les trains qui arrivent, comme pour les trains qui partent, une manœuvre analogue se reproduit. Dès que la nuit approche, quand le brouillard s'épaissit, on allume sur les disques des feux dont les couleurs différentes, verte, rouge, jaune, dont la position déterminée, ont une signification particulière qui est comprise par tous les employés comme un ordre écrit. Les combinaisons diverses qui servent à acheminer un train vers un point précis, et à lui réserver en temps utile une voie spéciale, sont tellement ingénieuses et tellement claires, que les

[1] Le soir, la gare est éclairée par plus de 800 becs de gaz, et, dans les temps de service exceptionnel, par 1,100.

accidents survenus en gare, là même où les trains se succèdent et s'entre-croisent incessamment, sont assez rares. Plusieurs années se passent souvent sans qu'on puisse en signaler un seul.

Les aiguilleurs sont toujours à leur poste. On les choisit parmi les agents les plus intelligents et les plus attentifs ; leur travail, purement mécanique, n'exige qu'une force médiocre ; dès qu'un train doit passer devant eux, ils sont prévenus d'abord par le son du huchet, ensuite par le sifflement prolongé de la locomotive, et enfin par une sonnette électrique placée près de leur guérite. Un agent particulier, chargé de l'inspection des aiguilles et des disques, est sur la voie, surveillant les aiguilleurs, examinant les manœuvres, punissant toute négligence et assurant la prompte et stricte exécution du service. Le bon fonctionnement des signaux et le respect qu'ils imposent sont la meilleure garantie de sécurité pour un chemin de fer ; aussi le règlement contient-il cette prescription : *Tout employé, quel que soit son grade, doit obéissance passive aux signaux.*

On a essayé souvent des signaux automatiques, mais on y a renoncé ; le meilleur instrument de sécurité c'est encore l'homme; lorsqu'on est parvenu à lui faire comprendre l'importance de son devoir. Pour plus de sûreté néanmoins on a, par un procédé très-ingénieux, combiné le jeu des aiguilles avec celui des signaux, de telle sorte que, lorsqu'il dirige un train sur une voie, l'employé, avant de pouvoir manœuvrer l'aiguille, met forcément à l'arrêt le signal protecteur de cette voie. De plus, quand le signal est à l'arrêt, il amène sur le rail interdit un pétard détonant. Si, par suite d'un hasard, le signal n'a pas été aperçu, la locomotive passe sur la boîte fulminante qui, écrasée par les roues, lance un avertissement acoustique auquel le mécanicien se hâte d'obéir. Cette invention est due à M. Viguier, ingénieur à l'Ouest; elle a valu à son auteur un grand prix à l'Exposition universelle de 1867. Tout mécanicien qui, malgré l'ordre d'arrêt, arrive jusqu'à l'aiguille et fait détoner le pétard, est puni d'une amende, quoiqu'il n'ait donné lieu à aucun accident.

Le disque, visible dans le jour par sa forme, la nuit par ses feux, est l'indicateur spécial. Selon qu'il est *effacé* ou *fermé*, c'est-à-dire parallèle ou perpendiculaire à la voie, selon qu'il montre un feu blanc ou un feu rouge, la voie est déclarée libre ou obstruée. Normalement, l'absence de tout signal indique la voie libre, mais la surveillance est toujours sur le qui-vive. L'article du règlement est positif : « Sur tous les points et à toute heure, les précautions doivent être prises comme si un train était attendu. » L'Ouest a renchéri encore sur les signaux en usage, et l'on vient d'y inaugurer un nouvel indicateur composé d'une plaque carrée où sont pratiquées deux ouvertures éclairées par une seule lampe à réflecteur. Suivant que les lumières sont apparentes ou cachées, les trains s'arrêtent ou continuent leur route.

Pour bien faire comprendre avec quelle sagacité les signaux et les aiguilles sont distribués à l'issue de la gare de l'Ouest, il faudrait un plan indicatif et détaillé. Ce plan existe; il est annexé au règlement spécial que la Compagnie remet à tous les aiguilleurs, mécaniciens ou conducteurs de convois; 70 aiguilles, 26 signaux différents, s'affirmant, se détaillant, se rectifiant les uns les autres, expliquent comment les accidents sont naturellement évités, malgré les causes multiples qui sembleraient devoir les faire naître. Grâce aux manœuvres des aiguilles et des signaux, on peut dire que dans une gare bien distribuée il y a autant de voies qu'il y a de trains montant et descendant. Je ne puis mieux comparer la gare de l'Ouest qu'à une caisse de sûreté : pour l'ouvrir, il faut connaître le secret des serrures et des verrous. Ce secret, qui au premier coup d'œil paraît très-compliqué, est d'une simplicité extrême, et il est confié à des hommes toujours surveillés, qui le connaissent et le pratiquent avec une précision que rien ne met en défaut.

## III. — LA GARE DES MARCHANDISES.

Amoncellement et activité. — Gare et dock. — Encombrement et abus. — Tarif à refaire. — Déménagements. — Le dépôt. — Denrées et greniers. — Service de l'Exposition universelle. — Locomotives. — Palefreniers. — Mise en train. — Chasse-pierres. — Chasse-bœufs. — Cruauté de nos locomotives. — Les autres nations sont plus humaines. — Les mécaniciens. — Le livret. — Les agents du train. — Prescriptions. — Caisse de secours. — Limite d'âge. — Anecdote personnelle. — Omnibus et camions. — Cavalerie.

Pour des motifs que les droits d'octroi suffiraient seuls à expliquer, la gare des marchandises des chemins de fer de l'Ouest est située hors Paris, au delà de l'enceinte des fortifications. J'ai dit plus haut quelles en étaient les dimensions il y a trente ans ; aujourd'hui elle couvre une superficie de 50 hectares[1]. Elle s'étend à droite de la voie, quand on tourne le dos à Paris ; elle se compose des bâtiments d'administration et d'immenses hangars côtoyés par des quais où les trains viennent déposer et charger les marchandises. Il faut un large emplacement pour loger tous les colis qui arrivent jour et nuit ; le mouvement de va-et-vient est énorme, et il a été évalué pour l'année 1866 à 3 milliards 559 millions 481,005 kilogrammes. Là s'amoncèlent, soit revêtues de paille ou renfermées dans des caisses de bois blanc marquées de grosses lettres noires, soit en *vrac*, c'est-à-dire sans enveloppe, soit en sacs, en

[1] Un point de comparaison donnera une idée nette de cette étendue : le Champ de Mars n'a que 40 hectares.

bouteilles, en fûts, des denrées de toute espèce, des marchandises de toute nature venues de la province, mais venues aussi d'outre-mer et débarquées dans nos ports de la Manche et de l'Océan. En voyant cette activité, ces piles de caisses, ces hommes rapides qui vérifient des numéros d'ordre, ces douaniers qui examinent les objets, ces sergents de ville qui se promènent l'œil aux aguets et l'oreille tendue, ces déchargeurs qui font bruyamment rouler leur brouette sur les parquets de bois, ces camions attelés de forts chevaux qui viennent chercher livraison de la marchandise attendue, ce désordre apparent qui cache tant de régularité, on ne peut s'empêcher de penser à la description du port de Tyr, que nous apprenions dans *Télémaque* au temps du collége. L'Ouest a reçu en 1866 plusieurs millions de colis, sur lesquels 532 ont été égarés et dont la valeur a été remboursée aux propriétaires. Cette proportion est tellement minime, que j'en parle seulement pour prouver avec quel soin toutes ces manipulations sont faites.

En France, et à la gare de l'Ouest comme aux autres gares, une difficulté de plus vient s'ajouter à toutes celles que présentent déjà la réception, le pesage, l'enregistrement et l'expédition d'une si grande quantité de marchandises. Au lieu de les faire retirer aussitôt qu'ils ont reçu leur lettre d'avis, les destinataires les laissent volontiers en gare, sachant que là elles sont emmagasinées avec précaution, qu'elles ne courent aucun risque et qu'elles ne seront grevées que d'un droit de consigne assez faible [1]. En un mot, les négociants considèrent volontiers les gares comme des docks où ils ont le droit de laisser leurs marchandises en dépôt.

[1] 2 centimes par 100 kilogrammes et par jour pendant les quinze premiers jours; 5 centimes par 100 kilogrammes et par jour pour chaque jour en sus, *sans limite de temps*.

C'est là un abus grave et qui retombe pesamment sur les compagnies. Si, indépendamment de l'encombrement déjà excessif occasionné par les arrivages quotidiens, il faut encore se charger de la garde, parfois très-prolongée, des marchandises parvenues à destination de route, nul emplacement ne sera suffisant et le personnel devra être augmenté dans des proportions toujours croissantes. Les compagnies se plaignent, les négociants font la sourde oreille, le service général souffre, les employés sont accablés de travail. Cet abus tend à s'établir et à dégénérer en droit acquis. Il y aurait un moyen bien simple de faire cesser cet état de choses : ce serait d'établir un tarif proportionnel pour le séjour des marchandises en gare au delà d'un certain laps de temps largement déterminé. De cette façon, les destinataires, y regardant de plus près, se hâteraient probablement de faire retirer les objets qui leur appartiennent, et les compagnies seraient débarrassées d'un encombrement qui entrave le service et rend souvent illusoire la meilleure volonté.

Les chemins de fer, en transportant les voyageurs, ont remplacé les diligences; en transportant les marchandises, ils se sont substitués au roulage; ils ont fait plus, et ils se chargent de faire les déménagements pour les campagnes éloignées d'une ville traversée par le *railway*. A cet effet, une voiture chargée de meubles est, après avoir été dégarnie de ses roues, hissée sur un *truc;* ses roues sont placées près d'elle; arrivée à la station désignée, on la remonte, on l'attelle et on la conduit à l'endroit déterminé. C'est un moyen à la fois rapide, économique et sûr. Ces lourds chariots restent en relais à la gare des marchandises jusqu'à la formation du train qui doit les emporter.

De l'autre côté des rails nombreux qui sillonnent la voie, rendue exceptionnellement large en cet endroit pour pouvoir suffire aux nécessités de l'exploitation, s'élèvent les constructions du *dépôt*. Là sont les remises où les wagons de toute sorte attendent leur tour de voyage, et les *écuries* où l'on garde les locomotives. Près de là s'étendent les greniers, mais ils sont en plein air et sont représentés par des montagnes de charbon. Ce sont les chefs de dépôt qui fournissent chaque jour le nombre de locomotives et de voitures demandé par le chef du mouvement. On ajoute quotidiennement deux locomotives supplémentaires, dites *locomotives de secours*, qui demeurent en gare, prêtes pour un service inopiné. Quelque considérable que soit le matériel moteur et roulant d'une compagnie, il peut se présenter certains cas où il ne répond pas aux exigences du moment. Ainsi, en 1867, le chemin de l'Ouest fut chargé de pourvoir au service de l'Exposition universelle. Du 1er avril au 3 novembre, 15,210 convois ont été expédiés et reçus à la gare Saint-Lazare; 1,473,196 voyageurs ont été transportés : ce qui donne une moyenne de 70 trains et de 6,789 voyageurs par jour. La Compagnie, pour subvenir à ces transports excessifs, a fait transformer 200 wagons à marchandises en voitures de 3e classe, 100 voitures de 3e classe en voitures de 2e, et construire en outre des voitures des trois classes réglementaires. Aussi l'on se rappelle avec quelle régularité a fonctionné ce service adjoint.

Les dépôts des locomotives sont des bâtiments circulaires ou carrés. On renonce aux premiers et l'on fait bien, car ils offrent aux manœuvres un notable inconvénient. Une seule plaque tournante en occupe le centre; lorsqu'elle est détraquée, toutes les machines sont immobilisées, et l'on ne peut plus les faire sortir; tandis qu'un bâtiment carré, ouvert de nombreuses baies garnies de rails, donne autant d'issues aux locomotives qu'il a de portes. Le parcours moyen d'une locomotive est annuellement de 30,000 kilomètres, soit 82 kilomètres par jour ; ce qui est peu, si l'on a égard à l'extrême puissance de ces engins ; mais on ménage les locomotives exactement comme un bon cavalier ménage son cheval, et jamais, à moins de circonstances exceptionnelles, on ne leur demande un service qui ne soit bien au-dessous de leurs forces.

Dès que la locomotive a terminé sa route, elle est ramenée au dépôt et livrée aux soins d'hommes qu'on pourrait appeler ses palefreniers et qui sont chargés de la nettoyer. C'est plus long que de laver, de bouchonner et d'étriller un cheval ; le travail que nécessite la mise en état d'une locomotive qui a parcouru sa distance réglementaire dure au moins deux jours et occupe deux hommes. Chaque écrou, chaque vis, chaque tube de la chaudière est visité ; selon M. Jules Gaudry, qui est expert en cette matière, une locomotive est en moyenne composée de quatre mille pièces différentes. On peut affirmer qu'après un pansage complet, chacune de ces pièces a été examinée, fourbie et huilée.

Il faut trois heures pour mettre une locomotive *en train*, c'est-à-dire pour lui donner le degré de chaleur qui, développant sa puissance, la rend propre à être attelée aux wagons et à commencer sa route. Dans les cas extrêmes, qui se présentent très-rarement, on peut, en allumant du bois, en promenant la machine sur la voie de façon à activer le tirage, arriver au même résultat en une heure et demie. Cela s'appelle *pousser le feu*. La locomotive tout allumée est remise au mécanicien, qui ne l'accepte qu'après avoir vérifié par lui-même qu'elle est en bon état et propre au service exigé. Il est un des organes de la locomotive qu'on examine toujours avec soin avant le départ, c'est le chasse-pierres. Ce sont deux bandes de fer, légèrement concaves, terminées par deux fortes dents recourbées qui rasent les rails sans les toucher, de manière à rejeter tout obstacle qui pourrait les encombrer. Cet instrument fort simple a rendu d'immenses services et a sauvé bien des convois, en repoussant loin du train lancé à toute rapidité les poutres et les pavés que de sinistres farceurs s'amusent à déposer sur les rails pour jouir du spectacle d'un train déraillé, renversé, pulvérisé. En Amérique, le chasse-pierres est remplacé par le *chasse-bœufs*. Là, en effet, les *railways* n'étant pas garantis par des balustrades où des *passages à niveau* s'ouvrent à distance déterminée, les bestiaux qui paissent dans les prairies viennent souvent se coucher en travers de la voie ; un engin fait en forme de grille convexe, très-solide et membré de fortes barres de fer, enlève les animaux et les refoule au delà du tracé. Il est probable qu'un train parvenu au maximum de vitesse ne déraillerait pas pour un bœuf écrasé, mais il est prudent de n'en point faire l'expérience.

Les locomotives dont on se sert en France sont excellentes; qu'elles soient, pour les trains de voyageurs, d'après le système Crampton, ou d'après le système Engerth pour les convois de marchandises, elles sont irréprochables au triple point de vue de la rapidité, de la puissance et de la sûreté de manœuvre ; mais si parfaites qu'elles soient, je les trouve cruelles, pour ne pas dire impitoyables, car elles sont découvertes et laissent les mécaniciens exposés à la pluie, à la grêle, à la neige, à un courant d'air qui est un tourbillon. Depuis quelque temps, l'Ouest a adopté les lunettes, qui du moins garantissent du jet de face; mais les côtés sont libres et il n'y a pas de plafond, de sorte que l'amélioration, à peine sensible pendant le beau temps, devient illusoire pendant les bourrasques.

En Allemagne, en Belgique, en Hollande et dans vingt autres pays, les mécaniciens sont garantis par une sorte de capote de cabriolet retournée, armée de quatre larges œillères qui permettent de découvrir la voie en face et latéralement. De cette façon, ils sont abrités contre les intempéries, contre le froid, contre la neige aveuglante, contre la pluie fouaillée qui abrutit si bien qu'un mécanicien à qui l'on demandait pourquoi, un jour d'orage, il n'avait pas obéi à un signal, a pu répondre avec véracité : Je l'ai vu trop tard ! L'objection formulée par les ingénieurs contre une amélioration que réclame l'humanité la plus ordinaire est très-nette : Si nous abritons nos mécaniciens, ils dormiront ! Cela est possible, et je ne suis pas apte à décider la question. La chaleur émanant du foyer incandescent, condensée sous la capote, que ne balayerait aucun courant d'air, serait peut-être plus intolérable encore que le froid et l'humidité. Pourtant dans les moments de tourmente, quand les mécaniciens sont entourés par une véritable tempête qui souffle contre eux avec une force irrésistible, il n'est pas rare de les voir s'endormir debout, appuyés sur les plats-bords de la locomotive, oscillants et comme anéantis par la trombe qui les entoure.

Ce métier est pénible, exceptionnellement pénible, non-seulement par la responsabilité qu'il entraîne, mais par les souffrances qu'il contraint à endurer ; toutefois l'homme est un animal si admirablement doué, qu'il se fait assez vite à ce rude labeur. Au bout de quinze jours ou de trois semaines d'exercice on n'y pense guère, et, comme un vieux matelot, on nargue la tempête. Ces hommes, du reste, hommes de courage, de prévoyance et de résolution, sont très-bien payés ; en dehors des primes qu'ils obtiennent facilement en ménageant le combustible, tout en arrivant aux heures réglementaires, ils gagnent environ dix francs par jour ; mais ce dur métier épuise vite leurs forces qu'ils sont obligés de réparer par une nourriture très-substantielle, et l'on peut croire qu'ils ne font pas grandes économies.

Tout mécanicien, tout chauffeur est pourvu d'un livret de dimensions calculées pour entrer facilement dans une poche, imprimé en gros caractères et divisé en trois chapitres comprenant les attributions et la responsabilité, les mesures de sûreté, les mesures d'ordre. Dans ce petit livre, composé d'une centaine de pages et qui est un modèle de clarté, le mécanicien trouve non-seulement les prescriptions qui fixent d'une façon absolue toutes les précautions, tous les soins qui doivent assurer sa route, mais encore l'indication des mesures à prendre pour toute circonstance exceptionnelle qui peut se présenter devant lui ; s'il sait son livret par cœur, il est à l'abri de tout accident qui n'est pas produit par un méchant hasard. Ce qui frappe le plus quand on étudie consciencieusement les chemins de fer, c'est l'extrême prévoyance des chefs de service, qui, à force de réflexion, de travail et de combinaisons ingénieuses, sont parvenus à se rendre maîtres de toutes les conjectures possibles et à annuler, pour ainsi dire, les chances mauvaises qui menacent toujours une semblable exploitation.

L'intelligence pratique des mécaniciens assure la stricte exécution des règlements. Tout, pour ces hommes dont les sens sont parvenus à un degré d'acuité extraordinaire, est un indice et un renseignement. La nuit et les yeux bandés, sur une route dont ils ont l'habitude, ils sauront précisément où ils sont. A l'air plus frais qui frappe leur visage, ils reconnaissent l'approche de vallées; par le bruit plus strident et pour ainsi dire multiplié du train en marche, ils sont prévenus qu'ils passent entre des remblais; une fade odeur de moisi leur annonce le voisinage des tunnels ; le parfum humide et pénétrant des bois endormis leur apprend que la forêt est auprès d'eux; quand le train glisse presque sans rumeur. c'est qu'on descend une pente ; si au contraire il *peine* comme un homme chargé d'un fardeau trop lourd, c'est qu'on gravit une rampe ; les oscillations de la machine leur indiquent une voie fatiguée et qui a besoin de réparations. Pareils à ces chefs de caravane qui, dans un désert toujours semblable, sous la morne immensité du ciel obscur, savent distinguer à des signes invisibles pour d'autres le lieu qu'ils traversent, les mécaniciens doivent être doués de sens spéciaux qui leur permettent en toute conjoncture de reconnaître avec certitude chaque point de leur parcours et de manœuvrer en conséquence.

Lorsqu'un convoi est composé de quinze voitures au moins, il est accompagné par trois agents, qui sont : le chef de train, le conducteur, le conducteur d'arrière ; ils doivent se tenir pendant le trajet chacun dans une loge vitrée placée au sommet d'un wagon, ayant les freins sous la main et pouvant d'un seul coup d'œil embrasser la voie tout entière. Ces hommes-là sont aussi porteurs d'un livret spécial qui renferme leurs instructions et les met à même de pourvoir à tous les cas accidentels. L'article 38 de ce règlement contient les recommandations relatives aux rapports des conducteurs avec les voyageurs ; la citation du premier paragraphe montrera dans quel esprit elles sont conçues : « Les conducteurs doivent avoir pour tous les voyageurs les plus grands égards et se montrer toujours prévenants et empressés. » Et plus loin : « Ils doivent éviter avec le plus grand soin tout ce qui serait de nature à troubler les voyageurs. »

Il est superflu de dire que les employés ont une caisse de secours largement alimentée par la compagnie et qu'ils ont les soins gratuits d'un médecin. Ce dernier fait chaque jour en gare, à midi, une visite des agents qui croient devoir recourir à ses soins. En hiver et en été, des boissons toniques sont distribuées gratuitement aux employés, qui trouvent en outre à l'économat de l'administration des vêtements qu'on leur livre exactement au prix de revient. Parmi ces hommes que nous voyons à chaque station descendre, crier le nom de la gare, courir aux portières qu'ils ouvrent, donner le coup de sifflet du départ et remonter à leur vigie quand déjà le train est en marche, beaucoup sont d'anciens militaires. Ils apportent dans leur service la régularité et l'agilité pratique de leur ancien métier. Ces fonctions, qui exigent une assez grande résistance physique, demandent des gens alertes et vigoureux ; aussi les compagnies ont fixé une limite d'âge au delà de laquelle on n'est plus admis à entrer dans les chemins de fer ; l'Ouest ne reçoit aucun employé âgé de plus de trente-cinq ans. Pour ces hommes continuellement en rapport avec les voyageurs, avec les bagages, avec les groupes, avec les mille objets qu'on laisse traîner dans les voitures, lorsqu'on descend momentanément à une station, la probité est devenue l'esprit de corps[1]. Leurs actes recommandables sont tellement fréquents qu'on ne les récompense même plus ; on se contente de les indiquer sur un tableau mensuel. S'ils sont honnêtes, ils ne sont point sots, et savent, par une sagacité souvent remarquable, découvrir le propriétaire d'un objet égaré.

Voici une anecdote qui m'est personnelle et qu'on me pardonnera de raconter, car elle n'est point à ma louange. Ayant à me rendre à Chatou, j'avais pris un billet aller-retour que j'enfermai dans mon porte-monnaie. J'étais installé dans un wagon, en compagnie de trois ou quatre autres personnes et je lisais un journal, quand un employé, se présentant à la portière, demanda : « Qui

[1] Les employés ont, pendant l'année 1867, recueilli 7,382 objets dans les wagons arrivés à la gare de l'Ouest (rive droite). Sur ce nombre, 1,615 ont été rendus à leurs propriétaires, qui les ont réclamés ; 3,630 ont été livrés au domaine ; 1,301 ont été déposés à la préfecture de police, et 836 restent au bureau des réclamations.

est-ce qui va à Chatou? » Trois voyageurs répondirent. L'employé fit exhiber les billets. Je quittai ma lecture, de fort méchante humeur, déclarant à haute voix qu'il était insupportable d'être ainsi dérangé. Je dis à l'agent : « Mais si j'allais à Asnières, vous ne me demanderiez donc pas mon billet? » Imperturbablement il répliqua : « Non, monsieur. » Je levai les épaules avec cette sotte irritation parisienne que nous connaissons tous et je fouillai dans ma poche : je les retournai toutes sans retrouver le petit sac à fermoir que je cherchais. Mon exclamation involontaire apprit à l'employé quel était mon embarras, il se mit à sourire et me dit : « Monsieur, voici votre porte-monnaie. » Il l'avait trouvé sur la voie et avait été de wagon en wagon exiger qu'on lui montrât les billets pour Chatou, afin d'être bien certain de découvrir le propriétaire. S'il avait crié : Qui est-ce qui a perdu un porte-monnaie? il est probable que dans le convoi dix personnes auraient réclamé.

Il ne suffit pas aux compagnies de transporter les voyageurs et les marchandises aux stations des lignes exploitées; elles les conduisent aussi sur différents points de Paris, et pour cela elles ont un service spécial d'omnibus et de camions. L'Ouest emploie à cette exploitation particulière 350 voitures et 650 chevaux. Ses omnibus roulants sont au nombre de 41 ; 24 pendant l'hiver, 30 pendant l'été et 11 de réserve pour les jours d'affluence exceptionnelle. Les voitures de factage et les camions portent les colis, les groups et les marchandises à domicile. Les omnibus ont été mis à la disposition des voyageurs à la gare de l'Ouest dès le principe, quand fonctionnait la seule ligne de Saint-Germain. Un ancien maître de poste, M. Aureau, avait pris ce service à cœur et lui donna au début même une importance considérable; les chevaux étaient choisis avec un soin extrême; forts, vigoureux, à large poitrail, à jambes irréprochables, ils ont fait de tout temps l'admiration des maquignons. On peut dire que la Compagnie de l'Ouest a trouvé, sinon créé, le type modèle du cheval d'omnibus[1]. Ces chevaux fournissent une longue et très-utile carrière ; quand ils ne sont plus aptes à traîner rapidement et sûrement les voitures réservées aux voyageurs, on les fait entrer dans le factage, puis ensuite on les attelle aux camions, et enfin, épuisés et vieux, on les réduit à ces charrois faciles qu'exige l'exploitation intérieure de toute gare de marchandises.

## IV. — LES ACCIDENTS.

Le cahier des charges. — Les billets militaires. — Stratégie. — Campagne d'Italie. — Injustice du public. — Le prétendu monopole. — Intervention de l'État. — Système anglais. — Fortune des chemins de fer. — Accidents. — 8 mai 1842. — Terreur. — Accidents de chemins de fer et de diligences. — Statistique. — Prescriptions réglementaires. — L'accident de Creil; M. Pilinski. — Précautions prises. — Arrêt subit. — Imprudence des voyageurs. — Jude. — Ce qu'on peut exiger des compagnies. — Tarifs belges et français. — Locomotives routières. — Avenir du quatrième réseau.

En échange des concessions faites aux compagnies, l'État leur impose *un cahier des charges*, dont la rigoureuse exécution est surveillée par un commissaire spécial. Ce cahier fixe la direction, la largeur de la voie, le nombre des stations, détermine le nombre de wagons qui composent un train[2], le prix par tête, par kilomètre, par kilogramme, des voyageurs, des bagages, des valeurs d'or

[1] C'est aussi la Compagnie de l'Ouest qui la première a, sur ses omnibus, abrité les voyageurs d'impériale par une tente en toile cirée, et leur a permis de gagner leur place par un escalier à rampe, supérieur, sous le double rapport de la facilité et de la sécurité, aux marchepieds superposés dont on a gardé l'usage dans d'autres entreprises.

[2] Au maximum, 50 pour les trains de marchandises, 24 pour les trains de voyageurs, 30 pour les trains portant des troupes. (La Compagnie de Paris-Lyon a obtenu en 1859, pendant la campagne d'Italie, un jour d'urgence, l'autorisation de former un train de 35 voitures chargées de soldats.)

et d'argent, des marchandises. De plus, il frappe les compagnies de certaines obligations en faveur des services publics : gratuité de transport des bureaux ambulants de la poste et des voitures cellulaires, réduction des trois quarts pour les militaires ou les marins voyageant isolément ou en corps. Cette dernière mesure, parfaitement juste en elle-même, donne lieu à un abus qu'il est bon de signaler, car il est fréquent. Qu'un soldat, quel que soit son grade, voyageant en uniforme pour affaire de service, soit exempté, sur la simple exhibition de sa feuille de route, de la majeure partie des frais de transport, rien de mieux ; mais qu'un général, un haut fonctionnaire des ministères de la guerre ou de la marine, voyageant en bourgeois, pour son plaisir, puisse à l'aide d'une feuille de congé délivrée par complaisance jouir des mêmes avantages, cela est absolument hors de l'équité. C'est dépasser l'esprit de la convention acceptée et c'est grever les chemins de fer d'une sorte d'impôt additionnel que rien ne justifie, ni les ressources particulières des voyageurs, ni les motifs tout personnels de leur voyage. Les compagnies subissent plutôt qu'elles n'acceptent cet inconvénient, que moins de facilité de la part des chefs de corps et des ministères ferait disparaître.

J'ai dit qu'Arago, dans la discussion de 1838, avait nié l'utilité stratégique des voies ferrées; de récents exemples ont donné un démenti à cette prévision, qui prouve une fois de plus combien l'établissement des chemins de fer français avait laissé d'hésitation dans les esprits les meilleurs et les plus perspicaces. Ce qui s'est passé en France même pendant la campagne de 1859 démontre quels secours puissants les *railways* apportent à la guerre. Le chemin de Paris à Lyon et à la Méditerranée a transporté dans l'espace de quatre-vingt-six jours 185,000 hommes, 33,000 chevaux, 4,500 voitures d'artillerie et de train, 40 convois de matériel et de munitions ; la moyenne des wagons mis quotidiennement à la disposition de l'armée était de 518 ; à ce mouvement extraordinaire, 2,636 trains, dont 302 spéciaux, ont été consacrés, marchant à une vitesse de 25 à 30 kilomètres par heure ; pas un accident n'est venu entraver le parcours des convois, dont le nombre était cependant de 30,6 par jour, ce qui donne 1,28 à l'heure.

Dans cette circonstance, les chemins de fer ont été les auxiliaires de la victoire, mais bien plus encore l'ont-ils été dans la campagne d'Allemagne de 1866. C'est l'emploi intelligent qu'on a su en faire qui, joint à l'excellent et homogène esprit de l'armée prussienne, a, bien mieux que l'imparfait fusil à aiguille, remporté les foudroyantes victoires de Bohême. Aussi la Prusse se l'est tenu pour dit. Prévoyante et réfléchie, elle a délégué des officiers auprès des principales gares de chemins de fer, afin d'en étudier les dispositions, le maniement, de surprendre sur le fait même toutes les parties de l'exploitation et de pouvoir, par ce moyen, rendre plus tard d'importants services à une armée prête à entrer en campagne. Cet exemple est bon, il mérite d'être médité et suivi.

La victoire est dans le courage des soldats, mais elle est aussi dans leurs jambes : le mot est de Napoléon Ier. Un train faisant dix lieues à l'heure remplace très-avantageusement toutes les marches forcées imaginables ; il s'agit donc, pour les gouvernements qui se préoccupent de réformes militaires, de comprendre que les voies ferrées font aujourd'hui partie du matériel de la guerre. Si ce n'est pas un engin de destruction, c'est un moyen de rapidité pour l'acheminement des masses. On doit donc en étudier le mécanisme avec un soin tout particulier, et les officiers d'état-major devraient à ce sujet faire une éducation complète. La chose est grave et veut que l'on y pense[1]. Le matériel de toutes les compagnies françaises réuni sur une seule ligne peut au besoin, et si les circonstances l'exigeaient impérieusement, jeter en vingt-quatre heures 300,000 hommes sur une frontière. A ce point de vue encore, les chemins de fer sont un bienfait pour la civilisation. En favorisant un énorme entassement d'hommes sur un point déterminé, ils donnent à la guerre une force irrésistible, mais par cela même ils en limitent la durée et la contraignent à s'épuiser elle-même en deux ou trois combats.

Les services que les compagnies de chemins de fer rendent journellement à la population et à l'État sont considérables ; cependant on est injuste envers elles ; volontiers on les accuse, et, sans tenir compte des améliorations que l'expérience a indiquées et qui presque toutes ont été réalisées depuis trente ans, on ne tarit pas en plaintes. Les chemins de fer ne sont point parfaits, cela n'est pas douteux, et il est probable que nos enfants auront des moyens de locomotion perfectionnés que nous ne soupçonnons guère ; mais dans l'état actuel de la science nos *railways* font ce qu'ils peuvent, et c'est tout ce qu'on est en droit d'exiger d'eux. On leur reproche principalement l'espèce de monopole dont ils jouissent et les accidents dont ils sont, à la fois, la cause et les victimes.

Le monopole des chemins de fer n'a rien d'absolu. Il vient de la perfection même de l'installation et du prix qu'elle coûte. Personne ne songera jamais à établir une ligne concurrente et parallèle entre Paris et Rouen. Ce monopole, qui existe en fait beaucoup plus qu'en droit,

[1] Ceci a été écrit en 1867. L'état-major allemand redouble actuellement de soin et d'activité pour tirer des chemins de fer le meilleur parti possible en cas de guerre. Les études continuent sans interruption. En 1874, des officiers empruntés à tous les corps d'armée et à toutes les armes ont fait des manœuvres spéciales pendant trois mois à cet égard ; il est même question, à Berlin, de créer un corps particulier qui serait aux voies ferrées ce que les pontonniers sont aux cours d'eau (1875).

repose sur la concession primitive; mais cette concession a autorisé l'État à intervenir pour fixer le prix des transports, ce qui en réalité n'est pas d'un intérêt majeur; elle lui a permis aussi, et cela est extrêmement important, de forcer les compagnies à épanouir leur réseau de manière à porter les voies ferrées jusque dans les pays les plus éloignés et les moins populeux. Les compagnies n'ont pas à s'en plaindre, puisque les pertes d'une ligne secondaire sont amplement compensées par les bénéfices d'une ligne principale, et qu'on arrive ainsi à un intérêt normal et régulier. Paris étant le centre, c'est-à-dire le cœur, la vie est portée jusqu'aux extrémités de la France par les lignes du premier réseau qui sont les artères, par les lignes du second réseau qui sont les veines, par les routes communiquant à la voie ferrée qui sont les vaisseaux capillaires; de cette façon la circulation est complète. C'est là un avantage dont il faut tenir grand compte et qui fait de nos chemins de fer une institution absolument démocratique. C'est à cela qu'a servi l'intervention de l'État; elle a été féconde et excellente. En Angleterre, où l'industrie privée a été seule chargée de la construction des *railways*, il n'en est point ainsi. Les compagnies en ont dirigé le tracé comme elles l'ont voulu; guidées par leur seul intérêt, elles ont recherché avant tout ce qui pouvait leur procurer un gain matériel; elles ont relié entre eux les grands centres, les centres riches, industriels, en négligeant les voies secondaires qui ne leur promettaient que des bénéfices restreints; elles présentent une organisation purement aristocratique. Si, comme chez nos voisins d'outre-Manche, l'industrie privée avait été laissée, sans contrôle, souveraine maîtresse du terrain, nos grandes lignes seules fonctionneraient aujourd'hui, et les diligences rouleraient encore sur presque toutes nos routes.

On croit volontiers aussi que les compagnies de chemins de fer ont d'incalculables richesses, et l'on est tenté de s'imaginer qu'elles vivent sur les rives d'un Pactole où l'on peut à toute heure puiser des flots d'or. On ne réfléchit pas que cette fortune appartient à tout le monde, qu'elle se divise à l'infini, et que depuis le membre du conseil d'administration jusqu'au porteur d'une simple et unique action, chacun participe, selon l'importance des fonds qu'il a versés, aux bénéfices de l'exploitation. Par le nombre des capitaux qu'elles ont employés, les compagnies sont en quelque sorte dépositaires de la fortune publique. Les 8 milliards que la construction de nos chemins de fer a nécessités sont sortis des poches de la France entière et représentent son épargne. L'intérêt, exagéré dans le principe, s'est régularisé peu à peu par l'établissement des lignes secondaires et il offre aujourd'hui au capital une rémunération suffisante et assurée.

Quant aux accidents, c'est moins la fréquence que la gravité, parfois excessive, qu'ils présentent, qui met la population en rumeur et jette dans son esprit un trouble qui se traduit par les exigences les plus folles. Le premier désastre — c'en fut un — qui vint épouvanter le public eut lieu un dimanche, le 8 mai 1842, sur le chemin de fer de Paris à Versailles (rive gauche). C'était jour de grandes eaux ; dix-huit wagons pleins revenaient à Paris remorqués par deux locomotives et poussés par une troisième placée à l'arrière. Un peu au-dessous de Bellevue, à un endroit où la voie est en déblai, la première locomotive, qui s'appelait le *Matthieu-Murray*, brisa net les deux extrémités de son essieu à l'endroit où il s'encastre dans les moyeux. A cette époque, les locomotives n'avaient que quatre roues. La seconde locomotive, brusquement arrêtée dans son élan, versa sur la première. La dernière locomotive, continuant forcément à pousser le convoi en avant, le plia en hauteur et le renversa sur lui-même. Par un surcroît de précautions insensé, dont j'ai parlé plus haut, les portières étaient fermées à clef. Les wagons culbutés sur les locomotives dont le foyer brisé avait répandu les charbons ardents, prirent feu presque immédiatement et l'on eut alors un spectacle lamentable. Les voyageurs prisonniers se précipitaient à l'étroite ouverture des portières, luttaient, s'étranglaient, brûlaient. Soixante-treize cadavres furent retrouvés ; je ne compte pas les blessés[1].

Les personnes qui, comme moi, sont contemporaines de cet accident n'ont point oublié l'effroi dont Paris et la France entière furent saisis. Les recettes des chemins de fer baissèrent immédiatement ; le chemin de la rive gauche fut littéralement abandonné, et il fallut bien longtemps pour refaire une éducation qui s'ébauchait à peine. L'épouvante fut telle, on envisageait les locomotives comme des instruments si particulièrement dangereux, si difficilement gouvernables, qu'il fut très-sérieusement question, pour les chemins de Paris à Rouen et de Paris à Orléans qui devaient être prochainement inaugurés, de remplacer la traction mécanique par des attelages de chevaux. La terreur excitée par cet accident se calma peu à peu et les chiffres que j'ai cités prouvent que le public, plus sage, s'est accoutumé aux voies ferrées et s'est familiarisé avec ce genre de locomotion.

[1] Une chapelle qu'on nomma *Notre-Dame des Flammes* fut élevée sur le remblai qui domine le lieu de l'accident. Depuis quelques années, la Compagnie de l'Ouest a fait planter des arbres autour et y a adjoint une école communale dont elle a gratuitement offert les constructions à la commune. De cette façon, le monument destiné à perpétuer le désastre échappe à la vue des voyageurs, et la chapelle semble être l'annexe de l'école. Tout est pour le mieux ; la Compagnie affaiblit un souvenir pénible, supprime un témoin désagréable, et, du même coup, donne aux enfants une instruction que sans elle ils n'auraient peut-être jamais reçue.

Il peut paraître paradoxal de soutenir que les diligences étaient un moyen de transport plus périlleux que les chemins de fer ; rien cependant n'est plus vrai. De 1846 à 1855, les diligences ont donné un tué sur 355,463 voyageurs, et un blessé sur 29,871 ; de 1837 à 1855, c'est-à-dire dans une période double, les chemins de fer donnent un tué sur 1,955,555 voyageurs et un blessé sur 496,551. La différence est notable et mérite d'autant plus d'être remarquée qu'elle est prise à l'époque la plus défavorable de l'exploitation des *railways*, à l'époque des essais, des tâtonnements, des écoles, à l'époque qui a vu se produire l'accident de Versailles, dont je viens de parler, et celui de Fampoux, qui coûta la vie à quatorze personnes. La proportion est de plus en plus rassurante ; en effet, l'*Exposé de la situation de l'empire de* 1866 constate que dans l'année précédente, sur 71 millions de voyageurs, cinq seulement ont péri par suite d'accidents ; c'est moins de un pour 15 millions [1].

L'irréparable malheur arrivé à Bellevue a été du moins une leçon dont on a profité. Les locomotives ont aujourd'hui six roues au moins, et chaque station où il y a un arrêt de cinq minutes et plus, un employé spécial frappe les essieux de la locomotive et de tous les wagons pour s'assurer qu'ils sont en bon état. Si l'un d'eux sonne faux et indique une simple fêlure, la voiture dont il fait partie est immédiatement retirée du train, remplacée par une autre et envoyée au dépôt pour être réparée. Chaque jour, depuis cette époque déjà lointaine, a consacré un progrès dans l'art de construire les

[1] Voici une statistique instructive, car elle est empruntée aux Américains, qui, on le sait, ne pèchent pas par excès de prudence dans l'exploitation de leurs voies ferrées. Pendant les années 1863, 1864, 1865 et 1866, la circulation sur les chemins de fer a été de 400 millions de voyageurs ; sur ce nombre, on compte : tués par accident que le voyageur ne pouvait éviter, 1 sur 4,999,285 ; tués par imprudence personnelle, 1 sur 4,304,888 ; blessés par accident que le voyageur ne pouvait éviter, 1 sur 319,948 ; blessés par imprudence personnelle, 1 sur 631,817.

machines et chaque jour a amené des améliorations dont on s'est hâté de profiter. Les mécaniciens, chauffeurs, conducteurs, aiguilleurs ont une expérience et une éducation pratique qu'ils n'avaient pas autrefois. Les mécaniciens sont à la fois très-hardis et très-prudents; ainsi qu'ils le disent eux-mêmes, « ils y vont pour leur peau, » et ils sont toujours les premières victimes de ces désastres. A quoi tient un accident? A bien peu de chose souvent.

M. Pilinski, mécanicien du chemin de fer du Nord, conduisait un train express; à une courbe, aux environs de Creil, il aperçoit en travers de la voie un fardier chargé de pierres de taille abandonné par le charretier, qui, s'étant engagé sur le passage à niveau, n'avait point eu le temps de franchir la route avant l'arrivée du convoi. Le mécanicien siffla d'abord aux freins pour modérer la vitesse et rendre le choc moins redoutable; il comprit immédiatement que la précaution était illusoire et conduisait à un déraillement certain. Il siffla de lâcher tout, donna à sa machine la plus grande force d'impulsion qu'elle pouvait supporter et attendit le choc. La voiture fut enlevée et dispersée de chaque côté de la voie sans même que les voyageurs se fussent aperçus de l'accident. La locomotive, visitée en gare de Creil, portait à peine la trace du coup de bélier qu'elle venait de donner. M. Pilinski fut, pour ce trait de courage, immédiatement nommé mécanicien de première classe. C'est fort bien; mais si, au lieu de couper le fardier, la locomotive l'avait simplement fait pivoter, il tombait sous les roues du convoi; si le fardier avait été arc-bouté, il y avait déraillement, chute des wagons les uns par-dessus les autres, blessures, morts, procès, et le mécanicien qui a sauvé son train en accélérant sa marche aurait été condamné pour ne pas l'avoir ralentie.

Il est une cause fréquente d'accidents qui, pendant

longtemps, n'a pas même été soupçonnée et dont la science commence à se préoccuper activement. Beaucoup de personnes, — en nombre bien plus considérable qu'on ne pourrait l'imaginer, — sont atteintes d'une très-singulière maladie de l'œil, qu'on appelle le *daltonisme*, à cause du physicien Dalton qui le premier en a fait une étude spéciale sur lui-même, et que les Anglais nomment l'*anérythropsie*. Cette étrange affection dénature à ce point la coloration, que le rouge paraît vert à ceux qui en sont atteints et *vice versa*. Or les signaux de nuit usités dans les gares et sur les voies sont des feux rouges et des feux verts. Un mécanicien affecté de daltonisme peut parfaitement être abusé par cette perversion de la vue et croire qu'une voie est ouverte lorsque au contraire elle est fermée. On tient compte aujourd'hui des nouvelles découvertes qui ne laissent aucun doute sur cet état morbide des organes de la vision, et l'on fait passer des examens en conséquence aux postulants qui pourraient avoir des signaux de couleur à manœuvrer ou à reconnaître.

Ce que l'on peut affirmer, c'est que les précautions possibles sont prises par les chemins de fer pour éviter toute chance probable d'accidents. Sans compter les rapides dépêches du télégraphe électrique qui renseignent toujours, au besoin, sur l'état de la voie, des règlements précis et spéciaux imposent des prescriptions auxquelles les agents ne peuvent se soustraire sans encourir des amendes, l'expulsion, et, si le cas est grave, le renvoi devant les tribunaux. Lorsqu'une voie est obstruée, le mécanicien en marche est immédiatement prévenu par une série de signaux très-définis et auxquels il ne peut se méprendre. Si un train tombe inopinément en détresse, le conducteur doit immédiatement faire couvrir la voie, à une distance déterminée par des drapeaux pendant le jour, par des boîtes détonantes et des lanternes pendant la nuit ; le convoi qui arrive s'arrête alors, fait les mêmes dispositions qui sont répétées par les trains suivants, et une ligne est souvent immobilisée sur une étendue considérable, parce qu'un accident est survenu à un point donné de la voie. J'ai vu une fois, sur le chemin de Lyon, au milieu de la nuit, quatre trains, dont trois express, s'arrêter les uns derrière les autres, sans choc, sans avarie, parce que deux wagons de marchandises renversés rendaient le parcours impraticable.

Des gens, fort bien intentionnés sans doute, mais fort peu au courant des lois de la mécanique, ont demandé avec instance qu'on trouvât un moyen de donner au mécanicien la possibilité d'arrêter subitement un train dans le cas où l'on s'apercevrait que la voie n'est pas libre ou qu'elle est empêchée par un obstacle. En admettant, ce qui est douteux, qu'on pût découvrir un frein assez puissant pour immobiliser tout à coup un convoi lancé, on amènerait infailliblement un déraillement immédiat, car devant la locomotive ainsi arrêtée tous les wagons se renverseraient en montant les uns sur les autres. Chaque train roulant à sa vitesse normale contient une somme de mouvement déterminée ; si l'on passe subitement à l'état de repos, ce mouvement ne cesse pas, il se brise et produit alors des effets désastreux, semblables à ceux qui résulteraient du choc le plus violent. Il faut agir au moins pendant 200 mètres pour qu'un train puisse, se ralentissant graduellement, être arrêté sans danger et sans inconvénients graves ; et encore le mécanicien, pour opérer avec certitude sur une si courte étendue, renversera sa vapeur et n'aura pas trop de trois bons freins pour l'aider. Les meilleurs engins pour éviter les accidents imprévus et qui appartiennent à l'exploitation des chemins de fer comme à toute œuvre humaine, sont beaucoup de prudence et des règlements nets, positifs, ne pouvant donner lieu à aucune méprise.

Quant aux accidents partiels, ils sont dus le plus souvent à l'imprudence des voyageurs mêmes, qui refusent d'écouter tout avis et répudient l'obéissance aux consignes les plus plausibles. Les avertissements affichés en grosses lettres dans les stations ne peuvent empêcher personne de descendre, au risque de blessures graves, pendant que le convoi est encore en mouvement. Je connais un Parisien rétif et dont le nom pourrait bien se trouver en tête de ce volume, qui ne voulant tenir compte d'aucune observation et s'élançant toujours du wagon avant l'arrêt définitif, fut un jour ramassé, évanoui, ensanglanté et en fort piteux état, sur le quai d'une grande gare ; il ne fallut rien moins pour lui apprendre la prudence et le respect des règlements. Parfois les compagnies sont absolument débordées, et par ce fait deviennent irresponsables. Le 6 juin 1867 trois souverains passaient une revue sur l'hippodrome de Longchamp. L'espoir d'un tel spectacle avait attiré une affluence énorme de personnes à la gare de l'Ouest. Le train de banlieue fut littéralement pris d'assaut. Rien n'y fit, ni les observations des employés, ni les menaces des agents de police, ni la vue de l'écharpe des commissaires ; les wagons furent escaladés ; il y avait des voyageurs sur le toit, sur le marchepied des voitures ; partout où un homme avait pu s'accrocher, la place était prise. Force fut de partir dans de si redoutables conditions ; nul accident ne se produisit, ce fut un miracle ; car il suffisait qu'un imprudent se levât sous un tunnel pour être décapité, ou laissât traîner ses jambes pour les voir brisées contre un poteau. Si ce malheur fût arrivé, on eût poussé toute sorte de cris, attaqué la Compagnie et traduit ses agents devant les tribunaux.

Le système anglais me paraît bien préférable. Quand

un voyageur monte en wagon, il prend, moyennant trois pences, un *ticket* d'assurance qui donne droit à ses héritiers, en cas de mort, à une somme de 1,000 livres sterling; les diverses *avaries* auxquelles un voyageur est exposé en chemin de fer sont cotées selon la gravité et sont représentées par des sommes proportionnelles. De cette façon tout se passe librement, par un contrat spontanément consenti, et à l'abri de l'intervention toujours pénible de la justice; mais de tels moyens sont trop simples et trop pratiques pour être adoptés en France, où le parti excellent qu'on peut en toutes choses tirer des compagnies d'assurances est à peine soupçonné.

Un crime, celui qui, dans la nuit du 5 au 6 décembre 1860, a fait périr M. Poinsot sous les coups de l'insaisissable Jude, a causé aussi une profonde émotion. Tout de suite on a réclamé pour les voyageurs le droit de pouvoir au besoin faire arrêter le convoi. Cela est absolument inadmissible. Il ne faut jamais accorder à une seule personne, fût-elle en danger de mort, le privilége exorbitant de mettre en péril, et en péril très-grave, toutes les personnes qui font partie d'un train. En effet les convois se suivent à intervalles souvent très-rapprochés; réglementairement, dix minutes au moins doivent les séparer les uns des autres, mais il suffit parfois d'un léger ralentissement d'une part et d'une faible accélération de l'autre pour que l'équilibre de la distance soit rompu. Dans ces circonstances, si le premier convoi s'arrête, il a de grandes chances pour être rejoint par celui qui le suit et pour recevoir ce que l'on appelle *un coup de tampon*, c'est-à-dire pour être brisé dans une collision des plus violentes. Confier un tel pouvoir avec toutes ses conséquences à chaque voyageur, c'est centupler immédiatement la somme des accidents qu'on enregistre chaque année. Il faut trouver un moyen pratique de mettre les voyageurs en rapport direct et facile avec les conducteurs, établir entre les compartiments des voitures une communication, soit par une ouverture, soit à l'aide d'une glace sans tain; mais il faut surtout réfléchir qu'un tel crime ne s'est produit que deux fois dans une période de trente ans, qu'on assassine partout, dans les maisons, dans les rues, sur les promenades publiques, dans les théâtres, et qu'il ne faut jamais conclure de l'exception à la généralité.

Ce qu'on est en droit d'exiger des compagnies de chemins de fer, c'est qu'au fur et à mesure qu'elles renouvellent leur matériel roulant, elles lui donnent les qualités de confortable et de bien-être qui manquent encore sur beaucoup de lignes et dont cependant les *railways* étrangers nous offrent l'exemple depuis longtemps. On peut leur demander aussi que la complaisance des employés pour les voyageurs n'aille pas jusqu'à laisser ces derniers introduire dans les wagons des paniers, des malles; qui sont une cause permanente de gêne pour tout le monde et occupent au moins la place d'une personne. Le fourgon des bagages est fait pour ces sortes de colis, et c'est un insupportable abus que d'en laisser encombrer les voitures. Il est certain que l'avenir modifiera singulièrement le matériel des voies ferrées et lui donnera des facilités qu'on n'entrevoit pas encore. Les voyages gagneront en rapidité et en agrément, lorsque l'on pourra circuler sans péril d'un wagon à un autre et qu'un restaurant sera attaché à tout convoi devant parcourir une certaine distance.

Les tarifs pourront peut-être subir un abaissement considérable, et les chemins de fer auront sans doute un jour une réforme analogue à celle qui a atteint et enrichi l'administration des postes. En cette matière, fort délicate à traiter en France, car elle touche aux intérêts financiers de tout le monde, l'exemple vient d'être donné par le gouvernement belge, qui le pouvait sous sa propre responsabilité, puisque là les chemins de fer ont été construits par l'État. La différence qui existe, depuis la loi votée à Bruxelles le 1er mai 1866, entre le tarif belge et le tarif français est importante et sera vite expliquée par un exemple : Paris est séparé d'Orléans par une distance de 121 kilomètres; le prix des places est de 13 fr. 55 pour les premières, 10 fr. 15 pour les secondes et 7 fr. 45 pour les troisièmes. — Entre Bruxelles et Ostende, il y a 124 kilomètres; les premières coûtent 5 francs, les secondes 3 fr. 30, les troisièmes 2 fr. 50. — Si nos compagnies adoptaient une réforme aussi radicale, on irait de Paris à Marseille pour 20 francs, et l'on rendrait à la population peu aisée, c'est-à-dire à la majeure partie de la population, un service inexprimable. Nous verrons peut-être un tel fait se produire, mais tant d'intérêts légitimes et sérieux sont engagés au maintien de l'ordre de choses actuel que sans doute nous attendrons longtemps encore avant de voir les chemins de fer français s'engager, à leurs risques et périls, dans une voie si hardie. Du reste, l'expérience tentée en Belgique semble ne pas donner de bons résultats, et il ne serait pas surprenant qu'on en revînt purement et simplement aux anciens tarifs[1].

Cette étude ne serait pas complète si, avant de terminer, je ne disais un mot des essais très-sérieux qui se

[1] Un arrêté du ministre des travaux publics de la Belgique, en date du 18 septembre 1871, a modifié les tarifs, comme nous l'avions pressenti; l'article 1er est ainsi conçu :

« A partir du 1er novembre 1871, les prix pour le transport des voyageurs seront établis d'après les bases suivantes, applicables par lieue, savoir : 36 centimes pour la 1re classe, 27 centimes pour la 2e classe, 18 centimes pour la 3e classe des trains ordinaires.

« Pour les trains express, les prix réglés d'après ces bases seront augmentés de 25 p. 100. »

En France, le tarif est par voyageur et par kilomètre : 1re classe, 0f,123; 2e classe, 0f,0924; 3e classe, 0f,0677.

font en ce moment même et dont le but est de prouver que la traction mécanique est possible sur les routes ordinaires. Dès le début des machines à vapeur, on se le rappelle, tous les efforts des inventeurs avaient porté sur ce point, et c'est en désespoir de cause que les rails avaient été adoptés. Arago pensait très-sérieusement qu'on pouvait s'en passer. Depuis l'inauguration du premier chemin de fer anglais, bien des tentatives ont échoué devant les difficultés très-graves que le terrain irrégulier des chemins de terre offre aux machines. Je me souviens parfaitement d'avoir vu, quand j'étais au collége, une lourde locomotive portant des voyageurs marcher péniblement sur les quais de Billy et de la Conférence. Depuis la dernière Exposition universelle, qui, par la seule introduction de l'acier fondu dans la pratique industrielle, amènera tant d'heureuses modifications dans les voies ferrées, le problème semble résolu. On y a vu figurer une locomotive qui, remorquant des wagons chargés de personnes et de marchandises, manœuvrait avec facilité sur toute espèce de route avec une vitesse moyenne de 12 kilomètres par heure, vitesse qui peut être portée jusqu'à 20 sur les terrains exceptionnellement favorables. Une expérience, qui paraît décisive, a eu lieu entre Marseille et Aix. La distance, comprenant 30 kilomètres, a été plusieurs fois franchie en quatre heures, sur une route qui est, sous plusieurs rapports, par ses pentes rapides, par une de ses portions couverte de pavés, par ses courbes subites, un modèle des difficultés à surmonter. Une *Compagnie générale de messageries à vapeur* s'est formée, a son siége à Marseille et fonctionne dès à présent. De nouveaux essais faits au bois de Boulogne ont parfaitement réussi, et ont engagé le gouvernement à concéder une ligne d'expérimentation longue de cinq kilomètres et qui doit relier le Raincy à Montfermeil.

Si, comme tout le fait supposer, ce moyen de traction est assuré, il sera d'une utilité précieuse pour nos populations agricoles et desservira les nombreux chemins locaux que le langage administratif appelle voies de petite vicinalité. En un mot, ces messageries à vapeur seront un puissant auxiliaire pour les chemins de fer, car elles remplaceront les troisième et quatrième réseaux des voies ferrées, qu'on ne peut établir en raison des pertes certaines que la construction et l'exploitation feraient subir aux capitaux engagés. Les convois restreints remorqués par des locomotives routières, visitant les groupes d'habitations les plus chétifs, seraient pour les transports ce que les facteurs ruraux sont pour la distribution des dépêches. Il est à désirer que l'expérimentation réussisse et donne raison aux prévisions de l'inventeur ; car alors, avec les grandes lignes de chemins de fer, avec les voies adjacentes du second réseau, avec la traction à vapeur sur les routes, la France sera sur tous les points en communication sûre, rapide et permanente avec elle-même.

**Appendice.** — Les lignes de chemins de fer concédées actuellement s'étendent sur un réseau de 24,504 kilomètres, dont 19,111 sont aujourd'hui (janvier 1875) livrés à la circulation ; c'est 5,161 de plus qu'en 1866, mais l'augmentation serait bien plus considérable si le traité de Francfort ne nous avait forcés de céder à l'Allemagne 835 kilomètres de railways, dont 738 étaient exploités.

Au 31 décembre 1873, les chemins de fer français possédaient une armée de 159,745 employés, une force motrice représentée par 5,573 locomotives et un matériel roulant composé de 168,183 voitures ou fourgons. Pendant la même année, le transport a été : voyageurs, 116,546,175 ; voitures, 27,132 ; bagages, 501,656,000 kilogrammes ; articles de messageries et denrées fraîches, 584,530,000 kilogrammes ; animaux, tels que chiens, chevaux, porcs et bestiaux, 7,252,339 têtes ; marchandises, 57,481,419,000 kilogrammes.

On voit que, malgré les malheurs qui nous ont accablés, le mouvement ascensionnel des voyageurs, des animaux, des marchandises par les voies ferrées ne s'est point ralenti. Les chemins de fer de l'Ouest ont une part importante dans cette progression. En effet, leur matériel a été augmenté : au 31 décembre 1873, il comptait 679 locomotives, 2,317 voitures à voyageurs et 12,899 fourgons à marchandises. Le réseau embrasse maintenant 2,397 kilomètres qui, en 1873, ont vu passer 31,081,019 voyageurs, dont 20,333,641 pour la seule banlieue de Paris; la gare des Batignolles a reçu 4,844,632,000 kilogrammes de marchandises venues par petite vitesse. Les machines ne se sont guère reposé, car leur parcours moyen, pendant l'année, a été de 32,518 kilomètres.

CHAPITRE V

# LA SEINE A PARIS

## I. — GÉNÉRALITÉS.

Indifférence des Parisiens. — Importance de la Seine. — Siéges et famines. — Au dix-neuvième siècle, la Seine perd de son importance. — Origine du nom. — *Nautes.* — Inscription. — Hanse. — Armes de Paris. — Guerres civiles. — La Tour de Nesle. — Inondations. — Étiages. — Dimensions. — Eau potable. — Seine et Marne. — Les provinciaux et l'eau de Paris.

Le Parisien qui traverse les ponts et passe sur les quais est, depuis son enfance, tellement accoutumé au spectacle qui se déroule sous ses yeux, qu'il ne pense guère à s'en rendre compte. Il sait vaguement qu'il y a des navires au port Saint-Nicolas, que pendant l'été on peut prendre des bains de rivière; parfois il lit dans son journal qu'un train de bois s'est brisé contre une des piles du pont au Change; par curiosité il entre à la Morgue, et souvent il regarde les pêcheurs à la ligne assis dans les bachots amarrés à la berge. La Seine ne lui offre rien de particulier; elle a pourtant une importance majeure, car elle est une des grandes voies par où la capitale s'approvisionne; elle complète l'ensemble de nos organes de communication, et de plus elle a une existence spéciale, représentée par les industries qui vivent sur elle et par elle.

L'écrivain qui raconterait l'histoire de la Seine pendant les seize premiers siècles de la monarchie française serait bien près d'avoir fait une histoire complète de Paris. Grâce aux routes d'abord et ensuite aux chemins de fer, elle n'a plus cette utilité redoutable qui en rendait la libre possession si précieuse; elle n'est plus la clef de la famine ou de l'abondance. Pour apprécier le rôle qu'elle jouait encore dans des temps relativement rapprochés de nous, il faut se rappeler ce que dit Pierre de l'Estoile : « Le samedi 7 avril 1590, la ville de Melun fut rendue au roy par composition. La prise de cette ville avec celles de Corbeil, Montereau, Lagny et autres passages de rivières saisis en mesme temps, qui estoient les clés des vivres de Paris, avancèrent fort le dessein du roy, qui estoit de faire faire une diette à ceux de Paris, qui peust tempérer l'ardeur de leurs résolutions et frénaisies. » On sait l'épouvantable famine qui suivit cette conquête de la Seine, car trois mois après « on entendit aucuns deviser sur la mort d'une dame riche de plus de trente mille écus, laquelle ne trouvant pas avec argent de quoi vivre, et voyant deux de ses petits enfants morts de faim, les avoit cachés et fait saler par sa servante, et l'une et l'autre s'en sont nourries au lieu de pain. » A ce moment tous les yeux sont tournés vers la Seine, du haut des clochers on en interroge le cours aussi loin qu'on peut en suivre les méandres ; c'est par elle seule que peuvent arriver les vivres si douloureusement attendus; aussi quel désespoir lorsque « le dimanche 28 du présent mois d'avril 1591, la flotte de Meaux et de Château-Thierry, conduisant à Paris jusqu'à quatorze cents muis de bled en cent quinze basteaux, est arrestée et prise par les gens du roy. »

S'il en était ainsi au temps de Henri IV, qu'était-ce donc sous les rois de la première et de la seconde race? Ces dures époques sont aujourd'hui passées pour toujours [1], mais elles ont laissé des traces profondes qu'on retrouve à chaque page dans les vieux mémoires. Dès que la navigation de la Seine est interdite, Paris s'émeut, s'affaisse et se désespère. C'était le fleuve nourricier par excellence, et jusque sur les marchés publics il déposait le blé, le vin, le bois et les fruits. Quand son cours était interrompu, il n'apportait plus que la famine, la contagion et la mort. C'est alors que *le Bourgeois de Paris* se lamente et accuse la dureté des temps : « Environ sept ou huit jours en mars (1415) fut Seine si cruel à Paris que un moulle de buches valait neuf ou dix sols parisis. »

La Seine n'a réellement perdu son antique et considérable importance que dans ce siècle-ci ; pendant les jours troublés de la Révolution, quand le peuple affamé faisait queue à la porte des boulangers, c'est par elle que presque tous les subsides, vivres et munitions, arrivaient à Paris. Qui ne se rappelle l'anecdote racontée par Dussaulx? Un bateau chargé de poudre *de traite* [2] arrive au port de la Grève ; le peuple lit poudre de traître sur le billet signé par le commandant Lassale et veut massacrer ce dernier immédiatement. Par le sang-froid de La Fayette et non sans peine, ce malheureux fut sauvé.

D'où vient ce mot : la Seine? Du celtique, dit-on. *Squan*, serpent ; *sin-ane*, la lente rivière ; *sôgh-ane*, la paisible rivière ; les Romains l'ont latinisé, selon leur habitude, et en ont fait *Sequana*. A-t-elle été une

[1] Pendant la période d'investissement, la Seine fut strictement fermée et surveillée avec soin par les armées allemandes ; dès le mois de février 1871, elle nous apporta de nombreux approvisionnements.

[2] C'était une poudre de qualité inférieure que l'État vendait aux capitaines de vaisseaux marchands qui faisaient la traite des nègres.

divinité? On pourrait le croire, puisque le Tibre fut un dieu. Ceux qui la possédaient et en avaient la navigation exclusive étaient de grands personnages, les plus riches et les plus considérables de la Cité; il y a longtemps que les *nautes* étaient célèbres, et le plus ancien monument de Paris leur appartient. Lorsque, en 1711, Louis XIV fit changer le maitre-autel de Notre-Dame, dans les fouilles qu'on opéra au milieu du chœur de la vieille basilique, on rencontra les débris d'un autel élevé autrefois par nos pères; sur une de ses faces on lisait et on peut lire encore au musée de Cluny : TIB : CÆSARE AUG. JOVI OPTUMO MAXSUMO... M. NAUTÆ PARISIACI PUBLICE POSUERUNT; — sous Tibère César Auguste, à Jupiter très-bon, très-grand, les navigateurs parisiens publiquement consacrèrent... — Ces *nautæ*, désignés plus tard sous le nom de *mercatores aquæ*, furent la souche de notre administration municipale; ils furent *la hanse;* leur chef, d'abord prévôt de la marchandise d'eau, devient prévôt des marchands, puis maire de Paris et enfin préfet de la Seine. C'est à cette origine, et non pas à la forme problématique de la Cité, — jadis composée de trois îles, — qu'il faut attribuer les armes de Paris, la nef et la devise : *Fluctuat nec mergitur*, que Philippe Auguste donna à notre ville, au moment où il commençait la construction de la grosse tour du Louvre « dont relèvent tous les châteaux de France ».

La Seine a connu toutes nos discordes civiles et, si je puis dire, elle y a pris part. Les Normands l'ont envahie sur leurs barques d'osier recouvertes de peau [1]; elle a reçu le corps de Louis de Bois-Bourdon, l'amant d'Isabeau de Bavière : « Laissez passer la justice du roi! » elle s'est refermée sur les cadavres des Armagnacs,

[1] Au seizième siècle, les chanoines de Sainte-Geneviève chantaient encore dans leurs litanies :

*A furore Normannorum libera nos, Domine!*

lors du grand massacre de 1418 que commandait Capeluche; à la Saint-Barthélemi, pendant que Charles IX,

> Ce roy, non juste roy, mais juste arquebusier,
> Giboyait aux passants trop tardifs à noyer,

elle a charrié dix-huit cents huguenots vers le quai des Bons-Hommes; de nos jours, elle a porté jusqu'à la mer les livres, les manuscrits, les vêtements sacerdotaux, les vases de l'Archevêché, et pendant nos insurrections elle a roulé le corps de plus d'un combattant. Elle a sa légende amoureuse et sinistre; sans Villon nous ne la connaîtrions guère :

> Semblablement où est la royne
> Qui commanda que Buridan
> Fût jetté en ung sac en Seine?...
> Mais où sont les neiges d'antan?

La tour de Nesle a fait place à l'hôtel des Monnaies, et les maris sont assez accommodants aujourd'hui pour que les grandes dames n'aient plus à faire jeter leurs amants à la rivière.

Ses innondations jadis ont été fréquentes et souvent terribles. La plus considérable dont l'histoire ait gardé le souvenir est celle de 1176; elle emporta tout, les deux ponts qui la traversaient alors, les moulins, les barques, les berges, les piles de bois et les maisons; elle noya les troupeaux qui paissaient dans les îles. La population consternée se tourna vers le ciel, et l'évêque de Paris, suivi de tout son clergé, de tous les moines, du roi Louis VII accompagné de sa cour, vint solennellement sur la grève étendre les mains au-dessus de la rivière rebelle et lui montrer un clou qui avait percé les mains du Christ; puis il lui dit : « Que ce signe de la sainte passion fasse rentrer les eaux dans leur lit et protége ce misérable peuple! » La crue s'arrêta et la ville fut sauvée. Plus récemment, en 1740, à Noël, Paris fut littéralement inondé. On allait en barque dans toutes les rues, « et, dit Barbier, c'est un concours de bateaux comme en été au passage des Quatre-Nations. » La place du Palais-Royal, la place Maubert, la place Vendôme, les Champs-Élysées, étaient sous l'eau. Des maisons furent renversées, une entre autres rue Saint-Dominique. Pour porter remède à tant de désastres on découvrit la châsse de sainte Geneviève [1].

On a maintenant des moyens plus certains pour resserrer la Seine et l'empêcher de courir la prétentaine à travers Paris; nos ingénieurs des ponts et chaussées n'emploient guère de reliques, mais il faut croire que leurs procédés ne sont pas mauvais; car, malgré les déboisements imprudents qui ont dénudé les montagnes voisines de ses rives, elle est assez paisible maintenant et ne franchit plus le rempart de ses quais; ce qui ne l'empêche pas du reste d'être sévèrement surveillée : chaque jour sa hauteur est relevée, enregistrée, et tous les ans le tableau de ses variations est envoyé à l'Académie des sciences, à l'Observatoire, à la Préfecture de police, à l'Hôtel-de Ville, au ministère de l'Intérieur et à celui des Travaux publics.

Il y a deux étiages à Paris, celui du pont de la Tournelle et celui du pont Royal. Chacun sait qu'un étiage est le niveau de la rivière pris à ses plus basses eaux; ce sont celles de 1719 qui ont servi de point de départ. Pour avoir la hauteur exacte de la rivière depuis le fond jusqu'à la superficie, il faut ajouter $0^m,45$ pour le pont de la Tournelle et $0^m,85$ pour le pont Royal; le zéro de

[1] « Le 17 ou le 18 de ce mois (mai 1751), la Seine a débordé ; les fossés du Cours et des Champs-Élysées étaient remplis d'eau ; on y allait en bateau. L'inondation a duré jusqu'au 25 ou 26. Je fus, le 20, aux tours Notre-Dame; le temps, par malheur, était bas et nébuleux, ce qui m'ôta la moitié *du plaisir* que j'aurais eu à voir pleinement un spectacle aussi beau et aussi singulier. » (Collé, *Mémoires*, t. I, p. 302. Édit. Honoré Bonhomme.)

l'échelle du premier est donc marqué à $0^m,45$ au-dessus du sol même de la rivière; le zéro de l'échelle du second à $0^m,85$. Ce calcul n'est pas d'une certitude absolument rigoureuse, car le lit de la Seine subit parfois des tassements et des ensablements qui peuvent modifier son niveau. Pour la Seine comme pour les hommes, les jours se suivent et ne se ressemblent pas; les eaux les plus basses qu'on ait jamais observées se montrent le 29 septembre 1865 et laissent apercevoir le sol même de la rivière[1]. En 1866, précisément à la même date, les eaux gagnant pour cette année-là leur maximum d'élévation arrivent à $5^m,50$, et, par extraordinaire, c'est le 1er janvier que les eaux atteignent leur niveau le plus faible, $0^m,20$ au-dessus de zéro. Ce fait, qui au premier abord nous paraît étrange, d'un abaissement anormal de la rivière pendant les mois rigoureux, n'est pas aussi rare qu'on pourrait le croire et a déjà été remarqué par l'Estoile : « Le jeudi 3 janvier 1591, qui estoit le jour de Sainte-Geneviève, la rivière de Seine, qui estoit si basse en ceste saison que l'on pouvoit quasi aller à pied sec du quai des Augustins en l'isle du Palais (ce qui n'avait été vu de mémoire d'homme), vint à croistre ce jour, sans aucune cause apparente. »

Si Paris était une circonférence, la Seine en serait l'axe, car elle le traverse dans sa plus grande largeur, sur une étendue de 11 kilomètres et demi; la vitesse moyenne de son cours entre les quais qui la pressent et accélèrent sa marche est de $0^m,65$ par seconde, ce qui donne 2,340 mètres à l'heure, un peu plus d'une demi-lieue; une épave abandonnée au fil de l'eau mettrait

[1] « On sait à quel état les sécheresses de 1865 avaient réduit la Seine. La rivière avait pris l'aspect d'un véritable égout, dont les eaux bourbeuses excitaient une vive répugnance. » (Robinet, *Sur une application de l'hydrotimétrie.*) En effet, le 29 septembre, les observations portent que la Seine descendit à un mètre au-dessous du zéro de l'étiage du pont Royal; il faut admettre dans ce cas que les fanges du lit de la rivière s'étaient affaissées de 20 centimètres au moins.

donc environ cinq heures pour franchir Paris depuis le pont Napoléon jusqu'au pont du Point-du-Jour. A son entrée à Paris, la Seine est large de 165 mètres et de 136 à sa sortie; vers le pont Saint-Michel, resserrée dans son bras le plus étroit, elle n'a que 49 mètres, mais au-dessous du pont Neuf elle obtient toute son amplitude et parvient à 263 mètres de largeur. Quant à sa limpidité, elle est aussi variable que le temps; un spécialiste qui fait autorité dans la matière, M. Poggiale, a calculé que la Seine était en moyenne trouble pendant 179 jours de l'année.

L'eau de la Seine est-elle bonne à boire? Grave question, sur laquelle on a écrit des volumes; la chimie s'est chargée de répondre, et voici ce qu'elle dit : Dans les temps de pluie et de fonte de neige, le résidu limoneux des eaux de la Seine s'élève à un et deux grammes par litre; de plus elle contient environ deux ou trois pour 100 de matières organiques; en général, dans la saison normale, l'eau prise au centre de Paris renferme par litre seize centigrammes de carbonate de chaux, deux de carbonate de magnésie, deux de sulfate de chaux et quelques milligrammes de chlorures alcalins et de nitrates. Certes, une telle boisson est potable au premier chef; mais est-ce bien l'eau de la Seine qui abreuve Paris? La question peut sembler puérile; elle ne l'est guère cependant, et elle a été résolue par M. Robinet[1]. Les Parisiens de la rive gauche boivent l'eau de la Seine, les Parisiens de la rive droite boivent l'eau de la Marne. Des expériences sérieuses et concluantes ne laissent aucun doute à cet égard. Les deux rivières se côtoient sans se mêler pendant qu'elles traversent Paris entre les mêmes bords, sur le même lit; c'est en vain qu'elles se heurtent contre les piles des ponts, qu'elles sont agi-

[1] *Comptes rendus de l'Académie des sciences,* 30 janvier 1865.

tées par les bateaux à vapeur, elles se conservent presque pures malgré leur contact forcé. Il faut qu'elles soient attirées et comme *barattées* dans le grand coude que la Seine fait en face de Meudon pour perdre leurs qualités distinctes et devenir réellement unies. A Sèvres seulement le mélange est complet et l'eau est enfin absolument homogène.

Quoi qu'il en soit, il faut reconnaître que l'eau de Paris, Seine ou Marne, a une exécrable réputation. Cette mauvaise renommée, contre laquelle maintenant rien ne prévaudra, elle la doit aux provinciaux et aux étrangers. Ils viennent à Paris, vont au spectacle, se couchent fort tard, dînent chez les restaurateurs, y soupent quelquefois, se truffent tant qu'ils peuvent, ne boivent que du vin pur, et finalement retournent chez eux avec l'estomac délabré et des étourdissements. Ils ont la mine piteuse, le teint jaune, l'œil plombé, et quand on leur demande la cause de leur malaise, ils répondent : « C'est l'eau de Paris ! »

## II. — LES ILES ET LES PONTS.

Topographie. — Modifications successives. — L'île aux Javiaux. — L'île Saint-Louis. — Ile Notre-Dame et île aux Vaches. — Ile de la Cité. — Ile aux Juifs, île aux Treilles, îlot de la Gourdaine. — L'île du Louvre. — L'île de Seine. — L'île des Cygnes. — L'allée des Cygnes. — Paradis des pêcheurs. — Le Grand-Pont. — *L'avaleur de nefs*. — Les oiseliers. — Le Petit-Pont. — Le pont Saint-Michel. — Le pont Notre-Dame. — Pompe hydraulique. — Suicide. — Débâcle. — Le pont Neuf. — Samaritaine. — Boutiques. — Ponts au dix-septième siècle. — Prix du pont Royal. — Pont de la Concorde. — Statues. — Ponts suspendus. — — Péage. — H. Royer-Collard. — Les nouveaux ponts. — Les ponts futurs. — Pêche affermée. — Affiches.

La topographie de la Seine a souvent changé ; je ne parle pas simplement de ses berges, où les quais, commencés en 1312 par Philippe le Bel, n'ont été achevés que de nos jours. La vallée de la Misère est devenue la place du Châtelet, la promenade plantée de saules et chère aux Parisiens est aujourd'hui le quai des Grands-Augustins, l'Écorcherie s'appelle le quai de Gèvres; en passant devant le quai d'Orsay, bâti en 1802, Néel, à la fin du siècle dernier, pouvait écrire dans son burlesque *Voyage à Saint-Cloud par terre et par mer* : « J'estimai que ce que je voyais était ce que nos géographes de Paris appellent la Grenouillère, parce que j'entendis effectivement le coassement des grenouilles. » Les peaussiers, les mégissiers qui, habitant les bords de la Seine, avaient baptisé le quai de la Mégisserie, sont relégués avec les tanneurs dans le faubourg Saint-Marceau, à côté de la Bièvre; les bouchers ont vu leurs abattoirs, qui jadis ensanglantaient les environs de l'Hôtel de Ville, repoussés vers les quartiers excentriques. Lentement, mais incessamment la Seine s'est épurée; elle a rejeté loin de ses rives tous les corps d'état malflairants qui les encombraient; elle est aujourd'hui exclusivement réservée à la navigation, à la batellerie et aux industries spéciales qui vivent forcément sur l'eau. Mais ce ne sont pas seulement les rivages de la Seine qui ont subi des modifications; ses îles non plus n'ont pas été épargnées; au gré des besoins successifs, on les a reliées entre elles ou rattachées à la terre ferme.

Dans tout le cours de la Seine parisienne, on n'en compte plus que deux à cette heure, l'île de la Cité, l'île-mère, celle d'où la vieille Lutèce est sortie du fond des roseaux, et l'île Saint-Louis; les autres méritent qu'on rappelle ce qu'elles étaient et qu'on dise ce qu'elles sont devenues. Jadis on en comptait dix : c'était d'abord l'île aux Javiaux; en 1468, elle prit le nom de Nicolas Louvier, prévôt des marchands, qui la possédait. Au commencement du dix-huitième siècle, elle fut acquise par l'administration municipale sans but déterminé; elle était louée à des marchands de bois, qui y créèrent des chantiers importants, sorte de docks des bois *flottés*[1]. C'est ainsi que nous l'avons encore connue : réunie au quai des Célestins par le petit pont de Grammont et n'ayant pour toute maison qu'un poste occupé par des gardes municipaux ; l'étroit bras de la Seine qui la séparait de la ville a été comblé en 1843. Elle resta inhabitée, et en 1848 on y établit des baraquements pour quelques-uns des régiments de l'armée rassemblée à Paris à la suite de l'insurrection de juin. Aujourd'hui l'ancienne île Louvier est bordée d'un côté par le boulevard Morland, de l'autre par le quai Henri IV ; elle porte les magasins généraux de la Préfecture de la Seine et l'on ne se douterait guère à la voir qu'elle était, il y a vingt ans à peine, entourée d'eau de tous côtés[2].

L'île Saint-Louis, qui de nos jours encore a conservé une physionomie toute spéciale (et qui offre une honorable particularité que Parent-Duchâtelet a fait ressortir), est formée de l'île Notre-Dame et de l'île aux Vaches ; en examinant un plan de Paris au seizième siècle, on voit que ces deux iles étaient séparées par un petit canal étroit qui ne pouvait recevoir aucun bateau et qui passait sur l'emplacement actuel de l'église Saint-Louis. Par contrat signé le 19 avril 1614 et enregistré le 6 mai de la même année, elles furent concédées à Christophe Marie, entrepreneur général des ponts de France, et à Le Regrattier, trésorier des Cent-Suisses, à la condition qu'ils réuniraient les deux îles ensemble et les joindraient à la terre ferme par un pont. Grâce

[1] Ses débuts sous ce rapport ne furent pas heureux. Dans la nuit du 28 au 29 mars 1721, un chantier de bois de charpente y fut consumé par un incendie que trois ouvriers allumèrent en fumant. Ces malheureux périrent dans les flammes et le dégât dépassa 100,000 francs. Voy. Buvat, *Journal de la Régence*, t. II, p. 233.

[2] L'établissement du marché au bois de l'île Louvier, supprimé en vertu de l'ordonnance du 10 février 1841, avait été sanctionné par décret impérial du 21 septembre 1807.

aux difficultés élevées par le chapitre de Notre-Dame, qui avait un vieux droit de possession sur ces terrains, les constructions ne furent terminées qu'en 1647 ; la rue Le Regrattier et le pont Marie ont consacré le nom des fondateurs de l'île Saint-Louis.

Dans l'origine, l'île de la Cité s'arrêtait à l'endroit où l'on a tracé la rue Harlay-du-Palais ; au-dessous d'elle, vers l'ouest, s'étendait l'île aux Juifs, l'île aux Treilles, où furent brûlés le grand maître Jacques Molay et Guy, commandeur de Normandie ; au delà c'était l'îlot de la Gourdaine, ou l'île au Moulin-Buci ; en 1578, Henri III réunit les trois îles en une seule au moment où il faisait commencer la construction du pont Neuf. Henri IV donna tout cet emplacement au chancelier de Harlay, à charge de le couvrir de maisons bâties sur un plan uniforme indiqué par Sully ; l'île aux Juifs est maintenant la place Dauphine et l'île de la Gourdaine est le terre-plein sur lequel s'élève la statue de Henri IV [1].

L'île du Louvre était un simple banc de sable qui a été détruit vers la fin du dix-septième siècle, lorsqu'on construisit le port Saint-Nicolas ; l'île de Seine était séparée de la Grenouillère moins par un bras de rivière que par un marécage peuplé de batraciens ; elle avait une quinzaine d'arpents de longueur et contenait des oseraies ; en 1645, à l'aide d'un barrage en amont, on dessécha le fossé boueux et l'île disparut. L'île des Cy-

[1] Turgot, le prévôt des marchands, qui mourut le 31 janvier 1751, avait fort embelli la Cité en faisant élargir le quai de l'Horloge, auprès du pont au Change. On voulait rappeler ce fait par une inscription latine ; on n'arrivait à rien de bon ; Piron mit fin à tous les projets d'épigraphie en faisant courir les vers suivants :

Monsieur Turgot étant en charge,
Et trouvant ce quai trop peu large,
Y fit ajouter cette marge.
Passants qui passez tout de gô,
Rendez grâce à monsieur Turgot !

Voy. *Journal historique* de Collé, t. I, p. 280, 281. Édition Honoré Bonhomme.

gnes, où s'élèvent aujourd'hui la Manufacture des tabacs et le Garde-Meuble, n'a été jointe à la rive gauche que depuis 1820. Son premier nom était fort irrévérencieux; elle doit le second aux cygnes que Louis XIV avait fait mettre sur la Seine en 1676 et qui allaient chercher un refuge et déposer leurs couvées dans les roseaux dont l'île était entourée; elle servit de point de mire à bien des faiseurs de projets, et, en 1785, un architecte, nommé Poyet, proposa d'y bâtir un nouvel Hôtel-Dieu qui aurait eu exactement la forme du Colisée de Rome. Son mémoire, accompagné de plans, est extrêmement curieux à parcourir et prouve un homme qui avait des idées aussi grandioses que pratiques [1].

L'annexion de la banlieue a fait entrer une île nouvelle à Paris. Est-ce bien une île? A la voir, on en pourrait douter: elle ressemble à une étroite jetée qui prolonge la pile médiane du pont de Grenelle; on la nomme l'*allée* des Cygnes; elle ne porte aucune habitation, mais elle est le paradis des pêcheurs à la ligne. Sur ses berges verdoyantes, ils se réunissent attentifs et silencieux; c'est le petit bras de la Seine, où ne passent pas les bateaux à vapeur, qui est le théâtre de leurs exploits. L'ablette abonde, le goujon donne et parfois même on a la chance d'enlever un barbillon, à la grande jalousie des concurrents voisins.

Il faut aussi parler des ponts, car ils appartiennent à la Seine dont ils joignent les deux rives et dont ils ont

[1] *Mémoire sur la nécessité de transférer et reconstruire l'Hôtel-Dieu de Paris*, etc , par le sieur Poyet, architecte et contrôleur des bâtiments de la ville (1785). Ce projet n'était point nouveau, car Barbier, *Chronique de la régence et du règne de Louis XIV*, après avoir raconté l'incendie qui détruisit une partie de l'Hôtel-Dieu au mois d'août 1737, ajoute : « Le public souhaiteroit fort que cet accident donnât lieu à ôter l'Hôtel-Dieu du milieu de Paris pour le transporter dans l'île Maquerelle, au-dessus des Invalides, attendu que la quantité d'ordures qui sortent de cet hôpital par une lessive continuelle doit corrompre l'eau que l'on puise au-dessous pour boire dans tout Paris. »

singulièrement modifié la physionomie. Dans le principe, quand toute la ville était la Cité, il n'y en eut que deux, le Grand et le Petit, défendus chacun à leur entrée par une forteresse : le Grand-Châtelet, le Petit-Châtelet. Ces deux ponts suffirent aux besoins des Parisiens pendant treize ou quatorze siècles. Dès 1141, le Grand-Pont prit le nom de pont au Change, à cause des changeurs de monnaies qui, sur l'ordre de Louis VII, y avaient établi leurs boutiques [1]; les eaux, les débâcles de glaces l'ont souvent emporté; ses maisons furent démolies en 1786, à l'époque où l'on se décida à supprimer les habitations qui encombraient les ponts et les rendaient souvent dangereux. Il a été récemment refait de fond en comble pour continuer l'alignement du boulevard Sébastopol.

Un manuscrit [2] de la Bibliothèque impériale contient une miniature exécutée en 1345 qui représente le pont au Change; il ne ressemble guère à ce qu'il est aujourd'hui; ses arches sont embarrassées par des moulins, et ses bords disparaissent sous les masures qui les couvrent. C'était le pont par excellence à cette époque; Guillebert de Metz en parle avec admiration : « Là demeurent les changeurs d'un costé et les orfévres d'autre costé. En l'an quatorze cent, et quand la ville estoit en sa fleur, passoient tant de gens tout jour sur ce pont, que on y rencontroit adez ung blanc moine, adez un blanc cheval. » Il appartenait à trois juridictions diffé-

[1] Jean de Garlande, dans son *Dictionnaire*, écrit vers 1090, dit : « XV. Mercatores habitantes super Magnum Pontem vendunt capistra, lumbarias, ligulas, marsupia sive bursas de corio cervino, ovino, bovino, porcino. — XXXVII. Aurifabri sedent ante fornaces suas et tabellas super Magnum Pontem, et fabricant pateras de auro et argento, firmacula, monilia, spinctera et nodulos, et eligunt ad annulos granula et jaspides, saphiros et smaragdos. » — Voy. *Paris sous Philippe le Bel* (appendice), par H. Giraud, in-4°, Paris, 1837. *Collection de documents inédits sur l'histoire de France.*

[2] *La vie de sainct Denys*, ms. n° 2,092.

rentes, qui toutes trois y exerçaient la justice avec cette jalousie inquiète que donnent les priviléges seigneuriaux. La chaussée était au roi, les arches de côté au chapitre de Notre Dame, qui y faisait moudre; l'arche du milieu au prévôt des marchands: celle-ci était exclusivement réservée à la navigation, mais nul bateau ne pouvait la franchir sans payer un droit fixe à l'*avaleur de nefs*. Que le lecteur ne voie pas dans ce fonctionnaire une sorte de Gargantua engloutissant les bateaux chargés de vivres et de vins; son nom a une signification moins redoutable: il avalait les nefs, c'est-à-dire qu'il les faisait descendre, les dirigeait en *aval* de la rivière. Lorsqu'un roi de France faisait son entrée solennelle dans « sa bonne ville de Paris », il passait sur le pont au Change; au moment où il y mettait le pied, auprès du Grand-Châtelet, les jurés oiseliers avaient le privilége et l'obligation de lâcher des oiseaux captifs, afin de rappeler au souverain la liberté qu'il devait accorder aux prisonniers. Cet usage symbolique et très-doux ne disparut qu'à la Révolution; Marais et Barbier racontent que, lors du premier lit de justice tenu par Louis XV et lors de l'entrée de Marie Leczinska, on fit envoler des oiseaux, comme aux beaux jours du moyen âge. Le Petit-Pont est aujourd'hui encore tel qu'il fut rebâti en 1718, après avoir été neuf fois détruit par des incendies et des inondations [1].

Le pont Saint-Michel fut le troisième pont que vit Paris; il fut commencé en 1378, par ordre de Charles V, et terminé seulement en 1387; les vieillards peuvent se rappeler l'avoir vu chargé de maisons, car on ne les enleva qu'en 1808; il vient (1867) d'être repris en sous-œuvre et mis en rapport avec le boulevard Saint-Michel qu'il réunit au boulevard Sébastopol. En

[1] Voy. *Pièces justificatives*, n° 11.

1413, pendant une des époques les plus troublées de notre histoire, au moment de cette démence de Charles VI qu'on appelait « l'occupation de notre seigneur le roi de France », on compléta la communication de la Cité avec la terre ferme en construisant le pont Notre-Dame [1], qui ne fut achevé qu'en 1421 et ne dura pas longtemps; car, grâce aux mauvais matériaux de son appareil, il s'écroula en 1449; on le rebâtit, et nous l'avons vu encore embarrassé d'une haute construction soutenue sur pilotis, énorme pompe hydraulique élevée en 1670, refaite en 1708, qui chaque jour distribuait deux millions de litres d'eau aux quartiers environnants. C'était un lieu de repêche pour les cadavres; tous les noyés de la haute Seine, entraînés par la violence du courant, venaient s'arrêter dans l'assemblage de poutres servant de fondation à cette vaste machine et étaient recueillis par le gardien, qui les faisait porter à la Morgue et retirait quelques bénéfices de cette étrange industrie.

Je me souviens qu'en 1843, par une belle journée d'été, un grand nombre de personnes étaient rassemblées sur le pont Notre-Dame et sur les quais voisins. On regardait un jeune homme vêtu d'une vareuse bleue qui nageait avec une grâce et une habileté sans pareilles en amont de ces forts pilotis où l'eau se brisait. Sa longue chevelure noire flottait; il descendait, remontait le courant et semblait se jouer des difficultés; on avait peur, on lui criait : « Prenez garde! » Deux bateliers se jetèrent dans un canot et se dirigèrent vers lui; il les

[1] « Le mercredy, vigile de l'Ascension, le dernier jour de may, au dit an mil quatre cent treize, fut nommé le pont de la Planche de Mibray « le pont Nostre Dame », et le nomma le roy de France Charles; et frappa de la trie sur le premier pieu, et le duc de Guyenne, son fils, après, et le duc de Berry et de Bourgogne, et le sire de la Trémouille, et estoit l'heure de dix heures de jour au matin. » *Journal d'un Bourgeois de Paris*, éd. Buchon, p. 613.

aperçut, leva la main comme pour dire adieu aux gens qui le contemplaient, et poussant son bras en avant, enfonçant sa tête dans l'eau, il accéléra son mouvement par une coupe vigoureuse. Le tourbillonnement le saisit et il disparut. Pendant deux heures, la foule resta stupidement, et je restai comme elle, les yeux fixés sur la rivière, espérant toujours qu'elle allait rendre sa proie. C'était un suicide. Je revins chaque jour demander si l'on avait retrouvé ce malheureux. Au bout d'une semaine la météorisation fit son effet; le cadavre surnagea; il fut repêché et porté à la Morgue. J'eus la triste curiosité d'aller l'y voir, et j'eus bien de la peine, dans le monstre verdâtre, gonflé et lippu que j'avais sous les yeux, à reconnaitre le beau jeune homme qui s'était si élégamment élancé vers la mort.

La pompe avec son enchevêtrement de poutres et de madriers a été enlevée en 1858; cette suppression a rendu la navigation plus facile, mais néanmoins par les eaux trop basses ou trop rapides le passage est périlleux sous le pont Notre-Dame, et l'arche du Diable n'a que trop mérité son nom; elle a vu sombrer bien des bateaux chargés de pierres et se rompre les coupons de bien des trains de bois. Mais la canalisation du petit bras de la Seine parisienne et le barrage éclusé de la Monnaie ont ouvert une route meilleure aux mariniers, et le pont Notre-Dame est presque complétement délaissé aujourd'hui. Il était couvert de maisons comme les autres. Mercier raconte dans son *Tableau de Paris* que, le 2 janvier 1782, une débâcle imprévue entraina l'énorme patache qui servait de bureau aux douaniers de la Seine; emportée, elle brisa sur son passage tous les chalands qu'elle rencontra. Les débris se précipitèrent vers le pont Notre-Dame, « on ordonna de déménager sur l'heure, » une subite reprise de gelée sauva le pont et ses habitants. Mercier réclame le déblayage immédiat de tous les ponts. « Quand toutes les cheminées avec les entresols seront dans la rivière, dit-il, il faudra bien d'autres travaux pour décombrer le lit de la Seine. » Il avait raison, et, fait rare, il fut entendu, car on prit enfin la grande mesure réclamée depuis si longtemps, et l'on commença à rendre le passage des ponts sérieusement praticable.

« En ce même mois (mai 1578), dit Pierre de l'Estoile, à la faveur des eaux, qui lors commencèrent et jusques à la Saint-Martin continuèrent d'être fort basses, fut commencé le pont Neuf de pierres de taille, qui conduit de Nesle à l'école Saint-Germain, sous l'ordonnance du jeune Du Cerceau, architecte du roy. » C'est Henri IV qui devait le voir terminer en 1602. A peine fut-il achevé, que les bouquinistes s'en emparèrent pour y mettre leurs échoppes et leurs étalages; il ne fallut rien moins qu'un arrêt du parlement pour les en déloger en 1649; ils se sont réfugiés sur les quais et depuis lors ils les occupent en maîtres. La construction de ce pont donna lieu à une mesure fiscale qu'il est bon de signaler, car elle prouve que, dès cette époque, on avait compris que les provinces devaient, dans une certaine mesure, concourir aux embellissements de Paris : « Henri III, le 7 novembre 1577, constate la nécessité d'un pont nouveau parce que le pont Notre-Dame, le seul sur lequel on puisse passer avec chariot, coche et charrette, est encombré. Pour les dépenses de ce pont, un sol pour livre est imposé sur le principal de la taille des généralités de Paris, Champagne, Normandie et Picardie, *parce qu'elles y avaient intérêt* [1]. »

Dans ce temps-là, on n'avait guère de respect pour les nécessités de la navigation, qui cependant était plus considérable qu'aujourd'hui, car le pont était à peine

[1] *Paris, sa population, son industrie*, par Aug. Cochin, p. 72, 73.

achevé, qu'on élevait sur la seconde arche une pompe qu'on appela *la Samaritaine* et qui avait son gouverneur comme un château royal; elle était fort aimée des badauds parisiens, qui venaient en écouter le carillon; après avoir été reconstruite en 1772, elle fut abattue en 1813. Ce n'était pas le seul édifice inutile qui embarrassait le pont Neuf; on se souvient encore des vingt boutiques dessinées par Soufflot, qui s'arrondissaient sur le parapet et semblaient prolonger les piles : on y vendait des habits, des chapeaux, des briquets-Fumade; tout cela a disparu enfin, et au lieu de ces logettes laides et désagréables, on a placé des bancs semi-circulaires qui ne gênent pas la vue, n'entravent pas la circulation et servent aux passants fatigués.

L'accroissement extraordinaire que subit Paris pendant le dix-septième siècle est prouvé par la quantité de ponts qu'on y élève pour mettre les différents quartiers en communication les uns avec les autres, augmenter les facilités de circulation d'une rive à l'autre de la Seine et remplacer avantageusement les bacs, les batelets, dont les derniers ne disparurent cependant que vers 1820. En 1635, le pont Marie est terminé; le pont de la Tournelle, d'abord bâti en bois en 1620, est refait en pierre en 1656; en 1634, on établit le pont au Double, ainsi nommé parce qu'il fallait payer un double denier pour avoir le droit de le traverser. Jusqu'au milieu du dix-septième siècle, on ne communique des Tuileries à la rive gauche que par un bac dont le souvenir est conservé aujourd'hui encore par la rue qui porte ce nom. Vers 1632, le sieur Barbier, contrôleur général des forêts de l'Ile-de-France, fit bâtir un pont de bois qui s'appela le pont Barbier, le pont Sainte-Anne, en l'honneur de la reine, et bien plus communément le pont Rouge à cause de la couleur dont il était revêtu; d'après le plan de Gomboust, il aboutissait précisément en face la rue de Beaune et était aussi, comme le pont Neuf et le pont Notre-Dame, embarrassé d'une pompe hydraulique. Tant bien que mal il dura une cinquantaine d'années, quoiqu'il ait été brûlé en partie vers 1657, qu'il fût souvent endommagé par les débâcles et qu'il exigeât des réparations continuelles. Le 20 février 1684, une crue plus haute que de coutume se fit sentir en Seine et le pont s'en alla avec elle; Louis XIV ordonna de le reconstruire en pierres; l'arrêt du conseil est du 10 mars 1685; quatre ans après, le pont Royal était terminé sous la direction de Gabriel[1], et le procès-verbal de réception du 13 juin 1689 constate qu'il a coûté 742,171 livres 11 sols[2].

En 1617, on avait réuni l'île Saint-Louis à la Cité par un pont de bois, dit aussi le pont Rouge, qu'une passerelle remplaça en 1842, et qui, aujourd'hui en bonnes pièces de fonte, s'appelle le pont Saint-Louis. Au dix-huitième siècle, un seul pont apparaît, mais c'est le plus beau de Paris; le pont de la Concorde, commencé en 1787[3], traînait en longueur; la prise de la Bastille accélera sa construction en lui apportant les matériaux de la vieille forteresse. Pendant longtemps nous l'avons vu

[1] Ce Gabriel est le père de Jacques-Ange Gabriel, auquel Paris doit l'ancien Garde-Meuble, le Ministère de la marine et l'École militaire.

[2] Delamarre, *Traité de la police*, t. I, p. 89.

[3] Il y avait longtemps qu'on avait compris la nécessité de faire bâtir un pont en cet endroit; soixante ans avant qu'on se mît à l'œuvre, on avait pris à cet égard une détermination qui n'aboutit à aucun résultat. En effet, je lis dans les *Mémoires* de Mathieu Marais, à la date du 12 juillet 1725 : « On a registré, ce jour, des lettres-patentes pour la construction d'un pont de bois à Paris, aux environs de la nouvelle rue de Bourgogne, quartier Saint-Germain, au point de vue du pont tournant des Tuileries. Ce pont est nécessaire pour le dégagement du Pont-Royal, de l'entrée des Tuileries et des guichets du Louvre, et pour la communication du quartier Saint-Germain avec ceux de Saint-Honoré, de la Ville-Lévêque et du Roule. Il est permis à la ville d'emprunter 500,000 livres pour ce pont, et on payera, en remontant la rivière, 12 livres par bateau, comme au Pont-Royal. Cela va mettre bien des ponts et bien des droits. » (*Journal et Mémoires* de Mathieu Marais, t. III, p. 211, 212, édit. de Lescure.)

orné de douze statues colossales qui représentaient quelques-uns des héros de l'histoire de France; mais elles chargeaient trop les piles sur lesquelles elles étaient placées : on craignit un tassement qui aurait pu avoir de graves conséquences, et en 1837 on transporta ces lourds grands hommes dans la cour d'honneur du château de Versailles[1].

Tels sont les dix ponts que le dix-neuvième siècle a trouvés à Paris et qui alors suffisaient aux exigences de la grande ville. Napoléon, la dynastie de Juillet et le second empire ont singulièrement augmenté ce nombre; Paris compte aujourd'hui vingt-six ponts et même vingt-sept, si l'on compte le pont Saint-Charles, qui sert aux communications des deux rives de l'Hôtel-Dieu. Sous le gouvernement de Louis-Philippe, la mode était aux ponts suspendus; on en fit beaucoup trop; outre le très-grave inconvénient qu'ils ont de ne point offrir de passage aux voitures, ils ont prouvé, par l'usage, qu'ils étaient peu solides et résistaient mal au piétinement perpétuel d'une population toujours active et pressée[2]. De toutes les passerelles qui ont été élevées, il y a une trentaine d'années, une seule subsiste encore aujourd'hui : c'est la passerelle de Constantine, qui, livrée au

[1] Ces statues sont celles de Sully, Suger, Du Guesclin, Colbert, Turenne, Duguay-Trouin, Suffren, Bayard, Condé, Duquesne, Tourville et le cardinal de Richelieu. C'est une ordonnance de Louis XVIII, datée des 19 janvier et 14 février 1816, qui en fixa le choix; mais ce choix remplaçait celui qui avait été fait par Napoléon six ans auparavant. « Le 1er janvier 1810, etc., avons décrété et décrétons ce qui suit : Les statues des généraux Saint-Hilaire, Espagne, Lassalle, Lapisse, Cervoni, Lacour, Hervé, morts au champ d'honneur, seront placés sur le pont de la Concorde. » Il faut reconnaître que le projet de Louis XVIII est plus général dans son ensemble et historiquement meilleur que celui de Napoléon.

[2] Ils peuvent être excessivement dangereux. Qu'on se rappelle la catastrophe d'Angers : le 16 avril 1850, un bataillon du 11e léger s'engagea sur un pont suspendu et négligea de rompre le pas; sous ce poids cadencé, les amarres se brisèrent, tout le détachement fut précipité et 223 hommes furent noyés.

public en janvier 1838, réunit le quai Saint-Bernard au quai de Béthune[1].

La révolution de Février a rendu aux Parisiens le service considérable d'annuler d'un seul coup les péages dont certains ponts étaient grevés; aujourd'hui toute circulation est libre, et l'État a désintéressé les compagnies concessionnaires. Il existe cependant encore quelques ponts (le pont des Arts, la passerelle de Constantine), qui sont exclusivement réservés aux piétons; à une époque comme la nôtre, où nos rues sont, à toute heure, encombrées par une quantité extraordinaire de voitures, où, malgré de considérables travaux rapidement accomplis, les débouchés sont encore insuffisants, une pareille anomalie, un tel contre-sens est absurde et devrait disparaître sans délai; autant il était vexatoire d'avoir à payer jadis sur les ponts d'Austerlitz, d'Arcole, des Saints-Pères, des Invalides[2], autant il est difficile de comprendre qu'on force les voitures à des détours inutiles et préjudiciables, tandis qu'il serait si facile de reconstruire les ponts surannés qui leur refusent le passage aujourd'hui.

Le péage forcé de certains ponts a donné lieu sous Louis-Philippe à un incident comique dont le souvenir est resté populaire dans les traditions de l'École de médecine: M. Hippolyte Royer-Collard venait d'être désigné pour la chaire d'hygiène; la première fois qu'il se présenta pour faire son cours, il fut outrageusement sifflé. Sa nomination n'avait pas été vue avec plaisir par les étudiants, décidés à lui faire payer cher une faveur

[1] La passerelle de Constantine ne subsiste plus; elle s'est abîmée le 8 octobre 1872, à 4 heures et demie de l'après-midi, par suite de la rupture subite des câbles d'amont. Elle était en réparation; trois ouvriers reçurent des blessures sans gravité.

[2] Dix ponts à péage avant 1848: les ponts des Arts, d'Austerlitz, de la Cité, d'Arcole, de l'Archevêché, Louis-Philippe, du Carrousel (Saints-Pères), des Invalides; la passerelle de Damiette et celle de Constantine.

qu'il ne devait pas, disait-on, à son seul mérite. Le professeur acheva sa leçon tant bien que mal, et se croyait quitte d'avanies; mais en sortant il trouva sur la place deux cents carabins qui l'escortèrent et le poursuivirent de leurs huées. Hippolyte Royer-Collard demeurait rue Saint-Lazare; il avait donc à traverser la Seine pour rentrer chez lui. Il descendit la rue Mazarine, déboucha sur le quai Malaquais et tout à coup obliqua vers sa droite pour prendre le pont des Arts; chaque étudiant porta la main à son gousset pour voir si sa fortune du jour lui permettait d'aller continuer la manifestation sur l'autre rive de la Seine. Arrivé devant la logette du percepteur, que, selon l'usage, gardait un invalide, Hippolyte Royer-Collard s'arrêta, et mettant vingt francs sur la planchette du péager, il dit : « Ces messieurs sont avec moi. » On se mit à rire; l'émeute était vaincue. Le professeur put dorénavant continuer son cours et y obtenir un succès que son esprit lui rendait facile.

Le second empire a beaucoup fait pour les ponts de Paris; il en a construit ou reconstruit quinze; les deux plus importants sont le pont Napoléon, au-dessus de Bercy, et le pont monumental du Point-du-Jour, au-dessous d'Auteuil; tous deux servent de viaduc au chemin de fer de ceinture, mais ils sont ouverts aussi aux voitures et aux piétons[1]. Certes, Paris a un système de ponts qui est sans pareil au monde, et je ne sais nulle capitale qui sous ce rapport puisse lui être comparée;

[1] Il est intéressant de savoir à combien reviennent les travaux entrepris depuis quinze ans pour bâtir ou rebâtir les différents ponts de Paris. Voici les chiffres : pont Napoléon, 2,236,905 fr.; — pont de Bercy, 1,334,877 fr. 85 c.; — pont d'Austerlitz, 951,204 fr. 08 c.; — pont Louis-Philippe, 78[illegible],065 fr 39 c.; — pont Saint-Louis, 655,669 fr. 75 c.; — pont d'Arcole, 1.145,000 fr.; — Petit-Pont, 585,509 fr. 42 c.; — pont Notre-Dame, 713,556 fr 37 c.; — pont Saint-Michel, 745,253 fr. 09 c.; — pont au Change, 1,2[illegible]2,231 fr. 58 c.; pont Neuf, 1,687,779 fr. 03 c.; — pont de Solferino, 1,080,942 fr. 35 c.; — pont des Invalides, 1,053,389 fr. 53 c.; — pont de l'Alma, 2,075,759 fr. 98 c.; — pont-viaduc d'Auteuil, 3,463,774 fr. 35 c. — Total : 19 millions 590,816 fr. 60 c.

cependant il entre dans les projets de l'autorité municipale de rendre ce système plus complet encore, et d'ouvrir entre les deux rives de la Seine des communications plus faciles et plus larges. Le boulevard Saint-Germain, pour aller retrouver la rive droite, franchira la Seine sur deux ponts qui se feront suite à la pointe de l'île Saint-Louis et mettront en relation directe le quai Saint-Bernard, le quai de Béthune, le quai d'Anjou et le quai Henri IV. La percée de la rue de Rennes entraînera aussi une importante modification : le terre-plein du pont Neuf, prolongé en forme de jetée jusqu'à l'extrémité *aval* de l'écluse, rejoindra un pont qu'on doit construire entre le quai Conti et le point d'intersection des quais du Louvre et de l'École, de façon à établir un va-et-vient reliant la rue du Louvre et la rue de Rennes, qui, de cette façon, partant de la gare Montparnasse, aboutirait presque en ligne droite au boulevard Poissonnière, si la rue du Louvre est, comme on le dit, poussée jusque-là. Ce n'est pas assez, et une entreprise plus grandiose encore sera mise à exécution lorsque les nouvelles constructions du Louvre seront terminées : un pont de 45 mètres de large, ayant ses trottoirs dans les axes du pavillon Lesdiguières et du pavillon La Trémouille, irait rejoindre le quai Voltaire, où il s'aboucherait avec une place recevant deux vastes voies qui communiqueraient, je crois, avec le boulevard Saint-Germain. Dans ce cas-là, le pont des Saints-Pères et le pont Royal seraient démolis ; en effet, où serait leur utilité en présence du pont gigantesque dont les plans sont déjà arrêtés et qui les remplacera tous deux avec avantage ?

Aujourd'hui tous les ponts sont libres ; leurs arches, désobstruées des constructions sur pilotis qui les encombraient jadis, offrent à la navigation un passage facile ; leurs piles portent à la surface de solides anneaux de fer où les bateaux peuvent attacher un grelin qui leur sert à se hâler lorsque la remonte est trop pénible ; les fondations sont visitées régulièrement ; dès qu'un ensablement se manifeste sous une arche, vite on amène une drague à vapeur et l'on rend à la rivière sa profondeur normale [1]. Quelque rapide que soit encore le courant sous le pont Notre-Dame et le pont au Change, il n'offre plus de danger, et les naufrages sont bien plus rares aujourd'hui qu'autrefois. Faut-il ajouter que les abords des ponts sont encore un rendez-vous pour les pêcheurs à la ligne? Malgré les bateaux à vapeur qui la fouettent incessamment, la Seine, largement engraissée par les détritus de Paris, est abondante en poisson. On doit le croire du moins, car la pêche au filet depuis Bercy jusqu'à l'ancienne barrière des Bonshommes est affermée annuellement pour la somme de 9,100 francs. Je ne sais si l'État loue aussi le droit d'afficher sur les piles des ponts, mais, au mois de juin 1867, un marchand de papiers peints, voulant sans doute attirer l'attention des personnes qui, sur les *Mouches*, se rendaient à l'Exposition universelle, avait placardé sur toutes les piles de tous les ponts des pancartes jaunes où il affirmait le bon marché et l'excellente qualité de sa marchandise.

[1] On lit dans le *Moniteur* du 22 juillet 1867 : « Une puissante drague, mue par la vapeur, fonctionne en ce moment sans relâche aux abords du pont au Change avec le concours d'une nombreuse équipe de travailleurs. L'opération qu'on exécute sur ce point a pour but d'approfondir le chenal navigable et de débarrasser le lit du fleuve des restes des fondations de l'ancien pont au Change, qui n'ont pu être extraits lors de la construction du nouveau pont. Ce n'est pas sans difficulté qu'on parvient ainsi à retirer de l'eau des blocs de pierre d'un fort volume, d'énormes pilotis. Plusieurs hommes, montés sur le bateau dragueur et sur des batelets de service, surveillent attentivement la marche de l'appareil. Dès qu'un bloc de pierre ou une pièce de bois se montre dans l'eau, soulevés par la drague, on s'en rend maître à l'aide de tout un système d'engins spéciaux, tels que pics, crampons, gigantesques griffes de fer qui font l'office de tenailles, et dont les branches sont reliées par une chaîne à un cabestan installé sur une embarcation. On a pu constater que les pilotis successivement retirés, et qui datent de l'origine du pont, sont dans un parfait état de conservation, après plusieurs siècles de séjour sous l'eau. »

## III. — LA NAVIGATION.

Affluents. — La Bièvre. — Arrondissements de navigation. — Administration. — La Seine et la France. — Le *flottage*. — Jean Rouvet. — Les trains de bois. — Le voyage. — Ports au bois. — Arrivages à Paris. — Repêcheurs. — Les flotteurs. — Flotteurs de la Murg. — Charbons. — Les vins. — Tolérance et ivrognerie. — Bercy. — Parfum des futailles. — Céréales. — Fruits. — Flottille. — Matériaux de construction. — Grues à vapeur. — Nombre des bateaux marchands.

A part le canal Saint-Martin, qui s'y jette au bassin de l'Arsenal par un des anciens fossés de la Bastille, heureusement modifié et approprié aux besoins de la vie moderne, la Seine ne reçoit à Paris même qu'un seul affluent : c'est la Bièvre, triste ruisseau qui tombe en amont du pont d'Austerlitz, un peu au-dessus de la gare monumentale du chemin de fer d'Orléans, qui s'échappe honteusement par une bouche d'égout, qui ressemble à une fontaine à moitié vide et qui cependant était jadis redoutable pour les quartiers qu'il traversait[1]. « La nuit du mercredi 1er avril 1579, dit Pierre de l'Estoile, la rivière de Saint-Marceau, au moyen des pluies des jours précédents, crût à la hauteur de 14 ou 15 pieds, abattit plusieurs moulins, murailles et maisons, noya plusieurs personnes surprises en leurs maisons et leurs lits, ravagea grande quantité de bétail et fit un mal infini. » On sait déjà par quels moyens en ces temps on remédiait aux inondations : trois jours après, on dit une messe solennelle et l'on fit une procession générale « avec prière à Dieu qu'il lui plût apaiser son ire ». Les deux confluents urbains n'apportent pas grande force à la Seine ; en revanche, elle est grevée de quatre prises d'eau, dont trois, celles de Bercy, de Chaillot, d'Auteuil, alimen-

[1] La Bièvre, captée à son entrée à Paris, est entraînée actuellement par le grand collecteur de la rive gauche et jetée à Asnières. — Voir t. V, ch. XXX.

tent les quartiers voisins, et dont la quatrième, celle du Gros-Caillou, desservait jadis la Manufacture des tabacs.

Le département de la Seine est divisé en neuf[1] arrondissements de navigation, dont six appartiennent à Paris : le troisième, qui va des fortifications d'amont jusqu'au pont de Bercy; le quatrième du pont de Bercy au pont Neuf; le cinquième du pont Neuf au pont de la Concorde; le sixième du pont de la Concorde aux fortifications d'aval; le huitième embrassant le canal Saint-Martin, et le neuvième comprenant le bassin de la Villette, le canal de l'Ourcq et le canal Saint-Denis. Ces six arrondissements contiennent trente ports affectés au débarquement et à l'embarquement de différentes marchandises. Le personnel chargé de veiller au maintien des dispositions qui rendent la navigation facile sur un fleuve aussi encombré que la Seine à Paris, est composé d'un inspecteur général, de dix inspecteurs de première classe, treize inspecteurs de seconde classe et trois commis aux écritures. Ce service appartient à la seconde division de la préfecture de police.

La Seine parisienne est par elle-même en communication avec la Champagne et la Normandie; par les canaux de Loing et du Centre elle se relie à la Loire et à la Saône; par le canal de Bourgogne, l'Yonne et la Saône, elle touche au Rhône et du Rhône au Rhin; par le canal de Saint-Quentin et par l'Oise, elle se rattache aux départements du Nord; par le canal Saint-Denis et le canal de l'Ourcq, elle rectifie et annule les coudes trop accusés de son propre cours, de même que, par le canal Saint-Maur, la Marne évite un détour plein de lenteur et arrive plus vite aux grands entrepôts de Paris. Comme on le voit, par les canaux la Seine a l'est et le nord; par la mer, le cabotage et son embouchure du

[1] Il est réduit actuellement (janvier 1875) à huit arrondissements.

Havre, elle a l'ouest, auquel le midi se rejoint par les voies canalisées. Elle est donc en relation avec la France entière. Aussi sa navigation, à Paris même, est-elle très-active et plus importante pour nos besoins journaliers qu'on ne le croit généralement. Les chemins de fer, il faut le reconnaître, lui ont porté un rude coup et lui ont enlevé une partie de son utilité; mais néanmoins elle offre encore des conditions de sécurité et de bon marché qui la rendent très-précieuse au commerce.

Sauf des exceptions tellement minimes qu'il est inutile d'en parler, tout le bois qui se consomme à Paris, bois à brûler et bois à œuvrer, arrive par la Seine en bûches, en perches, en grume et parfois même en poutres débitées. C'est une industrie bien primitive que celle du *flottage*, et, à voir son extrême simplicité, on pourrait croire qu'elle a existé de tout temps et qu'elle remonte à l'époque où l'arche de Noé voguait sur les eaux légendaires. Il n'en est rien, et relativement elle est assez récente. Vers 1545, Charles Lecointre, chef des œuvres de charpenterie de la ville, voulut le premier établir le flottage; mais on ne l'écouta guère, et le pauvre homme en fut pour ses frais de propagande. Un bourgeois de Paris, Gilles Desfroissis, frappé de la justesse de l'idée, voulut la rendre pratique; il l'appliqua et s'y prit de telle sorte que ses biens furent abandonnés à ses créanciers. L'un d'eux, Jean Rouvet, banquier habile, comprit qu'il y avait là une source de fortune. Il savait que les forêts voisines de la capitale étaient épuisées et que les combustibles n'allaient pas tarder à manquer, car les routes étaient rares à cette époque. Il se promit de réussir là où les autres avaient échoué.

On se moqua du bonhomme et on le traita de fou; il n'en démordit pas, se rendit dans le Morvan, en 1549, acheta une partie de forêt, la fit abattre, la jeta à l'eau, la réunit, en fit des *trains* et la conduisit triomphalement au quai de la Grève. L'exemple était donné, on l'imita et l'on fit bien. En 1556, un autre marchand, René Arnould, perfectionna la construction des trains, les amena à l'état où nous les voyons aujourd'hui, et obtint dès 1569 un arrêt du parlement, qui enjoignait à tout possesseur de forges et de moulins de laisser pertuis ouvert pour le passage des trains. La cause était gagnée, et pour toujours.

Le bois étant abattu et dépecé à une longueur moyenne déterminée, chaque bûche est timbrée d'une estampille particulière indiquant à qui elle appartient, puis on l'abandonne au ruisseau voisin, auquel on a eu soin de faire un barrage en aval, à l'endroit où il tombe dans une rivière. Là on fait le *tri*, que les paysans appellent le *tric;* les ouvriers chargés de cette besogne se nomment les *triqueurs;* on groupe ensemble tous les morceaux de bois appartenant au même individu, et l'on en fait un train, qui est toujours composé d'une façon invariable. On divise le train en 576 parties égales, préparées séparément et qu'on nomme les *mises;* on assemble ces mises quatre par quatre, et, ainsi réunies, elles sont des *branches;* quand les 72 branches sont faites, on les groupe en 18 portions dont chacune forme un *coupon ;* 9 de ces coupons rattachés ensemble deviennent une *part*, la part d'avant et la part d'arrière; ces deux parts, solidement liées l'une à l'autre, complètent le train qui, ainsi parachevé, est prêt pour *le flot*. Ainsi un train se compose de deux parts, de dix-huit coupons, de soixante-douze branches et de cinq cent soixante-seize mises; les cordes en osier qui servent à faire un tout de ces divers éléments s'appellent, comme au temps où Jean Rouvet les employa pour la première fois, des *harts*. Par suite d'une vieille coutume traditionnelle, tout individu quel qu'il soit, homme, femme ou enfant, qui travaille à trier, à empiler le bois, à confectionner le train, a le droit de brûler sur place ce dont il a besoin pour son usage personnel, tout le temps qu'il travaille ; de plus, chaque soir il reçoit le *faix*, c'est-à-dire un certain nombre de bûches équivalant à son faix, à ce qu'il peut emporter sous son bras.

Les trains voyagent deux par deux et forment ainsi un *couplage*. Chacun est dirigé par deux hommes : l'un, le *flotteur*, qui se tient à l'avant, dirige la navigation, se sert du *pieu de nage* ou de *la perche blanche* pour guider son long serpent de bois à travers les méandres du fleuve ; l'autre, qui est un apprenti dont la place est à l'arrière, et qui à cause de cela est surnommé le *petit derrière*. Quand les trains arrivent vers Paris, on les gare au Port-à-l'Anglais, près de Charenton ; là les conducteurs reçoivent de l'un des inspecteurs des différents ports de Paris l'autorisation d'entrer et de se ranger à l'emplacement désigné où le train doit être *tiré*. Il est dépecé, détaché bûche à bûche par des ouvriers qui sont des *tireurs ;* puis le tout est chargé sur des charrettes et conduit aux chantiers, où il attend l'heure d'être vendu. Le *bois vert* est brûlé après une année de coupe, le *bois sec* attend dix huit mois ou deux ans.

Les ports de Paris spécialement réservés au tirage des bois sont ceux de la Gare, de la Râpée, le port aux Vins, le port des Invalides et les ports du canal Saint-Martin. En 1867, il est arrivé à Paris 2,030 trains de bois à œuvrer et à brûler représentant l'énorme poids de 561 millions 103,920 kilogrammes. La majeure partie des bois à brûler, 127 millions 396,367 kilogrammes, est venue par l'Yonne et ses affluents, tandis que c'est la Marne qui nous a apporté le plus de bois à œuvrer : 69 millions 283,010 kilogrammes. Il y a des mois pendant lesquels le flottage chôme singulièrement, tandis que, dans certains autres, il semble se multiplier : si en janvier, février, mars, les trains n'arrivent qu'au nombre de 65

— 2 — 29, ils montent en mai, juin, juillet, au chiffre de 474 — 341 — 306 ; à partir de ce moment ils décroissent. Mais l'hiver approche, il faut faire sa provision de bois, les marchands craignent d'être pris au dépourvu : novembre et décembre donnent ensemble 207 trains. S'il arrive qu'un train de bois se détraque en route ou se brise sur une pile de pont, la marchandise n'est pas perdue pour cela. Chaque année, en exécution de l'ordonnance de police du 25 octobre 1840 (art. 194), le préfet de police délivre environ quatre-vingts commissions de *repêcheurs de bois* à des individus présentés par l'agent général du commerce des bois à brûler.

C'est un dur métier que celui de flotteur ; il faut sans cesse être sur le qui-vive ; la nuit, quand on dort, ne dormir que d'un œil, parer au passage des ponts et des écluses, éviter les courants trop lents ou trop rapides, vivre les pieds dans l'eau et la tête au soleil, devenir une espèce d'être amphibie et connaître, jusque dans leurs détours, leurs caprices, leurs fausses apparences, les rivières auxquelles on s'abandonne. Ces flotteurs, qui nous apportent à Paris notre provision de bois pour l'hiver, constituent une race énergique, rude, un peu brutale parfois, mais d'une probité à toute épreuve. Pieds nus, le pantalon retroussé, la veste de camelot à l'épaule, ils vont, pendant de longues journées mélancoliques, au cours de l'eau qui les emporte, chantant un refrain monotone ou jetant un ordre bref à l'enfant qui est à l'arrière et guide les derniers coupons.

Ils n'ont pas cependant la poésie, la haute saveur de ces flotteurs de la Murg, qui, vêtus de rouge et de blanc, la tête coiffée du bonnet de renard à pasquilles d'or, mènent jusqu'à Dordrecht et Amsterdam, par le Rhin et la Meuse, des trains de bois de construction qui valent souvent quatre ou cinq millions. D'un temps oublié maintenant, ils ont conservé l'habitude de commander: France — Allemagne, — selon la rive du Rhin vers laquelle ils veulent incliner; quand ils sont arrivés au terme de leur voyage, ils reviennent à pied, en chariot, en chemin de fer, fêtant tous les cabarets qu'ils rencontrent sur leur route, et rentrent dans leurs villages accroupis au pied des montagnes de la Forêt-Noire, en portant sur leur dos les lourds engins qui servent à leur pénible labeur.

Les mêmes rivières, les mêmes canaux qui nous amènent le bois à brûler nous apportent aussi le charbon; la légèreté de son poids lui permet d'employer les chemins de fer sans que son prix soit augmenté; aussi la Seine a-t-elle perdu le monopole de ce genre de transport, qu'elle avait d'autant plus autrefois, que jusqu'en 1832 la vente publique du charbon ne fut permise que sur certains emplacements de quais appartenant à l'administration municipale et loués par elle. Cependant, en 1867, il en a été débarqué plus de 46 millions de kilogrammes dans les ports de Paris, venant principalement de l'Aube et de la Loire. C'est en juillet que se fait l'arrivage le plus considérable; pour ce seul mois, il a été de 12 millions 903,925 kilogrammes. Il y a six ports réservés à la vente du charbon de bois : ce sont ceux de Mazas, de l'île Louvier, des Saints-Pères, d'Orsay, des quais Saint-Bernard et de l'École.

Depuis l'application de la vapeur à l'industrie, le charbon de terre est devenu un objet de première nécessité; on a cherché à se le procurer au plus bas prix possible : aussi en amène-t-on beaucoup par les voies navigables, et les ports des Miramiones, de Saint-Paul, d'Orsay, des canaux Saint-Martin et de la Villette en ont reçu 856 millions 142,404 kilogrammes en 1867, sans compter 11 millions 031,700 kilogrammes de coke et de tourbe. Toute cette masse, sauf une quantité minime, nous arrive de Belgique par les canaux du Nord et par l'Oise, sur les larges et profondes péniches qui, avant de retourner vers la Sambre et l'Escaut, chargent du savon et des écorces de jeunes chênes pour faire du tan.

Tout le transport du vin se faisait autrefois par eau; jusqu'à la fin du seizième siècle, il fut même défendu de vendre le vin en gros ailleurs que sur la rivière; aujourd'hui on confie plus volontiers les vins fins aux chemins de fer, et seuls les vins communs sont réservés à la Seine; c'est la Bourgogne surtout qui nous en expédie, car sur 397,804 hectolitres 20 litres qui sont entrés à Paris en 1867, elle seule nous en a envoyé plus de la moitié. J'imagine que les mariniers qui nous apportent ces fûts, ces pipes et ces feuillettes n'engendrent pas la mélancolie, car l'usage veut que chaque homme ait le droit de disposer d'un tonneau de vin pendant son voyage. Cela peut sembler excessif, mais sur les rives où ils s'arrêtent afin d'acheter leur nourriture quotidienne, c'est pour eux une monnaie d'échange ; on leur donne du poisson, du pain, de la viande, ils payent en bouteilles pleines. Tout ne s'en va pas d'ailleurs en menue monnaie, tant s'en faut; un marinier de haute Seine boit facilement dans sa journée, et sans en être troublé, cinq ou six litres de vin. On m'a même assuré qu'un bon tonnelier de Bercy buvait quotidiennement huit à neuf litres. Ces gens-là mangent peu, dorment dès qu'ils n'ont rien à faire et passent leur vie dans une sorte d'abrutissement vague qui leur laisse tout juste assez de lucidité pour accomplir leurs faciles fonctions.

Bercy, chacun le sait, est le lieu principalement réservé au débarquement des vins. C'est un étrange pays qui, par son aspect absolument spécial, a l'air d'être aux antipodes de Paris. Le quai n'a point de parapet; une simple rangée de bornes écornées par les haquets sépare le port de la chaussée ; derrière les bornes et ne les dépassant jamais sont alignées des espèces de guérites sur lesquelles on lit des enseignes de voituriers. Ce sont les propriétaires d'une charrette, d'un haquet, d'un cheval, qui s'établissent là et sollicitent le charroi des tonneaux que les débitants au détail viennent acheter. Chaque maison a une porte charretière suivie d'une avenue plantée d'arbres qui n'en finit pas et où sont placées côte à côte des régiments de feuillettes. On ne voit que des gens armés d'un poinçon et d'une tasse d'argent; ils font un trou, reçoivent le vin dans leur coupelle, le hument en pinçant les lèvres, s'en gargarisent, le recrachent, s'essuient la bouche d'un revers de manche, passent à une autre pièce et recommencent. Cela sent partout une fade odeur de lie et de vinasse qui n'est point agréable. Quand on rentre chez soi, cette senteur vous poursuit et l'on est quelques jours à ne boire que de l'eau pour se débarrasser du souvenir de cet insupportable parfum. Là, on crie le vin comme dans d'autres quartiers on crie : *Vieux habits ! vieux galons !* C'est un gros commerce cependant et dont il ne faut point médire, car il s'y acquiert d'énormes fortunes; en 1860, l'enquête de la chambre de commerce constatait que les marchands de vin de Paris faisaient annuellement près de 200 millions d'affaires. Je crois que ce chiffre est tout à fait au-dessous de la réalité.

Les céréales viennent relativement en petite quantité par la Seine ; 1867 en a vu arriver 159 millions 338,682 kilogrammes, sur lesquels les blés et farines comptent pour 98 millions 728,700. L'Yonne et ses affluents en amènent la plus grande partie. C'est encore les chemins de fer qui ont accaparé ce transport, qui jadis appartenait exclusivement aux rivières et aux canaux ; il ne faut pas s'en plaindre : le blé a, dans des wagons bien fermés, moins de chances de s'avarier que dans des bateaux où la plus mince voie d'eau peut pénétrer et où les rats ne se font pas faute d'y faire de larges brèches. Un riche minotier qui a des moulins célèbres sur la haute Seine, aux environs de Corbeil, a fait construire sur le quai d'Austerlitz un vaste débarcadère couvert où les sacs, amenés par une grue pivotante, sont toujours à l'abri de la pluie et du soleil.

Dans les débarquements faits aux ports de Paris en 1867, les fruits ne sont représentés que par le chiffre presque insignifiant, eu égard à la consommation parisienne, de 6 millions 256,834 kilogrammes, et encore faut-il en déduire quelques tonnes de quatre-mendiants et de larges pots de raisiné. L'arrivée des fruits varie naturellement selon les saisons : en automne les raisins, et vers le mois de février les pommes, qu'on apporte à la Grève dans des toues profondes où elles sont jetées au hasard comme des cailloux sur une route ; il y a souvent une flottille de plus de quarante bateaux chargés de pommes, symétriquement rangés devant le quai de l'Hôtel-de-Ville, comme jadis la flotte des Grecs sur les rivages de la Troade.

Ce sont de très-forts bateaux, des chalands solides qui conduisent jusqu'à Paris les matériaux de construction dont on fait un si grand usage autour de nous. Le chiffre de cette importation est considérable et s'est élevé pour 1867 à 1 milliard 698 millions 560,090 kilogrammes. Il faut dire que la matière est pesante, et les grues à vapeur du quai d'Orsay, où la plus grande partie des pierres de taille est déchargée, n'ont jamais été à pareille fête ; elles fument jour et nuit et manœuvrent nuit et jour ; autrefois, du temps de la Grenouillère, c'était en face qu'on recevait cette espèce de matériaux, et le quai de la Conférence où s'ouvrait le port de l'Évêque, quand ce dernier avait une ville, est encore désigné dans les plans du commencement de ce siècle sous le nom de Port aux pierres de Saint-Leu. C'est, en effet, des carrières qui bordent l'Oise entre Creil et Saint-Leu que la plupart de ces belles pierres arrivaient ; mais aujourd'hui il s'en fait une telle et si prodigieuse consommation pour les églises, les théâtres, les palais, les tribunaux, les préfectures, les casernes et les maisons nouvelles, qu'on en demande un peu partout et que l'Eure nous en a envoyé, en 1867, plus de 415 millions de kilogrammes. L'Yonne, l'Oise, la Loire, le canal de l'Ourcq ne sont pas restés en demeure et ont rivalisé de zèle avec la rivière normande.

Paris attire et reçoit par la Seine bien d'autres objets qui sont indispensables à la vie quotidienne : des vinaigres, des huiles, des trois-six, des sucres, des cafés, des savons, des fourrages, des poissons, des métaux, des cotons, des faïences, des papiers et des meubles. Tout ce commerce donne à la rivière une activité considérable, mais nous sommes si actifs nous-mêmes que c'est à peine si nous la remarquons, et peut-être le lecteur serait-il étonné en apprenant que les débarquements faits dans le département de la Seine par les 31,308 bateaux ou trains qui ont abordé à ses ports en 1867 représentent un poids de 3 milliards 689 millions 880,579 kilogrammes, dont les deux tiers au moins, sinon les trois quarts, étaient à destination de Paris, et que la même année les embarquements se sont élevés au chiffre de 395 millions 848,576 kilogrammes emportés par 4,788 bateaux vers les pays de haute et de basse Seine. Nos importations, il faut le reconnaître, sont singulièrement plus considérables que nos exportations, mais c'est là un fait qui n'a pas besoin de commentaires.

## IV. — LES INDUSTRIES.

La remorque. — Le halage. — Le touage. — La manœuvre des toueurs. — *Seine-et-Tamise.* — Réserve. — Bateaux à vapeur. — Le *Corbillard.* — Les *Mouches.* — Maries-salopes. — Ouvriers des ports. — Sabliers. — Déchireurs. — Les indépendants. — Ravageurs. — Tafouilleux. — Carapatas. — Citation de La Bruyère. — Bains froids. — Bains chauds. — Poitevin et Vigier. — Lavoirs. — Le broyeur. — Locations. — Boîtes de secours. — Principe de la Préfecture de police. — *Secours aux noyés.*

Tous les bateaux qui font les transports sur la Seine, besognes, lavandières, chalands, marnais, péniches, toues, flûtes et margotats, de 25 à 50 mètres de long, jaugeant de 40 à 450 tonneaux, peuvent aisément descendre la rivière : il ne faut pour cela qu'avoir de la patience et s'abandonner au fil de l'eau ; mais lorsqu'il s'agit de la remonter, c'est une autre affaire, et les difficultés commencent; la voile est souvent inutile et la rame toujours illusoire. Autrefois c'étaient des chevaux qui, sur les quais mêmes de Paris, halaient les bateaux. Il y a quinze ans, on ne voyait que cela; le halage était la destinée dernière des chevaux réformés : attelés à la *cincenelle*, longue corde qui se rattachait au bateau, ils marchaient inclinés par le poids qu'ils tiraient; parfois la corde, détendue par un rapide mouvement de l'embarcation, se raidissait tout à coup et renversait impétueusement ce qu'elle rencontrait. C'était un moyen lent, dangereux, pénible; Paris ne s'en est pas encore complétement débarrassé ; pendant l'été, lorsque les barrages fonctionnent, le vieux halage reparaît. Espérons qu'il prendra bientôt fin, car les avantages qu'il offre ne compensent guère les inconvénients dont il est entouré.

Le halage est généralement remplacé aujourd'hui par le touage. Un décret du 4 avril 1854 autorise M. Eugène Godeaux à établir « à ses risques et périls un service de touage à la vapeur sur chaîne noyée au fond de la rivière. » Dans le cahier des charges il est spécifié que ce n'est point un monopole et que tout autre remorqueur aura le droit de naviguer sur les parties de rivière concédées à la nouvelle entreprise. Un tarif rémunérateur sans excès est imposé aux concessionnaires : en remonte, 1 centime par tonne et par kilomètre; ainsi, par exemple, une péniche chargée de 200 tonnes de houille, partie de la Briche-Saint-Denis et amenée par un toueur à l'écluse de la Monnaie, aura parcouru 29 kilomètres et payé pour le remorquage 58 fr., pour le pilotage 12 fr., pour la location des cordages 5 fr.; total : 75 fr.

On sait en quoi consiste la force et la manœuvre des toueurs. Chacun a vu des enfants accrocher une corde au bouton d'une porte, la tirer et être précipités en avant avec rapidité. C'est là tout le système. Une chaîne noyée est fixée aux points extrêmes du parcours ; le bateau toueur fait passer cette chaîne sur deux treuils placés au milieu de son pont ; une machine à vapeur met les treuils en mouvement et le bateau se hale lui-même, sans hélice et sans aube, en déroulant vers lui la chaine sur laquelle il prend un point d'appui qui quadruple sa force de traction. On peut affirmer qu'un toueur armé d'une machine de 50 chevaux égale la puissance d'un remorqueur ordinaire de 200 chevaux. Les premières dépenses d'installation sont assez considérables, car, en dehors de la construction du bateau et de sa machine, la chaîne seule coûte 6,500 fr. par kilomètre. Le touage aujourd'hui est en pleine activité sur la Seine de Paris, et le temps n'est pas éloigné où ce système de halage, préférable à n'importe quel autre, sera appliqué à toutes nos voies navigables, fleuves, rivières et canaux. Un seul toueur peut remorquer à la fois dix et quinze bateaux chargés ; il pourrait facilement en traîner vingt, mais il est arrêté par l'ordonnance de police du 24 mai 1860, qui limite à 600 mètres la longueur des trains de remorque, ce qui déjà est considérable. En 1867, la *Société du touage de la basse Seine* a remorqué entre Saint-Denis et Paris, soit en amont, soit en aval, 6,100 bateaux vides ou chargés, ayant à bord 765,443 tonnes de marchandises diverses; la *Compagnie du touage de la haute Seine* a halé de l'écluse de la Monnaie à Bercy 6,812 bateaux vides ou chargés portant 226,265 tonneaux. Ce service est fait actuellement par 18 toueurs; ils n'ont rien de commun avec 4 bateaux remorqueurs qui, dans le même laps de temps, n'ont charrié que 22,710 tonnes[1]. Des marchandises (463,986 tonnes) arrivent encore sur nos quais par des bateaux-porteurs à vapeur qui viennent directement de Rouen, du Havre et des canaux du Nord.

« N'avons-nous pas vu, dit Mercier dans son *Tableau de Paris*, le 1er août 1766, le capitaine Berthelo arriver au pont Royal, vis-à-vis les Tuileries, sur son vaisseau de cent soixante tonneaux, de cinquante pieds de quille et dont le grand mât avait quatre-vingts pieds de hauteur? » Il en conclut que Paris peut être un port de mer, mais il ne prévoyait pas que la devise du chemin de fer du Havre, *sic Lutetia portus*, deviendrait si facilement une vérité. Il serait fort surpris sans doute si, comme nous, il voyait ancrés au port Saint-Nicolas les bateaux à vapeur *Seine-et-Tamise*, qui font un service régulier entre Paris et Londres! J'aurais voulu donner au lecteur des renseignements positifs sur cette entreprise qui, en germe du moins, est d'une grande importance; mais les personnes qui la dirigent n'ont pas pensé que le moment fût venu de la révéler au public. En présence

[1] La tonne métrique équivaut à 1,000 kilogrammes.

des craintes manifestées par une spéculation particulière, j'ai dû user de réserve, ne point insister pour obtenir des documents qu'on paraissait fort peu empressé de me fournir, et n'avoir pas recours aux registres de l'octroi qui m'eussent fourni tous les renseignements désirables. Mais ce que je puis dire, c'est que trois bateaux, accomplissant chacun en moyenne quinze voyages par an, font la navette entre Londres et Paris, que leur tonnage est au maximum de 400 tonneaux, qu'ils sont à hélice et que leur construction spéciale, qui sans doute est à trois quilles comme celle des navires employés à la navigation mixte, les rend propres au parcours des fleuves et de la mer.

Si le halage à l'aide de chevaux a été remplacé par le touage et la remorque à vapeur, les fameuses galiotes et les coches ont disparu pour toujours devant les bateaux à roues et à hélice. Qui n'a entendu parler du coche d'Auxerre qui a tant fait rire nos grands-parents dans *les Petites Danaïdes?* Il arrivait et s'amarrait au quai de la Grève; c'était, dit-on, une arche immense toute pleine de raisiné, de futailles et de nourrices. On n'allait pas vite et l'on s'arrêtait volontiers à tous les cabarets qui bordaient la berge. Il a cédé le pas aux bateaux à vapeur, qui eux-mêmes aujourd'hui ne luttent que bien difficilement contre la redoutable concurrence des chemins de fer. Onze steamers, ayant des départs réguliers et quotidiens, mettent aujourd'hui Paris en communication avec Saint-Cloud, Melun et Montereau; c'est bien peu pour une ville comme la nôtre et je ne crois pas cependant que ce genre de transport, très-délaissé par les voyageurs, fasse de brillantes affaires. Le bateau qui, allant à Melun, s'arrête à Corbeil, porte encore le surnom qu'on avait donné pendant le seizième siècle au coche qui faisait le même service; jouant sur le mot Corbeil, on l'appelle *le Corbillard*. Ce qui prouve qu'une plaisanterie n'a pas besoin d'être bonne pour durer longtemps.

L'Exposition universelle a fait naître à Paris une nouvelle industrie fluviale, celle des *Mouches*, petits bateaux à vapeur rapides, pouvant contenir cent cinquante passagers, déjà employés à Lyon et usités depuis bien longtemps à Londres. On eût pu croire que ce service n'était que transitoire et simplement appelé à subvenir aux exigences d'une circonstance exceptionnelle ; l'administration a été plus libérale, elle a voulu qu'il fût définitif, et les Mouches ont désormais droit de cité sur la Seine. Une décision du ministre des travaux publics en date du 19 juillet 1866, rendue exécutoire par un arrêté du 10 août 1866 du préfet de police, autorise, pour un délai de quinze ans à compter du 1er février 1867, la circulation entre le pont Napoléon et le viaduc d'Auteuil d'un certain nombre de bateaux pour le transport en commun des voyageurs ; le tarif est fixé, depuis le 28 mai 1867, à 25 centimes par place. Ces bateaux seront à la rivière ce que les omnibus sont à nos rues et à nos boulevards ; ils ont déjà rendu de grands services à la population parisienne qui les a adoptés avec empressement ; pendant la durée de l'Exposition universelle, ils ont depuis le 1er avril jusqu'au 30 novembre transporté 2,656,940 voyageurs, et je lis dans un relevé statistique que le dimanche 30 septembre 1868 ils ont reçu plus de 35,000 personnes. Mais qui veut la fin veut les moyens : pour qu'ils puissent faire en tout temps un bon service, actif, utile, ininterrompu et vraiment profitable à la population, pour qu'ils ne soient pas, comme nous l'avons déjà vu, en partie neutralisés par les basses eaux, il faut que le barrage de Suresnes maintienne la rivière à une hauteur *minima* invariable ; sans cela les pauvres mouches pourront bien se briser les ailes contre le fond même de la Seine, dont le lit est souvent inhospitalier. Ce n'est pas qu'on ne le surveille avec soin et qu'on ne le cure incessamment pour offrir à la navigation toute la sécurité possible. Dix-huit bateaux dragueurs, de ceux que nos pères appelaient des maries-salopes, se portent partout où il est nécessaire d'enlever un banc de sable inopinément formé, de ramasser des vases accumulées ou de ressaisir les pierres tombées d'un chaland maladroit écrasé contre un pont.

Lorsque j'aurai dit qu'il existe à Paris 929 bachots, canots, yoles, glissoirs, j'aurai parlé, je crois, de toutes les embarcations qui animent la Seine entre Bercy et Auteuil; mais une partie de la population parisienne vit du travail que développe sur nos ports l'arrivée de tant de marchandises et de tant de bateaux. Indépendamment des mariniers, des pilotes et des conducteurs de trains, il y a des corps d'état qui doivent leur existence à notre marine locale ; il convient de ne pas les passer sous silence. Les *coltineurs* sont les ouvriers qui, la nuque garantie par un caparaçon de forte toile ou de sparterie, portent sur leur tête ou plutôt sur leur cou les fardeaux d'un navire qu'on charge ou qu'on décharge; les *débardeurs* font à peu près le même office et deviennent *tireurs* lorsqu'il s'agit de dépecer les trains de bois; les *dérouleurs* sont ceux qui roulent les tonneaux.

Il y a aussi les *sabliers* qui, à l'aide d'une drague à main, extraient le sable du fond de la rivière; ils ne peuvent exercer leur pénible métier que sur permis de l'autorité municipale; d'après l'article 198 de l'ordonnance de police du 25 octobre 1840, ils sont obligés de se tenir à 50 mètres en amont et à 30 mètres en aval des ponts, à 12 mètres des quais et des berges, à 20 mètres des écoles de natation, restrictions excellentes et qui assurent la sécurité du fleuve. Presque tous les tireurs de sable ont un petit bureau où ils reçoivent les commandes que viennent leur faire les jardiniers de

Paris. Cette maigre industrie tend à disparaître ; elle est remplacée par les dragueurs à vapeur qui fouillent la haute Seine au-dessus de Charenton. A l'heure présente il n'y a plus à Paris que dix-neuf tireurs de sable. Les *déchireurs* détruisent, déchirent les bateaux hors de service ; ils ont des ports spéciaux où se fait la mise en pièces : Grenelle, Bercy, la Rapée, Orsay, et encore, dans ces divers emplacements, un endroit particulier sévèrement limité leur est réservé. L'inspection générale a la direction immédiate des ouvriers de l'Entrepôt, dont le nombre ne peut réglementairement dépasser cinquante, et des *forts* du port aux Fruits (Grève), qui ne sont que trente en activité pendant la saison des arrivages.

Les ouvriers que je viens de désigner rapidement constituent ce qu'on pourrait appeler l'armée régulière de la Seine ; mais elle a ses enfants perdus, ses aventuriers, qui sont curieux à regarder de près. Il y avait autrefois à Paris des *ravageurs* qui s'en allaient dans les rues, fouillant le ruisseau avec une latte, déchaussant les pavés et recueillant les clous échappés aux fers des chevaux ; repoussés de la ville, ils se sont réfugiés sur les berges ; comme les orpailleurs de l'Ariége et du Rhin, ils cherchent l'or et l'argent ; mais ils aiment à trouver l'or façonné en monnaie et l'argent sous forme de cuillers. Les ravageurs connaissent parfaitement les endroits où les tombereaux de la municipalité viennent jeter les neiges pendant l'hiver ; c'est là, aux dix-huit emplacements fixés par l'autorité compétente, sur les bords encore couverts par les amas de neige boueuse qu'on a laissés tomber du haut des quais, qu'ils s'établissent avec leur sébile, semblables aux laveurs de pépites du Sacramento, et finissent quelquefois par découvrir au milieu des immondices une piécette blanche, un bijou perdu, un porte-monnaie suffisamment garni. Ces aubaines-là sont, il faut le croire, moins rares qu'on ne l'imagine, car il y a des gens de rivière qui, à Paris et pendant l'hiver, ne vivent que de cet inconcevable métier.

A côté des ravageurs il faut placer les *tafouilleux;* ceux-là sont les chiffonniers de la Seine; ils sont aux aguets, examinant le courant d'un œil exercé, ramassant la bûche arrachée au train, la pomme tombée du bateau, la serviette emportée du lavoir, la canne de ligne échappée de la main d'un pêcheur malhabile, le chapeau que le vent a jeté à la rivière ; tout leur est bon, tout leur est une proie et un profit. Enfin viennent les *carapatas*. Les noms qui précèdent sont faciles à comprendre et s'expliquent d'eux-mêmes en se décomposant ; mais ce dernier est au moins singulier par son origine. Quel bohême ayant traversé la Turquie l'a rapporté parmi nous et en a fait une désignation que les statistiques officielles n'ont pas dédaigné de recueillir? *Kara*, noir; *batte*, canard. Jamais appellation n'a été mieux appropriée à des gens qui barbottent et pataugent tout le jour le long de la Seine ou du canal Saint-Martin, halant les petits bateaux qui franchissent les écluses, offrant tout service, acceptant toute rémunération, aidant à déchirer les vieilles toues, à tirer le bois flotté, à rouler les tonneaux d'ocre venus de Bourgogne, touchant à tous les métiers et n'en sachant aucun. Quand le carapatas n'est pas ivre, on peut crier miracle. Où couche-t-il? Dans les bateaux abandonnés, sous la table des cabarets, le plus souvent au poste. Son nom est devenu un terme de mépris, et c'est faire injure à un homme des ports de lui dire : Tu n'es bon qu'à carapater.

Tout ce personnel, tous ces bateaux dont je viens de parler appartiennent aux industries mobiles de la Seine ; elle a aussi ses industries sédentaires, qui sont les bains et les lavoirs. Autrefois le Parisien, moins pudique qu'aujourd'hui, se mettait tout simplement à la rivière et s'y baignait à sa fantaisie : « Tout le monde, dit La Bruyère, connait cette longue levée qui borne et qui resserre le lit de la Seine du côté où elle entre à Paris avec la Marne qu'elle vient de recevoir; les hommes s'y baignent au pied pendant les chaleurs de la canicule; on les voit de fort près se jeter dans l'eau, on les en voit sortir; c'est un amusement. Quand cette saison n'est pas venue, les femmes de la ville ne s'y promènent pas encore, et quand elle est passée, elles n'y viennent plus. » Des ordonnances du prévôt de Paris défendaient, en 1716 et en 1742, sous peine d'emprisonnement, de se baigner sans être suffisamment vêtu ; c'est de cette époque que datent les premiers établissements de bains froids sur la Seine. Pendant longtemps la clôture des bains fut considérée, à l'extrême rigueur, comme un vêtement suffisant pour les baigneurs; aussi les amateurs de *bains à quatre sous* ne se gênaient guère et se contentaient du costume primitif dans toute sa pureté. La préfecture de police publia, le 6 juillet 1858, un arrêté qui mit fin à cet abus qu'une trop longue tolérance avait à tort laissé subsister jusqu'à notre époque. Il existe dix-neuf bains froids aujourd'hui, treize pour les hommes et six réservés aux femmes. Depuis les premiers jours de mai jusqu'à la fin de septembre, ils sont en permanence; pendant la saison rigoureuse, ils sont rangés derrière les garages de Grenelle, de l'île Saint-Louis, de l'Arsenal, au Bas-Meudon et aux îles de Neuilly.

Les premiers bains chauds ont été établis sur la Seine par un nommé Poitevin; sa veuve, lorsqu'il mourut, épousa son garçon baigneur, Vigier, qui devait donner à ce genre d'industrie une célébrité et une extension considérables. Chacun connait ces grands bateaux surmontés de constructions plus ou moins élégantes qui stationnent en aval du pont Neuf et en amont du pont

Royal. On y a ajouté depuis quelques années un vaisseau qu'on a appelé la frégate-école, qui est resté longtemps inutile dans les eaux de Neuilly et dont on a cherché à tirer un parti quelconque en y installant des appareils balnéaires. Il n'y a maintenant que quatre établissements de bains chauds à Paris, sur la Seine; mais en revanche il y a vingt-huit lavoirs, dont six sur les canaux et le reste en rivière. Ce n'est pas une mauvaise industrie, quoique les premiers frais d'installation se montent à 46,000 francs pour deux bateaux juxtaposés garnis d'auvents et de séchoirs. Le droit d'y travailler se paye en gros 40 centimes la journée, et en détail un sou l'heure ; le seau d'eau de lessive mesurant 12 litres vaut cinq centimes; un compartiment de séchoir muni de barres se loue 40 centimes pour vingt-quatre heures. On chôme ordinairement le dimanche et le lundi. Il est superflu de dire que, tout en faisant mousser le savon, en rinçant le linge et en maniant le battoir, on y babille à perdre haleine.

Ces établissements, où l'on a de l'eau courante à discrétion pour une très minime rétribution, rendent d'inappréciables services à la population pauvre de Paris et lui donnent peu à peu des habitudes de propreté qui finiront par entrer dans ses mœurs. Les blanchisseuses n'étaient pas si commodément installées jadis ; elles venaient simplement laver au cours de l'eau, agenouillées sur un peu de paille ramassée au hasard, souillant leur linge aux fanges de la berge et le voyant parfois disparaître emporté par le courant. Lorsque les rives étaient escarpées, on y appliquait des échelles que les pauvres femmes descendaient et gravissaient chargées de leurs fardeaux humides. En voyant ces sortes d'escaliers primitifs installés aux bords de la Seine devant Chaillot, le Parisien de Néel les prend pour les Échelles du Levant et raconte en termes spirituels comment une lavandière lui fit voir qu'il était encore en France. Nul Parisien n'ignore que la mi-carême est la fête consacrée des blanchisseuses et des porteurs d'eau qui, sous prétexte de s'amuser, se fatiguent ce jour-là comme si leur vie n'était pas une fatigue incessante.

Il est encore sur la Seine une autre industrie sédentaire ; elle est représentée par un bateau qui, seul de son espèce, est resté debout comme une protestation vivante et surannée contre tous les essais de nos temps inventifs. C'est le bateau broyeur qui est amarré près du quai de l'Horloge ; ses quatre roues, lentement agitées par le courant tranquille, tournent pacifiquement et font mouvoir des meules qui écrasent des couleurs. Malgré les nuances criardes dont on a bariolé ses platsbords et sa cahute, malgré les volubilis et les capucines qui grimpent sur le pignon de son toit, il a un air triste, vieillot et délabré. Il est demeuré fidèle aux us et coutumes d'autrefois; en présence des machines à vapeur qui bruissent de tous côtés et battent la rivière où il clapote avec une si paisible mansuétude, il ressemble à un *coucou* qui regarderait passer une locomotive[1].

En tant que fleuve, la Seine appartient au Domaine, qui en retire un profit assez médiocre, car les locations faites sur les berges et sur la rivière à Paris ne rapportent guère annuellement plus de 30,000 francs. Les prix sont uniformes : trois francs par mètre carré pour les établissements où il existe une habitation, un franc pour les bateaux à lessive, 25 centimes pour les bains froids. Les exploitations inutiles et tapageuses ne sont même pas surchargées, et le café-concert qui a pris possession du terre-plein du pont Neuf ne paye que

[1] Depuis que ce volume est sous presse, le bateau broyeur a été supprimé (1867). En réalité, il ne broyait plus rien depuis longtemps et servait simplement de boutique à un marchand de couleurs.

1,200 francs de loyer. Les abreuvoirs sont libres[1]; il y en a sept où l'on peut aller baigner les chevaux et les chiens. Toutes les industries qui vivent de la Seine ou sur la Seine sont réglementées par l'ordonnance de police du 25 octobre 1840, ordonnance qui, empruntant certains éléments constitutifs à celles qui l'ont précédée sur la matière en 1669 et 1672, est un chef-d'œuvre de prévoyance et de clarté.

La préfecture de police ne se contente pas de veiller à ce que les abords des berges et des ponts ne soient pas encombrés, à ce qu'un espace suffisant soit toujours laissé libre pour la navigation, à ce que les matériaux débarqués soient enlevés dans un délai déterminé; elle va plus loin, et prend toute sorte de précautions minutieuses pour parer aux accidents individuels qui journellement se produisent sur le fleuve. Elle sait que le Parisien est étourdi, imprudent, ivrogne et bravache, qu'il monte dans les canots dont il ignore l'équilibre, qu'il se baigne sans savoir nager et qu'il s'endort parfois avec insouciance sur les parapets. Aussi a-t-elle fait disposer dans tous les endroits propices des boîtes de secours munies d'un formulaire indiquant l'usage qu'on doit faire des instruments qu'elles contiennent[2]. Ces boîtes précieuses, ces instructions rédigées avec une extrême lucidité, ont servi à rappeler à la vie bien des

[1] Ce fut Jehan Popin, prévôt des marchands, qui fit établir le premier abreuvoir à Paris, en 1293.

[2] Malgré tant de soins et de prescriptions, on n'est pas encore parvenu à empêcher qu'on ne suspende les noyés la tête en bas; cet usage, aussi dangereux qu'absurde, ne date pas d'hier; je lis dans les *Lettres écrites d'Égypte et de Nubie en* 1828 *et* 1829 par Champollion le jeune : « C'est au milieu de tout ce peuple amoncelé qu'on aperçoit un groupe donnant des secours empressés à un chef que l'on vient de retirer du fleuve; *on le tient suspendu par les pieds, la tête en bas*, et on s'efforce de lui faire rendre l'eau qui le suffoque, afin de le rappeler à la vie. » (Lettre XIV.) Ce bas-relief appartient au Rhamesseum occidental de Thèbes et fait partie de la représentation d'une campagne de Sésostris le Grand dans la Bactriane.

malheureux déjà aux trois quarts asphyxiés par suite de submersion.

Le principe de la préfecture de police est bien simple : en échange de toute permission lucrative accordée par elle, elle exige un service pouvant s'appliquer à la population qu'elle a mission de surveiller. Dès qu'un individu demande une concession sur la Seine et qu'on juge opportun de la lui octroyer, on lui impose l'obligation d'être utile au public et de reconnaître de cette manière la faveur dont il est l'objet ; c'est ainsi, et grâce à cet excellent système, que tous les postes, bains, lavoirs, bateaux à vapeur, bateaux dragueurs, bateaux toueurs, que toutes les constructions en un mot qui profitent de la Seine ou de ses berges sont pourvues de boîtes de secours dont la plupart appartiennent à la préfecture elle-même. Une plaque en fonte, portant ces mots écrits en gros caractères : *Secours aux noyés*, est fixée à demeure, de façon à frapper les yeux, sur le mur des établissements où le dépôt a été fait.

Du pont Napoléon au viaduc d'Auteuil, cent dix-sept boîtes sont disséminées çà et là et mises à la disposition de tous ceux qui pourraient en avoir besoin. Dans les endroits où la circulation fluviale est permanente, où des marchés sur l'eau sont ouverts, où les débardeurs sont souvent attirés par leur travail, où les abreuvoirs appellent les palefreniers, où les bains sont réunis sur un espace restreint, les boîtes sont extrêmement nombreuses ; on en trouve presque à chaque pas. Entre le pont Neuf et le pont de la Concorde, où la Seine a une animation souvent excessive, on en compte vingt. De plus, un médecin portant le titre de *directeur des secours publics* est particulièrement chargé de vérifier si les boîtes sont maintenues en bon état, si l'humidité ne les a pas détériorées, si le linge qu'elles renferment est assez abondant pour répondre aux exigences qui peuvent se produire. Il est inutile de dire, je crois, que ces boîtes ne sont pas exclusivement consacrées aux noyés, et qu'on y trouve de quoi remédier aux mille accidents qui à toute minute peuvent atteindre une population aussi nombreuse que celle de Paris.

Malgré tant de vigilance et de bon vouloir, la rivière voit chaque année se terminer bien des existences. Quand un cadavre est repêché, le commissaire de police le plus voisin de l'endroit où il a été trouvé fait un procès-verbal de la levée du corps, qui à la suite de cette indispensable formalité est envoyé à la Morgue, dont il convient de parler, car ce lieu sinistre est une annexe directe de la Seine.

## V. — LA MORGUE.

Le Châtelet. — La Motte aux Papelards. — La Morgue actuelle. — Mesures. — Livre de greffe. — Registre de renseignements. — Dialogues. — Façon de procéder. — Insuffisance des traitements. — Sagacité. — Soins gratuits. — *Le nécessaire.* — Inhumations. — Souvenir des révolutions. — Accroissement. — Statistique. — Femmes. — Nouveau-nés. — Carnaval. — Causes. — Morts de faim. — Proportions. — Primes et encouragements. — Sauveteurs. — Héros. — L'évêque Saint-Marcel.

La Morgue était originairement le second guichet du Grand-Châtelet. On y gardait les nouveaux prisonniers pendant quelques instants, afin que les guichetiers pussent les *morguer*[1] à leur aise, c'est-à-dire les regarder attentivement et se graver leurs traits dans la mémoire. Ce fut là ensuite qu'on déposa les cadavres ramassés sur la voie publique ou dans la Seine[2]. Plus tard, en 1804,

[1] Au dix-septième siècle, le verbe *morguer* était fort en usage : « Guitaut m'écrit de Saint-Ange, à trois lieues de Fontainebleau, où il est allé *morguer* la cour. » (*Madame de Sévigné à madame de Grignan*, t. VI, p. 495 ; édit. Hachette.)

[2] « Le jour du mardi gras, deux jeunes gens masqués ayant pris querelle au bal de l'Opéra, en sortirent pour se battre ; l'un d'eux, qui était déguisé en femme, fut tué ; sa maîtresse, qui l'avait suivi, le voyant par

on construisit sur le quai du Marché-Neuf, à l'angle nord-est du pont Saint-Michel, un bâtiment carré spécialement destiné à l'exposition des corps inconnus. L'ouverture des nouveaux boulevards a singulièrement modifié ce quartier, et la Morgue est aujourd'hui reléguée à l'extrémité de la Cité, sur cet îlot depuis longtemps réuni à la terre ferme et qu'on appelait autrefois *la Motte aux Papelards*.

La salle d'exposition, garnie d'un vaste vitrage qui permet l'observation la plus attentive, contient douze dalles sur lesquelles les corps sont étendus au-dessous d'un robinet d'eau froide qui les arrose incessamment et en retarde la décomposition. A côté sont le greffe, la salle des autopsies, la salle des morts reconnus ou inconnus qui doivent être enterrés, les magasins où des casiers séparés, numérotés, étiquetés, renferment les vêtements trouvés sur les cadavres ou simplement recueillis dans la Seine, les égouts et les canaux, enfin la salle des gardiens et leur chambre de nuit. Nul cadavre n'est reçu à la Morgue si les gens qui l'apportent ne sont munis d'un *ordre de réception* délivré par un commissaire de police; le procès-verbal de la découverte du corps et le rapport du médecin sont directement envoyés au cabinet du préfet.

Le cadavre une fois admis est déshabillé, lavé et exposé. L'énumération des différentes divisions qui servent de titres au livre du greffe explique comment cette lugubre comptabilité est tenue : Numéro d'ordre, — date d'entrée, — heure d'arrivée. — Noms, — sexe, — âge. — Signalement d'identité : lieu de naissance, état civil, profession. — Demeure : rue, quartier. — Vêtements. — Genre de mort. — Temps écoulé depuis la

terre, prit son épée pour venger sa mort et eut le même sort que son galant; ils furent tous deux exposés à *la Morgue du Châtelet* en cet état. » (*Journal de Buvat*, février 1717; I, p. 251.)

mort. — Suicide ou homicide. — causes présumées. — Envoyé par le commissaire de.... — Lieu où le cadavre a été trouvé. — Autopsie. — Date de l'inhumation. — Observations. — Il faut naturellement qu'un corps soit reconnu pour que toutes ces questions reçoivent une réponse.

La Seine rend bien des cadavres, mais elle en garde quelques-uns; les gens qui périssent par accident ne sont pas tous retrouvés, et il arrive très-souvent que des personnes n'ayant pas vu revenir un parent ou un ami vont le chercher à la Morgue, où il n'est pas. Le greffier alors, avec une perspicacité de juge d'instruction, interroge le réclamant, et sur un *registre de renseignements* il inscrit la date de la disparition, les nom et prénoms, la demeure, le signalement détaillé, les vêtements, les signes particuliers, sans oublier les tatouages, la marque du linge, les anneaux d'oreilles et certains appareils chirurgicaux que les gens du peuple, accoutumés aux métiers pénibles, sont souvent obligés de porter. Dans ces sortes d'interrogatoires, qui presque toujours s'adressent à des personnes d'une éducation restreinte et d'une instruction trop imparfaite, il faut développer une patience, une sagacité extraordinaire. J'ai entendu là des dialogues inconcevables. — Quelle forme a son nez? — Ah! dame! je ne sais pas. — A-t-il le nez droit, aquilin, retroussé? — Mais, ce pauvre homme, monsieur, il a un nez comme tout le monde. — De quelle couleur sont ses vêtements? — Ah! je ne sais pas; je sais seulement qu'il avait un gilet. — Et de tout ainsi; ce n'est le plus souvent qu'à force de reprendre les questions sous toutes les faces imaginables, qu'on arrive à découvrir une indication qui permettra d'entreprendre des recherches sérieuses.

Le greffier actuel de la Morgue a la passion de l'identité, et il n'épargne nulle peine pour arriver à reconnaître, celle des malheureux qui sont étendus sur les tristes dalles. C'est là en effet le grand but auquel la Morgue doit servir et pour lequel la préfecture de police ne mesure point ses efforts : constater l'identité des cadavres, régulariser leur état civil et donner une dernière et douloureuse satisfaction aux familles. Si les vêtements du mort contiennent des papiers, on écrit en hâte aux personnes qu'ils peuvent indiquer ; si un curieux entré par hasard émet des doutes sur l'individualité des corps exposés, on lui demande de désigner la demeure, les habitudes, les relations du pauvre diable qui n'est plus, et aussitôt une enquête est commencée. C'est ainsi par induction, par interrogatoires répétés, en harcelant les gens de questions et de lettres, en passant du connu à l'inconnu, qu'on parvient, après mille difficultés, à savoir précisément le nom, l'âge et la profession de la plupart de ces êtres informes que la Morgue reçoit tous les jours.

Ce dur métier est mal rétribué : le greffier, sur qui pèse une responsabilité perpétuelle, a 2,100 francs par an ; son personnel, insuffisant aujourd'hui, est composé d'un commis aux écritures, de deux garçons de salle et d'un surveillant, qui touchent chacun 1,200 francs. C'est trop peu, et un si pénible labeur devrait être rémunéré plus largement ; nul travail n'est plus fatigant, plus répulsif. En dehors de la besogne matérielle, qui par elle-même est horrible, il y a un inconcevable déploiement d'activité dans cette recherche permanente, qui le plus souvent ne s'appuie que sur des données incertaines, sinon inexactes. C'est à toute heure qu'il faut être prêt à répondre et à questionner ; chaque nuit un homme veille pour recevoir les corps que l'on pourrait apporter. A force de manier des cadavres, les deux garçons qui sont chargés de les exposer sont arrivés à une indifférence et à une habileté sans égales.

Il faut les voir dépouiller un mort et dicter son signalement avec une précision merveilleuse : — Une blouse bleue racommodée au poignet gauche avec du fil blanc; la boutonnière du collet est déchirée; une pièce plus neuve à l'épaule; une cicatrice de deux millimètres environ au genou droit; mains calleuses et peu flexibles comme celles des gens qui travaillent à la terre. — Chaque indication est sévèrement vérifiée par le greffier et inscrite au registre. De tels soins ont produit d'excellents résultats, et le nombre des morts inconnus va toujours en diminuant. Il serait moins considérable encore si l'on était parvenu à détruire complétement cette vieille et sotte idée qu'il en coûte fort cher pour reconnaître et retirer un cadavre. Tous les soins, tous les travaux de la Morgue sont gratuits, il devrait être superflu de le dire; mais bien des gens ne le savent pas encore; et cependant une courte et très-visible inscription, peinte sur la muraille de la salle commune, explique que nulle rétribution n'est jamais réclamée pour aucun des services rendus dans ce lieu. Le préjugé dure depuis longtemps, et ce n'est pas d'aujourd'hui qu'on cherche à le combattre, car, le 6 décembre 1736, le lieutenant de police fit faire *un cri* pour proclamer l'absolue gratuité de la morgue du Châtelet et ne convainquit personne.

Lorsqu'un cadavre est resté exposé pendant les trois jours réglementaires ou qu'on a pu constater son identité, le greffier fait ce qu'en langage administratif on appelle *le nécessaire*, c'est-à-dire l'acte de décès, puis il demande un permis d'inhumation. La justice est souvent forcée de regarder de près à la Morgue : aussi c'est à elle qu'on s'adresse d'abord. Si elle n'a aucun intérêt à faire conserver le cadavre, l'autorisation est ainsi formulée : « Le procureur impérial près le tribunal de première instance de la Seine, vu le procès-verbal dressé le....... par....... constatant la mort....... n'empêche pas qu'il soit procédé à l'inhumation. » Cette indispensable formalité étant remplie, le permis définitif est accordé en ces termes, par le préfet, sur le verso de l'ordre de réception délivré dans le principe par un commissaire de police : « M. le greffier de la Morgue est autorisé à faire inhumer le corps désigné d'autre part. » Le cadavre placé dans une bière est conduit sur un corbillard spécial au cimetière des hôpitaux, où il est enterré après que le concierge en a donné un reçu. Pour l'ensevelissement et le transport, la Morgue reçoit 6 fr. 50 c. par corps; le fossoyeur 1 fr. 50 c. pour l'inhumation. Avant la Révolution, le soin d'inhumer les noyés ou les morts inconnus trouvés sur la voie publique appartenait exclusivement aux sœurs de l'hôpital Sainte-Catherine, dont le couvent était situé rue Saint-Denis, à l'angle de la rue des Lombards, et qu'on appelait vulgairement *les Catherinettes*.

Les registres de la Morgue, qui surtout depuis quelques années sont très-bien tenus, sont extrêmement curieux à parcourir. Sous une aridité apparente, ils cachent les notions les plus intéressantes. Parfois, dans la colonne des observations, on rencontre des naïvetés touchantes, celle-ci entre autres, quoiqu'elle soit écrite en un français douteux. A la date du 9 juillet 1828, à côté de la description détaillée d'un corps de noyé, un feuillet séparé est attaché, sur lequel on lit au recto : « J'apartien à une famille honnette. Je vous prie par raport à eux ne pas donner mon signalement. » Et au verso, de la main sans doute de quelque sergent de ville : « Ce petit livre appartient à un particulier que les vêtemens ont été reconnus pour être logé en garnie et être un marchant forin de la Bourgogne. » Ces registres rappelent d'une façon vivante les batailles de nos révolutions et de nos émeutes : à certains jours les colonnes sont chargées outre mesure, l'écriture du greffier est rapide, on voit qu'il est pressé et qu'il fait une besogne inaccoutumée; si le 27 juillet 1830 il n'a enregistré que trois corps, dont 2 noyés, le 28 il en a eu 18; le 29, 101, tous suivis de l'indication : Coup de feu. En février 1848, le 23, 10; le 24, 43; le 25, 16. L'insurrection de juin arrive : le 25, 43; le 26, 101; le 27, 36 [1].

Un fait douloureux et que l'état civil de la Morgue constate avec une brutalité saisissante, c'est que le nombre des morts y augmente dans une proportion extraordinaire; il a doublé depuis dix ans. L'annexion de la banlieue n'y est pour rien, comme on pourrait le croire, puisque le service de la Morgue embrasse tout le département de la Seine; certes cela tient en partie à ce que les recherches sont plus actives, plus fréquentes, mieux faites, plus encouragées qu'autrefois; mais cela tient surtout au nombre prodigieux de provinciaux qui viennent chercher fortune à Paris, n'y trouvent pas d'ouvrage, parce qu'ils sont sans relations ou sans habileté, sont pris de découragement et se tuent pour échapper à des difficultés que plus de prudence leur eût fait éviter [2]. Il n'est pas surprenant que les dalles de la Morgue soient si rarement libres. Aussi la foule curieuse se presse-t-elle dans la galerie extérieure; les gamins, qui y viennent comme à un spectacle, appellent les corps exposés, *les artistes;* lorsque par hasard la salle d'exposition est vide, ils disent : *Il y a relâche.*

[1] Les morts par suite de « coup de feu » sont peu nombreux en 1871; je n'en compte que 58 sur un total de 711 entrées.

[2] En 1867, qui fut une année d'attrait exceptionnel vers Paris, 744 entrées; 711 seulement en 1871, qui eut toutes les misères et toutes les violences; les grands travaux ne sont pas repris en 1873; les provinciaux sont, en conséquence, moins sollicités vers Paris; le chiffre s'abaisse à 679.

La constante progression des réceptions ressort surtout de la comparaison des chiffres pris à différentes époques correspondantes : l'année 1846 envoie à la Morgue 302 cadavres, dont 257 hommes, 45 femmes, plus 78 nouveau-nés et des fragments; en 1856, l'augmentation se fait déjà sentir : 312 hommes, 50 femmes, 113 nouveau-nés, 11 portions de corps; en 1866, les réceptions arrivent au total énorme de 733, qui se décompose de la manière suivante : hommes 486, femmes 86, nouveau-nés et fœtus 146, débris 15. Cette sinistre proportion ne se ralentit pas; 1867 donne 744 corps ou parties de corps qui se divisent ainsi : hommes 513, femmes 65, nouveau-nés 89, fœtus 56, débris 21. Ainsi qu'on le voit, les femmes sont bien moins nombreuses que les hommes. Cela se conçoit : elles sont plus patientes que nous; l'espèce d'infériorité sociale qui pèse encore sur elles les a dès l'enfance façonnées à la résignation; et puis, dans la bataille de la vie, quoiqu'elles aient souvent la plus mauvaise part, elles n'ont qu'une responsabilité singulièrement limitée qui leur enlève ces grands périls moraux où l'homme le mieux doué succombe parfois. Quant aux nouveau-nés et à ces êtres embryonnaires qui n'ont encore eu qu'une existence interne et problématique, ils sont nombreux; produits de la misère et aussi de la débauche, leur entrée à la Morgue correspond invariablement aux dates du carnaval et de la mi-carême.

Si du total général nous retranchons ces tristes avortons (c'est le vrai mot qui leur convient) et les méconnaissables fragments humains, il restera 578 adultes (dont 448 ont été reconnus), qui tous ont péri, presque toujours violemment, par des causes diverses dont je citerai quelques-unes : 163 suicides, 135 hommes, 28 femmes; — 16 homicides, 12 hommes, 4 femmes; — 114 morts subites, 102 hommes, 12 femmes. La majeure partie de ces malheureux a été repêchée dans la Seine ; 312 en tout, dont 34 femmes et 278 hommes. D'autres se sont pendus, 30 hommes ; se sont brûlé la cervelle, 6 hommes ; se sont frappés d'une arme blanche, 3 hommes ; se sont asphyxiés par la vapeur de charbon, 5 hommes, 4 femmes ; se sont empoisonnés, 5 hommes, 2 femmes ; ont été écrasés par des voitures, 14 hommes, 1 femme ; par des wagons de chemin de fer, 7 hommes, 1 femme ; sont tombés du haut des échafaudages ou se sont jetés par la fenêtre, 21 hommes, 4 femmes. Chose horrible à penser ! dans Paris, dans ce Paris où l'argent roule à flots, un homme et une femme sont morts de misère et de faim en 1867, dans cette année même où l'Exposition universelle attirait au milieu de nous les richesses du monde entier. Parmi les suicides reconnus on a constaté qu'il y avait 76 célibataires, 22 veufs et 49 personnes mariées.

Les mois les plus fertiles pour cette lamentable récolte sont les mois d'été ; c'est le moment où l'on se baigne, où l'on fait des parties de canot et, il faut bien le reconnaître aussi, où le soleil, échauffant les têtes, détermine souvent des congestions cérébrales. Les premières haleines du printemps sont troublantes et malsaines ; la sève monte aux arbres, la vie nerveuse envahit le cerveau, et le mois d'avril donne un contingent de 82 morts ; décembre, où l'on attend avec espérance la nouvelle année qui s'approche, janvier qui est un mois de charité, de bienfaisance et de cadeaux, tombent à 39 et à 38. Paris est fort inégal et, selon ses zones diverses, il fournit à cette sinistre statistique des éléments différents. En 1867 le X<sup>e</sup> arrondissement, celui du faubourg Saint-Martin, a eu 35 de ses habitants exposés à la Morgue ; puis vient le V<sup>e</sup>, le quartier Latin, pays des amours éphémères, des trahisons faciles, des désespoirs de jeunesse, qui est représenté par 30 ; le XII<sup>e</sup> et le XIX<sup>e</sup>, le faubourg Saint-Antoine et la Petite-Villette, donnent chacun 23. Aussitôt après on tombe assez bas et l'on arrive enfin au IIe arrondissement, quartier riche et remuant groupé autour de la Bourse, qui n'a exposé que 2 cadavres à la funèbre logette de la Cité. D'habitude, c'est le XVIe arrondissement qui, peuplé des petits rentiers paisibles, prudents et rangés de Passy, fournit les chiffres les moins élevés à cette triste nomenclature; mais en 1867 il ne se présente qu'en avant-dernière ligne, car il est inscrit pour 5 morts sur les registres de la Morgue.

Ce chiffre de 744 morts apportés à la Morgue pendant l'année 1867 paraît d'autant plus considérable que le total de 1848, malgré la révolution de Février, malgré l'insurrection de juin, n'a été que de 631 ; mais, sans aucun doute, il serait bien plus excessif encore si la préfecture de police[1], par ses encouragements, ses notes publiques et officielles, ses récompenses, ses médailles, n'excitait sans cesse une précieuse émulation parmi les hommes que leur métier attache plus particulièrement aux bords de la Seine et des canaux. Pour tout cadavre repêché elle donne une prime de 15 fr., et une prime de 25 fr. pour tout individu sauvé. Ainsi les 312 noyés qui en 1867 ont été transportés à la Morgue, ont coûté 4,680 fr. à la préfecture; dans le cours de la même année, 145 sauvetages accomplis dans la Seine n'ont grevé le budget que de la somme insignifiante de 2,925 fr., car 28 sauveteurs ont délicatement refusé la prime à laquelle ils avaient droit et qui leur était offerte. Les mêmes mois qui voient le plus de morts par submersion, voient naturellement le plus grand nombre de sauvetages; les mois de fortes chaleurs, juin, juillet, août,

[1] Les précautions prises par la préfecture de police pour assurer la sécurité de la rivière sont de plus en plus minutieuses : ainsi l'ordonnance du 15 mai 1867 interdit absolument les *pleine-eau*, que le nombre de bateaux à vapeur mis en circulation maintenant sur la Seine pourrait rendre dangereuses.

septembre, comptent 14, 20, 21, 15 sauvetages; décembre n'en a que 6, et janvier un seul. Non contente de remettre une prime à ceux qui rendent à la société le service de sauver un de ses membres en péril, la préfecture de police distribue tous les ans des récompenses honorifiques à ceux des sauveteurs qui se sont distingués par des actes renouvelés de courage et d'humanité; en 1867, pour sauvetages opérés dans la Seine, elle a accordé vingt-six médailles, dont sept en or et dix-neuf en argent.

Cette race vaillante qui habite les ports et les quais n'a du reste guère besoin d'émulation; elle renferme des hommes intrépides et dévoués, dont le grand et principal souci est de sauver la vie de leurs semblables. Ces mariniers, ces patrons de bateaux à lessive, ces maîtres de bains, ces débardeurs jouent avec la rivière; ils l'ont en quelque sorte apprivoisée; ils en connaissent le secret et les périls, qu'ils ne redoutent plus. Au premier cri d'alarme ils sont à l'eau, et il faut des chances défavorables bien exceptionnelles pour que le malheureux qui se noie ne soit pas sauvé. Il est peu de ces hommes qui ne soient décorés de médailles civiques. Sans eux, sans leur abnégation, leur vigilance, leur courage, la Morgue serait trop petite et il faudrait en augmenter les dimensions.

Ils se sont groupés en *Société centrale et de secours mutuels des sauveteurs du département de la Seine*[1], et tous les ans ils ont une séance solennelle à la salle Saint-Jean; cette Société compte aujourd'hui trois cent soixante-deux membres titulaires tous médaillés et six cent vingt-trois membres honoraires. C'est une des meilleures et des plus respectables institutions qui existent; le but qu'elle poursuit a été très-nettement défini

[1] Approuvée par décret du 11 août 1856.

dans l'assemblée du 26 novembre 1867, par un des vice-présidents lorsqu'il a dit : « Quelle est notre mission? Sauver d'abord, partout et toujours, par le dévouement et par l'exemple ! » Ceci n'est pas une vaine parole, c'est un mot d'ordre auquel chaque membre de la Société obéit.

La passion du bien agite invinciblement certains cœurs. Il y a là des héros modestes qu'aucun danger ne fait reculer, qui sont prêts à toute heure et qui ont tous les courages, celui du grand jour et celui de minuit. L'intérêt n'entre pour rien dans le mobile qui les pousse, car un membre de la Société des sauveteurs se croirait déshonoré s'il acceptait la prime offerte par l'administration. Sa seule petite vanité, et elle est plus que légitime, elle est honorable, est dans certains jours de gala de pendre à sa boutonnière trop étroite toutes les médailles qui lui ont été décernées et que son intrépidité lui a values. Il est bon de citer le nom de quelques-uns de ces braves gens, qui ne soupçonnent peut-être pas tout ce que leur existence a de glorieux : Fagret, tailleur, quai d'Orléans, n° 6, à la Bibliothèque polonaise, qui, malgré ses soixante-sept ans, a encore arraché à la Seine, il y a peu de temps, un homme qui se noyait ; Metzger, négociant en vins à Bercy ; Lenéru, propriétaire de bains au Pont-Royal ; Cardon, patron de lavoir à l'Arche-Marion ; Henri, maître-baigneur aux bains Henri IV, et enfin Cretté, qui a un bateau à lessive près du pont de Bercy ; celui-là est d'une famille héroïque : ses quatre frères ont été récompensés pour leurs actions d'éclat, et sa vieille mère, âgée de soixante-dix ans, porte la médaille qu'elle a gagnée en opérant elle-même plusieurs sauvetages. Ces braves gens sont connus dans leur quartier ; quand ils passent, on se découvre, et lorsqu'on apprend qu'un malheur est arrivé en Seine, on dit : « Ah ! si un tel avait été là ! »

Paris a le droit d'être fier de son fleuve; nulle autre capitale, pas même Londres, n'offre un tel cours d'eau si bien aménagé, si dompté, si précieux. Bordé par des quais magnifiques, traversé par des ponts gratuits et monumentaux, pourvu de faciles abordages, sillonné sans cesse par des bateaux nombreux, occupé par des établissements dont l'utilité n'est point contestable, il mêle intimement son existence à la nôtre et nous rend chaque jour d'inappréciables services. Si Paris est sorti de la Seine, il ne l'a point oublié et ne s'est pas montré ingrat, car il l'a ornée et embellie de son mieux. Il a rejeté loin d'elle les égouts qui l'embourbaient; il l'a contenue dans un lit assez profond pour que toute inondation lui soit désormais impossible. Source de bien-être et de prospérité, la Seine est un des organes constitutifs de la vie même de Paris; cependant, à en croire les vieux historiens, elle serait bien déchue de son antique splendeur, car elle a perdu le singulier privilége qu'elle avait jadis de se changer en vin lorsqu'un évêque la bénissait, ainsi que cela se voyait au temps du bon saint Marcel.

**Appendice.** — Pendant l'hiver 1872-1873, la Seine est sortie de son lit: Auteuil a souffert; le port de Bercy est resté sous l'eau pendant quinze jours; l'étiage du pont Royal a dépassé 5 mètres. Durant le mois de décembre, l'eau y a atteint son maximum à la date du 18, par 6m,85. Les ponts Saint-Germain, commencés en 1874, doivent être livrés à la circulation le 1er octobre 1875; ils traversent la Seine en biais, affleurent la pointe est de l'île Saint-Louis, et établiront une communication entre le boulevard Saint-Germain et le boulevard Henri IV, dont l'amorce tombe au quai des Célestins.

En 1873, 1,415 trains de bois et environ 1,500 bateaux ont déchargé 497,098,000 kilogrammes de bois sur nos ports urbains; 144,389,000 kilogrammes de bois à brûler sont venus par l'Yonne, et 46,735,000 kilogrammes de bois à œuvrer par la Marne. Paris a reçu, pendant la même année, par la voix fluviale : charbon de bois, 45,587,000 kilogrammes; charbon de terre; 750,484,000 kilogrammes; coke, 7,976,000 kilogrammes; céréales, 79,915,000 kilogrammes; blé, 62,407,000 kilogrammes; fruits, 4,117,000 kilogrammes; vins, 320,000 hectolitres. Les matériaux de construction se sont élevés au chiffre de 1,085,259,000 kilogrammes; mais l'Oise n'a fourni que 178,857,000 kilogrammes, tandis que la haute Seine donne 598,948,000 kilogrammes; bien peu de pierres de taille, en revanche beaucoup de sable et de pierres meulières.

Le résumé général constate un débarquement de 2,869,344,000 kilogrammes, opéré par 22,818 bateaux ou trains; l'embarquement représente 464,122,000 kilogrammes, emportés par 4,528 bateaux.

Sept toueurs de la basse Seine, dont trois entre la Briche et Paris, ont, pendant l'année 1873, transporté 552,599 tonnes et remorqué 4,279 bateaux, dont 2,025 étaient vides; onze toueurs de la haute Seine, dont trois de la Monnaie à Charenton, ont remorqué 8,748 bateaux jaugeant 1,359,987 tonnes. Diverses compagnies possèdent 14 remorqueurs et 45 porteurs à vapeur, pouvant porter 1,800,000 tonnes. La compagnie anglaise « the Gaudet frères » fait un service de marchandises entre Londres et Paris à l'aide de cinq steamers dont la jauge peut être évaluée à 21,130 tonneaux; en dehors des bateaux-omnibus, on ne compte que trois vapeurs marchant sur Saint-Cloud; on peut évaluer à 27,000 le nombre des voyageurs qui en font usage.

Les bateaux-omnibus — les mouches — installés pour la première fois en 1867, ont été très-promptement adoptés par le public; c'est maintenant une petite flotille composée de 36 bateaux à hélice portant 6m,25 de bout en bout, et 2m,30 de bau; ils vont jusqu'à Charenton, jusqu'à Suresnes, et ont 14 escales dans l'intérieur de Paris. En 1873, les mouches ont transporté 8,100,755 voyageurs, dont 6,913,525 dans Paris, 871,743 pour la banlieue d'amont, et 315,487 pour la banlieue d'aval. Si les bateaux-omnibus ont augmenté, les canots de plaisance ont singulièrement diminué; on en compte à peine 500 aujourd'hui, dont 12 sont à vapeur. Les tireurs de sable à la main perdent courage en présence des dragues qui font si grosse et si rapide besogne; cette petite industrie disparaîtra bientôt : 10 hommes seulement l'exercent actuellement.

Les 23 bains froids, dont 16 pour les hommes et 7 réservés aux femmes, ont reçu environ 600,000 baigneurs, en 1873, parmi lesquels les femmes sont au nombre de 120,000. Les quatre bains chauds ont eu 170,000 entrées. Les 28 lavoirs qui existaient en 1867 sont toujours amarrés aux mêmes endroits et comptent environ 3,000 places.

En 1873, la Morgue a eu 679 enregistrements à faire : 400 hommes, 107 femmes, 95 nouveaux-nés, 70 fœtus, 7 débris humains. Parmi les causes qui ont amené la mort des 507 adultes, on trouve 253 suicides, 77 accidents, 55 trépas subits, 17 maladies, 21 homicides, 84 causes inconnues. Les sauveteurs ont continué, comme par le passé, à donner des preuves d'abnégation et d'intrépidité qui sont un honneur pour le peuple de Paris. Parmi ces héros, il convient de citer M. Faivre, actuellement concierge-gardien-chef au Tribunal de Commerce, ancien éclusier de la Monnaie, et décoré pour le courage qu'il a déployé dans plus de cinquante sauvetages.

FIN DU PREMIER VOLUME.

# PIÈCES JUSTIFICATIVES

---

## NUMÉRO 1

**Arrêt du conseil contenant institution de la poste aux chevaux et aux lettres[1].**

LUXIEU, PRÈS DOULLENS, 19 JUIN 1464.

Institution et établissement que le roi Louis XI, notre sire, veut et ordonne être fait de certains coureurs et porteurs de ses dépêches en tous lieux de son royaume, pays, terres de son obéissance pour la commodité de ses affaires et diligence de son service et de sesdites affaires.

Ledit seigneur roy ayant mis en délibération avec les seigneurs de son conseil qu'il est moult nécessaire et important à ses affaires et à son État de sçavoir diligemment nouvelles de tous côtés et y faire quand bon lui semblera sçavoir des siennes, d'instituer et d'établir en toutes les villes, bourgs, bourgades et lieux que besoin sera jugé plus commode, un nombre de chevaux courans de traits en traits, par le moyen desquels ses commandemens puissent être promptement exécutés et qu'il puisse avoir nouvelle de ses voisins quand il voudra, veut et ordonne ce qui suit :

(1). Que sa volonté et plaisir est que dès à présent et doresnavant il soit mis et établi spécialement sur les grands chemins de son dit royaume, de quatre lieues en quatre lieues, personnes séables et qui feront serment de bien loyaument servir le roy, pour tenir et entretenir 4 ou 5 chevaux de légère taille, bien enharnachés

[1] Recueil général des anciennes lois françaises, t. X, p. 487-492.

et propres à courir le galop durant le chemin de leurs traits, lequel nombre se pourra augmenter, s'il est besoin.

(2). Pour le bien de la présente institution et établissement, et générale observation de tout ce qui en dépendra, le roy, notre seigneur, veut et ordonne qu'il y ait en ladite institution et établissement, et générale observation, et pour en faire l'établissement, un officier intitulé conseiller grand-maître des coureurs de France, qui se tiendra près de sa personne, après qu'il aura été fait établissement ; pour ce faire lui sera baillé bonne commission.

(3). Et les autres personnes qui seront par lui ainsi établies de traits en traits seront appelées maîtres tenans les chevaux courans pour le service du roy.

(4). Lesdits maîtres seront tenus et leur est enjoint de monter sans aucun delay ni retardement, et conduire en personne, s'il leur est commandé, tous et chacuns, les courriers et personnes envoyées de la part dudit seigneur, ayant son passeport et attaches du grand-maître des coureurs de France, et payant le prix raisonnable qui sera dit ci-après.

(5). Porteront aussi lesdits maîtres coureurs toutes dépêches et lettres de Sa Majesté qui leur seront envoyées de sa part et des gouverneurs et lieutenans de ses provinces et autres officiers, pourvu qu'il y ait certificat et passeport dudit grand-maître des coureurs de France pour les choses qui partiront de la cour, et hors d'icelle desdits gouverneurs, lieutenans et officiers, que c'est pour le service du roy ; lequel certificat sera attaché audit paquet et envoyé avec un mandement du commis dudit grand sceau du maître des coureurs de France, qui sera établi par lui en chacune ville frontière de ce royaume et autres bonnes villes de passage que besoin sera ; ledit mandement adressant au maistre des coureurs, pour porter sans retardement lesdits paquets ou monter ceux qui seront envoyés pour le service du roy.

(6). Et afin qu'on puisse sçavoir s'il y aura eu retardement, et d'où il sera procédé, ledit seigneur veut et ordonne que ledit grand-maître des coureurs et sesdits commis cottent le jour et l'heure qu'ils auront délivré lesdits paquets au premier maître coureur, et le premier au second, et aussi semblablement pour tous les autres maîtres coureurs, à peine d'estre privés de leurs charges et des gages, priviléges et exemptions qui leur sont donnés par la présente institution.

(7). Auxquels maîtres coureurs est prohibé et défendu de bailler aucuns chevaux à qui que ce soit et de quelque qualité qu'il puisse être sans le commandement du roy et dudit grand-maître des coureurs de France, à peine de la vie; d'autant que ledit seigneur ne veut et n'entend que la commodité dudit établissement ne soit pour autre que pour son service, considéré les inconvéniens qui peuvent survenir à ses affaires si lesdits chevaux servent à toutes personnes indifféremment sans son sçu ou dudit grand-maître des coureurs de France.

(8). Et afin que notre très-saint père le pape et princes étrangers avec lesquels Sa Majesté a amitié et alliance, par le moyen desquels le passage de France est libre à leurs courriers et messagers, n'ayent sujet de se plaindre du présent règlement, Sa Majesté entend leur conserver la liberté du passage suivant et ainsi qu'il est porté par ses ordonnances, leur permettant, si bon leur semble, d'user de la commodité dudit établissement en payant raisonnablement et obéissant aux ordonnances contenues.

(9). Mais pour éviter les fraudes que pourraient commettre les courriers et messagers allans et venans en ce royaume, lesquels pour ne vouloir se manifester aux bureaux dudit grand-maître des courriers de France et à des commis qui y résideront en chacune ville frontière et autres de ce royaume, passeront par chemins obliques et détournés pour ôter la connaissance de leur voyage et entrée en ce royaume, prenant pour ce faire autres chevaux et guides, Sa Majesté veut et leur enjoint de passer par les grands chemins et villes frontières pour se manifester aux bureaux dudit grand-maître des coureurs et prendre passeport et mandement tel qu'il sera dit, à peine de confiscation de corps et de biens.

(10). Seront lesdits courriers et messagers visités par lesdits commis dudit grand-maître, auxquels ils seront tenus d'exhiber leurs titres et argent, pour connaître s'il n'y a rien qui porte préjudice au service du roy, et qui contrevienne à ses édits et ordonnances dont ledit commis sera bien instruit pour y rendre son devoir, et pour ce lui sera donné par le grand-maître des coureurs de France plein et entier pouvoir de ce faire en vertu de celui qui lui sera attribué par la présente institution et par les lettres de commission qui lui seront expédiées.

(11). Après avoir vu et visité par ledit commis les paquets desdits courriers et connu qu'il n'y ait rien contraire au service du roy, les cachètera d'un cachet qu'il aura des armes dudit grand-maître des coureurs, et puis les rendra auxdits courriers avec passeport, que Sa Majesté veut être en la manière qui suit :

« Maîtres tenans les chevaux courans du roy, depuis tel lieu jusqu'à tel lieu, montés et laissés passer ce présent courrier, nommé tel, qui s'en va en tel lieu avec sa guide et malle en laquelle sont le nombre de tant de paquets de lettres, cachetés du cachet de notre grand-maître des coureurs de France; lesquelles lettres ont été par moi vues, et n'y ai trouvé rien qui préjudicie au roy notre sire; au moyen de quoi ne lui donnés aucuns empêchemens, ne portant autres choses prohibées et défendues que telle somme pour faire son voyage. »

Et sera signé dudit commis et non d'autres personnes.

(12). Lequel passeport demeurera ès mains du dernier maître

coureur où ledit courrier se sera arrêté, pour icelui être porté au bureau général dudit grand-maître des coureurs de France, et des passeports sera fait registre qui sera appelé le registre des passeports.

(13). Lesdits commis seront tenus et leur est enjoint aussitôt que les coureurs étrangers seront arrivés et qu'ils auront sçu leurs noms, le sujet de leur voyage et les pays où ils vont, de faire courir un billet pour en donner avis au grand-maître des coureurs, qui en avertira Sa Majesté si ledit courrier n'allait en cour et prît un autre chemin que celui où serait ledit seigneur, pour se manifester audit grand-maître des coureurs pour le conduire au roy, soit qu'il soit envoyé vers lui ou non.

(14). Et s'il se trouve aucuns desdits courriers étrangers et autres entrans dans ce royaume et sortans d'icelui par chemins obliques et faux passages détournés, ou chargés de lettres ou autres choses préjudiciables au roy notre sire, lesdits commis les mettront ès mains des gouverneurs ou leurs lieutenans en leur absence, et les lettres ou paquets dont ils auront été saisis seront envoyés par lesdits commis à leur grand-maître des coureurs qui les portera au roy, pour sçavoir sur ce sa volonté et plaisir.

(15). Et d'autant que la charge dudit conseiller grand-maître des coureurs de France est moult d'importance et requiert avoir fidélité soigneuse, discrétion et sçavoir, et qu'au moyen dudit office et de sadite charge, les articles de l'établissement et institution dessusdite doivent être bien gardés, entretenus et observés, et étant icelui établissement moult utile au service et à l'intention du roy, il y requiert y avoir bien notables personnes pour le tenir. Ledit seigneur veut et ordonne que nul ne puisse être pourvu dudit office, s'il n'est reconnu fidèle, secret, diligent et moult adonné à recueillir de toutes contrées, régions, royaumes, terres et seigneuries les choses qui lui pourraient contribuer, et pour lui apporter les nouvelles et paquets qui lui adviennent par ambassades, lettres ou autrement, qui touchent en particulier et en général l'état des affaires du roy et du royaume, et faire de toutes choses requises et nécessaires, vrais mémoires et écritures pour le tout par lui et non autres être rapporté à Sa Majesté.

(16). Veut et ordonne que celui qui sera pourvu de ladite charge soit compris de ses conseillers et autres officiers ordinaires, compté et enrôlé en l'état de son hôtel, tout ainsi que l'un de ses conseillers et maîtres d'hôtel ordinaires, et de se trouver partout où le roy sera, sçavoir et entendre au vray ce qui pourra toucher les affaires dudit seigneur, et l'en avertir et servir de ce qui sera nécessaire et touchera ledit état.

(17). Veut et ordonne que ledit grand-maître des coureurs de France ait l'entière disposition de mettre et établir partout où besoin sera lesdits maîtres coureurs, les déposséder si leur devoir ne font, et pourvoir en leur place tel que bon lui semblera, même avenant vacation par mort, résignation ou autrement de leurs charges, luy a donné pouvoir d'y pourvoir et instituer d'autres en leur place, et en délivrer lettres, leur faisant faire serment de fidélité et de leur en donner acte sur lesdites lettres.

(18). Veut et ordonne que ledit conseiller grand-maître des coureurs de France, pour l'entretenement de son état, après avoir fait serment au roy, ès mains de son chancellier, de bien et loyaument servir, ait pour gages ordinaires la somme de huit cents livres parisis, lesquels seront pris sur les plus clairs deniers et revenus dudit seigneur, outre et par-dessus les droits et émolumens ordinaires qu'il prendra comme officier domestique de l'hôtel et maison dudit seigneur, que par autres lettres lui seront ordonnés et payés.

En outre, il aura pension de 1,000 livres par autres lettres dudit seigneur, pour son dit office, qui lui sera assignée et ordonnée chacune année.

(19). Veut et ordonne que tous maistres coureurs qui seront par le grand-maître établis, aient aussi pour leur intéressement en leurs états pour gages ordinaires chacun 50 livres tournois, et chacun des commis qu'il aura près de sa personne et autres lieux que besoin sera chacun 100 livres pour leur entretenement, et veut que les uns et les autres pendant qu'ils serviront jouissent des mêmes exemptions et priviléges que les commensaux de sa maison.

(20). Et à ce que les maîtres coureurs ayent moyen d'entretenir et nourrir leurs personnes et leurs chevaux et qu'ils puissent commodément servir le roy, il veut et ordonne que ceux qui seront envoyés de sa part ou autrement avec son passeport et attache du grand-maître des coureurs de France ou de ses commis payent pour chacun cheval qu'ils auront besoin de mener, y compris celui de la guide qui les conduira, la somme de dix sous pour chacune course de cheval pendant quatre lieues, fors et excepté le grand-maître des coureurs qu'ils seront tenus de monter sans rien prendre de luy ni de ses gens qu'il menera pour son service, allant faire ses chevauchées et son établissement, et pour les affaires de Sa Majesté. Ensemble ne prendront rien de ses commis qui voudront courir pour les affaires du roi, au moins trois ou quatre fois l'an.

(21). Et quant aux paquets envoyés par ledit seigneur ou qui lui seront adressés, lesdits maîtres coureurs seront tenus de les porter en personne sans aucun délai de l'un à l'autre avec la cotte cy-mentionnée sans en prendre aucun payement, ains se contenteront des droits et gages qui leur sont attribués.

Veut et ordonne que les susdits articles et institution dudit grand office de conseiller grand-maître des coureurs de France et autres choses dessusdites soient toujours observés et gardés sans enfreindre.

## NUMÉRO 2

### Arrêt du 21 novembre 1853.

La cour, sur le moyen unique du pourvoi, pris de la violation et fausse application prétendue des articles 10, 32, 35, 36, 37, 41, 47, 87 et 88. Code inst. crim., et 187, Code pénal : — Attendu que l'article 10, Code inst. crim., a expressément chargé les préfets des départements et le préfet de police à Paris de faire tous les actes nécessaires à l'effet de constater les crimes, délits et contraventions, et d'en livrer les auteurs aux tribunaux ; qu'aux termes de l'article 8 auquel se réfère l'article 10, le préfet de police, dont il s'agit spécialement dans l'espèce, doit rechercher ces crimes, délits et contraventions, et en rassembler les preuves ; que ce droit embrasse le cercle de la police judiciaire tel qu'il est tracé par l'article 8, et qu'il a pour conséquence nécessaire le droit de faire, tant au domicile des prévenus que partout ailleurs, les perquisitions et saisies indispensables pour la manifestation de la vérité ; — Qu'on objecte vainement que la recherche des pièces pouvant servir à conviction ne saurait être pratiquée au domicile des tiers ou dans un dépôt public que par le juge d'instruction, qui en trouve la mission dans l'article 88, Code inst. crim.; que si cette recherche, qui est évidemment un moyen de constater les crimes, délits et contraventions, a été mise dans les attributions du juge d'instruction par l'article 88, elle appartient également aux préfets et au préfet de police, en vertu des articles 8 et 10 combinés; qu'il résulte de ces derniers textes que tout acte d'instruction tendant à constater les crimes, délits et contraventions, est dans le domaine du préfet de police ; — Que c'est vainement encore qu'on prétend établir une séparation entre la police judiciaire, qu'on convient appartenir au préfet de police, et l'instruction, qu'on soutient n'appartenir qu'au seul juge d'instruction ; — Que cette distinction n'est pas fondée; qu'il n'est pas possible de concevoir que la police judiciaire s'exerce sans instruction, de même qu'il n'est pas possible de concevoir que tout fonctionnaire ou magistrat qui prend part à l'instruction ne soit pas officier de police judiciaire ; que c'est ce qui est démontré : 1° par la définition de la police judiciaire que donne l'article 8 ; 2° par l'article 9, Code inst. crim., qui classe les juges d'instruction parmi les officiers de police judiciaire ; 3° par la division du livre Ier, Code inst. crim., qui place le chapitre de l'instruction sous la rubrique de la *police judiciaire ;*

Attendu qu'en autorisant le préfet de police à rechercher, en quelque lieu que ce soit, la preuve des infractions et les pièces pouvant servir à conviction, la loi n'a fait aucune exception à l'égard des lettres déposées à la poste et présumées constituer soit l'instrument ou la preuve, soit le corps même du délit; — Que le principe incontestable de l'inviolabilité du secret des lettres n'est pas applicable en pareil cas; que les correspondances par lesquelles s'ourdissent ou se commettent les attentats portés à la paix publique, à la propriété et à la sûreté des citoyens, sont une violation du droit et sortent de la classe de celles qui doivent être protégées par la loi; qu'il n'est pas possible d'admettre, sans blesser les principes de la morale et de la raison, que l'administration des postes serve à couvrir de l'impunité des faits punissables et à soustraire un corps de délit aux recherches de la justice, dont le préfet de police est un des premiers agents; que, du reste, le droit de saisie, soit au domicile des inculpés, soit partout ailleurs, quand il y a lieu, droit dont il vient d'être question, a constamment été exercé par le préfet de police; qu'il a constamment fourni aux tribunaux; en toute matière, des pièces probantes; qu'on ne saurait ébranler un tel droit sans de graves dangers pour la vindicte publique, puisqu'il est attesté par l'expérience que, grâce à son exercice, le préfet de police s'est montré l'auxiliaire le plus actif et le plus utile de la justice répressive, pour laquelle il opère et qu'il concourt à éclairer;

Et attendu qu'il est constant, en fait, que les correspondances saisies et ouvertes dans l'espèce, en vertu de mandats de perquisition délivrés par le préfet de police, constituaient le corps et la preuve du délit d'introduction en France, sans autorisation, de journaux publiés à l'étranger, et destinés à attaquer et décrier le gouvernement français; — Que ces mandats avaient pour but de mettre sous la main des magistrats les auteurs du délit susmentionné, ainsi que les pièces de conviction et le corps du délit; — Qu'en déléguant, pour le représenter, un commissaire de police, le préfet de police n'en a pas moins agi *personnellement*, aux termes de l'article 10, Code inst. crim., puisque l'ordre de saisie émanait de lui, et que, d'après l'arrêté des consuls du 12 messidor an VIII, les commissaires de police sont immédiatement placés sous les ordres et à la disposition du préfet de police; — Que, dans ces circonstances, l'arrêt attaqué de la cour impériale de Rouen, qui a décidé que le préfet de police avait légalement procédé, loin de violer aucune loi, s'est, au contraire, conformé aux articles 8 et 10, Cod. inst. crim.; — Rejette, etc.

---

## NUMÉRO 3

Nous, préfet de police,

Vu les renseignements à nous parvenus, desquels il résulte qu'un écrit autographié signé Henry, daté de Frohsdorf le 9 décembre 1866, et traitant de matières politiques, serait distribué par la poste et par d'autres voies, bien qu'il ne soit pas timbré, contrairement aux dispositions de l'article 9 du décret du 17 février 1852 ; qu'il ne porte pas de nom d'imprimeur, en infraction à l'article 17 de la loi du 21 octobre 1814 ; que la déclaration préalable et le dépôt légal n'en aient point été faits, contrairement aux dispositions des articles 14, 15 et 16 de la même loi ; et qu'enfin le dépôt prescrit par l'article 7 de la loi du 27 juillet 1849 n'ait point été effectué au parquet de M. le procureur impérial ;

En vertu de l'article 10 du Code d'instruction criminelle ;

Requérons M. Marseille, commissaire de police, contrôleur général des services extérieurs, de se transporter à l'hôtel de l'administration des postes, rue Jean-Jacques Rousseau, à l'effet d'y saisir ledit écrit.

Il sera dressé de cette opération un procès-verbal qui sera transmis avec les exemplaires saisis.

Fait en notre hôtel à Paris, le 23 janvier 1867.

Le préfet de police,

PIETRI.

## NUMÉRO 4

DIRECTION GÉNÉRALE DES POSTES — BUREAU DE LA CORRESPONDANCE INTÉRIEURE

**Ordre concernant la saisie d'une lettre autographiée.**

Paris, le 24 janvier 1867.

L'administration a reçu l'ordre, M..., d'empêcher pour ce qui la concerne l'introduction en France et la distribution d'une lettre autographiée adressée au général de Saint-Priest par M. le comte de Chambord. Cet écrit est expédié sous enveloppe, dans les formes d'une lettre ordinaire, soit de l'étranger, soit des bureaux de l'intérieur.

Je vous invite en conséquence à surveiller avec le plus grand soin toutes les correspondances qui parviendront directement ou indirectement à votre bureau, afin de découvrir les exemplaires de la lettre dont il s'agit qui pourraient faire partie des correspondances et qui se trouveraient placés, soit sous bandes isolément ou avec d'autres publications, soit *sous des enveloppes closes*. Vous surveillerez aussi dans le même but, non-seulement les correspondances mises à la poste dans votre localité, mais encore celles qui vous parviendraient des bureaux français avec lesquels vous êtes en relations ; car il ne serait pas impossible que des exemplaires de ladite lettre fussent déposés dans les boîtes aux lettres après avoir été introduits en France par une voie étrangère à la poste.

Vous formerez un paquet spécial de tous les exemplaires, soit sous bandes, soit sous enveloppes, que vous aurez été à même de reconnaître et de retenir, et vous adresserez ce paquet au receveur principal des postes à Paris, sous étiquette portant, indépendamment de l'adresse, les mots :

*Lettre saisie en vertu de l'ordre de l'administration*
*du 24 janvier* 1867,

et au-dessous l'indication du nombre des objets expédiés.

Je vous recommande, monsieur, la plus grande vigilance et la plus grande circonspection pour l'exécution de la mesure dont il s'agit, et je vous prie d'accuser réception de la présente lettre au directeur des postes de votre département.

Veuillez agréer, etc.

Le Directeur général,
VANDAL

## NUMÉRO 5

**Traduction du procès-verbal des ministres plénipotentiaires à Rastadt, sur les événements des 9 et 10 floréal an VII (28 et 29 avril 1799).**

Le plénipotentiaire impérial étant rappelé de Rastadt, et ayant quitté cette ville le 13 du mois dernier, la députation de l'empire déclara, dans sa séance du 23, qu'elle était suspendue, et notifia à la légation française les motifs de cette déclaration. Les ministres de France déclarèrent aussi, le 25, qu'ils allaient se retirer dans trois jours.

Dans la soirée du même jour, le courrier de la légation française, muni d'un passe-port et de sa plaque, chargé de dépêches pour Strasbourg, fut arrêté sur sa route à Seltz, entre le village de Plittesdorf et Rastadt, par des hussards autrichiens, et conduit au quartier général du colonel impérial Barbatzy, à Gernsbach, après avoir été dépouillé de ses papiers. Sur la réquisition de la légation française, l'envoyé directorial de Mayence, au nom de tous les membres de la députation, interposa ses bons offices, de même que la légation prussienne, « pour que, suivant les principes universels du droit des gens, le courrier arrêté fût relâché avec ses dépêches, et que la sûreté de la correspondance de la mission française, dans le court espace de trois jours fixé pour son départ, ne fût point troublée. »

La lettre du ministre mayençais fut envoyée encore dans la nuit à Gernsbach par un courrier, qui revint avec une courte réponse du colonel Barbatzy, portant *qu'il avait rendu compte à ses supérieurs de l'arrestation du courrier, et qu'il ne pouvait se prêter aux vœux de la députation qu'après avoir reçu des ordres* La lettre de la légation prussienne fut envoyée, le 25, à cinq heures du matin, par M. le comte de Bernstorf, conseiller de la légation, avec l'injonction d'en appuyer verbalement le contenu. La légation française s'étant d'ailleurs adressée particulièrement au baron d'Edelsheim, ministre d'État de Bade, pour réclamer la protection du margrave, ce ministre jugea convenable d'accompagner M. de Bernstorf, et de faire, près du colonel Barbatzy, toutes les représentations analogues aux circonstances. La réponse verbale du colonel fut *qu'il transmettrait ces représentations à ses supérieurs, de même que la lettre de la légation prussienne, et qu'il ferait connaître le résultat le plus tôt possible; mais que jusque-là il ne pouvait s'expliquer en aucune manière*. La relation écrite de la mission du comte de Bernstorf prouve combien ce refus de s'expliquer a été positif.

En attendant, les ministres français étaient résolus de partir pour Seltz le troisième jour, 28, à huit heures du matin. Tous les préparatifs étaient faits; les voitures chargées se trouvaient déjà dans la cour du château; mais, vu les circonstances, les patrouilles de hussards croisant particulièrement sur la route de Rastadt à Seltz, et ayant déjà arrêté, le 19, plusieurs ministres allemands, et entre autres celui de Wurzbourg, dont elles avaient pris et gardé les papiers, d'ailleurs les déclarations du colonel Barbatzy, tant sur cet incident que sur l'arrestation du courrier français, *n'étant aucunement rassurantes* pour le voyage de la légation française, on ne pouvait s'empêcher d'avoir des inquiétudes; car il paraissait au moins possible que les ministres fussent arrêtés par méprise, *et qu'il en résultât de très-grands inconvénients*. C'est pourquoi toutes les personnes diplomatiques qui étaient encore en relation avec les ministres français leur conseillèrent de différer leur voyage de quelques heures ou jusqu'au lendemain, la réponse du colonel Barbatzy aux représentants des ministres prussiens, mayençais et de Bade étant attendue à chaque moment. Les ministres français cédèrent à ces instances, particulièrement sur l'observation qu'il était convenable d'attendre le résultat des démarches faites par les autres ministres, dont ils se montraient très-reconnaissants. Comme à onze heures du matin il n'y avait encore aucune réponse, le ministre mayençais, baron d'Albini, écrivit de nouveau au colonel Barbatzy, et lui demanda une réponse catégorique sur la question « si les ministres français, prêts à partir, et munis de passeports du baron d'Albini, étaient dans le cas de rencontrer aucun obstacle ».

On espérait que l'ordonnance de Bade, envoyée avec cette lettre, serait de retour vers trois ou quatre heures après-midi, avec une réponse; mais on se trompa. Le soir, entre sept et huit heures, il arriva un officier de hussards avec quelques soldats; l'officier se rendit sur-le-champ au château, près des ministres français et de Mayence, et suivant le témoignage des ministres soussignés, comte de Goërtz, de Dohm et de Solms, qui étaient présents, il les pria d'excuser le colonel Barbatzy, trop occupé pour répondre par écrit; mais il déclara, en son nom, *que les ministres français pouvaient voyager en toute sûreté, et que, pour cet effet, il leur était même fixé un terme de vingt-quatre heures*. Quant à la légation prussienne, elle ne reçut à sa lettre au colonel Barbatzy aucune réponse ni écrite ni verbale.

L'officier impérial remit aux ministres français une lettre; M. de Dohm est le seul qui l'ait vue par hasard, et il garantit qu'elle renfermait à peu près les lignes suivantes :

« Ministres,

« Vous concevrez facilement que, dans l'enceinte des postes occupés par les troupes impériales, on ne saurait tolérer aucun citoyen français ; en conséquence, vous m'excuserez si je me vois obligé *de vous signifier de quitter Rastadt dans les vingt-quatre heures.*

« Gernsberg, le 28 avril.

« *Signé :* BARBATZY. »

Les ministres français résolurent de partir sur-le-champ, et ne purent en être détournés qu'ils ne sauraient arriver au Rhin avant la nuit, et que le passage du fleuve pourrait être dangereux ; ils partirent en effet, le 28, une demi-heure après la réception de la lettre ci dessus, avec huit voitures, dont la plupart, de même que les chevaux, appartenaient au margrave. *Avec l'officier qui avait apporté la lettre, il était arrivé cinquante hussards de Szeklers qui s'étaient postés à la porte d'Ettlingen, et avaient fait occuper de même les autres postes.* On apprit bientôt que l'ordre était donné *de ne laisser entrer ni sortir aucune personne appartenant au Congrès,* et que le capitaine des hussards avait signifié au major Harrant, commandant les troupes de Bade, *qu'il exigeait que ses soldats restassent aux portes pour faire connaître aux Autrichiens les personnes appartenant au Congrès;* on ne permit à personne de passer même le pont de communication entre la ville et le faubourg. Le commandant de la ville lui-même ne put obtenir la permission de sortir, quoiqu'il l'eût demandée avec instance lorsqu'il fut instruit des événements subséquents. Le ministre danois avait fixé son départ au même jour, et n'avait attendu que le résultat des démarches faites par la députation touchant les ministres français. Après avoir pris connaissance de la réponse faite par le colonel Barbatzy, il se retira chez lui pour faire les préparatifs de son voyage; mais sur l'information qu'il reçut en passant près la porte, que personne n'avait la permission de sortir, il traversa le jardin du château vers la chaussée où était posté le capitaine de hussards, et lui demanda *s'il ne pouvait pas partir ce soir.*

Cet officier répondit qu'*il avait l'ordre de ne laisser sortir personne ;* mais lorsqu'il lui répliqua que les ministres français avaient été sommés de partir par le colonel, son chef, et qu'ils sortaient dans le moment par la porte de Rheinau, le capitaine repartit qu'*il n'avait point l'ordre d'empêcher le départ de la légation française.* Le ministre de Sa Majesté danoise lui ayant demandé ensuite s'il lui donnerait une escorte, il dit qu'*il n'avait point ordre pour cela,* et lorsqu'on lui représenta avec force combien l'honneur de la nation allemande exigeait qu'on prît tous les moyens pour éviter qu'il n'arrivât le moindre désordre au départ de ces ministres, le capitaine répondit qu'*il n'avait à pourvoir à rien qu'à sa propre sûreté*, ajoutant aussi la remarque que le plénipotentiaire impérial était déjà parti depuis assez longtemps pour que tous les envoyés allemands aient le temps de partir aussi.

Lorsque la légation française se présenta à la porte de la ville, on lui annonça qu'elle ne pouvait pas sortir. Les trois ministres descendirent sur-le-champ, et laissant là leurs voitures avec leurs familles et leur suite, ils se rendirent au château chez le ministre de Mayence. Personne ne pouvait concevoir cette contradiction de l'ordre de partir sous les vingt-quatre heures avec l'obstacle mis à ce départ aux portes de la ville. L'envoyé de Sa Majesté danoise qui, aussitôt après ce nouvel incident, s'était rendu, avec plusieurs autres, chez le ministre de Mayence, en donna, après sa conversation avec le capitaine, une explication qui fut bientôt officiellement confirmée par M. de Munch, secrétaire de la légation, envoyé à cet officier par M. d'Albini. Il annonça qu'on avait oublié, lorsqu'on avait pris possession des portes de la ville et donné l'ordre de ne laisser sortir personne, *d'excepter de cet ordre les ministres français*. M. de Munch ajouta que cet oubli était réparé, et que les ministres pouvaient sortir *sans obstacle*. Ceux-ci pensèrent alors qu'il était nécessaire, pour ne pas être arrêtés par les patrouilles qui pouvaient se trouver sur le chemin jusqu'à Plittersdorf, de demander une escorte militaire. Le secrétaire de la légation de Mayence se chargea d'en faire la demande au capitaine, et les envoyés de France allèrent, dans une voiture du margrave, rejoindre les leurs à la porte. Là, ils furent obligés d'attendre longtemps la réponse, qui fut apportée par M. de Harrant, major au service du margrave de Bade. Elle portait que : « Le capitaine ne pouvait point donner d'escorte, parce qu'il n'avait *point d'ordre pour cela;* mais que les ministres français *ne trouveraient aucun obstacle sur leur route.* » A la demande du major de Harrant, si l'on devait entendre par là que les ministres français pouvaient passer de l'autre côté du Rhin en toute sûreté, et si lui, Harrant, pouvait les en assurer, *le capitaine avait répondu que oui.* Les envoyés français préférèrent donc, après quelques réflexions, partir de suite sans escorte, que retourner au château pour y attendre le point du jour, parti que plusieurs conseillaient de prendre et que les femmes désiraient. Entre neuf et dix heures, les ministres français sortirent enfin de la ville; la nuit était très-sombre, et l'on portait une torche devant leurs voitures.

A peu près un quart d'heure s'était écoulé lorsque, de divers côtés, arriva la nouvelle que les voitures de la légation française avaient été arrêtées avec violence par des hussards autrichiens, qui avaient donné des coups de sabre aux cochers et au porte-flambeau. La plupart des membres du corps diplomatique se trouvaient, dans ce moment, rassemblés dans un casino. L'envoyé ligurien, Boccardi et son frère, qui étaient dans la dernière voiture et qui s'étaient échappés, y apportèrent la première nouvelle. On décida unanimement qu'on se rendrait ensemble près du capitaine pour lui demander une explication, et, avant tout, les secours les plus prompts.

Peu de minutes après arriva la nouvelle atterrante qu'*un*, que *deux*, que tous les *trois* ministres français avaient été *assassinés par les soldats de l'empereur*. La raison se refusait à trouver ce crime vraisemblable, le cœur ne le trouvait pas possible. — Non, non, c'est faux! fut le cri universel. Cependant le désir de faire cesser le plus tôt possible un malheureux malentendu fit hâter les pas vers l'officier commandant. Il avait son quartier à peu près à vingt pas de la porte d'Ettlingen, à l'auberge dite *la Lanterne*. La garde de la porte s'opposa au passage de la société, quoiqu'elle s'annonçât comme composée d'envoyés de cours royales et *princières*. *Ce ne fut qu'avec la plus grande peine qu'on obtint qu'un bas officier nous annonçât*. On demanda encore une fois quels envoyés nous étions, *et on déclara avec une exactitude inquiète que seulement trois, quatre, six ministres pouvaient aller près du capitaine*. Cet officier parut enfin. L'envoyé de Sa Majesté prussienne, comte de Goërtz, aussi soussigné, lui fit, au nom de tous, cette courte exposition : nous voudrions savoir quelles mesures il avait prises au bruit de l'affreuse nouvelle qui lui avait sans doute été portée. Il répondit qu'à la demande du ministre de Mayence, qui avait déjà été chez lui, il avait envoyé un officier avec deux hussards. Nous pensâmes que ce n'était pas suffisant, et nous l'engageâmes, au nom de tous les sentiments de l'humanité, *au nom du bien de toute l'Europe, de l'honneur de la nation allemande, prêt à être taché par un crime sans exemple dans les annales des peuples civilisés, au nom de l'honneur de son auguste monarque, de l'honneur du service de Sa Majesté Impériale, de son propre honneur, au nom de sa vie*, de faire, au plus vite, tout son possible pour sauver ce qui pourrait être encore à sauver. Le capitaine répondit que c'était un *malheureux malentendu;* que, sans contredit, les patrouilles rôdaient aux environs pendant la nuit, et qu'un *pareil malheur* pouvait *facilement* arriver; que les ministres français *n'auraient pas dû* partir la nuit. On lui rappela qu'il avait refusé une escorte et dit au major de Harrant qu'il n'y avait *rien* à craindre pour la légation française. Il répliqua qu'il n'avait point eu ordre de donner une escorte, qu'on aurait dû la demander au commandant. Le conseiller de légation de Prusse, comte de Bernstorff, dit qu'il avait demandé lui-même au colonel, lorsqu'il avait été envoyé vers lui, s'il donnerait une escorte. Vous l'a-t-il accordée?... fut la réponse du capitaine. L'envoyé de Danemark, soussigné, lui ayant ensuite rappelé la conversation qu'il avait eue avec lui, et dont nous avons parlé ci-dessus : *Voulez-vous*, dit-il, *établir ici contre moi une inquisition?* Enfin, lorsque passant sur toutes les considérations qui devaient nous frapper après le traitement *que nous étions obli-*

*gés de souffrir*, nous le pressâmes, le priâmes, le suppliâmes, de ne pas perdre un instant pour sauver peut-être encore la vie de quelques hommes et l'honneur de son service, il nous demanda où donc étaient les voitures des ministres, et d'autres explications, à *nous* que *ses ordres* retenaient prisonniers en ville, à *nous* qui venions à *lui* pour savoir quelle nouvelle *il* avait, quelles mesures *il* avait prises pour empêcher, s'il était possible encore, un crime qui touche de si près son honneur et celui de son souverain. Enfin nous exigeâmes de lui la promesse de détacher un officier et six hussards pour accompagner le major Harrant et deux hussards de Bade sur le grand chemin de Plittersdorff. En attendant, il était arrivé plusieurs fuyards échappés du champ de carnage, qui confirmèrent qu'en effet les trois ministres français avaient été assassinés par les hussards de Szeklers. Le meurtre de Bonnier fut rapporté par un témoin oculaire, savoir par le porteur du flambeau. Cependant le major Harrant, de Bade, auquel il ne fut donné qu'un maréchal-des-logis pour l'accompagner, au lieu d'un officier qui lui avait été promis, trouva les voitures sur la place même où cette scène d'horreur s'était passée; elles étaient entourées *d'environ cinquante hommes de hussards de Szeklers, munis de flambeaux* (parmi lesquels il ne put néanmoins découvrir d'officiers), et occupés à conduire autour de la ville les voitures, ainsi que les infortunés qui s'y trouvaient, et dont la plupart étaient encore dans une profonde stupeur.

Lorsque M. de Harrant déclara aux hussards que les carrosses devaient être reconduits à la ville, ils ne voulurent pas d'abord s'y prêter, soutenant que ces carrosses étaient *leur butin*. Ce ne fut que moyennant les plus fortes menaces, et après que M. de Harrant leur eût déclaré qu'en sa qualité d'officier le commandement et la disposition des voitures lui appartenaient exclusivement, qu'il parvint à les faire désister de leur projet. M. de Harrant trouva les cadavres de Bonnier et de Roberjot par terre, horriblement maltraités; ne trouvant pas le corps de Jean Debry, il se donna toutes les peines imaginables pour le découvrir; il proposa même de faire des recherches dans le bois, et demanda pour cet effet une escorte de quelques hussards autrichiens qui se joindraient à lui et aux deux hussards dont il était accompagné; mais cette escorte *lui fut refusée*, sous prétexte que l'on pourrait aisément rencontrer d'autres patrouilles autrichiennes, et que, dans l'obscurité de la nuit, on courait risque d'en être attaqué. M. de Harrant fut donc obligé de remettre l'exécution de son dessein jusqu'au jour, et ramena, en attendant, les carrosses dans la ville. Les épouses de Jean Debry et de Roberjot, les filles du premier, les secrétaires et les domestiques s'y trouvaient; aucun d'eux n'était blessé, plusieurs avaient été dépouillés cependant de leur argent, montres, etc., etc.; il n'y avait eu *que les trois ministres* qui eussent été attaqués par les meurtriers. Les carrosses arrêtèrent devant le château ; chacun s'empressait d'approcher les infortunés qui y étaient, afin de leur porter des secours ; mais *on écarta tout le monde* indistinctement, même les plus considérés des ministres étrangers, parce que, nul officier n'étant présent, il fallait auparavant attendre les ordres.

Enfin on obtint de pouvoir porter dans les appartements de M. de Jacobi, ministre du roi de Prusse, madame Roberjot, étendue à demi morte dans la voiture qui arrêtait devant la porte de ce ministre. Madame Debry, ainsi que ses deux filles, furent obligées de descendre de leur voiture dans la rue, parce que jamais *on ne voulut permettre* que les carrosses entrassent dans les cours du château ; ceux-ci furent conduits à la porte d'Ettlingen. On demanda les chevaux de la cour pour les conduire le lendemain à Gernsbach, ce qui fut contremandé cependant le matin même. Les dames furent conduites à pied dans leur ancienne demeure au château par plusieurs membres du corps diplomatique ; mais elles furent bientôt après transportées dans la maison du soussigné ministre de Brandebourg, afin d'être plus à portée de leur donner des secours. On apprit les détails de l'assassinat de Roberjot par son valet de chambre, qui avait été dans la même voiture. Il déposa que « des hussards s'étaient présentés à la portière, qu'ils en avaient brisé les glaces et demandé le *ministre Roberjot*. Sur quoi celui-ci avait répondu en français : *oui*, en produisant en même temps le passe-port de l'envoyé directorial de Mayence ; que les hussards *avaient déchiré ce passe-port ;* qu'ils avaient fait sortir de force le ministre de sa voiture, et lui avaient porté plusieurs coups très-violents ; que l'infortuné ayant donné cependant encore quelques signes de vie, et sa femme ayant crié : *Oh! sauvez! sauvez!* les hussards *avaient redoublé leurs coups ;* que madame Roberjot alors s'était élancée sur le corps de son mari, mais que lui (valet de chambre) l'avait saisie fortement dans ses bras, lui bouchant les oreilles, et empêchant qu'elle n'entendît les cruels gémissements du mourant ; que lui, valet de chambre, avait été jeté hors de la voiture par un hussard qui lui avait demandé : *domestique?* et ayant répondu affirmativement, *le hussard lui avait donné à entendre, par signes, qu'il n'avait rien à craindre ;* que néanmoins il s'était saisi de sa montre et de sa bourse ; que la même chose était arrivée à madame Roberjot. »

Cependant plusieurs d'entre nous ont remarqué que la voiture n'avait pas été pillée *entièrement*, mais qu'on y avait *laissé de l'argent et des effets précieux*. Lorsque madame Roberjot quitta sa voiture, elle tomba de défaillance en défaillance, s'écriant à plusieurs reprises, avec une voix déchirante : *On l'a haché devant mes yeux!*

Le secrétaire de légation Rosenstiel, qui se trouvait dans une des dernières voitures, et par conséquent près de la ville, s'est vraisemblablement sauvé par les jardins dès le commencement de l'affaire. On le trouva dans le logement du ministre de Bade, dans un état de délire. Toutes les autres personnes attachées à la légation française arrivèrent successivement, soit en fuyant, soit avec les voitures. Le ministre Jean Debry manquait encore; sa mort n'avait point été constatée par des témoins oculaires; on regarda donc comme absolument essentiel de tout tenter pour le sauver. Quelques-uns d'entre nous se rendirent auprès du capitaine des hussards autrichiens pour le solliciter d'accorder une escorte au major de Harrant qui, accompagné de quelques hussards de Bade, voulait aller à la recherche de Jean Debry. Le soussigné comte de Solms de Laubach s'offrit de l'accompagner, afin d'appeler le ministre français, qui connaissait sa voix, par son nom. Le capitaine accorda l'escorte, et à la pointe du jour, vers quatre heures du matin, le comte de Solms, le major Harrant et deux hussards de Bade, sous l'escorte d'un caporal et de quatre hussards impériaux, montèrent à cheval pour parcourir ces environs, et notamment le bois de Steinmaner et de Plittersdorff. Ils n'eurent pas la satisfaction de trouver le ministre Jean Debry, mais ils apprirent quelques circonstances absolument nécessaires à l'éclaircissement du fait; les voici : Le major Harrant s'étant adressé au bailli de Rheinau pour obtenir des renseignements sur le compte du ministre absent, le bailli lui apprit que *des hussards impériaux avaient déjà fait des perquisitions relativement à un Français blessé et fuyant, et dont la découverte leur importait infiniment;* qu'ils avaient fortement recommandé qu'au cas que l'on trouvât un Français ressemblant au signalement qu'ils en donnèrent, *de bien se donner de garde de le reconduire à Rastadt*, et de le faire passer *en dehors de la ville, et de le leur mener à Muckensturm par un chemin désigné, ou bien qu'on devait simplement le garder soigneusement et leur en donner connaissance.*

On avait tout fait jusqu'ici pour adoucir, autant que les circonstances pouvaient le permettre, cet horrible état de choses. Il s'agissait actuellement de pourvoir à la sûreté des membres du corps diplomatique et de leurs familles, ainsi qu'au trajet des personnes sauvées des missions française et ligurienne. Les soussignés s'adressèrent en conséquence au colonel Barbatzy par une lettre (n° 5) dont fut chargé le secrétaire de légation de Prusse, Jordan, qui fut dépêché, le 29, à quatre heures du matin, accompagné d'une ordonnance impériale. A sept heures du matin, le ministre Jean Debry se rendit dans la maison du ministre prussien de Goërtz. Son apparition causa autant de joie à ceux qui se trouvèrent présents que l'état dans lequel il se trouvait leur inspirait d'intérêt. Ils furent témoins des premiers épanchements de sa joie et de sa reconnaissance envers Dieu lorsqu'il apprit que sa femme et ses enfants étaient encore en vie. Ses habits étaient déchirés; il était blessé au bras gauche, à l'épaule et au nez; sa perruque et son chapeau l'avaient garanti d'un coup de sabre sur la tête, de manière qu'il n'en avait qu'une contusion. On lui administra tout de suite les secours nécessaires; on entendit le récit touchant de la manière miraculeuse dont il avait été sauvé. « Un hussard lui avait demandé en français : *Est-ce que tu es Jean Debry ?* A quoi il avait répondu par l'affirmative, et en produisant son passe-port, qui fut également déchiré. Lui, ainsi que sa femme et ses filles, furent arrachés de leur voiture, et on frappa sur lui. Il fut jeté dans un fossé qui bordait le grand chemin; il eut la présence d'esprit de contrefaire le mort, et il se laissa dépouiller : c'est ce qui le sauva. Lorsque les hussards se furent éloignés, il se leva et courut vers le bois. Ne voulant pas se jeter par terre à cause de la pluie qui tombait, il grimpa sur un arbre, malgré la forte blessure qu'il avait au bras gauche, y sommeillant de temps en temps de lassitude et d'épuisement, et y resta jusqu'au jour, qu'il s'achemina vers Rastadt. En approchant de la ville, il se mêla à la foule qui était sortie pour voir les cadavres, et *sans être remarqué, ni par les patrouilles autrichiennes, ni par le corps de garde posté aux portes, il arriva heureusement.* Le spectacle le plus déchirant pour lui fut celui de ses deux collègues, devant lesquels il était obligé de passer. »

La réponse du colonel n'était pas encore arrivée; en attendant, on désirait vivement de faire passer le Rhin aux personnes sauvées de la légation française, et de consommer cette opération avant la nuit, pour pouvoir partir à son tour et arriver en sûreté à Carlsruhe. En conséquence, MM. de Rosencrantz et Gemmingen allèrent, vers neuf heures, chez le capitaine, et lui déclarèrent qu'aussitôt que la position de Jean Debry, blessé, et de la veuve de Roberjot, assassiné, le permettrait, tous les individus sauvés seraient transportés au Rhin, avec leurs effets; sous l'escorte militaire de Bade, et accompagnés de plusieurs membres du corps diplomatique, si le capitaine voulait répondre de leur sûreté sur son honneur et sur sa vie, et leur donner une escorte d'un officier et de quelques hussards. Après avoir fait quelques difficultés, le capitaine accorda la demande, mais il exigea qu'*elle lui fût présentée par écrit;* c'est ce qui a été fait. Dans cet entretien, il échappa au capitaine plusieurs expressions qui méritent d'être remarquées : « *C'était un malheur, mais à qui la faute? On ne l'avait pas commandé!* » On lui témoigna l'effroi que l'énoncé de la possibilité seulement d'un pareil soupçon devait causer à des gens d'honneur. Il s'efforça d'atténuer l'énormité du crime en disant : « *A nous aussi on a tué des généraux!* » Les sensations que de pareils propos devaient faire naître en nous de la part d'un homme à qui notre sûreté était confiée ne pouvaient être calmées que par la réponse du colonel Barbatzy, que M. de Jordan apporta enfin à onze heures. Il n'avait pu voir le colonel lui-même, et quoiqu'il lui eût fait dire qu'il ne venait pas seulement *au nom de la légation prussienne, mais de toute la députation de l'empire* réunie à Rastadt, il avait reçu pour réponse : *Que le colonel ne pouvait lui parler, quand même il viendrait au nom de Dieu le Père et le Fils.* M. de Jordan eut même beaucoup de peine à engager le capitaine, qu'il avait rencontré à Rotenfels, à faire remettre la lettre, parce que, disait-il, le colonel avait déjà reçu *assez de courriers et d'estafettes pendant la nuit.* M. de Jordan fut retenu si longtemps parce qu'il s'était répandu à Gernsbach un faux bruit touchant une attaque des Français vers Rastadt. La lettre du colonel annonce un homme d'honneur et de cœur. Il promet une escorte pour les personnes de la légation française ; quant à nous, il déclare qu'il sera inutile et *inconvenable de les accompagner.* Toutes les mesures furent prises sur-le-champ pour le prompt départ. Le médecin et le chirurgien étaient d'avis que ce voyage serait moins dangereux pour la santé de Jean Debry que la continuation de la crise alarmante dans laquelle il se trouvait ; lui et madame Roberjot désiraient également de ne pas perdre un moment. Nous partagions leurs sentiments. Le capitaine avait reçu en même temps l'ordre de les accompagner ; mais il déclara qu'il lui *était expressément défendu de nous laisser sortir avec eux,* vu que les légations allemandes pouvaient se retirer chez elles, mais non *du côté du Rhin.* Quelque révoltant que fût ce traitement, nos réclamations auraient pu occasionner de nouveaux délais, et nous nous tûmes. En conséquence, le baron de Gemmingen commença à stipuler les conditions de la marche. L'escorte devait être composée du major de Harrant avec six hussards de Bade, et d'un officier impérial avec huit hussards de Szecklers. M. de Jordan, secrétaire prussien, qui, par sa mission à Gernsbach, avait fait connaissance avec les militaires, obtint seul la permission de suivre les voitures, grand motif de consolation pour les principaux personnages.

A une heure après-midi, le cortége se mit en route pour la troisième fois. Qui pourrait s'étonner de voir ces infortunés tremblants et couverts des pâleurs de la mort, lorsqu'ils s'exposaient de nouveau aux plus grands dangers, et qu'il nous était impossible à nous tous de faire passer dans leur cœur la confiance qu'il n'y avait plus rien à craindre ! ils faisaient semblant d'en croire nos assurances, mais entre eux et à ceux qui étaient les plus près d'eux, ils disaient tout bas : « Nous allons à la mort, nous serons assassinés. » Jean Debry prit congé, de la manière la plus touchante, de ses enfants et de sa femme, qui est presqu'à son terme. Rosenstiel recommanda sa famille, qui est depuis longtemps à Strasbourg, à son beau-frère, M. Wieland, conseiller de légation de Weimar. Notre raison les blâma, mais pouvaient-ils avoir déjà perdu le souvenir de ce qui s'était passé ? Ils voyaient dans l'escorte *l'uniforme de leurs meurtriers.* — Dieu soit loué ! ces affreuses appréhensions étaient vaines. Le voyage fut accompli sans aucune rencontre fâcheuse. —

Sur la route, l'escorte des hussards impériaux s'accrut au nombre de trente hommes. On ne savait pas encore si Plittersdorff était occupé par les hussards impériaux ou par les Français ; on y trouva des impériaux. Après cinq quarts d'heure de route, le bac fut appelé par un trompette, et tout le monde fut embarqué sur-le-champ. Il est impossible de décrire le sentiment qui se peignit sur tous les visages ; c'était, la transition de la presque certitude d'une mort affreuse à l'espoir d'être sauvé. Il n'y a pas de mots non plus pour exprimer leurs témoignages de reconnaissance envers le major Harrant et M. de Jordan. Jean Debry remercia aussi l'officier impérial de l'escorte, en peu de mots que M. de Harrant lui traduisit ; il l'assura que, quoiqu'il soit impossible d'oublier le passé, il se souviendrait de l'escorte qu'il avait enfin obtenue, et que si jamais le sort de la guerre faisait tomber quelques hommes de son régiment entre les mains des Français, lui, Jean Debry, ferait son possible pour qu'on ne se rappelât que la dernière action, et que tout sentiment de vengeance fût étouffé. Il fit un présent à l'escorte.

En quittant Rastadt, sa femme avait remis à M. le baron d'Edelsheim un rouleau de cent louis pour les pauvres de la ville. Dans une demi-heure ils avaient atteint le rivage français. Le crime horrible n'y était pas encore connu, et, suivant le rapport des cochers du margrave qui sont revenus, il paraît que Jean Debry lui-même s'est efforcé d'en empêcher la publication. Les voitures les suivirent de près, et MM. de Harrant et Jordan revinrent à Rastadt, d'où les légations allemandes étaient parties à cinq heures, puisque, n'ayant aucune nouvelle des voyageurs, elles avaient tout lieu de présumer que les voitures avaient passé heureusement.

Les soussignés attestent, sur leur honneur et leur devoir, que tous les faits énoncés ci-dessus sont de la plus exacte vérité. Nous avons été témoins oculaires de la majeure partie de ces événements, et nous avons vérifié les autres avec l'attention la plus scrupuleuse, d'après l'exposé des personnes qui étaient présentes et qui y ont joué un rôle. Nous n'avons eu en vue que de constater les faits dans toute leur pureté, et de les mettre de bonne heure *à l'abri de toute altération*. Autant qu'il était possible, nous avons supprimé tout jugement, toute observation, tout accès de sensibilité.

Carlsruhe, le 1er mai 1799.

*Signé :* le comte DE GOERTZ, le baron DE JACOBI, DE DOHM, DE ROSENKRANZ, DE RECHBERG, DE REFDEN, baron DE GATZERT, comte DE SOLMS-LAUBACH, OTTO DE GEMMINGEM, baron DE KREUSN, comte DE TAUBE.

(Extrait du *Moniteur*, 12 prairial an VII.)

## NUMÉRO 6

**Signaux du télégraphe aérien appliqués au télégraphe électrique (système français).**

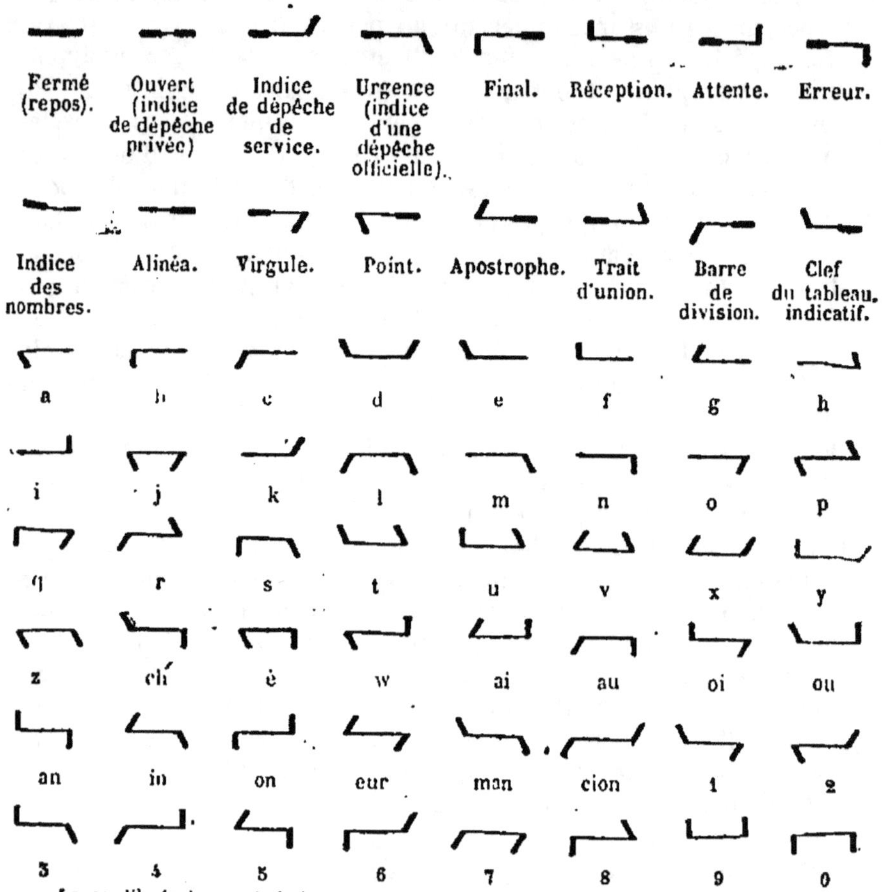

| | | | | | | | |
|---|---|---|---|---|---|---|---|
| Fermé (repos). | Ouvert (indice de dépêche privée) | Indice de dépêche de service. | Urgence (indice d'une dépêche officielle). | Final. | Réception. | Attente. | Erreur. |
| Indice des nombres. | Alinéa. | Virgule. | Point. | Apostrophe. | Trait d'union. | Barre de division. | Clef du tableau indicatif. |
| a | b | c | d | e | f | g | h |
| i | j | k | l | m | n | o | p |
| q | r | s | t | u | v | x | y |
| z | ch | è | w | ai | au | oi | ou |
| an | in | on | eur | man | cion | 1 | 2 |
| 3 | 4 | 5 | 6 | 7 | 8 | 9 | 0 |

Lorsqu'ils étaient précédés de la clef ——, les signaux ci-après avaient une valeur différente.

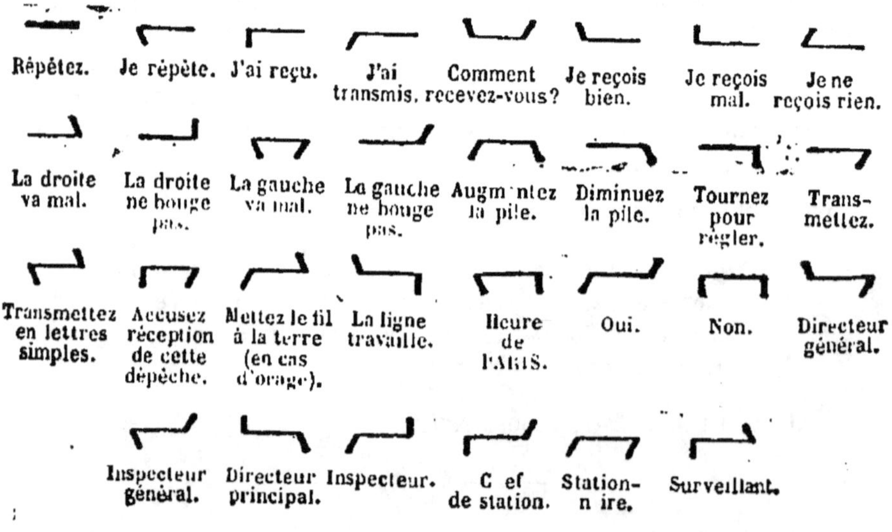

| | | | | | | | |
|---|---|---|---|---|---|---|---|
| Répétez. | Je répète. | J'ai reçu. | J'ai transmis. | Comment recevez-vous? | Je reçois bien. | Je reçois mal. | Je ne reçois rien. |
| La droite va mal. | La droite ne bouge pas. | La gauche va mal. | La gauche ne bouge pas. | Augmentez la pile. | Diminuez la pile. | Tournez pour régler. | Transmettez. |
| Transmettez en lettres simples. | Accusez réception de cette dépêche. | Mettez le fil à la terre (en cas d'orage). | La ligne travaille. | Heure de PARIS. | Oui. | Non. | Directeur général. |
| | Inspecteur général. | Directeur principal. | Inspecteur. | C ef de station. | Station-n ire. | Surveillant. | |

## NUMÉRO 7

### Alphabet Morse.

| a | ä | b | c | d | e | ê |
|---|---|---|---|---|---|---|
| .- | .-.- | -... | -.-. | -.. | . | ..-.. |

| f | g | h | i | j | k | l |
|---|---|---|---|---|---|---|
| ..-. | --. | .... | .. | .--- | -.- | .-.. |

| m | n | o | ö | p | q | r |
|---|---|---|---|---|---|---|
| -- | -. | --- | ---. | .--. | --.- | .-. |

| s | t | u | ü | v | x | y |
|---|---|---|---|---|---|---|
| ... | - | ..- | ..-- | ...- | -..- | -.-- |

| z | w | ch |
|---|---|---|
| --.. | .-- | ---- |

### CHIFFRES.

| 1 | 2 | 3 | 4 | 5 |
|---|---|---|---|---|
| .---- | ..--- | ...-- | ....- | ..... |

| 6 | 7 | 8 | 9 | 0 |
|---|---|---|---|---|
| -.... | --... | ---.. | ----. | ----- |

### PONCTUATIONS, SIGNAUX CONVENTIONNELS.

| Point. | Virgule. | Point-virgule. | Deux-points. |
|---|---|---|---|
| .. .. .. | .-.-.- | -.-.-. | ---... |

| Point d'interrogation *ou* Répétez. | Point d'exclamation. | Trait d'union. | Apostrophe. |
|---|---|---|---|
| ..--.. | --..-- | -....- | .----. |

| Barre de division. | Attaque *ou* Indicatif de dépêche. | Réception. | Erreur. |
|---|---|---|---|
| -- -- -- | -.-.- | ...-. | ........... |

| Final. | Attente. | Télégraphe. |
|---|---|---|
| .-.-. | .-... | ...-... |

## NUMÉRO 8

### Télégraphie atmosphérique [1].

En raison de l'extension tous les jours croissante de la correspondance télégraphique, le nombre des dépêches qui arrivent à Paris, tant de la province que de l'étranger, et des télégrammes échangés entre les divers quartiers de la ville, s'est tellement accru dans ces derniers temps, que malgré la multiplicité des postes et des fils de communication, malgré l'étonnante vitesse de la transmission, il est complétement impossible de faire face aux exigences du service, même avec les appareils les plus perfectionnés. Pour assurer la régularité d'une distribution des dépêches en harmonie avec les exigences de notre société si active, si pressée de connaître et de jouir, il devenait donc nécessaire, du moins dans l'intérieur de Paris, d'installer des moyens de transport assez puissants, assez rapides pour suppléer la télégraphie électrique elle-même, en cas d'encombrement des lignes. M. le vicomte de Vougy, directeur général des lignes télégraphiques de France, vient de résoudre ce problème de la manière à la fois la plus élégante et la plus économique. Les appareils ont été construits par MM. Mignon et Rouart; l'administration en a exposé un dessin détaillé. De leur côté, MM. Mignon et Rouart ont installé dans leur pavillon un petit modèle de ce télégraphe atmosphérique, qui fonctionne tous les jours sous les yeux des visiteurs de l'Exposition.

Une série continue de tubes en fer, de 65 millimètres de diamètre intérieur, part du poste central des lignes télégraphiques, rue de Grenelle-Saint-Germain, passe par le Cercle impérial, rue Boissy-d'Anglas, par le Grand-Hôtel, la Bourse, l'hôtel des Postes, l'hôtel du Louvre, l'hôpital de la Charité, rue des Saints-Pères, et de là revient au poste central; ces tubes sont solidement établis au fond de tranchées spéciales creusées sous le pavé des rues et sur les trottoirs des ponts.

Cette ligne circulaire, d'environ 6,400 mètres de développement, doit fournir ultérieurement des embranchements destinés à relier le Cercle impérial au poste des Champs-Élysées, le Grand-Hôtel au poste de la rue La Fayette, la Bourse à Sainte-Cécile, le poste de la rue

[1] M. J. Gavarret a bien voulu nous autoriser à reproduire ici, comme document justificatif, un article remarquable qu'il a publié en 1867 sur la télégraphie atmosphérique. Nos lecteurs nous sauront gré de leur communiquer ce travail de l'éminent professeur.

des Saints-Pères au Sénat, à la Préfecture de police et à l'Hôtel de Ville. Quand cette canalisation sera terminée, une communication souterraine sera établie entre l'hôtel de l'administration et tous les postes du Paris central, en même temps qu'entre ces divers postes télégraphiques ; pour le moment, la ligne circulaire maîtresse est seule exécutée [1].

Les chariots destinés au transport des dépêches doivent pouvoir circuler librement dans les nombreuses courbes imposées par le tracé de la ligne à travers les rues et les boulevards. A cet effet, on place les dépêches, enfermées dans leurs enveloppes, dans des cylindres métalliques, très-minces, de 60 millimètres de diamètre et de 15 centimètres de longueur, recouverts d'une gaîne de cuir. Chaque chariot peut contenir 40 dépêches ; ainsi chargé, il pèse 270 grammes, ce qui donne un poids total de 2$^{kil}$,700 pour un convoi de 10 chariots, placés bout à bout, portant ensemble 400 dépêches. On complète le convoi en plaçant à l'arrière un piston métallique, très-léger, armé d'un disque de cuir embouti ; en marche, ce disque de cuir ferme exactement les tubes de la ligne et n'exerce qu'un très-faible frottement contre leurs parois.

Le moyen de propulsion adopté est à la fois très-simple et très-économique. Dans chaque poste sont installées deux cuves de tôle dont la capacité dépend de la longueur de la ligne desservie : l'une sert de *cuve à eau*, l'autre de *réservoir d'air comprimé*. Ces deux cuves communiquent par un tube armé d'une soupape de retenue qui permet le passage de l'air de la cuve à eau dans le réservoir d'air comprimé et s'oppose à son retour en sens inverse.

De gros tubes de fonte garnis de robinets permettent de mettre la cuve à eau en communication d'une part avec les canaux de distribution des eaux du canal de l'Ourcq, d'autre part avec les égouts de la ville. La communication du réservoir d'air comprimé avec le tubes de la ligne souterraine est établie par un tuyau garni d'un robinet gradué.

Quand le robinet du tube de communication avec les canaux de distribution des eaux de la ville est ouvert, le liquide afflue dans la

[1] Depuis la publication de cet article, le tracé de cette ligne circulaire maîtresse a été modifié : le poste de l'hôtel du Louvre a été supprimé et remplacé par un poste situé près du Théâtre-Français, à l'entrée du boulevard Napoléon. Ce nouveau poste a été *directement* relié à celui de la Bourse et à celui de la rue des Saints-Pères ; la ligne de la Bourse à l'hôtel des Postes a été conservée et forme un véritable embranchement. L'administration s'occupe activement de l'amélioration et du développement de ces communications souterraines ; elle a établi rue La Fayette, près la rue Laffite, un nouveau poste relié par un embranchement au poste de la Bourse. Ajoutons enfin qu'une ligne supplémentaire, destinée à mettre le Cercle impérial en communication avec un poste situé dans les Champs Élysées, est en voie de construction. (25 décembre 1868.) J. G.

cuve à eau, chasse devant lui l'air dont elle est remplie, et le refoule dans le réservoir d'air comprimé; la soupape de retenue s'oppose au retour du gaz quand la cuve à eau est ensuite vidée dans les égouts. En raison de la différence du niveau, on peut, dans les divers postes de la ligne, se procurer ainsi un volume déterminé d'air comprimé sous un excès de pression de 60 à 70 centimètres de mercure; des expériences souvent renouvelées ont démontré qu'une pression beaucoup moindre suffit pour assurer un service rapide et régulier.

Engageons maintenant dans les tubes de fer les chariots remplis de dépêches, puis le piston propulseur, et ouvrons le robinet de communication du réservoir d'air comprimé et de la ligne; le gaz comprimé se précipite dans les tubes, pousse devant lui le convoi, lui imprime une vitesse qui dépend de l'excès de pression dans le réservoir et que l'on peut maîtriser à l'aide du robinet de communication.

Ajoutons que des manomètres convenablement disposés permettent de connaître à chaque instant la pression que supporte l'air dans la cuve à eau, dans le réservoir d'air comprimé et dans les tubes de la ligne en amont du convoi de dépêches.

Des essais très-multipliés et très-variés ont démontré que le meilleur moyen de se mettre à l'abri des dérangements de toute nature qui peuvent compromettre la sûreté de la correspondance est d'opérer sans pression constante, et qu'un convoi de 10 chariots, portant 400 dépêches et pesant environ 3 kilogrammes, avance avec une vitesse d'environ *un kilomètre* par minute sous l'influence d'un excès de pression de 20 centimètres de mercure maintenu à l'arrière du piston propulseur. — Cela posé, voici comment on procède à l'expédition des dépêches. Dans le réservoir d'air comprimé, l'excès de pression est toujours maintenu à 20 centimètres de mercure. On engage le convoi dans les tubes de fer, on met la cuve à eau en communication avec les canaux de distribution des eaux de la ville, et quand le manomètre accuse dans cette cuve un excès de pression de 20 centimètres, on ouvre le robinet de communication de la ligne et du réservoir d'air comprimé. Le gaz du réservoir se précipite dans les tubes de la ligne et pousse en avant le convoi; en même temps, l'air de la cuve à eau, refoulé par le liquide qui afflue, passe dans le réservoir et y maintient une pression constante ainsi que dans les tubes de la ligne en amont du convoi. Quand les dépêches sont arrivées au poste correspondant, on ferme le robinet de communication de la ligne et du réservoir d'air comprimé, on vide la cuve à eau dans les égouts, et tout est prêt pour une nouvelle expédition. — Chaque poste transmet habituellement ainsi *cinq* convois par heure, ce qui assure une circulation constante et régulière de 2,000 dépêches par heure, avec une vitesse de 1 kilomètre par minute. — Le service exige évidemment que les postes correspondants soient munis d'appareils de télégraphie électrique qui permettent aux employés de se maintenir constamment en communication.

L'administration télégraphique a organisé ce service dans le but de faire face aux besoins actuels de la distribution des dépêches, mais elle est bien loin de dépenser toute la force disponible. L'expérience a démontré qu'en rapprochant convenablement les convois et en profitant de la totalité de l'excès de pression réalisable, on pourrait facilement sextupler l'activité de la circulation et transmettre, dans une seule direction, jusqu'à dix à douze mille dépêches par heure. Et comme chaque poste peut expédier dans plusieurs directions à la fois, on comprend sans peine combien il serait avantageux d'appliquer le système adopté par l'administration télégraphique au transport et à la distribution de toutes les lettres dans l'intérieur de Paris.

Quelle que soit l'habileté des employés, quelque active que soit la surveillance exercée, un dérangement peut évidemment subvenir sur la ligne, un convoi de dépêches peut être arrêté en route. Comment procéder à la recherche du convoi dans les tubes souterrains? Comment déterminer le point précis où existe l'obstacle, afin de rétablir promptement la circulation en dégageant la voie? Heureusement l'appareil lui-même fournit un moyen fort simple de faire très-exactement cette importante détermination. On a, en effet, sous la main, un réservoir de capacité connue, contenant de l'air à une pression connue aussi. On met le réservoir en communication avec la voie obstruée; la tension du gaz baisse d'autant plus que l'obstacle est placé plus loin. Mais la tension d'une masse gazeuse déterminée varie en raison inverse du volume qu'elle occupe; de la diminution de tension observée on peut donc déduire très-facilement et très-exactement la capacité en mètres cubes de la portion de la ligne comprise entre le poste de départ et le point où le convoi est arrêté. D'autre part, on connaît le diamètre intérieur et par suite la section transversale des tubes de la voie; en divisant cette capacité par la section des tubes, on obtient évidemment, à quelques mètres près, la distance à laquelle existe l'obstruction. On connaît donc ainsi le point où il faut ouvrir la tranchée pour retrouver le convoi et réparer la ligne. Un fait servira mieux que tout ce que nous pourrions dire à montrer la confiance que l'on doit accorder à ce procédé de recherche. Le jour de l'inauguration de la ligne souterraine entre le poste central, rue de Grenelle-Saint-Germain, et le Cercle impérial, rue Boissy-d'Anglas, le premier convoi lancé s'arrêta en route. Le calcul indiqua une obstruction vers le milieu de la rue de Bourgogne. On n'y voulut pas croire; la ligne est toute droite dans le parcours de cette rue. On pensa que l'obstacle devait exister dans les courbes décrites par la ligne autour du palais du Corps législatif; on ouvrit des tranchées, le convoi n'y était pas. La détermination, recommencée en sens inverse par le même procédé, donna le même résultat; on se décida alors à découvrir la ligne au point indiqué par le calcul, vers le milieu de la rue de Bourgogne ; on y trouva le convoi engagé dans un amas de sable que, pendant la pose, les ouvriers eux-mêmes, par négligence, avaient laissé pénétrer dans les tubes.

En définitive, la force de propulsion nécessaire à l'expédition des dépêches est fournie par les eaux de la ville ; les avantages de ce système sont si évidents qu'il est à peine besoin de les signaler. Remarquables par la simplicité de leur construction et la facilité de leur manœuvre, les appareils sont toujours prêts à marcher, et ne sont d'ailleurs exposés qu'à de très-faibles causes de dérangement. Livrée à très-bas prix par la ville, l'eau du canal de l'Ourcq est un moyen de compression de l'air disponible à toute heure, sans aucune préparation, sans frais de mise en train, ni d'entretien, ni d'approvisionnement. La ligne une fois construite, le prix de revient de la correspondance est exactement représenté par la valeur très-minime du volume d'eau utilisé : nulle du moment où la transmission s'arrête, la dépense reste toujours proportionnelle à l'activité du service.

Bien que jusqu'ici elle n'ait joué qu'un rôle secondaire et subordonné dans la transmission des dépêches, la ligne souterraine atmosphérique a fourni un service trop régulier pour que nous ne soyons pas autorisé à dire qu'elle a fait ses preuves. A notre avis, ce système devrait être généralisé et adopté dans les grandes villes comme moyen de transport et de distribution des lettres. Que se passe-t-il, en effet, à Paris, à l'administration des postes, qui a imprimé à ses services toute l'activité que comporte l'emploi de courriers comme moyen de communication entre ses divers bureaux ? Malgré les *sept* levées et les *sept* distributions qui sont faites tous les jours, entre sept heures du matin et neuf heures du soir, il s'écoule moyennement *quatre heures* entre le moment où une lettre est mise dans une boîte et celui où elle arrive à destination, et les lettres déposées avant midi peuvent *seules* parvenir à temps pour permettre une réponse dans le courant de la même journée ; aussi les télégrammes de Paris pour Paris, malgré leur prix encore trop élevé, ont-ils été adoptés par la population avec un empressement qui témoigne de l'insuffisance des moyens actuels de correspondance. Mais, à moins de recourir à l'emploi toujours très-difficile de la dépêche chiffrée, il n'y a pas de secret réel possible avec la télégraphie électrique. Il y a donc nécessité de faire subir une réforme profonde et radicale au service de la distribution des lettres dans l'intérieur de Paris. L'expérience a démontré que le *télégraphe atmosphérique*, si heureusement inauguré par M. de Vougy, remplit toutes les conditions désirables d'économie, de rapidité et de sûreté ; en l'adoptant pour le transport des lettres, l'administration serait enfin en mesure de faire face à tous les besoins d'une correspondance chaque jour plus active.

7 août 1867.

J. GAVARRET.

## NUMÉRO 9

**Doléances, souhaits et proposition des loueurs des carrosses de place et des loueurs des carrosses de remise, avec prière au public de les insérer dans les cahiers de la ville de Paris.**

(Sans lieu ni date, ni nom d'imprimeur.)

### DOLÉANCES

De nous, soussignés, loueurs des carrosses de place et des carrosses de remise de la ville et fauxbourgs de Paris, contre les privilèges et vexations exercés à notre détriment, au préjudice de l'intérêt, de la liberté et de la commodité du public :

1° Par le sieur Pierre Perreau et compagnie, ayant le privilége exclusif des carrosses de place et celui des voitures et messageries des environs de Paris;

2° Par la Compagnie ayant le privilége exclusif des voitures publiques pour le service de Paris à la cour;

3° Par la Compagnie ayant le privilége exclusif des diligences et messageries du royaume;

4° Par les Maîtres-postes, s'attribuant aussi un privilége exclusif;

5° Enfin, par le privilége exclusif du Bureau de la Fosse vétérinaire.

A travers tant de priviléges exclusifs qui s'entre-choquent et se nuisent mutuellement, il est impossible que nous servions le public d'une manière utile pour nous et agréable pour lui.

Notre existence est vendue aux privilégiés; ils nous soumettent à des contributions excessives; sans cesse ils nous prennent en contravention; la fraude ne se présume point, et toujours la présomption de fraude est contre nous. Semblables au Pénitent de la fable, partout on crie haro sur nous; à tort ou à raison, nous sommes par provision condamnés, saisis et ruinés, sans être entendus ni défendus; nous n'avons ni le temps ni le moyen de nous défendre.

Les priviléges exclusifs sont la cause de notre infortune, et notre infortune fait que le public, quoique en payant beaucoup, est très-mal servi.

Pour comble de malheur, les plaintes du public frappent sur nous, sans faire attention aux causes du mauvais état de nos cochers, de nos chevaux et de nos voitures. L'on traite comme vices les effets de notre misère ; l'on regarde comme cris de l'insolence nos gémissemens et les élans de notre désespoir.

Quel sort est le nôtre! de quelque côté que nous nous tournions, nous sommes les victimes et de ceux que nous payons pour avoir le droit de travailler, et de ceux qui nous payent pour les servir.

Nous allons donner un aperçu des abus et vexations qui résultent de chaque privilége exclusif.

### § 1. — Doléances contre le privilége du sieur Perreau ou représentans.

Avant 1779, chaque carrosse de place payait au propriétaire du privilége, à raison de 21 sols par jour, 385 livres 5 sols par an. Il y avait alors au moins neuf cens fiacres, qui produisaient un revenu de. . . . . . . . . . . . . . . . . . . . . 344,925 liv.

Chaque carrosse de remise payait 45 livres 10 sols par an. Il y en avait au moins huit cens, qui produisaient . . . . . . . . . . . . . . . . . . . . . . . 36,400

Ainsi, nous achetions alors la faculté de travailler. 381,325

Il était prélevé sur cette somme pour l'hôpital. . 10,000

Il restait, pour le revenu annuel du privilége. . . 371,325

Le sieur Perreau, sous prétexte que le service ne se faisait pas bien, et promettant de le faire mieux, sollicita et obtint en 1779, par lettres-patentes enregistrées au Parlement, le privilége exclusif des carrosses de place et celui des voitures et messageries des environs de Paris, pour le terme de trente années, moyennant 5,500,000 livres, remboursables à l'expiration du privilége, et à la charge de payer à l'hôpital 15,000 livres, au lieu de 10,000 dont était tenu son prédécesseur. Notre misère devant augmenter par ce traité, il était naturel d'augmenter aussi le droit de l'hôpital à raison de la part que nous y prenons.

Le bénéfice de l'entreprise du sieur Perreau était infaillible ; il était assuré de notre abonnement annuel de. . . . 381,525 liv.

L'intérêt de ses fonds et le droit de l'hôpital ne montant ensemble qu'à. . . . . . . . . . . . . . . . 290,000

Il lui restait déjà un profit annuel de. . . . . . 91,325

et en outre ses bénéfices sur les voitures et messageries des environs de Paris, que nous ne tirons ici que pour mémoire.

Mais le sieur Perreau, pour rendre sa spéculation plus avantageuse, feignit d'entreprendre seul le service des carrosses de place ; il en fit faire même un grand nombre dans un nouveau goût.

Son projet ne tendait à rien moins qu'à nous ruiner. Car, que faire de nos chevaux et de nos voitures, lorsque la faculté de travailler nous était enlevée? Les vendre? Mais qui est-ce qui aurait voulu acheter des équipages de fiacre? En tous cas, nous étions réduits à être sans état.

C'était à cette extrémité que le sieur Perreau voulait nous amener pour nous soumettre à sa discrétion. C'est ce qui est arrivé.

Le sieur Perreau, en conservant toujours le droit d'employer ses carrosses particuliers, nous vendit le droit de faire usage des nôtres, pour le temps de neuf années, par traités passés devant notaires, à la charge par nous de lui payer par jour 25 sols pendant la première année, 30 sols pendant la deuxième, 35 sols pendant la troisième, 40 sols pendant la quatrième et les suivantes. Ainsi, nous payons actuellement, pour chaque carrosse de place, à raison de 40 sols par jour, 730 livres par an. Il y a environ mille carrosses de place, dont les abonnemens produisent sept cent trente mille livres, ci. . . . . . . . . . . . . . . . . . . . 730,000 liv.

Ce n'est pas tout : le sieur Perreau, par ses lettres-patentes, a obtenu le droit d'imposer chaque carrosse de remise à 6 sols par jour, ce qui fait 109 livres 10 sols par an. Il y a au moins huit cens carrosses qui payent ce tribut, et qui conséquemment lui rapportent . . . . . . . . . . . . . . . . . . . . . . 87,600

Ainsi, nos contributions annuelles montent au moins à. . . . . . . . . . . . . . . . . . . . . . 817,600

Ce n'est pas tout encore : le sieur Perreau ou ses représentans ont fait établir un grand nombre de carrosses, appelés *anglois*. C'est un nouveau privilége exclusif qu'il s'attribue; car il ne nous est pas permis d'en posséder de semblables.

Que fait-il de ses carrosses anglois? Il les loue 6 livres par jour à ceux d'entre nous qui ont des chevaux, et qui n'ont pas le moyen de rétablir leurs voitures ou d'en acheter de nouvelles.

Que résulte-t-il de ces locations? La ruine infaillible de ceux qui y ont recours : 6 livres par jour produisent par an 2,190 livres.

Est-il possible qu'un cocher de place puisse vivre et entretenir ses chevaux en prélevant cette somme sur ses salaires?

Qu'on ajoute enfin à ces revenus les bénéfices que le sieur Perreau retire des voitures et messageries des environs de Paris, et l'on jugera à quel intérêt il a placé le prix de son privilége. La fortune du sieur Perreau et de ses représentans est faite aux dépens de notre existence. Les tributs excessifs qu'ils lèvent sur nous, et qui ne nous dispensent pas de contribuer aux charges de l'État, ont opéré depuis 1779 la ruine de plus de trois cens pères de famille, dont les femmes et les enfants sont réduits à la mendicité.

Néanmoins, le service public ne roule que sur nous. Nous en sommes les acteurs; le sieur Perreau et ses représentans n'en sont que les spectateurs. Nous le demandons, est-il possible que nous puissions contenter le public tant que ce privilége subsistera?

§ 2. — Doléances contre le privilége des voitures de la cour.

Le privilége exclusif d'avoir des voitures publiques qui conduisent de Paris à Versailles, et dans tous les endroits où réside la cour, a été accordé, moyennant un fermage annuel de douze mille livres payables à la recette du domaine de Versailles.

Au moyen de cette somme, le fermier a le droit de nous empêcher d'aller partout où la cour réside, sous peine de confiscation de nos voitures et de 1,500 livres d'amende.

Ce privilége, tout gênant et tout odieux qu'il puisse être, serait encore supportable, si les fermiers ne lui avaient pas donné une extension désastreuse.

Nous allons rapporter quelques exemples de vexations.

1° Quand le privilégié prévoit qu'il n'est point en état de faire seul son service, il envoie sur les places publiques des officiers de police qui, sans examiner si nos chevaux sont en état ou non d'aller à Versailles, et sans égard pour le service de Paris, forcent nos cochers de se rendre dans la cour du Bureau.

Là, nos voitures attendent quelquefois trois ou quatre heures. Si le privilégié peut s'en passer, il les renvoie sans aucune indemnité, car il fait toujours partir les siennes de préférence. S'il les emploie, voici son compte à notre égard : il reçoit des voyageurs, tant pour aller que pour revenir, 28 livres par chaque voiture de quatre places ; il ne nous en rend que la moitié. Conséquemment, il gagne à nos dépens 14 livres par voyage.

Il arrive souvent que le privilégié emploie de cette manière trois cens de nos voitures. Ainsi, chaque jour de presse, nous lui procurons environ 4,200 livres de bénéfice.

Si, par hasard, nous revenons à vuide, il ne gagne sur nous que 40 sols, et il ne nous paye que 12 livres pour avoir exposé nos chevaux à une course excessive et quelquefois mortelle. Enfin, s'il prévoit avoir besoin de nous pour le lendemain, il nous force de passer la nuit à Versailles, et, dans le dernier cas, il ne nous paye souvent que 6 livres pour notre retour à Paris.

2° Pour notre propre compte, la liberté d'aller à Versailles, à Saint-Germain, Marly, etc., nous est interdite ; il faut acheter la permission moyennant 6 livres par chaque voiture.

Nous allions autrefois librement à Saint-Cloud ; à présent il faut une permission qui coûte 3 livres, excepté les fêtes et dimanches, qui sont restés francs.

Toutes les fois qu'il y a à la cour des cérémonies qui attirent la curiosité, il part de Paris plus de cent de nos voitures, munies de la permission, et chacun de ces jours de presse procure encore au privilégié un bénéfice de plus de 600 livres.

Durant la tenue des états généraux, combien de nos voitures, s'il n'y a ordre contraire, seront employées au profit du privilégié! Combien de permissions il faudra lui payer!

3° Il existe une infinité de cas où, malgré l'intention de nous conformer au règlement du privilége, nous sommes pris en contravention. Voici quelques exemples :

Nous aurons pris la permission de mener une compagnie à Versailles; cette compagnie veut ensuite voir Saint-Germain ou Marly, elle oblige le cocher de revenir par là. Les commis ambulants qui rôdent partout ne manquent pas d'arrêter la voiture, nonobstant la permission, parce que cette permission n'est que pour Versailles, et non point pour la route de Saint-Germain. La confiscation s'en suit, nous sommes condamnés à une amende de 1,500 livres ou à une moindre somme, si tous nos moyens ne peuvent y atteindre.

Autre cas : nous aurons loué une voiture pour aller dans une maison de campagne aux environs de Versailles ou de Saint-Cloud, ou autres endroits prohibés; il vient aux voyageurs l'envie de faire une apparition dans ces endroits prohibés; nos cochers, nos postillons se prêtent à leur fantaisie, par l'appât d'une récompense, et quelquefois ils y sont forcés par les menaces; qu'est-ce qui s'en suit le plus souvent? la confiscation et l'amende.

Enfin, le privilégié ne se contente pas d'arrêter nos voitures à l'entrée, ou dans l'enceinte des endroits prohibés, il suffit qu'il les rencontre sur les routes qui y conduisent; ses commis nous arrêtent partout où ils nous trouvent, la nuit comme le jour, sans égards pour les voyageurs, qui quelquefois dorment et se réveillent épouvantés par la voix impérieuse qui crie d'arrêter : on a vu en pareil cas des femmes prendre les commis ambulants pour des voleurs, et se trouver mal de frayeur.

A défaut de permission, il faut entrer en explication, déclarer où l'on va et d'où l'on vient. Les commis interprètent les déclarations à leur gré, et le sort de nos voitures dépend de leurs soupçons ou de leur crédulité. Leur certificat fait la loi.

Il est inutile de citer d'autres exemples de gênes et de vexations; l'expérience publique y suppléera.

### § 3. — Doléances contre le privilége des diligences et messageries du royaume.

Ce privilége exclusif est affermé 1,100,000 livres par an. Mais si l'on en croit la voix publique, ce fermage n'a jamais été bien payé, et il en a souvent coûté des sommes considérables au roi pour soutenir cet établissement; car telle est la ressource du privilégié : s'il gagne beaucoup, il se tait; s'il perd, il parle, il se plaint, et il obtient des indemnités ou des extensions de droits.

En tous cas, les abus qui résultent de l'administration de ce privilége sont innombrables. Nous invoquons à cet égard les témoignages du public, et nous ne nous plaindrons ici que des vexations qu'on nous fait éprouver sans motifs ni raisons.

Il y a une infinité de circonstances où les voyageurs ne peuvent se servir des diligences, et qu'ils sont obligés d'avoir recours à nos voitures.

1° Lorsque les voyageurs veulent partir à des jours nommés, qui ne sont pas ceux du départ des diligences ;

2° Lorsqu'ils ne trouvent point de place dans les diligences, ce qui arrive souvent, quand on n'a pas la précaution de les retenir longtemps d'avance ;

3° Quand ils veulent se rendre dans les endroits par où les diligences ne passent point ;

4° Quand ils veulent avoir une voiture à leur commandement pour aller et pour revenir.

Eh bien, dans tous ces cas et autres semblables, nous sommes obligés d'acheter une permission qui coûte 5 sous par lieue pour chaque personne. Par exemple, si une compagnie de quatre personnes veut aller à quinze lieues de Paris, il faut payer 30 livres au bureau, tant pour aller que pour revenir. S'il y a des domestiques, ils payent à proportion. A défaut de cette permission, ou faute de s'y conformer ponctuellement, nos voitures sont confisquées si les commis ambulants les rencontrent, et nous sommes condamnés à l'amende.

Que le privilégié jouisse du droit exclusif de mener les voyageurs dans les villes pour lesquelles ses diligences et messageries sont destinées, c'est ce qui lui est affermé ; mais qu'il ôte aux voyageurs la liberté de voyager par d'autres moyens, lorsqu'ils ne peuvent avoir de place dans les diligences, ou lorsqu'ils vont dans des endroits où les diligences ne conduisent point, c'est une extension de privilége vexatoire pour le public et désastreuse pour nous. Les chemins appartiennent à tout le monde. Le roi ne peut et n'entend point en priver ses sujets ; s'il a établi des bureaux de diligences, c'est pour la commodité du public, et non point pour le réduire à une gêne qui ressemble à la servitude.

### § 4. — Doléances contre les maîtres de poste.

Les maîtres de poste s'imaginent aussi, comme les autres privilégiés, que les grands chemins leur appartiennent exclusivement. A nous, ils s'arrogent le droit de saisir nos chevaux, lorsqu'ils les rencontrent à des relais. Des voyageurs trouvent qu'il leur est plus commode de se servir de nos chevaux que de ceux de la poste.

D'autres veulent éviter les postes royales, soit à leur départ de Paris, soit à leur retour.

D'autres enfin craignent de ne pas trouver à la poste des chevaux prêts à partir, comme il arrive assez souvent.

Dans ces cas on s'adresse à nous pour mener ou ramener les chaises; nous louons des chevaux qu'on appelle des enragés, parce qu'on ne les ménage point, et qu'ils font de longues courses sans rrêter.

Par exemple, nous aurons envoyé un postillon et des chevaux à votre rencontre à Ponchartrain, à Longjumeau ou autres lieux semblables, notre postillon se rend à une auberge pour rafraîchir et vous attendre, votre chaise arrive; le maître de poste vous déclare qu'il a le droit exclusif de vous mener, qu'il a fait saisir vos chevaux de louage; enfin, il vous force d'accepter son service qu'il vous fait payer.

Que deviennent nos chevaux? Ils restent en fourrière jusqu'à ce qu'il plaise à M. l'intendant, à qui il faut présenter requête, de nous en accorder par provision la délivrance, à la charge par nous de payer les frais de fourrière, et de supporter la perte du temps.

### § 5. — Doléances contre les bureaux vétérinaires.

La mortalité des chevaux est en raison de leurs fatigues et de leurs traitements. Notre état est pour eux une épizootie continuelle. Les dangers et les mauvais temps sont leur partage. Il faut que nous forcions nature pour subvenir aux besoins et aux vexations qui nous accablent. Aussi périt-il à notre service au moins trois mille chevaux par an. C'est une des causes de leur rareté et de leur cherté.

Autrefois leur dépouille nous appartenait; nous la vendions depuis 6 livres jusqu'à 36, à raison de leur embonpoint; à présent ils cessent d'être à nous aussitôt qu'ils sont morts ou mis au rebut.

Pour éviter les inconvénients de la voirie, et pour cause de propreté et de salubrité, on a formé un établissement privilégié, connu sous le nom de *bureau de la fosse vétérinaire*. Aussitôt qu'un cheval est mort, il faut avertir le bureau, qui l'envoie chercher. Six charrettes sont continuellement occupées à ces enlèvements. Chaque cheval produit communément environ 30 livres au privilégié; car il sait mettre à profit toutes les parties qui le composent.

Nous sommes bien éloignés de blâmer cet établissement, mais nous nous plaignons de ce que l'on s'empare de notre bien sans le payer, d'une marchandise que nous vendions avant la formation de ce bureau.

Pour concilier l'équité avec l'industrie, ne serait-il pas convenable de fixer le prix de chaque cheval à 15 livres, ce qui fait à peu près la moitié du bénéfice que le privilégié retire de la dépouille?

Si nous perdons annuellement environ trois mille chevaux, ce serait une indemnité de 45,000 livres à répartir entre nous, et cette somme serait de conséquence pour nous qui n'avons pas le moyen de faire aucun sacrifice.

§ 6. — Souhaits.

Lorsque le gouvernement accorde un privilége exclusif, son intention n'est pas seulement de favoriser celui qui l'obtient; mais le but principal est d'encourager un établissement formé pour l'utilité publique.

Si l'entrepreneur ne fait de son privilége qu'une spéculation financière, s'il n'en use que dans son intérêt personnel, et si, au lieu de procurer au public des facilités et de l'agrément, il gêne sa liberté par des entraves et des monopoles, alors le but du privilége exclusif est manqué; il faut en souhaiter la révocation. En conséquence nous allons faire, et le public fera sans doute avec nous, les souhaits suivants

1° Nous souhaitons que le sieur Perreau, ou ses représentans, cesse d'avoir le privilége exclusif des carrosses de place, ainsi que celui des voitures et messageries des environs de Paris; attendu qu'il ne pratique point le premier par lui-même, et qu'il nous met à contribution pour l'exercer à son défaut, et attendu que le second est gênant et abusif; sauf à lui de concourir avec nous et avec tous autres à servir le public dans ces deux exercices.

2° Les abus et vexations qui résultent du privilége exclusif des voitures de la cour ,sont trop sensibles pour n'en pas solliciter la révocation. Nous souhaitons de faire, concuremment avec l'entrepreneur et tous autres, le service de Versailles et des autres endroits où la cour résidera. A l'effet de quoi nous aurons toujours sur les places et sous nos remises des voitures prêtes à partir, et à même de garnir en tous temps de voitures suffisantes une place spécialement désignée; telle que la place de Louis XV, où l'on pourrait construire des hangars pour mettre à couvert les carrosses qui attendront les voyageurs.

Si l'on conserve le privilége exclusif des diligences et messageries du royaume, nous souhaitons qu'il soit limité aux villes pour lesquelles il est destiné, c'est-à-dire que chaque diligence n'ait de droit exclusif que pour la ville dont elle porte le nom et pour laquelle elle a été établie, par exemple, la diligence de Chartres aura le droit exclusif de faire le service de Chartres; mais nous désirons avoir la liberté d'aller en deçà, au delà et à côté de la ville de Chartres, sans payer la permission et sans être exposés à des saisies; ainsi des autres routes et des autres villes pour lesquelles il y a des diligences.

Nous faisons ce souhait pour l'honneur même de l'humanité; car, dans l'état actuel des choses, l'empire de ce privilége est si général et si absolu, que les cochers et voituriers ne peuvent rendre service aux pauvres voyageurs; ils ne peuvent ramasser sur la route un malade, ni se charger de son paquet, sans s'exposer à la poursuite du privilégié.

4° Nous désirons avoir la liberté, toutes les fois que nous en serons requis, de conduire et ramener les chaises et autres voitures, sans que les maîtres de poste puissent saisir nos chevaux et sans qu'ils puissent forcer les voyageurs à se servir de leurs chevaux de poste plutôt que des nôtres.

5° Enfin nous souhaitons d'avoir la libre disposition de la dépouille de nos chevaux morts, à la charge par nous de les faire transporter aux fosses vétérinaires, de manière qu'il ne puisse en résulter aucun inconvénient; si mieux n'aime le Bureau privilégié nous les payer à un prix convenable qui sera fixé.

### § 7. — Proposition.

Si nos souhaits sont accomplis, il s'établira au moins deux mille carrosses de place, deux mille carrosses de remise et cinq cens cabriolets publics. La liberté et la concurrence exciteront à l'émulation. Or nous offrons de payer annuellement, par forme de capitation, 200 livres pour chaque carrosse de place, ensemble quatre cens mille livres, ci . . . . . . . . . . . . . . . 400,000 liv.

100 livres pour chaque carrosse de remise, ensemble. . . . . . . . . . . . . . . . . . . . . . 200,000

50 livres pour chaque cabriolet public, ensemble. 25,000

Notre tribut annuel sera donc d'environ . . . . . 625,000

Avec ce nombre de voitures publiques il sera aisé de pourvoir tant au service de la cour qu'à celui de Paris et des environs, à plus de vingt lieues à la ronde. Et avec ce revenu, il y aura moyen d'indemniser les possesseurs des priviléges exclusifs.

Dans la position actuelle, nous payons, tant à titre d'abonnement qu'à titre de permissions et vexations, au moins quinze cent mille livres.

Dans l'état désiré, nous payerons environ neuf cent mille livres de moins; cette différence fera notre profit, et ce profit nous tirera de l'état de misère dans lequel nous languissons.

Nous nous soumettrons, pour le bon ordre, aux lois de la police; nous nous conformerons aux règlemens et tarifs que le gouvernement adoptera.

On pourrait faire un livret en forme d'almanach, qui contiendrait : 1° les règlemens; 2° nos noms et demeures, avec le nombre de voitures que chacun de nous posséderait; 3° le tarif général, tant pour la cour que pour Paris et les environs, à vingt lieues à la ronde, le tout par ordre alphabétique. Le public, connaissant ainsi le prix de nos salaires, ne serait plus dans le cas de marchander, ni d'être rançonné.

Public, dont nous sommes les serviteurs, daignez nous prendre sous votre protection; délivrez-nous de la tyrannie des priviléges exclusifs; faites-nous participer à la régénération du royaume, à cette liberté si désirée, dont nous n'abuserons point!

Notre cause est la vôtre; nous vous appartenons. Nous sommes vos cochers et vos postillons. Nos chevaux et nos voitures sont les vôtres; procurez-nous les moyens de les entretenir; adoptez nos doléances et nos souhaits; insérez-les dans vos cahiers; faites-les valoir auprès du roi et des états généraux; enfin, mettez-nous à portée de vivre, et nous serons en état de vous bien servir.

Puisse notre exemple servir à convaincre de l'abus désastreux des privilèges exclusifs! Heureux si nous sommes parvenus à démontrer la nécessité de les abolir, ou tout au moins de les restreindre! Et plût à Dieu que nos doléances contribuassent à faire établir ce principe salutaire, qu'il serait plus humain, et quelquefois moins coûteux, de prévenir les effets de la misère que de multiplier les hôpitaux et les prisons pour loger ses victimes!

*Signé :* Briguet, Wasse, Coupel, Lelong, Courteille, Lemaitre, Ducrot, Mansiot, Petité, Langneur, Guerbe, Lebas, Marie, Godart, Roussey, Denuelle, Traizet, Mercier, Marquet, Esprit, Robbe, Chevallier, Pepin, Mamy, Marsalle, Chauvereche, Durand, Perier, Beauvallet, Vautier, Blanchet, Fleury, Delperon, Durand, Hariet, Mane, Dondaine, Blanchet, Marais, Cramier, Durandy, Palin, Berrurier, Richard, Bandlet, Legras, Godar, Fleucheraux.

---

## NUMÉRO 10

Le général Fleury a adressé à tous les préfets de l'empire la circulaire suivante, dans le but tout militaire de faire multiplier les chevaux hongres sur nos marchés :

« Paris, 1er août 1868.

« Monsieur le préfet, dans une note qu'elle vient de m'adresser, la Compagnie générale des omnibus, rendant compte des expériences qu'elle poursuit depuis cinq ans sur l'emploi comparatif du cheval entier et du cheval hongre, me fait savoir qu'en présence des résultats acquis, son intention, à partir de 1870 au plus tard, est d'acheter de préférence des chevaux castrés.

« Je me félicite d'autant plus de cette mesure qu'elle ne fait que consacrer des idées que j'ai constamment préconisées, et qu'elle a d'ailleurs été obtenue uniquement par l'observation attentive et raisonnée des faits. Les chevaux entiers sont d'un prix plus élevé ; ils coûtent plus cher à nourrir, sont dangereux à l'homme et distraits dans leur service, sans être plus énergiques que les hongres, lorsqu'il ne s'agit pas de lourds transports. Ajoutons que, malgré tout le soin avec lequel ils sont choisis, ces mêmes chevaux, une fois leur temps de service fini, deviennent le plus souvent des reproducteurs nuisibles à l'amélioration.

« La castration, au contraire, offre ce précieux avantage de moins spécialiser le cheval dans son emploi, de le rendre apte à des services divers, de faciliter sa vente, et, par conséquent, d'augmenter son débouché et sa valeur commerciale.

« En aidant, par son exemple, à faire ressortir cette vérité, la Compagnie générale des omnibus a donc rendu un grand service à notre production indigène. Il appartient maintenant aux éleveurs, les premiers intéressés, de savoir tirer parti de la situation, et, suivant la loi économique de l'offre et de la demande, de mettre leur industrie au niveau des besoins d'une consommation plus active. Ce n'est pas seulement, en effet, la Compagnie des omnibus qui viendra chercher chez eux les 1,500 chevaux qui lui sont moyennement nécessaires, chaque année, pour la remonte de sa cavalerie forte de 9,500 têtes; le petit luxe, généralement habitué jusqu'ici à s'approvisionner en produits allemands, s'y rendra aussi, du jour où il aura la certitude d'y rencontrer ce qu'il lui faut.

« Enfin, c'est là un point qui, dans un pays militaire comme la France, ne saurait être négligé ; la multiplication des chevaux hongres sur nos marchés aurait l'avantage de fournir à l'armée, à un moment donné, des ressources pour l'artillerie, le train des équipages, voire même la grosse cavalerie. L'Angleterre, où tous les chevaux de service, sans distinction, sont castrés, nous offre, à cet égard, un exemple bon à suivre : du jour au lendemain, l'on pourrait, en dételant les voitures, y remonter des régiments entiers.

« Comme vous le voyez, monsieur le préfet, la question de castration, aux différents points de vue sous lesquels on l'envisage, a une importance sérieuse, et c'est pourquoi je vous serais obligé d'assurer à la présente circulaire la plus grande publicité possible en la faisant insérer, en totalité ou en partie, dans les journaux de votre département et dans le recueil des actes administratifs ; vous voudriez bien aussi ne laisser échapper aucune occasion d'engager les éleveurs, par vos conseils, à entrer résolûment dans la nouvelle voie qui leur est indiquée.

« Agréez, etc.

« Le grand écuyer,

« FLEURY. »

---

## NUMÉRO 11

### Incendie du Petit-Pont.

1718, AVRIL, BUVAT, JOURNAL DE LA RÉGENCE[1].

Le 28, sur les huit heures du soir, le feu prit aux maisons bâties sur le Petit-Pont, qui aboutit au petit Châtelet, sur lequel sont aussi bâties deux salles de l'Hôtel-Dieu, celle des Morts et celle du Légat, avec tant de violence, que toutes les maisons des deux côtés de ce pont, et jusqu'au coin du marché Neuf, avec une partie de celles de ce marché, en furent entièrement ruinées et que le pont en fut enfoncé. Cet incendie provint d'un bateau chargé de foin qui était attaché à la pointe du terrain de Notre-Dame, auquel bateau le feu avait pris d'une manière extraordinaire.

On racontait qu'un enfant s'étant noyé en se baignant de ce côté-là, quelque batelier avait superstitieusement conseillé à la mère désolée de cet enfant de mettre un cierge bénit dans une sébile de bois sur l'eau, et qu'où la sébile s'arrêterait le corps de l'enfant se trouverait; de sorte que la sébile s'étant arrêtée auprès du bateau, le cierge allumé avait mis le feu au foin, dont le feu s'était communiqué à un autre bateau aussi chargé de foin, et que de crainte que le feu ne se communiquât à plusieurs autres bateaux chargés de foin et de bois, les bateliers avaient coupé les câbles de ces deux bateaux enflammés, dont l'un fut enfoncé auprès du pont Saint-Michel, et l'autre était descendu sous le Petit-Pont, qui était tout cintré et étançonné de bois pour en empêcher la ruine, dont il était menacé depuis quelques années, de sorte que ce bateau n'ayant pu passer outre, à cause de ces étançons, y avait mis le feu, et ensuite aux maisons, dont quantité de marchands établis sur ce petit pont n'en purent sauver que très-peu de leurs effets et d'autres en furent entièrement ruinés. On faisait monter la perte que cet incendie avait causée à huit millions. Plusieurs personnes périrent par la ruine du pont et furent suffoquées dans l'eau. On comptait trente-cinq maisons brûlées et ruinées.

Comme il y avait lieu de craindre pour l'Hôtel-Dieu, M. le cardinal de Noailles s'y transporta sur le minuit, et fit exposer le saint sacrement dans la salle du Légat, où le feu commençait à gagner, et

[1] *Édit. Campardon*, t. I, p. 313.

où il s'arrêta, par une espèce de miracle, sans y pénétrer; de cette salle, où l'on ne reçoit que des femmes, plusieurs de ces pauvres femmes se sauvèrent comme elles purent, à pied, en charrette et en chemise.

Les salles basses de cet hôpital étaient remplies d'eau jusqu'à environ deux pieds de haut, qu'on y avait introduite par le moyen des pompes qu'on faisait jouer de tous côtés. On sonnait le tocsin dans toutes les églises voisines et éloignées pour exciter tout le monde au secours.

Le lendemain 29, à dix heures du matin, le feu n'étant pas encore éteint au marché Neuf, pour empêcher qu'il ne se communiquât plus avant, du côté de la rue de la Huchette et du pont Saint-Michel, on appliqua des pétards à deux maisons pour les faire culbuter.

On observa que, par une faveur particulière de la Providence, le temps était serein, qu'il faisait très-peu de vent, et que la rivière se trouva pour lors assez grosse pour ne point manquer d'eau, que l'on faisait couler par le moyen des pompes dans le marché Neuf et dans les rues voisines, comme si c'eût été un étang.

Les capucins, les récollets et d'autres religieux coururent la nuit au secours et ne s'y épargnèrent pas, pour tâcher d'éteindre ce feu terrible, à quoi furent aussi occupés une partie des soldats aux gardes françaises et suisses, les archers du guet à pied et à cheval, pendant que les autres empêchaient la confusion de la populace et gardaient ce qui se tirait des maisons.

FIN DES PIÈCES JUSTIFICATIVES.

# TABLE DES MATIÈRES



## CHAPITRE PREMIER

## LA POSTE AUX LETTRES

### I. — LES ORIGINES.



### II. — LE CABINET NOIR.

III. — ORGANISATION GÉNÉRALE.



IV. — LE SERVICE DE PARIS.



V. — L'HOTEL DES POSTES.



## CHAPITRE II

## LES TÉLÉGRAPHES

I. — LES PREMIERS ESSAIS.

II. — LE TÉLÉGRAPHE AÉRIEN.



III. — LA TÉLÉGRAPHIE ÉLECTRIQUE.



IV. — LE BUREAU CENTRAL.



V. — LES DESIDERATA.

## CHAPITRE III

### LES VOITURES PUBLIQUES

#### I. — LES FIACRES.



#### II. — LES COCHERS.



#### III. — LES OMNIBUS.

## CHAPITRE IV

### LES CHEMINS DE FER

#### I. — LES TATONNEMENTS.



#### II. — LA GARE DES VOYAGEURS.



#### III. — LA GARE DES MARCHANDISES.

IV. — LES ACCIDENTS.



## CHAPITRE V

## LA SEINE A PARIS

I. — GÉNÉRALITÉS.



II. — LES ILES ET LES PONTS.



III. — LA NAVIGATION.

IV. — LES INDUSTRIES.



V. — LA MORGUE.



**PIÈCES JUSTIFICATIVES**



FIN DE LA TABLE DU PREMIER VOLUME.

PARIS. — IMP. SIMON RAÇON ET COMP., RUE D'ERFURTH, 1.